세계혁명

혁명을 통해 본 **민주주의**의 역사

개정판

세 계 혁 명

혁명을 통해 본 민주주의의 역사

Paul K. Ryu(劉基天) 저

음선필 역

THE WORLD REVOLUTION

(주)지학사

한국의 재통일을 기도하며

　　1999년에 발간된 초판에 이어 이번에 많은 수정을 가하여 본 역서의 개정판을 간행하게 되었다.

　　본서의 저자인 월송(月松) 유기천(劉基天, 1915–1998) 교수는 지난 350년 동안 이루어진 네 개의 세계혁명 즉 크롬웰혁명, 미국혁명, 프랑스혁명, 러시아혁명을 고찰하고 있다. 그리고 저자는 우리가 서로 관계없는 장소에서 상이한 시대에 일어난 별개의 사회변화로 생각하기 쉬운 네 개의 혁명이 서로 연결되어 있을 뿐만 아니라 하나의 세계혁명에 이르는 일련의 단계라는 주장을 펴고 있다.

　　저자가 과거에 일어난 네 개의 혁명을 만년(晚年)의 많은 시간을 들여서 고찰한 이유가 어디에 있는가를 궁금하게 생각하는 독자가 있을 줄 안다.

　　영국의 역사학자 E. H. Carr는 『역사란 무엇인가』라는 책에서 역사란 「과거와 현재의 대화」라고 했다. 다시 말하자면 역사를 연구하고 배우는 건 과거를 알고, 현재 일어나고 있는 문제를 이해하고 교훈을 얻기 위함이라고 말하고 있는 것이다.

유기천 교수가 결론에서 인용하고 있는 「역사는 위대한 스승」이라는 격언과 같이, 역사는 우리들에게 교훈을 주며 우리들의 발길을 비춰주는 등불의 역할을 하는 까닭에 소중한 것이라 하겠다.

다시 말해서 본서의 부제(副題)가 말하여 주는 바와 같이 네 개의 세계혁명의 연구를 통하여 민주주의의 역사를 이해하고 민주주의를 개척하기 위하여 험난한 길을 걷고 있는 우리들의 발길을 비춰주는 등불을 얻기 위하여 유기천 교수는 본서의 집필에 착수했다는 것을 우리는 알 수 있다.

본 역서의 개정판이 나오기까지 많은 분들의 도움을 받았다. 강의와 본 재단 업무의 부담으로 바쁜 가운데에서도 많은 시간과 노력을 투입한 역자 음선필 교수에게 감사를 드리고자 한다. 그리고 ㈜지학사의 권병일 회장님을 위시하여 편집 등을 위하여 많은 수고를 하신 관계자 여러분에게도 사의를 표하고자 한다.

이 개정판으로 독자 여러분이 유기천 교수의 역작(力作)을 통하여 민주주의 역사를 제대로 이해하고 저자 유기천 교수가 민주주의의 완성을 위하여 험난한 길을 걷고 있는 우리에게 전하고자 하는 교훈을 충분히 얻는 데 도움이 되기를 바라 마지않는다.

유기천교수기념사업출판재단
이사장 유훈(俞焄)

개정판 역자 서문

The World Revolution

유기천 교수님의 마지막 저서 『*The World Revolution*』(1997)의 번
역판 『세계혁명』을 처음 발간한 지 15년이 지났다. 이 기간 동안 역자
는 여러 공부를 통하여 유 교수님의 관심과 사상을 폭넓게 이해하며,
그의 주장의 타당성과 현실성을 반추해볼 수 있었다. 그러다 보니 처
음 번역본에 대하여 불만과 아쉬움을 자연스럽게 갖게 되었다. 그래
서 그 내용을 보다 정확하고 매끄럽게 표현하고자 하는 마음이 가득하
였다. 이번에 내놓는 번역서 개정판은 그러한 마음의 성과물이다. 원
저 아닌 번역서의 개정판이 갖는 의미는 처음 번역에 대한 부족함의
고백이라는 측면이 있음이 사실이다. 다른 한편으로는 시대적 상황의
변화에 따라 독자에게 더욱 정확하고도 친절한 접근을 제공하는 사후
봉사의 의미도 있다고 생각한다. 그래서 개정판에서는 원저에 나오는
여러 역사적 사실에 관하여 「역주」 형식으로 설명을 간략하게나마 최
대한 충실히 부기하려고 하였다. 또한 저자와 원저에 관한 이해를 높

이기 위하여 후학들의 소회와 소개의 글을 부록에 추가하였다. 유 교수님의 기념사업을 신실하게 감당하셨던 고(故) 황적인 교수님의 서평과 유기천 교수님의 애제자 중 한 분이신 김찬진 변호사님의 글(제3주기 추모사)을 추가한 것이다. 아울러 유 교수님의 연보와 저작목록을 통하여 그의 생애와 학문세계를 일별하도록 하였다.

역자가 개정판을 고대한 또 다른 이유는 유 교수님의 서거 이후에 전개된 한국사회에 대해 느낀 유감(遺憾) 때문이기도 하다. 지난 1998년 이후 한국사회는 거대한 변동을 겪었다. 정권교체와 세대교체는 정치뿐 아니라 사회 · 경제 · 문화 · 외교 등 모든 분야에서 이전과 다른 상황을 초래하였다. 1948년 건국 이래 한국에 내재되었던 제반 갈등의 요소가 분출되자, 사회갈등을 조정 · 통합하여야 할 정치과정은 기능부전의 상태에 빠지게 되었고 사회질서의 규정자(規整者)로서 법은 과부하의 작동을 요구받았다. 특히 헌법재판소가 탄핵심판결정과 「신행정수도의 건설을 위한 특별조치법」의 위헌심판결정을 내린 2004년은 한국 역사에서 실로 「기이한 해(annus mirabilis)」였다. 그 후 유증으로 법은 권위와 기능의 면에서 심각한 도전을 받게 되었고, 특히 헌법은 최고권력자의 입에서 폄하(貶下)의 대상이 되기도 하였다. 이명박 정권의 2008년은 이전 10년간의 사회흐름에 대한 반작용으로 출발하였으나, 이때 등장한 촛불집회는 민주주의와 법치주의의 상충관계(相衝關係)에 관한 끝없는 논쟁을 불러일으켰다.

일찍이 '자유사회의 법과 정의'를 갈구(渴求)하며 사상으로, 법학이론으로, 교육으로, 때로는 권력에 대한 저항으로 자신의 신념을 몸소 드러내었던 유기천 교수님을 떠올리는 것은 바로 이러한 가치가 한국사회에서 도전과 의문의 대상이 되고 있기 때문이다. 유 교수님은 법의 교육과 적용을 통하여 정의의 구현, 평화의 정착, 문화의 향상 나아가 국가의 발전을 기대하였다. 그래서 그는 의학에 비견한 종합학문으로서 법학의 중요성과 법학자의 책임성을 역설하였고, 온전한 지혜로 국가에 봉사하는 법조인의 역할을 강조하였다. 이를 제도적으로 실현하기 위하여 오늘날 법학전문대학원의 효시라 할 수 있는 사법대학원을 설립하기도 하였다. 한국의 법학자로서 정치권력의 가야 할 길을 분명히 제시할 수 있는 자가 그리 많지 않고, 세계적인 지성의 향기를 드러내면서 그 기저(基底)에 해당하는 성서에 대한 신앙을 선명히 고백할 수 있는 자가 드물고, 열정과 책임감으로 때로는 지나치다 할 정도로 학생들에게 지적(知的) 자극을 가하려 하는 법학교수들이 갈수록 보기 어렵다는 것을 생각할 때, 유 교수님의 존재는 오히려 기이하기까지 하다.

이러한 상황에서 유 교수님의 생각을 다시 공유하고 싶다는 의도가 이 개정작업을 촉구하였다. 이 책을 통하여, 그의 사상에 공감하든 그렇지 아니하든 간에, 한국의 여전한 국가과제인 민주, 복지, 통일에 관하여 진지하고도 현실적인 조망을 가져볼 것을 기대해본다.

개정작업을 격려해주신 유기천교수기념사업출판재단의 유훈 이사장님을 비롯한 재단의 여러 선생님들께 감사의 말씀을 드린다. 초판에 이어 개정판의 발간을 흔쾌히 맡아주신 ㈜지학사 권병일 회장님께도 감사의 말씀을 드리며, 실무적인 작업을 도와준 관계자들께도 감사드린다.

변치 않는 가르침과 삶으로써 역자의 삶을 여전히 향도(嚮導)해주시는 하진승 선생님을 비롯한 많은 네비게이토들께 감사드린다.

아울러 언제나 기도로 도우시는 연로하신 부모님과 가족 모두에게

감사드리며, 항상 함께하며 묵묵히 도움을 주는 아내 유정은에게, 그
리고 뒤에서 한마음으로 따라주는 소현과 영후에게도 감사한다.

2014. 12.

일신재(一信齋)에서

역자 음선필(陰善㻱)

발 간 사

The World Revolution

이 책은 격동기의 우리나라 대학사와 지성사에 뚜렷한 흔적을 남긴 월송 유기천 교수의 최후의 저술, 『*The World Revolution*』을 번역한 것이다. 서양의 석학들에게는 Paul K. Ryu라는 이름으로 알려진 유기천 교수는 연보가 설명해주듯이 한 사람의 한국인으로 태어나 일찌감치 기독교인이자 세계인으로 살다 간 분이다. 식민지 시대에 동경제국대학을 졸업하고 동북대학에 재직하다 해방을 맞아 귀국하여 서울대 법대의 창립 교수로 출발하여 법대학장, 서울대 총장을 역임하면서 영욕의 한국대학사를 몸으로 체험한 분이다. 박정희 대통령과의 충돌로 1972년 사실상 망명의 길에 오른 뒤로는 지식인과 대중의 세계에서 모두 거의 실종된 인물이다.

이 책은 세계적인 석학이 만년에 심혈을 기울여 쓴 저술로 무엇보다 기독교인으로서의 저자의 세계관이 강하게 표출된 저술이다. 다만 저자 스스로가 머리말에서 밝히고 있듯이 전면적인 보완·수정 작업이 예정된 것이었으나 이루지 못하고 세상을 떠난 아쉬움이 남는다. 그 작업은 후세인의 몫으로 남는다.

법학자로서의 고인의 학문과 사상의 체계에 관한 본격적인 연구가 뒤따라야 할 것으로 생각하나 서거 일주기를 계기로 우선 이 저술을 번역, 출판한다. 이 책의 번역 작업은 고인의 생전에 이미 예정된 것이고 번역자 또한 저자 스스로 지명한 사람이다. 고인의 격세제자(隔世弟子) 격에 해당하는 음선필 박사는 고인과 같은 독실한 기독교신자이다. 일찍이 저자와 부인(Helen Silving 박사)이 공동으로 저술한 논문을 번역한 바 있어 저자의 사상에 대해 누구보다도 친숙하기에 최적의 번역자이다. 음 박사의 노고를 치하한다.

유 교수에 대한 예비지식이 없는 독자들을 위해 서거의 시점에서 공표된 몇몇 후학들의 감상을 함께 수록한다. 유족을 포함하여 이 책의 출판을 지원해준 여러분들께 감사의 뜻을 전한다. 특히 유례없는 출판계의 불황의 시점에 상업성이 없는 이 책의 출판을 기꺼이 수락함으로써 고인에 대한 경의를 표해주신 ㈜지학사의 권병일 회장님께 깊은 감사의 말씀을 드린다.

1999. 6.

월송 유기천 교수 추모문집 발간위원회

서   문
The World Revolution

　서울대 법대와 서울대학, 조국(祖國)을 짝사랑하시다가 이역만리(異域萬里) 망명지(亡命地) 미국에서 심장병 수술 후유증으로 83년 생애(生涯)를 마감하신 지 벌써 일 년의 세월이 흘러갔습니다.

　오빠께서는 학자로서 학원의 진정한 학문(學問)의 자유(自由)와 법에 의한 민주화(民主化)를 위해 권력에 굴하지 않고 군사정권과 맞섰으며 원리원칙(原理原則)을 고집하시다가 동료 교수님과 언론(言論)의 미움을 받기도 하는 외로운 길을 걸으셨습니다.

　정치(政治)와 사법(司法)과 언론(言論)은 완전히 분립(分立)되어야 한다고 자신의 삶 전체로 늘 웅변하시던 말씀이 회상됩니다. 법을 통한 세계평화회의(1963, 1967, 1968)에 한국을 대표한 토론자로서 조국(祖國)을 위해 다소나마 일하고 오셨다고 흐뭇해하시며 웃으시던 모습도 떠올리게 됩니다.

　창씨개명(創氏改名)을 거부하면서 일본제국(日本帝國) 권력에 항거하고 김일성 공산정권이 평양 산정현 교회를 접수하여 가마니공장으로 사용하려는 것을 부당하다며 서슬퍼런 공산정권에 항거하시다가 순교하신 선친의 강하고 담대한 성품을 형제 중에 제일 많이 물려받은 오빠의 발자취를 이 책을 통해 다시 한 번 살펴보게 된 것을 감사드립니다.

돌아가신 오빠의 마지막 저서 『*The World Revolution*』의 우리말 번역을 해주신 서울대 법대 음선필 박사님 그리고 생전에 오빠를 사랑해주시던 여러 교수님과 제자들에게 깊은 감사를 드립니다.

1999. 6. 27.

유족대표 유기옥(劉基玉)

역 자 서 문

The World Revolution

유기천과 『세계혁명』. 그를 하나의 형법학자로만 알고 있는 사람들에게는 이러한 양자의 연결이 약간 의외로 여겨질 수도 있을 것이다. 그러나 그가 살아온 인생역정과, 관심·선택 및 행위를 이끌었던 그의 사상, 그리고 이 모든 것의 기저(基底)를 이루어온 그의 신앙을 생각해보면 양자의 관계가 생각 이상으로 밀접하다는 사실을 어렵지 않게 이해할 수 있을 것이다.

「생애를 마감하는 혼신의 역작이 되리라」는 저자 자신의 말이 정말 문자 그대로 되고 말았다. 예상치 않은 저자의 별세로 말미암아 그의 유작(遺作)이 되고 만 본서 『세계혁명』에는 그의 생애를 통하여 집약적으로 함축할 수 있는 핵심어들인 신앙, 성경, 역사에서의 섭리, 법, 민주주의, 자유, 권력, 문화에서의 장(場) 이론 등이 혁명이라는 역사적 사건을 소재로 하여 모두 등장하고 있다. 따라서 본서를 주의 깊게 읽는다면 여기에서 한 법학자로서의 주장뿐 아니라 역사철학자로서의 통찰과 조망, 나아가 신앙인으로서의 고백을 들을 수 있을 것이다. 그러한 점에서 본서는 하나의 공간을 한 올 한 올의 정성으로 엮어 전체적으로 유기적이고 통일적인 그림을 만들어낸 하나의 퀼트 작품이라 할 것이다.

본서는 「특히 최근 몇 세기 동안에 진행된 세계사의 발전의 의미를 필자의 이념적 세계관에 따라 밝히는 것」을 목적으로 하고 있다. 그는 네 개의 세계혁명 즉 크롬웰혁명, 미국혁명, 프랑스혁명, 러시아혁명에 초점을 맞추면서 이들간의 상호관계를 검토하고 있다. 그는 이들을 중심으로 한 세계역사의 발전에 미친 여타의 많은 영향력 가운데 과연 원동력이 무엇인가를 발견하기 위하여 가치지향적 판단을 활용하면서 이들을 해석하고 있다. 이러한 검토를 통하여 그는 이들이 「사실은 하나의 세계혁명에 이르는 여러 단계를 구성한다」는 결론을 내리고 있다. 본서의 개괄적 내용을 파악하기 위해서는 본서에 대한 서평을 읽어보는 것이 효과적이라고 생각한다(안경환, "유기천 저, 『세계혁명』", 서울대학교 『법학』, 38권 2호, 1997. 9, 149-53면; 김철수, "한국의 재통일을 위해", 『기독교사상』 468, 1997. 12, 181-85면. 김철수 교수의 서평은 이 책의 부록으로 재수록하였음). 간단히 말해서, 본서는 법학자와 교육자로서 삶을 시작한 한국의 한 지성인이 민주주의적 가치의 실현을 기대하는 관심에서, 인류역사의 주요 혁명적 사건들 가운데 나타난 하나님의 섭리와 인간의 혼동을 발견하고 앞으로 완성되어야 할 민주주의의 핵심요소를 제시하고 있다. 나아가 그는 이러한 가치의 실현이 세계 전체적으로 특히 한국에서 이루어질 것을 기대하고 있다고 한다. 이러한 이유에서 본서의 부제를 「혁명을 통해 본 민주주의 역사」라고 붙여보았다.

본서는 민주주의라는 가치체계 및 정치체제가 어떠한 과정으로 발전되어왔는지, 이러한 발전의 원동력은 무엇인지, 특히 이러한 발전에 주요한 역할을 담당하였던 지도자로서의 덕목은 무엇인지를 여러 실증적인 예들을 통하여 확인할 수 있게 해준다. 또한 민주주의체제가 올바로 작동하기 위한 핵심요소가 무엇인지를 생각하도록 도전하며 아울러 이에 대한 저자 자신의 대안을 제시해주고 있다. 따라서 여전히 민주주의적 가치가 실질적으로 구현되지 못한 채 민주주의체제가 정상적으로 작동하지 않고 있는 우리의 현실과, 통일이라는 중차대(重且大)한 민족적 과업을 엄연한 과제로 떠안고 있는 우리의 상황에 본서가 시사하는 바가 무척 크다고 하겠다. 그러한 점에서 저자가 본서의 헌사를 「한국의 재통일을 기도하며」라고 하였으리라 생각한다.

지난 1997년 말에 역자가 본서의 번역을 유기천 교수로부터 부탁을 받을 때에는 솔직히 주저하는 마음이 앞섰다. 왜냐하면 다른 사람의 사상과 의도를 정확하게 표현하는 일이 얼마나 어려운가를 잘 알고 있을 뿐만 아니라, 그와 오랜 세월을 교유(交遊)하였기에 이러한 일을 역자보다도 훨씬 뛰어나게 잘하실 수 있는 분들이 주위에 많다는 사실을 너무나도 잘 알았기 때문이었다. 그러나 저자 자신의 부탁과 주위 분들의 격려, 그리고 어느 정도는 역자 자신의 호기심에 번역의 일을 맡게 되었다.

사실 역자와 유기천 교수의 만남과 관계는 어떤 의미로든 특이하였다. 역자가 서울대학교 법학연구소에 있을 때 『법학』에 실린 그와 헬렌 실빙 여사의 논문("The Foundations of Democracy: Its Origins and Essential Ingredients", 서울대학교 『법학』, 1992. 3)을 읽고서 이를 번역하고픈 충동을—아마 이것이 가장 정확한 표현일 것이다— 갖게 되었다. 이를 계기로 해서 그와 편지 연락이 이루어졌고 나중에 그를 직접 만나뵙기도 하였다. 그런데 그 논문은 실빙 여사의 마지막 글이었다. 이 논문에서 논의된 이념적 세계관에 따라 본서가 쓰이기로 예정되었기에 본서 역시 두 사람의 공동작품이 될 계획이었다. 그러나 실빙 여사의 별세로 그 일은 유기천 교수 혼자의 몫이 되고 말았다. 그런데 본서의 번역 도중에 유기천 교수마저 별세하게 되자, 역자는 또 하나의 유작(遺作)을 번역해야 하는 기이한 일을 맡게 되었다. 인생의 생명을 주관하시는 이가 하나님임을 믿는 역자로서는 지금은 이해할 수 없는 그 섭리를 그저 받아들일 따름이다.

그런데 정작 문제된 것은 번역을 최종적으로 감수하기로 한 저자의 부재(不在)였다. 더구나 저자 자신이 멀지 않아 본서의 개정판을 계획하고 있었기 때문에 저자의 부재는 실제적으로 문제가 되었다. 이 때문에 역자의 선량한 관리자의 주의의무가 더없이 요청되었다. 그런데 감사한 것은 이러한 번역에 대한 서울대 법대 안경환 교수님의 적극적인 관심과 배려였다. 안 교수님은 이 번역을 자기 일로 여기면서 사소한 것까지 세심한 배려 가운데 실제적인 도움을 주셨다. 고인(故人)에 대한 그의 신실한 성의가 역자에게는 큰 도움이 되었다.

한편 「번역은 반역」이라는 번역의 속성상 여러 가지의 기술적인 문제점들이 있었다. 저자 자신의 의도는 물론 문체에 대한 검증이 있을 수 없는 까닭에 가능한 한 원문에 충실하게 번역하려고 노력하였다. 허용될 수 있는 「반역」의 범위를 어느 정도로 설정할지 명확하지 않은 상황에서 가능한 한 저자의 뜻을 존중하는 것이 도리라고 생각하였기 때문이다. 이러다 보니 자칫 역자의 어설픈 문장력으로 인하여 저자의 의도와 문체가 제대로 전달되지 않는 게 아닌가 하는 두려움이 앞선다.

시대의 상황에 따라 의미를 달리 파악해야 할 개념의 역어(譯語) 선정에 주의를 기울이고자 하였다. 예컨대 오늘날 영국이라고 표현할 수 있는 England를 스코틀랜드 등과 구별하고자 할 때는 「잉글랜드」
로, Great Britain을 아일랜드와 구별하고자 할 때에는 「대브리튼」으
로 표현하였고, 반면에 이러한 혼동이 없고 아메리카 식민지 등과 구
별하고자 할 때에는 이를 「영국」으로 표현하였다. 그리고 America를
독립선언 이전에는 「아메리카」라고 하였으나, 그 이후에는 오늘날의
용어례를 고려하여 「미국」으로 표현하였다. 따라서 이러한 역어의 혼
용을 양해해주기를 바란다.

또한 본서 자체가 가지고 있는 오자 및 탈자, 잘못된 인용부분을 바
로잡기도 하고 나아가 누락된 각주번호나 불완전한 각주 등과 같은 본
문 내용은 저자의 뜻을 추정해서 나름대로 보충·수정하기도 하였다.

역자로서는 본서를 번역하는 가운데 저자의 주장, 통찰, 조망 그리
고 고백에 때로는 공감하며 때로는 나름 이의(異議)를 제기해보면서
이러한 지적 성찰의 작업에 참여하게 된 것을 즐거워하였다. 이 과정
에서 감사의 말씀을 드려야 할 분들이 많이 떠올랐다. 그분들은 이러
한 작업이 가능하도록 역자의 신앙적·지적 성장을 도와주셨다. 민
주주의적 가치와 이에 근거한 정치체제에 관한 법규범인 헌법에 대하
여 눈을 뜨게 해주셨던 서울대 법대의 은사이신 권영성, 김철수, 최대
권 교수님과, 역자의 어린 학부시절부터 격려 가운데 키워주신 서울
대 법대 김유성 학장님, 본서의 번역을 격려해주셨던 서울대 법대 황
적인, 양승규, 최종고, 신동운 그리고 안경환 교수님들께 진심으로 감
사의 말씀을 드린다. 또한 이 책의 부록으로 글을 실어주신 배재식 교
수님을 비롯한 여러 선생님들께 다시 한 번 감사를 드린다.

그리고 무엇보다도 성경에 대한 깊은 이해와 단순한 믿음의 본이 되
시는 하진승 선생님께 감사의 말씀을 드리지 않을 수 없다. 성경은 역
자로 하여금 인간의 법의 한계와 이를 뛰어넘는 하나님의 법을 알게

해주었다.

또한 요즘과 같은 출판사업의 불황기에 저자에 대한 존경의 표시로 기꺼이 출판하기로 결단해주신 ㈜지학사의 권병일 회장님께도 감사의 말씀을 드린다.

아울러 언제나 가까이 성원해주신 가족들께 감사하며 특히 원고정리와 교정 등의 실제적인 도움을 주며 따뜻한 격려로 힘을 더해준 아내와 건강하게 자라준 소현에게 감사의 마음을 전하고자 한다.

1999. 6.

역자 음선필(陰善㳍)

차 례
c o n t e n t s

차　　　례
c o n t e n t s

머 리 말

The World Revolution

1970년대 초반 미국에 도착한 이래 나는 이 책을 어떤 형태로든 쓰고 싶었다. 그 당시 워터게이트 청문회가 진행 중이었는데 법학자인 나는 그 절차에 관하여 알아가는 데 매료되었다. 그러나 여기서 발견한 사실들로 말미암아 매우 혼돈스러웠으며 또한 이로 인하여 이 거대한 사회에 무언가 크게 잘못되어가는 것이 있다고 느끼게 되었다. 오랫동안 하버드 법대 교수를 지낸 아내 헬렌 실빙(Helen Silving)과 더불어 그 사건의 처리과정에 나타난 여러 법적·윤리적인 문제점들을 발견하게 된 나는 그 사건이 갖는 많은 부적절한 점들을 받아들일 수 없었다. 소송절차에 의해 지켜지고 있다고 하는 바로 그 시스템이 내가 보기에는 회복될 수 없을 정도로 부서지고 있는 것같이 느껴졌다. 사건의 전체과정은 매우 불안정하게 여겨졌다. 이 과정에서 이 나라의 집행부가 서커스 같은 분위기에서 다름 아닌 언론매체에 의하여 소추(訴追)되고 유죄판결을 받고 있었다. 이 사건에 대하여 나의 법적 관심사를 상세히 언급하거나 입법부와 사법부에 의해 저질러진 큰 실수를 설명하는 것이 나의 목적은 아니다. 다만 이에 관하여 자세히는 지난 1993년에 세상을 떠난 아내 헬렌 실빙의 회고록을 읽어볼 것을 권한다.[1] 사실 우리는 본서를 함께 저술하려고 계획하였으나 그녀의 병으로 인하여 이 일은 완성되지 못하고 말았다.

한국과 일본에서 올리버 크롬웰의 혁명에 관하여 아주 자세히 연구하고서 그의 인물됨과 그가 싸우며 추구하였던 바를 크게 존경하게 된 나로서는 미국인이나 영국인이 크롬웰의 업적에 관하여 별로 알고 있지 못할 뿐만 아니라 그 자체를 별로 존경하지 않는다는 사실을 알고서 놀랐다. 그의 혁명은 위대한 혁명으로서 오늘날까지 우리에게 커다란 영향을 미치기 때문에 이에 주목할 필요가 있다고 느꼈다. 따라서 나는 친구이자 이웃인 빌 클래비(Bill Clabby)에게 도움을 청하기로 결심하였다. 그의 도움이 없었다면 이 책을 이렇게 빨리 마무리 지을 수 없었을 것이다.

빌은 샌디에고 캘리포니아대학교의 졸업생으로서 지금은 국제프로그램자문위원으로 일하고 있다. 그는 경제학자요 언어학자이며, 보르도대학에서 공부하고 세네갈에서 평화봉사단원으로서 일하였으며 일본의 아키다현(縣)에서 가르친 적이 있는 등 국제적인 업무에 열심히 종사해온 사람이다. 처음에는 내 자신이 직접 책을 쓰기 위해 필요한 컴퓨터를 고르고 사용하는 데 그의 전문적인 기술의 도움을 받으려 하였으나, 이내 이 책을 위한 연구와 저술을 해나감에 있어서도 많은 부분을 그의 도움에 의존하게 되었다. 비록 이 책이 완성된 형태가 아닌 것은 사실이지만—개정판을 기다려야만 한다—이 책의 완성기한을 맞

---

1 Helen Silving(with the cooperation of Paul K. Ryu), *Memoirs*(New York: Vantage Press, 1988). (김철수 교수의 서평 참조, 『법학』, 30권 1·2호, 1989—역주).

출 수 있었음을 기쁘게 생각한다. 이 책을 빠르게 편집해주고 주제에 대한 초점을 계속 유지하도록 도와주었던 빌의 아내인 죠안(Joan)에게 사의(謝意)를 표하고자 한다. 또한 이론적 틀의 일부에 자료를 제공해준 캐롤라인 워들(Carolyn Wardell)에게 더욱 감사하며, 뛰어난 편집기술로 도움을 준 레오나 플럼머(Leona Plummer)에게 감사한다.

한편 내가 가지고 있는 확신과 내가 취한 행동들을 이해하기 위해서는 나의 배경을 아는 것이 중요하다. 나는 학자로서 한국의 학문의 자유와 민주적 개혁을 위하여 노력하였다. 교수로서, 법대 학장으로서, 그리고 서울대 총장으로서 나는 민주적 가치에 깊은 관심을 가진 법조인을 가르침으로써 한국의 민주적 변화에 어느 정도 영향을 주고자 노력하였다. 많은 장애물들이 그때나 지금이나 존재하지만 한국인의 장래와 세계의 유익을 위하여 지속적인 민주적 변화가 이루어지기를 기대하며 내 자신이 더욱 노력하고자 한다.

나는 한국에서 1946년 서울대학교 창립교수진의 일원이 되었다. 한국의 민주화를 위하여 우선적으로 해야 할 일 중의 하나는 사법대학원(司法大學院)의 설립이었는데, 대학원이 1962년 4월에 설립된 것은 지금 생각해도 기쁜 일이다. 일본제국육군의 장교출신으로 해방 때 한국군에 편입된 박정희가 1961년 윤보선 대통령으로부터 권력을 빼앗았다. 그 후 그는 민간인으로 출마하여 가까스로 당선되었다. 이전 식민통치자였던 일본과의 국교정상화는 심각한 찬반논쟁을 불러일으킨 박 대통령의 정책의 요지(要旨)였다. 나는 국교정상화로 말미암아 한국이 자신의 잠재력을 세계에 널리 실현할 수 있으리라는 점에서 이 정책에 동의하였다. 폭력적인 항의집회가 분출하게 되자, 계엄사령관은 당시 법대학장인 내게 법대학생 14명을 제적하라는 내용의 서한을 보내왔다. 이때 나는 교수회의를 소집해서, 이를 거절할 것이며 또한 대통령에게 그의 정책이 대학과 학생들의 학문의 자유를 침해하는 것으로 간주된다는 서한을 보낼 것이라고 얘기하였다. 그 결과 서울대 법대만이 협력을 거부한 유일한 기관이 되고 말았다. 이를 보고서 다른 대학교들도 자신감을 갖고 정부당국에 항의하여 학생들의 제적을 취소하기에 이르렀다.

상황이 유리하게 되어가자, 항의시위는 점차 심각하게 더 격렬하고 파괴적인 양상을 띠게 되었다. 새로 등장한 구호들은 일본과의 국교정상화문제를 날카롭게 공격하였는데, 여기에는 북한의 영향을 받은 흔적이 있었다. 강력한 일본과 남한이 우호관계를 맺는 것을 북한이 두려워하고 있음은 익히 알려진 바다. 그래서 북한은 남한의 대학생들을 그들도 모르게 충동질하였다. 서울대에서 중대한 징계문제에 봉착하자, 나는 학생운동의 주동자들을 제적시키는 엄격한 조치를 취하기보다는 정학조치하기로 결심하였다. 잠시 동안 이 조치는 성공하였다. 항의시위로 인하여 조약의 체결이 2년이나 지체되면서 박정희 대통령은 일본과의 관계정상화를 거의 이루지 못하게 되었다. 이로 인하여 이상한 만남이 이루어졌다.

박 대통령은 1965년 8월 27일 나를 자신의 집무실로 초청해서 서울대 총장직을 제의하였다. 나는 그의 비서의 태도를 통하여 대통령이 전제적(專制的)인 경향을 가지고 있음과 그 직책에 나를 선택한 데에는 뭔가 냉소적인 정치적 목적이 있음을 확신하게 되었다. 또한 그를 만나기 직전에 학생들의 시위를 제대로 통제하지 못하였다는 이유로 그가 교육부장관을 해임하였음을 알게 되었다. 그래서 그가 총장직을 제의할 때 나는 세 가지의 엄격한 조건을 전제로 하여 수락하겠다고 말하였다. 첫째, 교수나 학생들에게 학문의 자유가 완전히 보장되어야만 한다. 그 자유가 없다면 총장직 수행을 거절하려고 하였다. 둘째는 총장직을 수행하면서도 강의를 담당하는 것이다. 왜냐하면 나는 한 달 후면 임기가 마치는 학장의 행정책임을 완수할 것을 오랫동안 고대해왔기 때문이다. 셋째로 나는 박 대통령과의 면담에 타인이 관여하지 않도록 그와의 직접적인 단독면담을 요구하였다. 그 밖에 나는 박 대통령이 교육부장관을 해임한 것 때문에 한 가지를 더 추가하였다. 그것은 대통령의 새로운 교육부장관 임명이 마음에 들 때까지는 제의를 수락하지 않겠다는 것이었다. 놀랍게도 그는 즉석에서 이 조건들을 수용하였고 내게 누구를 교육부장관으로 정하는 것이 좋은지 묻기까지 하였다. 나는 그러한 중대한 정치적 결정을 하는 것이 거북했다. 그래서 그가 제안한 후보자 중 한 명을 거부하고 다른 두 번째 사람을 받아들였다.

더 길게 설명할 것도 없이, 나는 일본과의 국교정상화안건에 대한 합의를 이루고 학생시위대 문제를 폭력 없이 풀기 위하여 서울대학교의 11개 단과대학과 9개 대학원의 교수들을 개인적으로 만났다. 불과 몇 주 후에 네댓 대학(원)을 제외한 모든 대학(원)에서 좋은 결과를 얻었다. 그리고 나머지 다른 곳에서도 원만한 양해가 잘 이루어지고 있었다. 나는 이러한 방식이 어떠한 엄한 관료적 간섭보다 훨씬 더 바람직하다고 확신하게 되었다. 그런데 박 대통령은 나를 자신의 집무실로 불러들여 내가 시위를 즉시 가라앉히지 않는 것을 장광설(長廣舌)로 비난하면서, 질서를 회복하기 위하여 서울대에 군대를 보내겠다고 위협하였다. 그의 말이 끝나자, 나는 불과 몇 주 전에 했던 그의 약속이 지켜질 것을 신뢰할 수 없다고 말하면서 총장직을 그만두겠다고 하였다. 내가 걸어 나오자 그는 달려와 나를 붙잡았다. 그리고 다소 안정된 듯한 모습을 보이면서 그는 어떻게 하면 이 일들을 성취할 수 있는지에 대한 나의 생각을 물었다. 나는 그가 경청하려는 것을 확실히 느낄 수 있었다. 그날 나머지 시간 동안 우리는 서로를 잘 이해할 수 있게 되었다.

그로부터 몇 주 후 나머지 다른 대학(원)들과 거의 의견일치를 얻게 되었고 캠퍼스에는 평화가 찾아들었다. 일본과의 관계정상화는 조약이 국회의 비준을 받는 것으로 진행되고 있었다. 다행히도 이 사건은 잘 마무리되었다.

그러나 선거가 다가오자 박 대통령은 선거를 준비하는 데 도움이 될 아첨꾼들과 함께 이전에 내가 거부하였던 인물을 새로운 교육부장관으로 임명하였다. 이러한 추세를 지켜보면서, 또한 내 자신이 박 대통령의 계획에 협력하지 않으리라는 것을 알았기에 나는 서울대 총장직을 사임하였다. 나를 총장직에서 물러가게 한 것만으로는 부족했던지, 그는 나의 교수봉급을 지급하지 않게 하였다. 그럼에도 불구하고 나는 계속 강의하였다. 얼마 후 나는 푸에르토리코에서의 안식년을 제의받아서 이를 수락하였다. 그곳에서 나는 후에 발표하게 된 법학논문을 몇 편 작성하였다. 한국에 돌아와 보니, 사태는 걷잡을 수 없게 되었다.

박 대통령은 학생시위를 제압하기 위하여 일단의 경찰병력을 전투대형으로 대학에 파견하였다. 몇 날 몇 주를 계속해서 나는 경찰이 대학구내에 머무는 것은 허용될 수 없다고 가르쳤고, 법대 학장에게 내 강의내용을 이야기하였다. 이후에 다시 박 대통령은 학문의 자유를 정면으로 침해하면서 대학에 병력을 보냈다. 그리고 몇 명의 학생들이 체포되었다는 사실을 알게 되었다. 나는 다음에 열린 전체교수회의에서 박 대통령이 행한 것은 범죄이며 따라서 그는 피소(被訴)되어 실형을 선고받아 투옥되어야 한다고 학장에게 말하였다.

그날 저녁 정보부의 기관원들이 학생시위대의 가족으로 가장하여 내 집에 찾아왔다. 나는 이것이 사실이 아니라는 느낌이 들어, 그들이 나를 잡으려고 집을 수색하기 전에 밖으로 도피하였다. 세 달에 걸쳐 은신하면서 나는 간신히 체포되지 않았고 피살되는 것도 모면할 수 있었다. 헬렌은 나를 안전하게 보호하기 위하여 미국 국무차관보 마샬 그린(Marshall Green), 그의 조수인 폴 클리브랜드(Paul Cleveland), 결정적으로는 전 주일대사 에드윈 라이샤워(Edwin Reischauer) 교수와 함께 애를 많이 썼다. 결국 나는 체포되었으나 놀랍게도 한국을 떠나는 것이 허용되었다. 이는 아마도 나를 위한 라이샤워 교수의 편지와 헬렌의 또 다른 노력의 덕택일 것이다.

이러한 모든 상황에서도 하나님께서는 내게 계획을 가지고 계셨으며 또한 나를 고난 중에서 보호하셨음을 믿고 있다.

서언 - 이론적 기초

The World Revolution

이 책을 쓰는 목적은 특히 최근 몇 세기 동안에 진행된 세계사의 발전의 의미를 필자의 이념적 세계관에 따라 밝히려는 것이다.

나중에 살펴보는 바와 같이(제3장), 세계의 여러 사건에 대한 우리의 일반적인 이해는 부정확하거나 혼동된 것일 수밖에 없다. 그 이유는 각 사건 사이에 있는 연관성에 대한 이해가 부족하기 때문이다. 이 글에서는 지난 350년 동안 근대에 이루어진 네 개의 세계혁명(世界革命), 즉 크롬웰혁명, 미국혁명, 프랑스혁명 그리고 러시아혁명을 살펴보려고 한다.[1] 일반적으로 이 네 혁명은 서로 관계없는 장소에서 상이한 시대에 일어난 별개의 격렬한 사회변화로 여겨지고 있다.

그러나 제1장에서 살펴보듯이, 이들은 상호 간에 밀접히 연결되

---

1 「혁명」이란 용어의 의미에 관하여는 Dale Yoder, "Current Definition of Revolution", *The American Journal of Sociology*, 30, Nov. 1926, pp. 433-442를 보라. 여기서 필자는 일반적인 용어례에 따르고 있다.

어 있을 뿐만 아니라 사실은 하나의 세계혁명에 이르는 일련의 단계라고 보는 것이 나의 견해이다. 예컨대 민요 「양키 두들(Yankee Doodle)」은 미국혁명전쟁 당시에 저절로 생겨난 것으로 이해되는 듯하다. 그러나 「양키 두들」이 이미 1645년 영국에서 올리버 크롬웰에 대한 희작(戲作, burlesque)으로 발생하였다는 사실과 이것이 미국혁명 동안에 다시 유행하였다는 사실은 매우 흥미로운 일이다. 영국혁명 당시 원래 말은 「낭키 두들(Nankey Doodle)」이었다. 나중 1775년의 보스톤 포위 때에 「낭키(Nankey)」가 「양키(Yankey)」로 바뀌게 되었다. 「양키(Yankey)」라는 말은 1713년 예일대학에서 학생들의 속어로 발생한 것이 명백하다.[2] 최종적으로 「양키(Yankee)」라는 말은 미국혁명 이후에 나타났다.

이러한 혁명들의 성격을 분석하기 전에 먼저 세계적인 사건들을 보다 정확하게 이해하기 위해서는 확실하고 분명한 방법론적 명제를 취하여야 한다. 세계사를 이해하는 데 가장 중요한 요소는 사실(事實)의 이해이다. 우리는 세계적인 사건들의 발전에 나타난 사실적인 요소를 찾아야만 한다. 예를 들면, 제임스 트래거(James Trager)의 『인류연대기(The People's Chronology)』[3]는 인류사의 여러 사실을 전반적으로 개관할 수 있도록 해준다. 이 책은 A.D. 50년부터 시작하여 1991년 말까지 각 연도에 발생한 주요 사건들을 기록하고 있다. 또한 선사시대(先史時代)까지도 다루고 있다. 그런데 선사시대의 경우에는 각 연도별로 발생한 각각의 사실을 기술하기가 쉽지 않아서, 이 책은 B.C. 3백만 년부터 시작하고 있다(이는 사실 고고학자의 보고서다).

----

2 Lyford P. Edwards, *The Natural History of Revolution*(New York: Russell & Russell, 1965), pp. 1–15.

3 James Trager, *The People's Chronology*(Henry Holt and Company, Inc., 1992).

직립보행의 오스트랄로피테쿠스 원인(猿人)이 선신세(鮮新世) 후기에 지구상에 나타난다. 앞발 대신에 엄지가 다른 손가락들과 맞닿는 손을 가지고 있어서 이들은 도구를 사용할 수 있다(그 화석이 1974년 에티오피아의 아와시(Awash)계곡에서 칼 요한슨(Carl Johanson)에 의하여 발견되었다. 또한 1975년에도 더 많이 발견되었다).[4]

이 기간 동안에 매년 발생한 사건들을 찾을 수가 없고 또한 연도를 추정하더라도 그 정확한 발생일자를 알아내기도 어렵다. 역사시대의 초기에 들어서면서 성경의 기록과 일치하는 사건들의 증거를 찾아보게 된다. 이러한 사건 중 최초의 것은 노아시대의 홍수이야기이다.

B.C. 13,600년 서반구 북부대륙의 대부분을 덮고 있던 빙하 대빙원이 급격히 녹아서 흐르게 된 빗물로 인해 갑자기 수면이 130피트 상승했고 대부분의 세계가 대홍수로 침수되었다(시기는 대략치이며 다소 추정된 것임).[5]

그러나 하나의 사실 또는 여러 사실을 인식하는 것 자체가 어떤 의미를 갖는 것은 아니다. 따라서 보다 해석적인 접근법(interpretative approach)이 필요하다.

이러한 근거는 혁명 및 우리 역사의 중요한 운동에 관한 사려 깊은 추론과 분석을 통하여 설명되어야 한다. 존 커레이(John Carey)의

---

4 Ibid., p. 1.

5 Ibid., p. 1.

『역사의 목격자(*Eyewitness to History*)』[6]에서는 세계의 정치적 · 사회적 운동 방향의 분석을 시작하기 위하여 일반적인 운동을 유형화하고 있다.

여기서 우리는 다시 방법론의 문제에 봉착하게 된다. 막스 베버가 가치중립적 방법론(value-free methodology)을 명확히 함으로써 학문으로서의 사회학에 얼마나 중요한 역할을 담당했는지는 잘 알려져 있다.[7] 그러나 우리의 방법론상의 문제는 사회학의 경우와 다르다. 우리는 그와 동일한 방법론을 사용하지도 않을 것이며 또한 사용해서도 안 된다. 우리의 단순한 목표는 가치지향적 판단이다. 즉 관련된 많은 요인들 중에서, 세계역사의 발전에 미친 여타의 많은 영향력 가운데 원동력(prime mover)을 발견하려는 것이다. 다시 말하자면, 우리 역사에서 원동력은 무엇인가? 만약 세계사에 관하여 권위적인 관점을 취하려면, 철학적일 뿐만 아니라 과학적이어야만 한다. 즉 우리의 지식과 결론이 광범위하여야 하고 심도 있어야 함을 의미한다. 어느 정도로 광범위하고 또한 얼마만큼 심도 있어야 하는가? 무엇보다

---

6 John Carey, *Eyewitness to History*(Cambridge, Mass.: Harvard University Press, 1988).

7 막스 베버는 처음에 『사회과학 및 사회정책 공보(*Archiv für Sozialwissenschaft und Sozialpolitik*)』라는 간행물에 논문 「개신교 윤리와 자본주의 정신(Die protestantische Ethik und der Geist des Kapitalismus)」(1904-1905)을 공표하였다. 또한 그는 제1차 세계대전 동안에 정치적으로 전쟁수행과 연관되어 있었다. 그는 학자로서 독일의 정치 방식 즉 영토합병론자의 전쟁 목적을 받아들일 수 없었다. 그래서 독일의 제국주의적 전쟁의 목적을 강력하게 반박하고, 정치에서의 정직을 용감하게 지지하였다. 독일의 패전 후, 그는 신헌법의 초안 작성에 협력하였다. 1920년 그의 사망 후, 그의 미망인 마리안(Marianne)이 막스 베버의 글들을 모아 세 권의 『종교사회학 논문전집(*Gesammel te Aufsätze zur Religionssociologie*, 3 vol. (1920)』을 편집하였다. 전술한 그의 유명한 논문은 제1권에 수록되어 있다. 그런데 사실간의 관계를 발견할 때면 그러한 가치개방적 방법론이 필요하다고 본다.

도 위대한 학자나 작가라면 모름지기 양심적이고 또한 겸손하려고 노력해야 한다. 독일의 유명한 시인 요한 볼프강 괴테의 경우를 여기에 인용하는 것이 불필요한 일은 아닐 것이다. 그는 『파우스트』[8]에서 성경을 다음과 같이 해석하고 있다.

성경에 기록되었으되, '태초에 말씀이 계시니라……' 여기서 벌써 나는 막히고 말았다. 누가 나를 앞으로 도와줄 것인가? 나는 그 말을 정확히 평가할 능력이 거의 없다. 그것을 다른 것으로 바꾸지 않으면 안 된다. 만약 내가 성경의 영감을 제대로 받은 거라면, 이 성경구절은 '태초에 의미(meaning)가 있느니라'라고 써질 것이다. 문장의 첫 줄부터 심사숙고해서 너무 급히 써내려가지 않도록 해야 한다.

이 표현은 모든 것이 결과를 가지고 있고 또한 창조되었음을 얘기하고 있지 않은가? 그래서 '태초에 권능이 있느니라'라고 기록되어야만 한다. 그러나 그렇게 쓰고 나자 여기에서 멈춰서는 안 된다고 스스로를 타이른다. 그 영감이 나를 도우신다! 다시 한 번 나는 그 조언을 이해하고는 확신 있게 쓴다. '태초에 행함이 있느니라'

한편 개신교의 개혁자인 존 칼빈(John Calvin)은 요한복음의 주석서를 썼다.[9] 칼빈의 신약성경 주석서 제4권 제1장은 첫 문단(제1절-제5절)의 의미를 설명하는 데 7면을 할애하고 있다. 그의 설명의 요

---

8 Goethe, *Faust*, ed. by Calvin Thomas, Part I (Heath's Modern Language Series, Boston, 1899), pp. 56-57.

9 칼빈은 『기독교제요』(*Institutes of the Christian Religion*(1536)) 이외에도 주석서를 썼다. 이 주석서는 칼빈번역공회에서 발간한 48권의 책(Edinburgh, 1843-1855)에 포함되어 있다. 필자는 여기에 제1장의 내용을 풀어서 요약하고 있다.

지는 다음과 같다: 태초에 말씀이 계시니라. 사도 요한은 이 서문에서 그리스도가 성육신(成肉身)하신 영원한 하나님임을 가르치기 위하여 그리스도의 영원한 신성(神性)을 선포하고 있다. 요한이 말하고자 하는 바는 하나님의 아들에 의하여 인류의 구속(救贖)이 완성되었음을 보여주는 것이다. 왜냐하면 그의 능력으로 말미암아 만물이 지은 바 되었으며, 또한 다름 아닌 그가 모든 피조물에 생기를 불어주어 만물을 질서 있게 유지하고 있기 때문이다. 나아가 그가 인간의 몸으로 있는 동안 자신의 능력과 은혜에 관한 대단히 놀라운 증거를 보여주었으며 심지어 아담의 타락과 실패 이후에도 아담의 후손들에게 결코 끊이지 않는 관용과 인자를 보여주었기 때문이다.

칼빈은 요한이 하나님의 아들을 「말씀(Sermo)」으로 부른다고 믿고 있다. 왜냐하면 첫째, 그는 하나님의 영원한 지혜와 뜻이기 때문이고, 둘째, 그는 하나님의 경륜의 명백한 형상이기 때문이다(필자는 하나님과 모세의 대화에서 모세가 「원컨대 주의 영광을 내게 보이소서.」라고 말한 것을 잊지 말아야 한다고 믿는다. 이에 대하여 하나님은 「네가 내 얼굴을 보지 못하리니 나를 보고 살 자가 없음이니라…… 네가 내 등을 볼 것이요, 얼굴을 보지 못하리라.」라고 대답하였다.[10] 산에서의 그러한 대화와 사건은, 이 세상의 일상사가 세계창조의 진행과정의 일부이며 인간은 하나님의 영역에 속하는 장래를 내다볼 수 없음을 의미한다고 필자는 이해하고 있다).

주지하는 바와 같이, 칼빈은 성경연구의 진정한 권위자이다. 요한복음 제1장 제1절—제5절에 대한 그의 해석은 뛰어난 저작물이다. 성경의 메시지를 해석하는 데 있어서 어떻게 괴테를 칼빈에 비할 수 있겠는가? 괴테의 잘못은 단지 성경의 의미를 오해한 것만은 아니다.

---

10 출애굽기 33장 18—23절.

보다 근본적으로는 자기 전문분야가 아닌 사항을 마치 알고 있는 것처럼 감히 해석하려 한 점이다.[11] 이 사실은, 그의 위대함이 그처럼 부끄러운 곡해(曲解)로 말미암아 크게 타격을 받았음을 간명히 보여준다.

다른 예로 유명한 영국 철학자 버트란드 러셀(1872-1970)을 들 수 있다. 비록 위대한 철학자일지라도 그는 신학자나 신앙심 깊은 학자는 확실히 아니었다. 그럼에도 불구하고 그는 자신의 책 『왜 나는 그리스도인이 아닌가(Why I Am Not a Christian)』서문 뒷부분에서 「나는 세상의 모든 큰 종교—불교, 힌두교, 기독교, 이슬람교 그리고 공산주의—가 진실치 않을 뿐 아니라 해롭다고 생각한다.」라고 밝힘으로써 종교의 가치를 노골적으로 폄하(貶下)하였다(심지어 공산주의를 종교와 결합시키고 있다).[12]

누구든지 이 소책자를 읽게 되면, 이내 러셀이 천박한 철학자임을 알게 된다. 만약 「그(그리스도)는 어떤 다른 사람들만큼 지혜롭지도 않았으며 또한 확실히 그(그리스도)는 최고로 지혜로운 것은 아니었다.」[13]라는 그의 논리를 받아들인다면, 그리스도의 가르침은 별로 또는 전혀 쓸모없다고 여기지 않으면 안 된다. 그와 같은 명성을 가진 자가, 그리스도의 가르침의 일부가 과거에나 현재에도 따르기가 어렵고 좀처럼 성취되지 않으므로 그의 가르침이 지혜롭지 않다고 말하면서 이러한 어리석은 결론을 지지하려고 한다는 것은 놀라운 일이다.

----

11 칼빈의 요한복음 주석서가 있다는 것을 괴테가 몰랐을 수도 있다. 그러나 파우스트가 1797-1801년 쓰여진 반면에 칼빈의 주석서가 약 244년 전인 1553년 쓰여졌음은 기록을 통해 알 수 있다.

12 Bertrand Russell, *Why I Am Not a Christian*(Simon and Schuster, 1957), Preface, p. v.

13 Ibid., pp. 16-17.

당시 수상 스탠리 볼드윈(Stanley Baldwin)이 「다른 빰을 돌려 대지」 않았다는 사실이나, 기독교국가에서 법원들이 「비판을 받지 아니하려거든 비판하지 말라」는 가르침을 따르지 않았다는 사실이 기독교가 무가치하다는 결론을 지지하는 것은 아니다. 기독교에 대해 완전한 무지를 드러내는 그런 말은 철학자이면서 학자인 그의 이름에 먹칠하는 셈이다. 게다가 그는 동성연애를 불법시하는 당시 영국법을 비판하면서, 「자위행위를 권하거나 지지하였다」.[14]

인간의 종교 일반(특히 기독교)에 대해 러셀이 제대로 이해하지 못한 것은, 과학적 추론이 종교의 분석에 직접 적용될 수 있다는 그의 무비판적인 가정에서 비롯한다. 그와 같은 사람은 결코 철학자라고 주장할 수 없다. 그는 기독교에 대하여 완전히 무지한 자이다. 성경에 대하여 그렇게 빈약한 지식을 가지고 어찌 기독교를 감히 비판할 수 있겠는가?[15]

----

14 또한 그의 *Why I Am Not a Christian*, ed. by Paul Edwards(1927)의 부록을 볼 것. 거기에서 러셀이 부도덕한 성의 옹호자임을 알 수 있고, 또한 그 점 때문에 1938-39년 바로 뉴욕의 시티 칼리지 교수직에 대한 그의 임명이 법원에 의해 취소되었음을 알 수 있다.

15 만약 러셀이 스스로 그리스도인이 아니라고 말한 이유를 아는 데에 관심이 있다면 최소한 위에 인용한 책의 한 페이지라도(예, 16면) 읽어보기 바란다. 거기에서 숱한 넌센스를 발견할 수 있을 것이다. 무엇보다도 러셀은 「역사적으로 그리스도가 일찍이 존재하였는지는 아주 의심스럽다. 설사 그러하더라도 그에 관하여 우리는 아무것도 알지 못한다. 그래서 나는 그 역사적 문제에 관해서는 관심이 없다. 그것은 매우 어려운 문제이다. 나(러셀)는 복음서에 쓰여진 그대로를 받아들이며, 복음서에 나타난 그리스도의 모습에 관심을 갖는다. 그곳을 보면 아주 지혜로운 것처럼 보이지 않는 몇 가지 사항들을 보게 된다.」(Ibid.)고 말하였다. 왜냐하면 그는 그리스도가 「당시 살아 있던 모든 사람들이 죽기 전에 영광의 구름 가운데 그의 재림이 일어난다고 확실히 생각하였다」고 분명히 믿었기 때문이다. 그때 러셀은 「인자가 오기 전에 너희가 이스라엘의 모든 도시를 다니지 못할 것이다.」를 인용하였다. 이 인용구는 「이스라엘의 모든 동네를 다 다니지 못하여서 인자가 오리라.」(마태복음 10:23)에서 인용하였을 것이다. 또한

상기한 책(주 14에 인용)의 부록에는, 러셀이 외국인이고 부도덕한 성의 옹호자라는 이유로 그의 선출을 무효로 하라는 납세자의 소송을 브루클린의 진 케이(Jean Kay) 여사가 뉴욕주대법원에 제기한 사실 때문에 그의 뉴욕시립대학 교수직 임명이 취소된 이야기가 실려 있다. 가장 중대한 기소이유(起訴理由)는 맥기한(McGeehan) 판사가 아주 의욕적으로 다룬 세 번째 기소이유였다. 다소 변명의 어조가 현저한 처음 두 가지의 기소이유와는 달리, 청소년을 타락시키는 자와 고등교육위원회에서 그의 후원자로 의심받는 자들로부터「도덕성」을 지켜야 할 상황에서 맥기한은 당시 영국과 뉴욕에서 불법시되고 있던「가증한 중죄인 동성연애」에 대항하는 맹렬한 전사(戰士)가 되었다.

우리가 세계사를 이해함에 있어서 성경으로부터 받은 두 가지 영향을 지적하는 것은 의미 있는 일이라고 생각한다. 그 첫째는 사해(死海) 이야기이다. 사해의 현상에 관하여는 어떠한 과학적 설명도 불가능하다. 바다, 호수, 못, 강 따위의 어떠한 자연상태의 수역에서도 생명체가 풍부하게 잘 자라고 있다. 이것은 자연스러운 현상이다. 그렇다면 사해 안에서는 어떠한 생명체도 자라지 못한다는 사실을 어떻게 설명할 수 있겠는가? 이 사실은 그것이 자연스러운 과정의 결과가 아님을 보여준다. 이 사실은 성경에 나오는 소돔과 고모라 이야기로 설

러셀은 「여기 서 있는 몇 사람들은 인자가 자기 나라에 들어가기 전에는 죽음을 맛보지 않으리라.」를 인용하였다. 이는 「인자가 아버지의 영광으로 그 천사들과 함께 오리니 그때에 각 사람의 행한 대로 갚으리라. 진실로 너희에게 이르노니 여기 섰는 사람 중에 죽기 전에 인자가 그 왕권을 가지고 오는 것을 볼 자들도 있느니라.」(마태복음 16:27-28)에서 나온 것이다.

예루살렘 성경이 각주 16e에서 정확히 설명하고 있듯이, 27-28절에는 두 가지 상이한 말씀이 왕국의 출현을 언급한다는 이유로 결합되어 있다. 처음 것은 심판 날에 관한 것이고, 두 번째는 '최후의 날'의 전조로서 예루살렘의 멸망에 관한 것이다.

명될 수 있다.[16]

두 번째는 서양철학의 중요한 두 가지 동향(動向)에 분명히 나타나 있다. 유럽대륙 철학의 정점, 즉 칸트철학은 철학에 대하여 연역적(演繹的)인 방식을 취하고 있다. 반면에 영미의 전통적인 경험철학의 산물인 찰스 퍼스(Charles Peirce)의 영미실용주의적 접근방식[17]은 철학을 귀납적으로 다룬다. 이와 같이 매우 중요하고 영향력이 큰 철학사조의 양대 학파간의 큰 차이에도 불구하고 둘 다 성경에서 비롯했음을 쉽게 인정할 수 있다. 칸트의 유명한 말인 「두 개의 사물(Zweidinge)」을 살펴보자.

두 가지 사물로 말미암아 나의 감정은 언제나 더욱 새로운 그리고 언제나 더해가는 경이(驚異)와 경의(敬意)로 가득 채워진다. 그리고 나는 자주 또다시 다음과 같이 생각하게 된다. 즉 나의 머리 위에서 빛나는 별들과 내 마음에 있는 도덕법칙.

이러한 표현은 그가 실천이성비판을 마무리하는 상황에서 자신의 위대한 철학저작[18]을 완성할 때 맺은 결어이다. 그 「두 개의 사물」의 의미는 다음과 같다.

칸트는 두 가지 법칙의 존재를 믿었다. 하나는 자연법칙(自然法則)이며 다른 하나는 도덕법칙(道德法則)이다. 전자는 인력의 법칙이나 한계효용체감의 법칙 등이 해당한다. 그 당시 칸트는 물리영역에

---

16 창세기 18:20-33, 19:1-29.

17 이러한 방법의 대표적인 학자들은 프랜시스 베이컨, 존 로크와 데이비드 흄이다.

18 *Kant Werke in Zwölf Bänden*, VII (Wiesbaden, Germany: Insel Verlag, 1956-1964), p. 300.

서 모든 물체에 영향을 주는 우주인력에 관한 뉴턴의 설명을 믿고 있었다. 천문학 법칙은 여기서의 첫 번째 「사물」의 의미이다. 한편, 두 번째 「사물」은 자신 안에 있는 도덕법칙(das moralische Gesetz in mir)이다. 칸트는 도덕법칙의 성격을 자세히 궁구하여 이와 관한 세 개의 주요 저작을 남겼다. 그 저작은 『선험적 분석(*Transzendentale Analytik*)』(칸트전집, 제3권, 107-115면)과 칸트전집 제7권에 들어 있는 『도덕형이상학의 기초(*Grundlegung zur Metaphysik der Sitten*)』, 『실천이성비판(*Kritik der Praktischen Vernunft*)』이다. 자연법칙(Naturgesetz)이 자연의 타율이라면, 도덕법칙은 무조건적 필연(das Unbedingtnotwendige)이다. 그것은 직접 규정된 정언명령(unmittelbar bestimmender kategorischer Imperativ)이어야 한다.[19] 자유, 영원, 그리고 하나님이라는 세 가지 전제 아래서 이 도덕법칙은 무조건적이며, 그것의 효력은 어떠한 숨은 동기에도 좌우되지 않는다. 그것의 핵심은 「일반적인 법칙을 이끌어낼 수 있는 격률(maxim)에 따라 행동하라」는 것이 되어야 한다.[20]

그러한 정언명령(定言命令)이 필연적인 이유는 단순하다. 만약 예컨대 「남을 해치지 말라」가 하나의 도덕적 명령이라면 그것은 단지 하나의 가언명령(假言命令)이어야만 한다. 왜냐하면 그것이 타당한 선택일 수 있는 몇 가지 상황이 존재하기 때문이다. 자기를 방어하는 경우나 공격자로부터 타인을 방어하는 경우에, 전체적인 해(害)를 줄이기 위하여 다른 사람을 해쳐야만 한다. 다음 두 사례가 이 문제를 잘 설명해준다. 첫째, 강도 A가 B를 죽이려 할 때 B는 총을 들어 A의 다리를 쏘아 꼼짝 못하게 함으로써 물리적으로 B를 죽이지 못하게 한

19 Ibid., VII, pp. 89-91.

20 성서의 「황금률」, 마태복음 7:12.

다. 둘째, 만약 A가 C를 강간하려 한다면 도덕법칙은 B에게 위기에 처한 C를 돕기 위하여 A를 해칠 것을 요구한다.

모든 지식인들은 칸트가 위대한 천재임을 인정하려 한다. 그런데 이 천재가 그리스도인이 아니라면, 그러한 절대적인 도덕법칙을 정언명령으로 확립할 수 있었겠는가? 사람들은 성경의 위대함을 깨닫기 시작할 것이다! 또한 사람들은 기독교의 복음에 나타난 가르침, 즉 거의 2천 년 전에 선포된 도덕법칙을 이해하려고 애쓰는 데 거의 1,800년을 소비하였던 인간의 어리석음을 깨달을 것이다.

이와 동일한 면이 영미의 실용주의에서도 관찰된다. 프랜시스 베이컨 경은 영미경험주의적 철학방식의 선구자로 간주될 수 있다. 독실한 로마가톨릭 신자인 베이컨의 주된 활동과 실제 그의 경력은 정치 주위를 맴돌았다. 특히 영국교회의 중심부를 로마가톨릭교로 바꾸려고 노력하였던 그는 엘리자베스 여왕에게 그러한 방향전환을 고려해볼 것을 권하기도 하였다. 스튜어트왕조가 시작될 때, 그는 1607년 제임스 1세로부터 오랫동안 탐냈던 법무차관 직위를 얻게 되었다. 그러나 그는 왕이 대권을 법으로부터 받는 것이 아니라 하나님으로부터 직접 받는다고 주장함으로써, 왕권신수설을 옹호하는 무리들의 지도자로 악명이 높았다. 후에 그는 뇌물죄로 유죄선고를 받아 런던탑에 수감되었다. 그럼에도 불구하고 그는 1626년 사망하기 전, 5년 동안 은퇴를 전후로 하여 몇 차례에 걸쳐 문학·철학서적의 저술에 헌신하였다. 그는 30여 편이 넘는 철학논문과 책을 썼는데, 그러한 것으로는 인식론을 개척한 작품으로 유명한 『학문의 진보(The Advancement of Learning)』가 있다. 바로 그로 더불어 경험주의 철학이 시작되었다.

이러한 계보에서 가장 영향력 있는 철학자이면서 중심적인 인물은 존 로크였다. 그는 임마누엘 칸트의 비판철학뿐 아니라 프랑스와 미국혁명의 지도자들에게도 영향을 끼쳤다.

비록 로크의 아버지는 왕당파 군대에 속하여 싸웠으나, 로크는 자기 아버지의 가톨릭 신앙을 따르지 아니하고 자기 자신의 자유주의적 철학을 발전시켰다. 옥스퍼드대학교 학생으로서 그는 크롬웰혁명으로 인해 일어난 사회의 철저한 변화를 관찰하면서 자신의 의견을 형성하고 당대 사건들에 관하여 논술하기 시작하였다. 그의 출판된 저작 중에는 『관용에 관한 서한(*A Letter Concerning Toleration*』(1689)이 있다. 또한 그는 『기독교의 합리성(*The Reasonableness of Christianity*)』(1695)과, 가장 유명한 『인간오성에 관한 논의(*Essay Concerning Human Understanding*)』(1690)를 썼다. 이들 모두는 대부분의 유럽역사를 통하여 서로 심하게 싸워온 기독교의 다양한 집단들을 통합하고자 하는 그의 열망을 보여준다. 원래 의사로 훈련되었던 그는 1667년 샤프트버리 경의 주치의가 되었다. 찰스 2세와 사이가 틀어지게 된 이후, 샤프트버리 경은 홀란드로 도피하였고 그 뒤를 따라서 로크는 1684년 도피하였다. 1688년 명예혁명 때에 윌리엄 오렌지가 영국에 왔는데, 그 뒤를 이어서 1689년 로크가 귀국하였다. 그는 죽을 때까지 영국에 머물면서 많은 철학저작을 남겼다.

존 로크가 프랑스와 미국혁명에 영향을 끼쳤다는 사실을 아는 것은 매우 중요하다. 그가 미국혁명가들과 미국헌법의 제정자들 그리고 프랑스혁명가인 장 자크 루소와 프랑수와 볼테르의 조언자였다는 점에서, 그는 참으로 이 두 혁명의 아버지이다.

200년이 채 못 되어서 영국의 전통적인 경험주의 철학은 미국에서 실용주의 철학으로 발전하였다. 그 창시자인 찰스 퍼스(Charles Peirce)(1839-1914)는 원래 1859년 하버드대학과 1883년 하버드의 로렌스 과학원을 졸업한 물리학자였다. 저술가로서 그는 1870년대 초반에 「실용주의적 격률(Pragmatic maxim)」을 공표하였는데, 이 점에 관하여 그는 39세에 그의 유명한 논문인 「어떻게 우리의 관념을 명료하게 할 수 있는가(*How to Make our Ideas Clear*)」(1878), 그 후에 「실용주의의 핵심(*The Essentials of Pragmatism*)」에서 상세히 설명하려고 애썼다. 그의 실용주의는 사상의 적절한 의미에 관한 매우 이론적인 검토이다. 실용주의라는 명칭은 칸트의 「실천이성(praktische Vernunft)」과 영국의 경험주의자들로부터 기인한다. 1898년 윌리엄 제임스(William James) 역시 이 관념을 사용하면서 미국에서 뛰어난 실용주의 철학자 중의 하나로 알려졌다. 데카르트 식의 생각과는 대조적으로 그는 신앙이 그 결과로서 행동을 낳지 않는다면 의미가 거의 없다고 말하였다. 미국 실용주의의 요지도 역시 원래 성경에서 비롯하였다. 그리스도는 일찍이 가르치기를 「나무도 좋고 실과도 좋다 하든지, 나무도 좋지 않고 실과도 좋지 않다 하든지 하라. 그 실과로 나무를 아느니라.」라고 하였다.[21]

앞에서 유명한 인물들(괴테와 러셀)을 인용한 까닭은 인류의 근대 역사에서 그토록 많은 불행과 비극이 인간의 이해 그 자체의 곤란함에 기인하였음을 보여주려는 것이었다. 우리가 인간의 행동을 정확하게 묘사하려고 하면 상호 간에 의사소통(意思疏通)하는 인간의 능력에 의문을 갖게 된다. 우리 시대의 중요한 인물조차도 실수를 할 수 있다면 하물며 평범한 사람은 더욱 그렇지 않겠는가. 이러한 인간의 기본적인 약점 외에도, 사람들의 메시지를 불명료하게 하고 왜곡하며 또한 부정확한 의미를 과장해서 보여주는 미국의 대중매체체제를 거론하고자 한다. 사람들은 언제나 있게 마련인 이와 같은 언론매체로

---

21 마태복음 12:33-34.

부터 다소간에 영향을 받는다. 후에 살펴보는 바와 같이, 워터게이트 사건 당시 이른바 「미국체제」[22](언론매체에 의하여 강하게 영향을 받음)는 이 나라에서 매우 중요한 요소로서, 사건을 밝히는 것과 관련하여 많은 편견을 만들어냈었다. 철학적으로 볼 때에도 우리가 서로 의사소통하는 것은 거의 불가능하다. 루드비히 비트겐슈타인(Ludwig Wittgenstein)은 이러한 현상을 철학적으로 탐구한 것으로 유명하다.[23] 그는 심지어 일상적인 의사소통조차 우리가 상상하는 것보다 얼마나 낮은 수준으로 이해될 수 있는지를 분석하고 있다. 예컨대 A가 B에게 자신이 복통을 걸렸다고 이야기할 때, B는 A가 이를 어떻게 느끼는지를 이해하고 있다고 생각할 수 있다. 그러나 B는 A의 마음과 몸 안에 실제로 있지 않기 때문에 이것이 어떻게 느껴지는지를 실제로 이해할 수는 없다. 의학도 최근에서야 남자와 여자가 고통을 얼마나 다르게 느끼는지, 그리고 남자와 여자가 일반적인 여러 고통·치료에 어떻게 반응하는지를 발견하게 되었다. 이러한 것들은 의사소통이 실제로 얼마나 어려운지를 보여주는 몇 개의 예에 불과하다.

　민주주의에서 국민들이 제대로 섬김 받기 위해서는 자신의 대표자에게 자신의 필요나 욕구를 계속적으로 분명히 밝혀야 하기 때문에, 다른 어떤 통치체제보다도 지속적인 의사소통과 선명함이 요구된다.

---

22 제3장에서 우리들의 정치생활의 핵심요소들을 검토하고자 한다. 특히 워터게이트 사건 기간에 미국의 대중언론매체는 리처드 닉슨을 대통령직에서 축출하는 데 중요한 역할을 담당하였다. 닉슨이 마침내 사직하기로 결심하고 백악관을 떠나려 할 즈음에, 미국 대중언론매체들은 하나같이 「미국체제가 작동하고 있다」고 선언하였다. 「미국체제」란 무엇인가? 그것이 작동하고 있는가? 그것은 도대체 무슨 의미인가? 이러한 점들이 의문사항이다.

23 Ludwig Wittgenstein, *Philosophical Investigations*, translated by G. E. M. Anscombe(Oxford: Blackwell, 1968, c1958).

의사소통을 통하여 모든 지체들을 연결하는 신경망의 연결이 없으면 전제정치(專制政治)로 부패하게 되는 민주주의는, 생각하는 지체들로 이루어진 살아 있는 몸체이다. 이러한 점에서 볼 때, 현재 미국사회와 정치·선거제도에 영향을 주는 정보를 공급하는 신경망인 대중언론 매체의 형태에 관하여 살펴볼 필요가 있다. 오늘날 미국 정치체제는 지겨운 모습을 보여주고 있다. 미국체제가 민주국가의 모습을 반영하고 있다고 말할 수 있겠는가? 예컨대 1996년 11월의 대통령선거 동안에 선거정치의 일정이 민주적 방식으로 진행되었는가? 지난 선거에서 여론조사가의 계산은 처음부터 확실히 중요한 역할을 하였다. 일반투표자는 그 계산이 정확한지, 어떤 방법이 사용되었는지, 또한 주요 언론매체그룹이 이 과정에서 어떠한 역할을 하였는지를 알지 못한다. 그럼에도 불구하고 그들은 그 계산에 따라 투표하였다. 이것은 또한 미국 국민들 간의 기본적인 의사소통에 나타난 혼동의 수준의 문제를 제기한다. 우리의 의사소통이 혼동될 수 있는 방식은 여러 가지가 있다. 즉 차원적으로, 문맥적으로, 인식론적으로, 그리고 철학적으로. 이것에 대한 검토는 나중으로 미루기로 한다(제3장). 지금은 근대에 어떤 유형의 주요 사건이 발생하였는지를 계속해서 살펴보기로 한다.

제 1 장 개 관

The World Revolution

유럽 정치세계의 초기에, 마치 민주주의의 신세계가 동터오는 것처럼 자유의 횃불을 든 케임브리지의 「귀부인」이 있었다. 그 「케임브리지의 귀부인」은 여자가 아니라 잘생기고 세련된 용모를 지닌 존 밀턴이라는 젊은 케임브리지 대학생이었다. 찰스 1세가 처형당한 2주 후 1649년 2월 13일에 밀턴은, 주권(主權)이 항상 인민에게 있고 인민은 이를 통치권력자에게 위임하고서 만약 그것이 남용되면 독재자를 폐하거나 심지어 처형할 수 있다는 것을 지적하는 팸플릿을 썼다. 후에 살펴보는 바와 같이[1], 1642년 8월에 이미 찰스 1세는 의회와 영국인민에 대하여 공식적으로 전쟁을 시작하였다. 그 전쟁은 두 차례 내전을 치르면서 몇 년을 끌었다. 마침내 이 분수령의 기간이 끝나게 되었다.[2] 이제 영국의 정치적 조직체(body politic)는 크롬웰의 참신한 이념에 따라 움직이기 시작하였다. 그것은 군주제와, 그와 상호관계가

---

1 이 점에 대한 보다 자세한 분석에 관하여는 제2장을 볼 것.

2 자세한 것은 뒤의 제2장 A절을 볼 것.

있는 상원을 공식적으로 일소(一掃)하였다. 왕국의 새로운 옥새는 하원의 수중에 들어가게 되었다. 세계의 다른 지역은 여전히 어두운 중에 잠자고 있는 동안에 민주주의의 씨가 영국의 토양에 뿌리내리게 되었다. 주로 가톨릭교회가 정치세계를 주도하던 유럽에서뿐만 아니라 세계의 다른 이교지역들에서도.

여기에서 민주주의 이념을 살펴보는 것이 중요하다. 민주주의는 어떻게 나타났으며, 그 기초는 무엇인가?[3] 이와 관련해서 우리는 하나님께서 인류역사의 전개에 어떠한 방식으로 역사(役事)하셨는지를 이해하여야 한다. 아담의 타락 시에 전지전능하신 하나님은 아담이 「선과 악」을 알기로 결심할 것과 에덴동산에서 쫓겨날 것을 이미 알고 계셨다. 이는 인간이란 도덕적인 삶을 영위하고 악 대신에 선을 선택하기 위하여 부단히 노력하지 않으면 안 된다는 사실을 의미한다. 이러한 높은 수준의 원리에 따라 그는 의로운 사람으로 하여금 신구약의 여러 가르침에 나타난 도덕법을 실천하도록 꾸준히 도우셨다. 의인 노아는 악인들이 홍수로 죽을 때에 구원받도록 하나님께 택함을 받았다. 아브라함은 많은 민족들의 조상이 되리라는 언약을 받았고, 그 예언이 성취될 자신의 독자를 희생제물로 드리라는 요구를 받을 때 어려운 믿음의 시험을 겪었다. 야곱은 여러 차례 죽음에서 건짐을 받고, 자신의 믿음과 도덕성 때문에 생긴 모든 어려움을 무릅쓰고 장자의 직분을 수행하는 데 필요한 도우심을 입었다. 때때로 우리 역사에서 하나님의 사람들은 하나님의 섭리에 따른 관여 가운데 국가를 이끌었다. 유럽세계의 역사를 통하여 가톨릭교회가 고대와 중세에 기독

---

3 Paul K. Ryu and Helen Silving, "The Foundations of Democracy: Its Origins and Essential Ingredients", 서울대학교 『법학』, 33권 1호, 1992. 3(번역문은 음선필 역, 민주주의의 기초: 그 기원과 본질적 요소, 『저스티스』(한국법학원), 28권 2호―역주).

교 도덕의 교사로서 중심적인 역할을 수행하였음을 알 수 있다. 그러나 인류가 진보할수록 이러한 가르침의 성격도 진보를 겪게 되었다. 마르틴 루터는 성경의 순수한 영감으로 복귀하기 위한 사회의 재구성을 의미하는 종교개혁의 불꽃을 점화시켰다. 곧이어 존 칼빈은 이러한 개혁을 수행하게 될 활동적인 「성도(聖徒)」의 고유한 역할을 넓힘으로써 위의 비전을 발전시켰다. 그는 오늘날 세계의 민주주의로 이어지는 근대의 급진적인 정치운동 이론의 아버지가 되었다. 후에 살펴보는 바와 같이, 올리버 크롬웰은 세계에서 큰 나라인 영국에서 이러한 변화를 처음으로 이루어냄으로써 새로운 전망을 열어주었다.

무엇보다도 구약이 히브리 민족과 이스라엘 국가의 역사서임을 인정하여야만 한다. 선지자 예레미야가 예언하였듯이,

구스인이 그 피부를,
표범이 그 반점(斑點)을 변할 수 있느뇨?
할 수 있을진대, 악에 익숙한 너희도 선을 행할 수 있으리라.
그러므로 내가 그들을 사막 바람에 불려가는
초개(草芥)같이 흩으리로다.
여호와께서 가라사대,
이는 네 응득(應得)이요 내가 헤아려 정하여 네게 준 분깃이니,
네가 나를 잊어버리고
거짓을 신뢰하는 연고라.
그러므로 내가 네 치마를 네 얼굴까지 들춰서
네 수치를 드러내리라.
내가 너의 간음과 사특한 소리와
들의 작은 산 위에서 행한 네 음행의 비루(鄙陋)하고 가증한 것을

보았노라.

화 있을진저, 예루살렘이여!

네가 얼마나 오랜 후에야 정결하게 되겠느뇨?[4]

UN에 의하여 이스라엘 공화국이 유대인 국가로 성립될 때(1948)까지 유대인은 흩어진 민족, 이산민족(Diaspora), 고난당하고 멸시당하는 민족으로서의 오랜 역사를 가지고 있었다. 앞에 언급한 논문 「민주주의의 기초(The Foundations of Democracy)」에서 지적하였듯이, 유대민족의 「하나님과의 계약」이 구약의 주제어이다.[5] 이러한 계약적 관계와, 이와 관련된 상호교환(give-and-take)이 그들의 역사에서 매우 일찍이 시작하였음을 아는 것이 중요하다. 모세가 하나님으로부터 십계명을 받았을 때, 이스라엘 민족은 처음에는 이를 거절하였으나 후에 이를 받아들임으로써 하나님과 이스라엘 민족 간에 계약이 성립되기에 이르렀다.

프랑스혁명의 지도이념의 하나인 장 자크 루소의 사회계약은 구약의 「사회계약」에서 유래한다.[6] 하나님은 이 세계의 창조자로서 우리 세계역사의 발전을 인도하여왔다. 그렇다면 "하나님이 인간역사의 형성에 얼마나 적극적으로 참여하여왔을까?"라는 의문을 품을 수 있다. 이에 답하기 위하여, 우리는 인간의 개인적 또는 집단적인 삶에 나타난 하나님의 역할과 비교하여 인간행동의 모든 유형을 분석하지 않으면 안 된다. 이로부터 하나님과의 관계에서 사람의 거룩함을 다섯 등급으로 분류하게 된다.

---

4 예레미야 13:23-27.

5 The Foundations of Democracy, pp. 81-86.

6 Ibid., pp. 86-98.

하나님은 자신의 형상에 따라 인간을 창조하였고, 또한 개인적으로나 집단적으로나 인간의 인생여정을 인도하는 데 자비로이 함께하기를 원하신다. 하나님이 인간에게 자유의지(自由意志)를 주었기 때문에, 이러한 하나님의 노력과 하나님의 은혜에 대하여 인간이 보이는 반응에 따라 후에 명시하게 되는 거룩함의 다양한 수준이 나타나게 된다. 첫째 그리고 최고의 수준은 「하나님의 사람」이라 부르게 될 하나님의 사자(使者)들이다. 그러한 사람들로는 모세, 여호수아, 갈렙, 사사들(옷니엘로 시작하여 삼손으로 끝남), 엘리야(보통 이스라엘의 선지자로 이해되고 있으나, 그는 하나님의 사자의 역할을 여러 차례 수행하였다는 점에서 하나님의 사자로 구별되어야 할 것이다)가 있다. 특히 예수에 의하여 만물을 돌이키고 회복시키는 자인 엘리야로 동일시된 세례 요한이 이에 해당된다.[7] 이외에도 그리스도의 12제자(가룟 유다는 제외하고)를 물론 포함하여야 한다. 이 중 10명[8]은 자신

---

[7] 마가복음 9:2-13.

[8] 그들의 순교에 관한 핵심적인 사실들을 아는 것이 중요할 것이다.

1. 베드로(Peter). 원래 시몬(Simon)이라 불렸던 그는 벳새다 동네 출신이었다. 「베드로」라는 이름은 반석에 해당하는 그리스어(petra)이다. 그는 수제자로서, 세베대의 아들들인 요한·야고보와 함께 세 명의 핵심멤버 중의 하나로 알려져 있다. 그는 선교사로서 중요한 역할을 수행하였으며, A.D. 64년 네로 치하로 추측되는 시대에 로마에서 순교하였다(요한복음 21:18-19, 베드로전서 5:1, 13).

2. 야고보(James). 세베대의 아들이며 요한의 형이다(마태복음 4:21, 10:2, 17:1, 마가복음 3:17, 5:37). 그는 헤롯 아그립바에 의하여 순교당한 최초의 제자였다(사도행전 12:1-4). 예수께서는 야고보가 왜 세 명의 핵심멤버 중의 하나가 되어야 할지를 이미 알고 계셨다.

3. 빌립(Philip). 베드로·안드레와 함께 벳새다 출신이다. 원래 그는 세례 요한의 제자였다. 그는 자신의 친구 나다나엘(바돌로매)을 예수께 데려왔다.

4. 바돌로매(Bartholome). 빌립의 친구로서 그에 의하여 예수께 소개되었다. 그는 인도에서 선교사역을 하였으나, 아르메니아에서 강탈당하여 죽은 것이 분명하다.

5. 안드레(Andrew). 베드로의 형제이다. 요한의 설명에 따르면, 그는 처음에 「하나님의

의 신앙 때문에 순교하였는데, 오직 요한만이 요한복음과 요한계시록
을 쓴 밧모섬에 유배되어 살아남았다. 마르틴 루터와 존 칼빈도 하나
님의 사람으로서, 모든 종교개혁의 운동을 성서적인 이상(理想)에 맞

....

어린 양을 보라」는 세례 요한의 말을 들은 후 예수의 제자가 되었다. 그 후 안드레는 자
기 형인 시몬을 찾아 「우리가 메시야를 만났다」고 말하며 그를 예수께로 데려왔다(요한
복음 1:35-41). 그는 아가야에서 십자가형으로 순교하였다.

6. 도마(Thomas). 실제적이고 현실주의적인 제자로 알려져 있다(요한복음 20:24-29
참조). 그는 인도에서 사역하였다고 전해진다.

7. 마태(Mathew). 원래 세리였다가 예수를 따르게 되었으며 마태복음을 기록하였다.

8. 야고보(James). 알패오의 아들로서 어린 야고보라고도 불렸다. 그는 「예수의 형제」
로서 예루살렘의 초대감독이자 예루살렘교회의 유일한 지도자이었으며 몇 년 후에 순
교하였을 가능성이 크다(여기서 「형제」는 사촌을 의미할 수도 있다). 알패오는 글로바와
동일인물이다(요한복음 19:25). 글로바가 목수 요셉의 동생이었기에, 그는 예수의 형제
일 가능성이 크다.

9. 시몬(Simon). 「열심당원」(셀롯, the Zealot, 누가복음 6:15, 사도행전 1:13) 또는 「가
나안인」(마태복음 10:4, 마가복음 3:18)이라고도 한다. 그는 민족주의자인 셀롯당(the
Zealot Party)의 일원이었다. 파리에서 순교하였다.

10. 다대오(Thaddaeus) 또는 유다(Judas). 사도들의 명단 두 군데에 그의 이름이 다대
오로 기록된 반면 (마태복음 10:3, 마가복음 3:18), 누가복음 6:16에서는 「야고보의 아
들 유다(Judas)」로, 사도행전 1:14에는 「야고보의 아들 유다(Jude)」로 언급된 사실 때문
에 그 이름에 관한 혼동이 일어나고 있다. 아마도 그는 신약의 끝에서 둘째 편인 유다
서의 저자일 가능성이 있다. 그러나 이에 관하여 역시 성서학자들 간에 의견의 대립이
있다. 다대오라는 이름은 아람어 tad에서 비롯하였으리라 본다. 이것은 여성의 가슴을
뜻하는데 바로 따뜻한 인격과 아주 여성스러운 헌신을 의미한다. 그의 정확한 일대기
는 알려져 있지 않으나 순교하였으리라고 본다.

11. 처음 12사도에 포함되지 않았던 성 바울도 「이방인의 사도」로, 그리고 그들(하나님의
사람들) 중의 하나로 여겨지고 있다. 바울은 초기 기독교에서 가장 효과적인 선교자요,
교회의 첫째가는 신학자였다. 그는 그리스도의 12제자에 들지 않았으나, 다마스카스로
가는 도중에 택함을 입었다. 그 길에서 빛이 하늘로부터 갑자기 그를 둘러 비칠 때 「왜
네가 나를 핍박하느냐?」라는 음성을 듣게 되었다. 이처럼 그의 회심은 극적인 것이었다
(사도행전 9:3-19을 볼것). 그 역시 나중에 A.D. 67년으로 추정되는 때 두 번째 투옥이
끝날 무렵에 처형당하였다.

추었다. 또한 근대의 올리버 크롬웰과 조지 워싱턴도 하나님의 사람에 포함하고자 한다.[9]

거룩한 사람의 두번째 부류는 선지자들임에 틀림없다. 그들도 하나님의 사자와 같은 사람이지만, 그들의 활동은 시간적으로나 본질적으로나 제한되어 있다. 그들은 인간 세계와 하나님 세계 사이에서 의사 소통의 통로로서 섬겼다. 이에는 네 명의 위대한 선지자가 있다. 즉 이사야(B.C. 765년), 예레미야(B.C. 7-6세기), 에스겔(B.C. 593년)과 다니엘이다. 이사야와 예레미야는 히브리 예언의 두 거인으로 알려져 있다. 에스겔의 예언은 전적으로 바빌론에서 성취되었으며, 다니엘서는 부활에 관한 거대한 전망과 「하늘의 구름과 함께 임하는 인자(人子)와 같은 이」에 관한 예언과 같은 감동적인 예언을 보여주고 있다. 소선지자들은 하나님의 거대한 계획 안에서 각자의 메시지와 일정한 지위를 가지고 있다. 호세아는 부정한 아내로 말미암은 자기의 경험을 이끌어내면서 여호와의 백성의 신실치 않음을 선포하고 있다(여로보암 2세로부터 B.C. 721년까지). 요엘은 여러 민족에 대한 심판과, 여호와와 이스라엘의 승리의 상징으로서 메뚜기 재앙을 말하였다. 아모스는 그 당시 여로보암 2세(B.C. 783-743년) 때의 타락과 사회적 부정의를 정죄한 반면에, 오바댜는 예루살렘 멸망 이후에 있을 에돔의 침입을 말하였다. 요나는 B.C. 4세기에 하나님의 보편성, 그의 능력과 자비를 얘기한다. 그리고 미가는 이스라엘의 멸망을 종교·사회생활의 타락에 대한 심판으로 보았다. 나훔은 B.C. 612년 니느웨의 함락 직전에 그 멸망을 예언하였다. 하박국은 악인들의 필연적인 멸망과 함께 그들의 성공을 한탄하였다. 선지자 스바냐는 죄를 하나님에 대한 거스림으로 인식한다는 점에서 예레미야에 앞선다. 그

9 그들의 정치적 활동은 제2장에서 기술하기로 한다.

리고 바빌론 유수(幽囚) 이후의 최초 선지자인 학개는 성전을 중건할 것을 역설하였다. 민족회복과 이스라엘의 대적을 논하는 선지자인 스가랴는 B.C. 520년과 517년 사이에 사역을 하였고, 약 B.C. 5세기 중반에 「여호와의 날」을 고대하는 말라기로 이어졌다. 그러나 확실한 최후의 선지자는 예수에 의하여 「그리스도의 나타나심과 함께 새로운 질서에 자리를 양보하게 된 옛 세상의 선지자와 선구자 중에서 최후」[10]라고 설명된 세례 요한이었다. 또한 그는 「내가 너희에게 말하노니, 여자가 낳은 자 중에 요한보다 큰 이가 없도다. 그러나 하나님의 나라에서는 극히 작은 자라도 저보다 크니라.」[11]고 말씀하셨다.

성인의 셋째 부류는, 하나님이 그 기도와 행위를 인정하사 「그들이 노예 감독으로부터 자유롭게 되기를 간구하는 것을 들어주시는」 사람들이다.[12] 나중에 신명기 32:39에서, 하나님은 「이제는 나 곧 내가 그인 줄 알라. 나와 함께하는 신이 없도다. 내가 죽이기도 하며 살리기도 하며 상하게도 하며 낫게도 하나니 내 손에서 능히 건질 자 없도다.」라고 말씀하신다. 이는 누구든지 하나님께 기도의 응답을 받는 자는 이 범주에 속한다는 사실을 의미한다.

나머지 두 부류는 거룩함에 있어서 하나가 다른 하나보다 우위에

....

10 이 인용문은 Comay and Brownrigg, *Who's Who of the Bible*, pp. 222–3에서 인용되었다.

11 누가복음 7:28. 세례 요한은 유대인들에게 예수 그리스도를 알려주는 삶을 살았다(마태복음 3:1–17, 4:12 참조).

12 출애굽기 3:7–8. 「여호와께서 가라사대, '내가 애굽에 있는 내 백성의 고통을 정녕히 보고 그들이 그 간역자로 인하여 부르짖음을 듣고 그 우고를 알고 내가 내려와서 그들을 애굽인의 손에서 건져내고 그들을 그 땅에서 인도하여 아름답고 광대한 땅, 젖과 꿀이 흐르는 땅 곧 가나안 족속, 헷 족속, 아모리 족속, 브리스 족속, 히위 족속, 여부스 족속의 지방에 이르려 하노라'」

서 있는 것으로 이해되어서는 안 된다. 오히려 하나님과의 연합에서 어느 정도 벗어난 상태의 다른 두 모습으로 이해하여야 한다. 다음의 두 부류를 포함하는 것이 모순된 표현을 하는 것처럼 들릴 수도 있지만, 이 두 가지는 인간행동의 모든 유형을 분류하는 데에 필요하다. 그 행위가 하나님이 보시기에 악하다고 판단되어 하나님께서 멸하신 자들이 있다. 이러한 경우는 거룩한 상태와는 정반대되는 지점에 위치하면서, 거룩함의 정도에 관하여는 네 번째 부류로 분류될 것이다. 끝으로 다섯 번째 즉 마지막 부류의 사람들이 있는데, 이들은 인간역사에 하나님이 관여하는 영역 바깥에 처한 자들이다. 그렇다고 하나님의 손이 미치지 못하는 어떤 영역이 있을 수 있다고 오해하여서는 안 된다. 오히려 이것은 한 인간의 삶과 죽음의 특정한 사건에 하나님께서 직접 관여하지 않으신다는 사실을 의미한다. 그러한 예로 우연히 발생한 벼락과 같이 단순한 자연적인 사건으로 사람이 죽는 것을 들 수 있다. 그러나 우연하게도 사람의 목숨을 앗아간 폭풍이라는 이러한 사건조차도 바로 자연을 창조하신 하나님의 세계적인 계획에 속한다.

네 개의 세계혁명이 하나의 세계혁명에 이르는 일련의 단계임은 전술한 바와 같다. 먼저, 철학적으로 볼 때 문제되는 것은 A와 B가 하나로 동일시될 수 있는가이다. 비록 예컨대 수학에서는 $(55 \times 45 = 50^2 - 5^2 = 2475)$의 등식이 가능하지만, 철학에서는 두 가지 사항을 동일한 것으로 여기는 것은 불가능하다. 한 가지 유일한 가능성은 그것들이 다양한 문맥 가운데서 동일시될 수 있다는 사실이다. 예컨대, 네 대의 자동차(A, B, C, D)가 결함이 있는 브레이크에 의하여 사고를 일으켰고 자동차 X, Y, Z, W가 동일한 원인으로 충돌한 경우, 수백 개의 다른 자동차 사고 중에서 이러한 두 경우(A, B, C, D와 X, Y, Z, W)는 동일한 범주에 해당한다.

또한 알베르트 아인슈타인(Albert Einstein)이 고안한 「장(場, field)」의 개념을 채택함으로써 우리는 세계사를 더욱 정확하게 이해할 수 있다고 본다.[13] 「장」 개념이 물리학의 세계에서 공간관계를 이해하는 데 필요하였던 것과 동일하게 여러 문화를 연구하는 데에도 필요하다.[14] 이에는 두 가지 이유가 있다. 하나는 언어적 개념화 과정에 나타나는 속성에 기인하며, 다른 하나는 인과관계의 발견과 관련되어 있다. 이것이 언어의 문제임을 설명하기 위하여, 갈릴레오가 자신의 책 『대화(Dialogue)』를 심판정 앞에서 왜 변호해야 하는지를 살펴보기로 하자. 이 문제는 다음에서 보는 바와 같이 언어학의 문제였다. 즉, 〈여호수아 10:12-13〉의 성경구절에 관한 가톨릭교회의 이해로 말미암아 일정한 가정이 성립되기에 이르렀다.

여호와께서 아모리 사람을 이스라엘 자손에게 붙이시던 날에, 여호수아가 여호와께 고하되 이스라엘 목전에서 가로되 '태양아,

---

13 아인슈타인은 공간(space)에 많은 의미가 있음을 발견하였다. 이를 분명히 하기 위하여 그는 장(field) 개념, 패러데이(Faraday)와 클라크 맥스웰(Clark Maxwell)의 전자기장 이론, 인력의 장 등을 개발할 필요가 있었다. 그는 「장」을 공간의 물리적 상태라고 정의하였다. 자세히는 그의 저서 *Essays in Science*, translated by Alan Harris(New York: Covici Friede, Inc. Philosophical Library, 1934), pp. 61-77에 있는 논문 "The Problem of Space, Ether, and the Field in Physics"을 볼 것. 위 책의 이름은 알베르트 아인슈타인의 *Mein Weltbild*(Querido Verlag, Amsterdam, 1933)의 영어제목이다.

14 필자는 "Field Theory in the Study of Cultures: Its Application to Korean Culture"라는 논문을 1959년 제3차 동서철학자회의에 제출하였는데, 이것이 나중에 책으로 출간되었다. Charles A. Moore(ed.), *Philosophy and Culture, East and West: East-West Philosophy in Practical Perspective*(University of Hawaii, 1962), pp. 648-669.

너는 기브온 위에 머무르라. 달아, 너도 아얄론 골짜기에 그리할지
어다.' 하매, 태양이 머물고 달이 그치기를 백성이 그 대적에게 원
수를 갚도록 하였느니라. 야살의 책에 기록되기를, '태양이 중천에
머물러서 거의 종일토록 속히 내려가지 아니하였다' 하지 아니하
였느냐?

가톨릭교회는 이 구절을 해석함에 있어서 태양의 회전이 멈추기 위
해서는 태양이 지구 주위를 돌아야 한다고 하였다. 지구가 태양을 따
라 돈다는 갈릴레오의 주장은 확실히 교회의 이론에 정면으로 반대되
는 것이었다. 따라서 그에게 종신형이 선고되었으며 이내 그 처벌은
가옥에 연금하는 것으로 대치(代置)되었다. 1632년 일어난 과학적인
우주학자와 가톨릭교회 간의 불행한 대립은 여러 차원의 그릇된 의사
소통 때문에 발생하였다. 이 경우에 장 개념을 적용하였더라면, 그러
한 문제가 결코 발생하지 않았을 것이다. 이 「장」의 해결방식을 활용
한다면, 첫째 질문은 「여호수아가 어떤 언어로 말하였는가」가 될 것
이다. 그의 언어는 히브리어였는데, 그 히브리어본에는 「머물러 있
다」라는 단어가 나타나지 않는다. 오히려 여호수아는 「고요」를 의미하
는 단어인 「dom」을 사용하였다. 이 전체 구절에 대한 히브리어본은
「shemesh(태양) b'Gibeon(기브온 위에) dom(조용함)」이었다. 「태양
은 기브온 위에 나타나지 않았다」는 것이 보다 정확한 번역이라 하겠
다. 영어번역이 분명히 그릇되었고[15], 또한 오해하게 만드는 것이었
다. 번역자가 자신의 우주개념을 성경구절에 삽입시켰던 것이다! 만
약 이 번역자가 장(場) 접근방식을 알고 활용하였다면, 갈릴레오와 교

---

15 기독교 정전(正典)의 문제는 역사적으로도 오랫동안 전개되었다. 자세한 역사에 관하
여는 *Britannica*, Macropaedia 14, pp. 757–70을 볼 것.

회 간에 그렇게 불행한 일이 발생하지 않았으리라.

장 이론에 의하여 해결되는 둘째 문제는 인과관계의 문제이다. 일본의 신도(神道)에 관하여 살펴보자. 무엇보다도 「신도(shinto)」라는 단어는 「神」과 「道」를 의미하는 두 글자에서 비롯한 한국어이다.[16] 이 글자들이 합쳐져서 「신의 길」을 의미하고 있다. 신도(shinto) 또는 신도교(shintoism)라고 불리는 이 종교는 또한 아주 오랜 무속종교인 한국의 샤머니즘에 해당한다. 장 이론을 적용해볼 때, 이 종교가 두 나라에서 어떻게 행해졌는가 하는 질문을 하게 된다. 한국에서 그것은 부녀자와 하류계층민의 종교가 되었다. 그 이유는 다음과 같다. 이성계에 의하여 건국된 새로운 조선왕조에서 상류계층은 하류계층과 구습으로부터 구별되기 위하여, 유교의 가르침을 따르는 새로운 엘리트를 형성하려 하였다. 한편 하류계층은 전통적인 샤머니즘적인 종교에 집착하였다.[17] 후에 일본에서 신도로 알려진 이 샤머니즘은 일본민족을 그들의 천황신 아래로 통일시켰고 또한 한국과 만주를 정복하고 중국 대부분을 점령하도록 만든 종교적 무기가 되었다. 이 동일한 종교가 한국문화와 일본문화라는 두 가지의 상이한 장에 적용되었을 때 그 결과는 근본적으로 다르게 되었다. 이처럼 장 이론은 전혀 관계없을 것과 같은 세계사건에 영향을 주는 힘으로서 문화적 「장」이 어떻게 작용하고 있는가를 알 수 있게 해준다.

장 이론을 선명히 보여주는 다른 유사한 상황은 중국과 한국에서

---

16 만약 그것이 일본어라면 그 발음은 신도(shinto)가 아닌 진도 (Jindo, 神道)일 것이다.

17 이씨 왕조의 건국자인 이성계는 아주 열렬한 불교도였으나 자신이 건국한 새로운 나라를 조선이라 명명하였으며, 또한 그의 공신이자 충신인 정도전으로 하여금 유교의 가르침을 조선을 다스리는 지도원리로 널리 퍼뜨리게 하였다. 이에 따르면, 온전한 도덕성을 상실하게 된 왕은 나라를 다스릴 군자에 의하여 교체되어야 했다. 이성계는 고려왕조의 마지막 왕인 공양왕보다 자신이 더 낫다고 판단하였다.

유교가 걸어온 상이한 과정이다. 공자는 B.C. 501년 태어난 최고의 철인(哲人)이요 가장 위대한 스승으로서 그 지적 유산은 시·공간에 걸쳐 중국, 한국과 아시아의 다른 지역에 영향을 미쳤다. 그의 가르침의 핵심은 계층적인 사랑[仁]에 관한 것인데, 이는 사랑이 상황윤리적이며 인간관계에 따라 다양하다는 것을 의미하였다.[18] 중국의 황제 유방은 유교의 방식을 포용하고, 그것을 중국을 지도하는 힘으로 제시함으로써 자기보다 강한 항우를 물리쳤다. 그의 왕조는 통일, 강력함 그리고 안정이 특징적이었다. 한편 한국에서 유교는 매우 다른 결과를 가져오면서, 한국 도덕 심지어는 이씨 왕국의 종교 조직의 중심이 되었다. 중국에서의 통일성과는 대조적으로, 이 철학은 각각의 학자들이 유교이념의 여러 다른 의미를 신봉하게 되자 당파싸움을 일으키고 말았다. 이 역시 장 이론이 작용하는 좋은 예를 보여준다.

동일한 유교의 이념이 유방으로 하여금 훌륭하게 중국을 통일할 수 있게 한 지도윤리를 만든 데 반하여, 한국에서 그것의 실제 의미는 한국을 폐허상태로 이끈 당파싸움만을 뜻하게 되었다.

현재의 논점인 장 이론에서 잠시 벗어나는 것일 수도 있지만, 한국 역사의 주요부분을 언급하는 것이 중요하다고 본다. 왜냐하면 장 이

---

18 공자는 다섯 가지의 상이한 인간관계를 명시하고, 각각 그들 사이에 생겨나는 상호관계 또는 사랑의 종류를 상술하였다. 이를 아래의 목록 방식으로 정리해본다.

	관계	지도원리
1	군주와 신하	충성
2	아버지와 아들	부모의 친밀함
3	남편과 아내	남편과 아내 간의 차이(각자에 대한 상이한 원칙)
4	연장자와 연소자	연장자가 우선한다. 연소자는 연장자를 존경해야 한다.
5	친구	신실함

더 나아가 그는 이러한 지침을 따르는 자인 군자의 관념을 제안하였다. 그러한 사람은 사물을 바르게 할 것이기 때문에 왕이 되어 다스려야 한다고 그는 말하였다.

론이 이 맥락에서 활용되기 때문이다. 아시아 역사에서 한국이 차지하는 지위가 한국 외부에는 별로 알려지지 않았는데, 이러한 언급을 통해 한국이 아시아 전체에서 수행한 역할을 분명히 알게 될 것이다. 약 2,000년간에 걸친 단군과 기자조선의 신화적인 이야기를 제외하면, 한국역사에서 최초로 입증이 가능하고 가장 강력하고 중요한 부분을 차지한 것은 고구려이다. 기원전 37년 성립된 이 왕조는 한국의 영토를 중국의 북동지역과 만주까지 확장시켰다. 존 K. 페어뱅크 같이 유능한 중국역사학자가, 당(唐)의 제2대 황제의 군대가 「사방으로 진출하였다. 한민족을 패배시키면서……」라고 잘못 제시한 것은 유감스러운 일이다.[19] 이것은 중대한 잘못이다. 당의 제2대 황제 태종이 중국의 만리장성에서부터 현재 북한의 경계선까지 이르는 중국 북동부에 있는 영토를 다시 회복하기 위하여 645년 압도적인 군사력으로 고구려를 침입한 것은 사실이다. 태종은 수군 7만과 많은 전선(戰船), 1만의 말과 10만의 병력을 포함한 17만의 병력으로 공격하였다. 그의 대규모 침입은 고구려의 장군 연개소문과 맞부딪치게 되었는데, 연개소문은 위대한 전략과 지도력으로 유명해졌다. 4년간의 치열한 전투 가운데 예닐곱 차례의 살륙 이후에 태종은 병력의 90%를 상실한 다음, 결국 시도를 포기하게 되었고 사망하였다. 이 지역의 땅은 705년 동안, 즉 기원전 37년부터 기원후 668년까지 고구려의 일부로 남아 있었다.

....

19 예컨대 John King Fairbank, *China: A New History*(Harvard University Press, 1992)에서는 이전 왕조의 두 번째 황제 수 양제가 한국을 정복하려고 했지만 실패했고, 오히려 고구려의 군대에게 패배함으로써 「광범위한 반란이 일어나고 통치권도 잃게 되었다」는 점을 인정했다. p. 78. 그러나 이어서 다음과 같이 기술하고 있다. 「당의 건국자들은 더 신중했다…… 두 번째 황제의 통치하에 당 군대는 사방으로 진출하였다. 한민족을 패배시키면서……」 Ibid. p. 78.

중국 한·당 왕조의 중간시기인 581년 성립된 강력한 왕국 수나라가 중국 북부에 자리잡고 있었다. 그 두 번째 황제인 수 양제는 612년 커다란 계획을 가지고 있었다. 먼저 만주를 정복하고서 그 후에 자신의 왕국을 확장하기 위하여 자신의 군대를 남부지역으로 진격시킬 계획이었다. 백만 대군을 움직여 시도한 고구려에 대한 필사적인 침입은 고구려의 유명한 장군 을지문덕과 부딪치게 되었고 전쟁은 패배로 끝났다. 수 양제는 다시 614년 시도하였으나 결국 실패하고 말았다. 그의 실패로 말미암아 반란이 광범위하게 일어나게 되었고 그의 거대한 계획은 깨어지고 말았다. 만약 **이러한 시도가 성공하였다면—**그 군대의 규모를 생각한다면 이러한 사실은 기정사실로 여길 수 있을 것이다—당 왕조는 생겨날 수 없었고, 또한 **중국의 역사는 완전히 달라졌을 것**이라는 점을 강조할 필요가 있다.

당과 연합전선을 형성하여 고구려를 사실상 패배시키고 그 뒤를 이은 후계자는 신라(기원전 57년부터 서기 935년까지)였다. 이 사건은 상반된 느낌을 갖게 만든다. 즉 한국의 통일은 경축할 일이면서도, 다른 한편으로는 무적의 고구려가 만주의 거대한 영토를 상실할 수밖에 없었다는 점은 역사적으로 가슴 아픈 일이다. 신라는 한반도의 3국(고구려, 신라, 백제) 중에서 992년에 걸쳐 가장 오랫동안 존속한 국가였다. 372년 고구려에 전파된 불교는 신라시대에 각 지역으로 더욱 스며들었다.

세 번째 왕조는 고려인데, 이로부터 한국의 서구적 이름이 생겨났다. 건국자 왕건은 분열되고 쇠퇴해가는 신라와 후백제를 하나의 새로운 국가인 고려로 통일하였다(936년). 그는 개성을 고려의 수도로 정하였음에도 불구하고, 계속해서 평양을 크게 중시하여 그 이름을 서경(서쪽의 수도)으로 개칭하였다. 고려의 이름은 고구려의 후예임을 의미하는 것이었다. 고려는 475년간 존속하였다.

그런데 1995년 한국사에 대하여 완전히 혁명적인 해석이 나타났다.[20] 전통적인 학자들의 견해와 다른 견해가 주장되었는데, 그 책의 요지는 다음과 같이 요약할 수 있을 것이다. 첫째, 이 저자는 고려가 새로운 국가가 아니라 다름 아닌 고구려의 부흥이라고 믿고 있다. 둘째, 고구려의 영토는 오늘날의 한반도에 있지 않고 중국 본토의 서안(西安) 지역에 있었다고 한다. 셋째, 그는 다음과 같은 몇 가지 새로운 사실을 보고하고 있다.

a) 몽고인 칭기즈칸의 어머니 후론(Houlon)[21]은 칭기즈칸의 아버지에 의하여 납치된 고구려 여인이었다. 그녀는 아름답고 지혜로웠으며 또한 의지적이었다.

b) 고려의 영토는 중국의 서안 지역이었지 한반도가 아니었다. 고려의 창시자인 왕건의 무덤이 발견된 곳은 바로 그곳이었다. 중국인들도 그곳에 왕건 중국 박물관이라는 박물관을 세웠다(이에 관하여는 이중재, 『새 고려사의 탄생』, 377, 796면을 참조할 것).

마지막 이씨 왕조(조선)의 시작과 끝은 마치 「검을 가지는 자는 다 검으로 망하느니라.」(마 26:52)는 그리스도의 가르침을 따르기라도 한 것 같았다. 건국자 이성계는 고려 제31대 공민왕에 의하여 필적할 자가 없이 승진을 거듭한 유능한 장군으로서 생애를 펼쳐가기 시작하

---

20 고려에 관하여 중요한 책이 발간되었다. 이중재, 『새 고려사의 탄생』, 동신출판사, 1995. 이씨는 여러 대담에서 칭기즈칸 어머니의 국적 문제를 토론한 바 있다. 그녀가 고구려 출신이라는 것은 잘 알려진 사실이라고 몽고인들은 동의하였다.

21 이 점은 Harold Lamb, *Genghis Khan, The Emperor of All Men*(Garden City, N.Y. : International Collectors Library, 1927)에서 논의되었다. 또한 후론(Houlon)이라는 이름이 한국 여자애들의 수많은 이름(혜란, 혜련 등등)과 비슷하다는 점은 사실이다. 오랜 세월에 걸쳐 일어난 변화들 때문에, 또한 당시 고구려에서 사용되던 한자로 원래 쓰인 이름의 로마자 표기가 다양해지면서 여러 변이가 생겼으리라 예상할 수 있다.

였다. 그런데 당시는 아시아의 변환기였다. 한때 가장 강력하였던 원나라에서는[22] 1294년 건국자의 통치가 끝나게 되었다. 그 후 원나라 정부는 무력해지기 시작하더니 결국 1368년 새로운 명나라에 의하여 승계되기에 이르렀다. 고려 제32대 우왕은 고려의 독립을 보호하기 위하여 명에 대항하여 요동반도를 공격할 것을 이성계에게 요구하였다. 그래서 그의 군사 5만 명은 이미 압록강의 위화도에 주둔하고 있었다. 그러나 왕과 이성계 사이에 요동반도 공격의 필요성에 대하여 견해의 차이가 발생하였다.[23] 결국 이성계는 회군하기로 결심하고, 왕의 명령에 거역하여 되돌아왔다. 개성(고려의 수도)에 이르자마자, 그는 왕을 폐위시켰다.[24]

그의 반역행위로 말미암아 일련의 비극이 계속 생겼으며, 새로운 이씨 조선왕조 기간 내내 국가는 분열되었다. 왕조차도 왕자의 권력 다툼으로 말미암은 형제 간의 살해 때문에 권좌에 겨우 6년 6개월밖에 머물러 있지 못했다. 1398년 8월 다섯째 아들 방원(제3대 왕, 태종)은 자신의 이복동생인 방석(태조에 의하여 세자로 책봉되었음), 방번(둘 다 방원의 계모 소생임)을 지지한다는 이유로 많은 공을 세우고

22 원(元)이라는 이름은 중국에서 새 왕조를 개창한 잔인한 쿠빌라이 칸에 의하여 붙여졌다. 중국을 이민족이 지배한 것은 이때가 처음이었다.

23 이성계 장군은 다음의 네 가지 이유를 들어, 이때 요동반도를 공격하는 것이 지혜롭지 않다고 왕에게 상소를 올렸다.
  1. 명왕조와 같이 신흥대국에 대항하여 싸우는 것은 지혜롭지 않다.
  2. 앞에 언급한 불리한 점을 고려한다면, 여름에 생겨나는 더위와 심한 습기 가운데 싸우는 것은 지혜롭지 않다.
  3. 만약 요동지역에 지나치게 몰려 있게 되면, 일본이 남쪽에서 공격할 수 있다.
  4. 지금은 호우가 내리는 계절로서 병사들이 전염병에 감염되어 많이 죽을 수 있는 위험이 큰 상황이다.

24 폐위된 마지막 왕은 제34대 공양왕이었다.

존경받던 정도전을 살해하였다. 후에 그는 방석과 방번도 살해하였다. 정도전은 고려말기 즈음에 역성혁명에 관한 맹자의 가르침을[25] 이때 적용해야 한다고 왕을 설득하여 이성계로 하여금 권력찬탈에 성공하도록 만든 인물이었다. 또한 정도전은 이씨 조선왕조를 이전 시대의 전통적인 불교사회로부터 유교지향적인 사회로 바꾼 인물이었다. 조선 개국자인 이성계와 그 아들 태종(제3대 왕)이 모두 매우 열렬한 불교도였음에도, 유교 지향의 조선왕조가 성립하게 된 것은 오직 정도전의 커다란 영향력 때문이었다. 몹시도 사랑하던 아들들과 공신이며 충신인 정도전이 바로 이성계의 목전에서 살해되었다. 그는 더 이상 머물러 있을 수 없었다. 잔인한 자식 태종이 아버지의 권좌를 승계할 것이 분명해지자, 그는 1398년 왕권을 양위하기로 결심하였다. 일부 역사학자들은 그의 양위가 자발적인 결정이 아니었다고 말한다. 왜냐하면 그 자신이 병든 까닭에 다섯째 아들의 광포한 드센 세력을 제지할 다른 방도가 없었기 때문이었다. 그는 옥새를 주지 않은 채 자신의 고향인 함흥으로 돌아가 칩거하였다. 태종은 아버지의 신뢰를 회복하고 서로 간의 불화를 해소할 것을 기대하며 두 사람 간의 입장 차이를 완화하기 위하여 일련의 사신(使臣)을 보냈다. 이성계는 자식들에게 진노한 나머지 그 사신들을 모두 죽이고 말았다. 심부름 보낸 사람이 떠났으나 그 목적지에서 돌아오지 않는 경우에 「함흥차사」(咸興差使, 함흥으로 간 사신)라는 표현이 오늘날에도 쓰이고 있음은 유명한 사실이다. 이리하여 새 조선의 첫 번째 권력승계는 평화적이지 않았고 오히려 군사 쿠데타로 이루어졌다. 이 사실은 이씨 조선이 출

----

25 주 18에서 언급한 바와 같이, 그는 공자의 제자인 맹자, 즉 도덕적으로 타락한 지도자의 폐위를 옹호하는 맹자의 가르침을 따랐다.

발부터 비정상적인 비극의 왕국이었음을 보여준다.[26] 이 왕조가 지속되는 동안, 권력찬탈 또는 백성으로부터 불만족의 반역이 계속 나타났다.

　왕자의 난(1398년과 1400년 두 차례)으로 시작하여 제6대 왕 어린 단종에 대한 제7대 왕 세조의 권력찬탈과 그 뒤를 이은 제8대 왕 예종 시대 유교 사림(士林)의 당파싸움은 이 시기의 특징을 이루고 있다. 이어서 약 30명의 장수들이 생명을 잃었고, 대비 윤씨의 조작에 의하여 제9대 왕이 왕위를 차지하였다. 제10대 왕인 연산군은 로마의 네로(37-68년)보다 더 악하였다. 그래서 결국 제11대 왕 중종에 의하여 교체되고 말았다. 그 이후에 한국판 로빈훗인 반군두목 임꺽정(1559년)이 나타났다. 제14대 선조 시대에 일본 영주인 히데요시가 조선을 침입하는 임진왜란이 발발했다(1592-1597). 16세기 이래로 사림의 당파싸움이 점차 치열하게 되었다. 이와 같이 불행한 파괴적인 내분이 없었다면, 조선에 대한 일본의 침입은 발생하지 않았을 것이다.

　제15대 광해군 시대에 내부의 다툼은 더욱 악화되었다. 제16대 인조는 그의 선왕 광해군의 축출을 주도한 자이었다. 그 시대에 중국이 쳐들어왔다. 제19대 숙종 시대에 소론(少論)과 노론(老論)[27] 간에 새로운 당파싸움이 심화되면서 제20대 경종이 즉위하였다. 영정조 시대를 지나 제23대 순조 시대부터 이른바 세도정치가 1910년 조선이

---

26 그가 큰 어려움 없이 실행할 수 있었던 유일한 일은 수도를 개성에서 오늘날 서울인 한양으로 이전하는 것이었다(1394년 10월).

27 소론은 젊은 사상가 학파를, 노론은 늙은 사상가 학파를 의미한다. 이들은 이씨 조선의 정치사를 특징 지우는 사색당파(북인/남인, 동인/서인)의 두 부분을 이룬다. 자세한 것은 박영규, 『한권으로 읽는 조선왕조실록』(들녘, 1996)을 볼 것.

일본에 의하여 붕괴될 때까지 심화되었다.[28] 앞에서 본 바와 같이 왕들뿐 아니라 왕비들도 막후의 당파싸움에 열중하고 있었다. 이러한 무종교의 독재정부에 생소한 요소로서 사람들 심지어 한국인조차도 거의 모르는 사실은, 기독교가 비록 드러나지 않았어도 정부의 비극적인 상황전개에 연루되어 있었다는 점이다.

이미 16세기에 가톨릭교회가 한국인들을 복음화시키려고 시도하였으나 무위로 끝나고 말았다. 그러나 제21대 왕 영조의 치하인 1758년에 가톨릭교회는 황해도 지역에 뿌리를 내리면서 강원도로 확장되었기 때문에, 영조는 기독교를 금지하라는 특명을 지방관리들에게 내렸다. 첫 신자인 이승훈과 함께, 유명한 저작가 정약용과 그의 두 기독교인 형제들은 독실한 신자였다. 그런데 정약용을 제외한 모든 사람들은 1801년에 순교하였다. 동학(東學, 동양의 학문)운동이 19세기 후반에 한국에서 활발해지기 시작하였다. 그 창시자인 최제우(1824-64)는 서양교회(가톨릭교회)에 대항하여 동학교회(동양교회)를 전파하기 시작하였다. 이는 가톨릭교회와, 그와 관련되어 평판이 나쁘고

---

[28] 일본의 한국 지배는 35년간 지속되었다(1910-1945). 일본인들은 전승의 가능성을 보자마자 단계적인 병합과 조선왕조의 파괴를 시작하였다. 선전포고도 없이 아더항의 러시아 함대에 기습적으로 어뢰를 발사한 1904년 2월 8일에 일본인의 자신감은 더욱 커졌다. 일본 전함들은 해안 포대에 포격을 가하며 항구를 빈틈없이 봉쇄하기 시작하였다. 일본은 바로 2일 후인 2월 10일에 공식적으로 선전포고를 하였다. 아더항에서 승리를 거둔 지 일주일 후에, 일본은 대한제국과 체결한 조약을 필두로 하여 여러 단계에 걸쳐 대한제국의 정치 주권을 침해하였다. 먼저 일본 정부는 1904년 2월 18일에 외교문제에 관한 「우호적 권고」를 대한제국 정부에 내놓았다. 그다음 바로 6개월 이후에 일본은 일본인 외교고문뿐 아니라 재정고문을 대한제국에 보냈다(1904. 8. 22). 1905년 11월 17일에 그 악명 높은 을사보호조약이 체결되었다. 이 조약은 대한제국의 외교문제를 감독하기 위하여 일본정부가 대한제국의 황제하에 일본의 대표자로 통감을 세울 것을 규정하였다. 이 대표자는 원할 때마다 대한제국 황제를 알현할 권리가 있었다. 마침내 일본은 1910년 8월 22일에 대한제국을 합방하였다.

장차 위험할 소지가 있는 서양사상을 단순히 따를 수는 없었기 때문
이다. 서양과 관련되어 있다는 이유로 자신의 모든 운동이 배격당할
것을 그가 두려워한 점은 쉽게 이해할 만하다. 그가 기독교의 근본적
인 요소, 즉 기독교 신앙을 취하면서도 정치적 이유와 자기보존의 필
요성 때문에 운동과 교회의 공식적인 이름을 바꿨다는 것이 필자의
주장이다. 동학의 제2대 교주인 최시형은 제1대 교주가 1864년 교수
형을 당하자 그 뒤를 승계하였는데, 그 역시 1898년 순교하였다. 제3
대 교주인 손병희는 동학의 이름을 천도교(天道敎, 하늘의 길 교회)로
개칭하였다. 그 당시 정치적 현실 특히 모든 서구적인 것에 대한 혐
오감으로 인하여, 그들은 자신들을 공개적으로 그리스도인으로 선언
할 수는 없었다. 이러한 사실 때문에 그들은 간접적인 명칭을 사용하
였던 것이다. 이 교회의 두 가지 핵심적인 요소를 보면 그것이 하나의
기독교 교회라는 주장이 확실히 설득력 있음을 알 수 있다. 즉 유일
신의 교리(한울님)와 사후세계에 대한 믿음(하늘의 길 교회)이 그것이
다.[29]

　이와 같이 한국인들의 내면 속에 잠재하고 있던 기독교적 신앙심을
생각해볼 때, 한국인이 이스라엘의 잃어버린 10지파 중의 하나일 가
능성이 있다는 의미에서 한국은 매우 신비한 국가이다.[30] 다음은 한국
과 이스라엘의 문화·언어 사이에 나타난 광범위한 공통점 29가지의

29　1894년 동학교도인 전봉준과 그를 따르는 무리들이 지방관리의 부패와 농민에 대한
　　수탈에 대항하여 농민개혁운동을 시작하였다. 그들의 세력이 너무 강한 까닭에, 조
　　선정부는 이를 저지하거나 질서를 유지할 수 없었다. 결국 외국세력이 관여하였다.
　　즉 일본과 중국이 경쟁무대에 들어섰다. 상호적대적인 이 두 세력의 개입은 청일전쟁
　　(1894–1895)을 점화한 하나의 불꽃이 되었다.

30　Helen Silving(in cooperation with Paul K. Ryu), *Memoirs* (William S. Hein and Co.
　　Inc., 1986)에서는 다음과 같은 문장으로 끝맺는다. 「이러한 '잃어버린 지파들'은 잃어
　　버린 것이 아니다. 그들은 바로 한국인들이다.」

사례를 열거한 것이다.[31]

1. 아바(Abba)라는 단어는 한국과 히브리어에 모두 있는데, 그 정확한 의미는 아버지보다는 「아빠(daddy)」이다. 마가복음 14:36, 로마서 8:15, 갈라디아서 4:6.

2. 곡물을 운반하기 위하여 마대가 이스라엘에서 널리 쓰였고 한국에서도 전통적으로 일반적인 도구였다(한국어로 「자루」라고 한다). 창세기 42:25, 43:18.

3. 청동접시는 심지어 오늘날에도 한국에서 흔히 볼 수 있는 물건이다. 그것들 역시 성경전체에 걸쳐 눈에 띤다. 마가복음 7:4-5 참조.

4. 삼베옷은 가족의 죽음을 애도하기 위하여 입었는데, 이스라엘 문화에서도 그리하였다. 이사야 22:12, 창세기 37:34-35.

5. 효소 없는 빵(한국어로는 「떡」)은 한국에 존재하는 유일한 빵 종류이다. 출애굽기 12:17-20.

6. 공식적인 서명을 표시하기 위하여 납이나 이와 유사한 물질로 만든 형적(形迹)인 도장은 한국과 이스라엘 문화에 공통적이다. 창세기 38:18.

7. 백의민족이라는 표현에서 알 수 있듯이 한국에서 자주 입는 흰옷은 정결과 순결함을 의미하며 장례식 때 입는다. 전도서 9:8, 요한계시록 3:5,18, 4:4.

8. 한국어로 추석이라고 부르는 명절은 국가적인 감사절기인데, 이

---

31 독자들이 이러한 문화적 특징을 비교해볼 때, 지난 수십 년 동안의 여러 영향으로 한국과 이스라엘이 변하였기 때문에 일부 사항은 오늘날 생활양식으로 본다면 사실과 달리 보이게 되었음을 염두에 두어야 한다. 그러나 필자는 이들 여러 풍습들이 더욱 보편적이었던 금세기 초로 거슬러 올라간 것이다.

러한 국가적인 감사절기는 성경에 기록되었듯이 태음월 정월 15
일에 해당한다. 민수기 28:17.

9. 한국에서는 누가 죽을 때 보통 「돌아가셨다」라고 말한다. 민수기
16:30, 창세기 37:35, 44:31.

10. 신(神)에 해당하는 한국어 단어 「하나님」은 최고의 분을 의미하
는데, 이는 유일신 사상을 내포하고 있다.

11. 몸을 앞뒤로 움직이는 것은 한국에서 정신집중이나 기도를 위
한 매우 흔한 동작으로서 예루살렘 언덕의 성전에 있는 통곡의
벽에서 또한 발견할 수 있다.

12. 한국에서 설날에 연장자에게 행하는 것처럼 연장자에게 특별한
경의를 표하기 위한 아주 일반적인 방법은 한 손을 다른 손 위
에 포개서 절하면서 양손을 이마에 대는 것이다. 이 또한 유대
인의 일반적인 기도자세이다.

13. 전문적인 유급 중매쟁이가 한국과 유대인에 공통적이다.

14. 한국과 전통적인 유대문화에서 신랑을 신부의 집에 데려가기
위하여 가마가 사용되었다.

15. 신부를 사는 돈(한국어로는 「예장」, 히브리어는 「모하르
(mohar)」)이 약혼자에 의하여 아내 될 사람의 가족들에게 지급
된다. 출애굽기 22:16-17.

16. 남에게 인사할 때 언어나 습관에서 모두 「평안」의 말을 사용하
는 것이 통례이다.

17. 두 나라에서 여인들은 베일을 사용하였다(한국어로는 「수건」).
리브가가 자신의 얼굴을 수건으로 가렸다. 창세기 24:64-65.

18. 「교사」에 해당하는 단어(한국어로는 「선생」, 히브리어는 「랍비
(Rabbi)」)가 해당자가 교사인지 여부에 상관없이 존경심을 나

타내는 말로 사용되고 있다.

19. 아버지와 아들이 결코 같은 이름을 갖지 않는다.

20. 한국어나 히브리어에서는 주어나 동사가 없이도 하나의 문장을 이루는 것이 가능하고 또한 흔히 있는 일이다. 그 의미는 문맥으로부터 추론한다.

21. 가발을 여자들이 흔히 사용하였다(한국어로 「타래」).

22. 영어의 too에서와 같이 발음될 수 있는 「oo」라는 모음은 두 언어에서 공통적이다.

23. 호세아에 대한 표현(*Who's Who in the Bible*, 157쪽에 있는 그림)을 보면 한국의 전통복식과 놀랄 정도로 비슷함을 알 수 있다.

24. 사랑하는 사람의 죽음 이후 7일간의 애도기간(히브리어는 「시바(shiva)」)은 히브리와 한국문화에서 행해지고 있다.

25. 전통적인 유대와 한국 문화에서는 모두 집에서 신발을 벗는다.

26. 물을 포도주로 변화시켰던 예수님의 첫 기적에 기록되어 있는 바와 같이 물 담는 용도로 쓰이는 커다란 진흙 항아리가 수 세기 동안 한국에서 김치를 담는 그릇으로 쓰였다.

27. 그리스도가 십자가에서 죽기 전날 밤에 감람산에서 기도할 때, 누가는 그가 피와 땀을 흘렸다고 기록하고 있다. 한국어에는 「피와 땀을 흘리는 것은 열심히 일하는 것을 의미하며, 성공을 가져온다.」라는 표현이 있다.

28. 한국인이나 유대인 모두 교육에 강한 관심을 갖고 있다. 매우 가난한 자라도 대학진학에 큰 관심을 갖는다.

29. 하나님은 야곱에게 「네가 동서남북으로 편만하리라」고 예언의 말씀을 하셨다. 창세기 28:14.

　　다시 한국의 역사를 살펴보고자 한다. 1894년 동학농민혁명[32]으로 말미암아, 그해 10월의 전라도 반란 이외에도 충청도 · 강원도 · 황해도에서 몇 차례의 반정부폭동 등이 잇달아 일어났다고 한다. 이러한 폭동은 두 가지 방식으로 이루어졌다. 첫째는 봉건적 정부의 부패에 대한 반대였으며, 둘째는 반일민족해방운동이었다.[33] 이를 통하여 전국적 규모로 일어난 폭동의 저항력을 알 수 있다. 이 위험한 시기, 즉 19세기 말에 걸쳐 가슴 터질 듯한 격정이 농민은 물론 학자 · 상인 · 노동자의 온 몸과 마음에까지 퍼지게 되었다. 또한 그것은 한국 자신의 비극적인 소멸의 불길한 전조(前兆)였다. 바로 20세기 초에 꼴사납고도 타락한 방법으로 진행된 소멸이었다.[34]

　　다음 장에서 살펴보는 바와 같이, 세계적으로 민주주의의 발전은 서로 다른 나라와 시대에서 민주적 통치체제의 발전이라는 동일한 목적을 갖고 이뤄졌다. 그것은 바로 크롬웰혁명으로부터 비롯하였다.

32　한국어 서적인 동학농민혁명기념사업회, 『동학농민혁명의 지역적 전개와 사회변동』, 새길신서 43(새길, 1995)을 볼 것.

33　한우근, 『동학과 농민봉기』, 일조각, 1983.

34　앞의 두 각주에 언급된 두 권의 책은 최근에 한국에서 발간되었으며, 동학운동을 다루고 있다. 동학 창시자인 최제우는 상제 또는 한울님을 언급하고 있다. 그런데 유감스럽게도 위의 두 저자들은 한울님이나 상제와 같은 용어를 그릇 이해하였다. 그들은 그가 「귀신」에 관하여 말하고 있었으며, 또한 동학 창시자인 최제우가 「귀신」의 이념을 전파하였다고 결론을 내렸다(한우근, 71-73면).

제2장 계몽의 시대

The World Revolution

A. 크롬웰혁명 : 미국혁명의 선구

크롬웰혁명, 미국혁명 그리고 프랑스혁명 간의 상관관계와 영향을 발견하기 위하여 잠시 혁명의 정의(定義)를 살펴볼 필요가 있다. 공교롭게도 이 세 혁명 간의 실제적 관련성은 그 단어의 단순한 의미에서 발견할 수 있다. 혁명이란, 이전의 위치(position) 또는 상태(state of being)로 이끄는 회복을 의미한다. 오늘날 혁명을 종종 커다란 또는 급격한 변화의 초래로 생각하지만, 사실 혁명가들은 오랜 시간에 걸쳐 타락하기 이전의 상태를 재발견하려고 시도하는 것이 보통이다. 영국 내전에서 싸웠던 주요 집단들은 원래 제한군주제(制限君主制)를 원했다. 미국혁명가들은 조지 3세 치하 대영제국의 일부로서 영국의회에서의 진정한 대표를 추구하려고 수십 년간 애썼다. 프랑스혁명의 중심 세력은 성직자의 불공평한 일부 특권과 귀족정치를 불식시키는, 보다 강한 입법부를 가진 대의군주제(代議君主制)를 지향하려고 애썼다.

1938년 전(前) 하버드대학의 역사학자인 크레인 브린튼(Crane Brinton)이 혁명의 단계를 정의하는 『혁명의 해부(*The Anatomy of Revolution*)』를 펴냈다. 그의 분석은 대체적으로 정확하고 오늘날에도 적용할 만하다. 따라서 여기에 인용할 만한 가치가 있다.

1. 구체제(舊體制)가 통치의 효율성과 합법성을 상실한다. 무능하고 과단성이 없게 된다. 특히 지식인들이 구체제로부터 등을 돌리게 된다. 경제적 진보가 불만과 시기심을 불러일으킨다.

2. 혁명의 첫 단계는 반체제집단의 성장과 함께 시작된다. 혁명을 유발하는 것은 구체제가 처리할 수 없는 정치적 문제, 예컨대 세 계급이 각자 만날 것인지 아니면 함께 만날 것인지의 여부와 같은 것이다. 폭동이 발생하나, 이를 진압하기 위하여 파송된 병력들이 폭동자들에게로 이탈한다. 반체제사람들이 대중의 환호 가운데 권력을 쉽게 이어받게 된다.

3. 처음에는 온건론자들이 권력을 차지한다. 그들은 혁명가라기보다는 비판자로서 구체제를 반대하였다. 그들은 완전한 혁명보다는 중대한 개혁을 원한다. 과격파들은 그들이 약하고 겁이 많다고 비난하는데, 사실 그들은 과격파들을 짓밟을 정도로 잔인하지가 않다.

4. 과격파들은 온건파보다 잔인하고 목표중심적이며 조직적이기 때문에 결국 득세하게 된다. 과격파들은 모든 오래된 것을 내팽개치고, 사람들로 하여금 억지로 선량케 만들며 테러통치 가운데 사실상 또는 가상적인 적들을 처벌하면서 「병중의 발열(發熱)」과 같이 혁명을 열광상태로 휘몰아간다.

5. 평정기(平靜期)에 해당하는 「테르미도르(Thermidor)」가 테러통

치를 마무리 짓는다. 인간의 본성이 과격파와 그들의 정책을 너무 오랜 기간 동안 용납할 수는 없기 때문에, 그들의 혁명은 테르미도르를 갖는다고 브린튼은 설명한다. 보통 권력이 독재자의 수중에 들어가게 되는데, 그는 질서를 회복할지언정 자유를 회복시키지는 않는다.

약간의 미세한 조율이 필요하지만, 이 모델은 이 장에서 후에 다루게 될 여러 혁명들을 대체로 잘 묘사하고 있다. 이 모든 혁명들은 바로 그 사회 자체에서 또는 크게 전 세계적으로 지속적인 변화를 가져왔다. 비록 브린튼이 사용한 여러 국면들이 프랑스혁명을 가장 근사하게 설명하고 있는 것은 사실이지만, 이것들은 소폭동이나 단기간에 걸친 정책 또는 법의 방향전환으로부터 이러한 혁명 및 기타 혁명들을 구별하는 데 기여하고 있다.

민주적 사회를 형성하기 시작한 수많은 운동 중에서 크롬웰혁명으로 말미암아 영국은 대의체(代議體, a representative assembly)에 의하여 통치되는 항구적인 정부를 가지게 되었으며 최초로 산업화된 제국으로 급속히 나아가게 되었다. 그 혁명이 올리버 크롬웰의 사망으로 종료되고 왕정의 복고로 이어졌음에도 불구하고, 그의 운동의 영향은 오늘날까지도 아주 평화로운 정치적 변동(political transition)에서 발견할 수 있다. 그러나 이 혁명의 발판을 마련한 것은 영국에서 수세기에 걸쳐 오랫동안 연속적으로 축적되어온 여러 사건과 운동들이었다. 이 사건들과 운동은 봉건시대에 발생하기 시작하였으며, 나중에 16세기에 들어서면서 그 진행속도가 더욱 빨라지게 되었다.

종래 수도원과 가톨릭교회가 누려온 토지소유를 막음으로써 직접 이익을 누리는 한편 당시 권좌에 있던 군주들에게 유용하게 된 젠틀맨의 증가는 더 많은 시민을 국가통치에 점차 포함시키려는 과정의 산물이었다. 확실히 이것은 정치적 힘 때문만은 아니고 광범위한 사회 · 경제 · 종교적 요소들을 포함하고 있었다. 영국사에서 드물지 않게 발생한 여러 반란들로 말미암아 한 걸음 한 걸음 혁명으로 나아가기 시작하였다. 1196년 윌리엄 「긴 수염」(Longbeard)으로 알려진 윌리엄 피츠오스버트(William FitzOsbert)는 영국에 부재 중인 왕을 오스트리아 공작으로부터 구하기 위해서 전체 영국민에게 부과된 세금에 대해 항의하였다. 이후 존 위클리프(John Wycliff)[1]는 「하나님의 모든 좋은 것들은 공동의 것이 되어야 한다……」[2]고 주장하면서 로마교회에 반대하는 글을 썼다. 그의 추종자들은 롤라드파(The Lollards, lollard라는 이름은 '중얼거리는 사람'을 뜻하는 중세 네덜란드어 롤라에르트(lollaert)에서 유래함—역주)로 알려지게 되었다. 그가 사망한 후, 그들은 성경이 주어진다면 누구나 사제(司祭)의 관여 없이도 진리에 이를 수 있다고 선언하였다. 이와 같이 하여 그들은 루터와 칼빈 등 개혁주의자들의 선구자가 되었다. 롤라드 사상을 신봉한 주요 인물인 존 올드캐슬 경은 1414년 헨리 5세에 대항하여 반란을 주도하였으나 실패하고 말았다.

경제적 요인도 이러한 결과에 작용하였다. 15세기에 걸쳐, 이전에

---

1 목사 · 신학박사 및 옥스퍼드 베일리얼(Balliol) 석사인 그는 성경에 나타난 단순한 영성 (simple spirituality)으로부터 교회가 이탈하는 것을 비판하는 글을 썼으며, 또한 교회가 정치권력과 부를 소유하는 권리를 격렬하게 반대하였다.

2 인용문은 「누구나 은혜의 상태에 있어야 한다…… 이것은 각자가 모든 것을 공유하지 않는 한 발생하지 않을 것이다. 그러므로 모든 것들은 공유되어야만 한다.」라고 계속된다. 이는 1374년 논문집 *De Civili Domini*에 수록되어 있다. 존 위클리프가 성서의 최초 영어완역본을(라틴어역에서) 만들었음에 주목할 필요가 있다.

중요치 않았던 상인계층이 부유해지고 세력이 커지게 되었다. 그들은 도시들을 다스리고 상업과 무역을 지배하였을 뿐 아니라, 많은 재산을 보유하면서 화폐로 무역하기까지 하였다. 모르티머(Mortimer)의 귀족 가문에 속한다고 주장한 잭 케이드(Jack Cade)에 의한 1450년 켄트 대반란은 귀족들과 그들의 중요한 지지자들에게 복수를 가하였다. 켄트에서 블랙히드까지 훈련된 군사 20,000명 내지 45,000명을 거느린 그는 왕의 사신인 존 스태포드(John Stafford) 대주교에게 자신의 불만사항을 제시하였다. 그 집단의 문서인 「켄트 평민의 불평과 요구에 관한 장전(*A Bill of Complaints and Requests of the Commons of Kent*)」은 현존질서에 따른 폐해의 제거를 요구하였기 때문에 현대적 의미의 혁명이 결코 아니었다. 그러나 그 메시지는 경제 · 사회적 생활의 주요 대변동을 해결하려고 애쓴 대다수 인민의 의견을 반영하였다.

그러한 불만사항 중에는 다음과 같은 것들이 있었다. 「왕은 부패한 총신(寵臣)들로 둘러싸여 있고, 왕의 수입은 그들에 의하여 착복된 결과 평민들에게 과도한 세금이 강요되고 있다. 뇌물과 선물이 있어야만 재판을 받을 수 있다. 이동이 허용되지 않은 상태에서 왕과 왕실의 유지를 위하여 인민에게 부채(負債)를 과하고 있다. '진실한 사람'이 부당하게도 반역죄로 고소되어 그들의 토지와 재산이 '왕족들의 하인 등'에게 몰수될 수 있다. 가난한 자들과 평민들은 그들의 토지를 탐내는 왕의 종들에게 희생물이 되고 있다. 조세징수의 체계는 불공정하고 착취적이다.」[3] 자신들의 요구가 왕에게 거절당하자, 그들은 물러나서 왕의 남은 병력을 공격하고, 왕이 도망친 런던으로 돌아와 아주 악명 높은 몇 명의 신하들을 재판에 회부하여 살해하였다. 그 후 그들은

3 Charles Poulson, *The English Rebels*.

몇 명의 부유한 주장관들과 스케일즈(Scales) 경이 소집한 군대와 충돌하면서 런던 다리의 한쪽에 머물러 있었다. 이어 협상이 이루어졌는데, 협상자들에게 속게 된 반역가담자들은 나중에 분열되고 멸망하였다.

당시 연달아 발생한 사건 가운데 하나의 진보가 잘 이루어지고 있었다. 즉 부(富)가 더 많은 사람들 사이에 분배되기 시작한 것이다. 그러나 봉건귀족들이 약한 왕 주위를 둘러싸게 되면서 긴장상태는 견딜 수 없을 정도로 고조되어가고 있었다. 각자 봉토를 다스리며 권력쟁탈을 위해 경쟁하던 강력한 귀족들 사이에 일종의 무질서한 패거리 싸움처럼 장미전쟁이 시작되었다. 「불평의 장전」이 고소하였던 것처럼 그들은 멋대로 공금을 강탈하면서, 결국 인민들이 그들에게 해주고 싶었던 것을 서로에게 행하였다. 즉 그들은 서로를 몰락시키면서 자신들의 물질적 · 재정적 소유물을 없애버렸다. 이로 인하여 장미전쟁의 마지막 전투(보스워드 전투, 1485년)의 승리자인 헨리 7세가 즉위할 수 있게 되었고, 그 결과 이전의 강력한 대적자가 사라진 강력한 중앙집권적 국가를 만들게 되었다. 이것이 튜더왕조 지배의 시작이다.

그 결과, 영국이 근대화로 나아가는 광범위하고도 중요한 발판이 마련되었다. 이제 더욱 강력한 왕이 자본가 지주의 새로운 귀족정치와 신흥 상인 · 금융업자 계층에 의존하기 시작하였다. 이들의 도움으로 영국은 경제 · 군사 · 정치적 세력을 키우기 시작하였다. 유지비용이 많이 드는 대규모 상비군(常備軍) 대신에 영토를 지킬 목적으로 소집된 지방민병(地方民兵)에 영국이 의존하였다는 사실을 지적할 필요가 있다. 이 민병들은 그 지역에 있는 재산소유자들과 강한 지역적 연대(連帶)를 가지고 있었는데, 그들은 돈을 빌려주는 자들이었고 지역수준에서 점차 권력을 크게 행사하고 있었다. 이러한 새로운 권력은

왕의 중앙집권적 권위와 비교적 고정적인 귀족정치로부터 출생보다
는 돈에 기반을 둔 신흥귀족에게로 옮겨갔다.

지주들이 토지를 통합정리하고 돈벌이가 되는 양모 및 기타 산물의
생산을 위하여 토지에 울타리를 치게 되자, 지주와 농민 간의 오랜 봉
건적 관계가 단절되고 말았다. 이것은 농민들에게 양날을 가진 칼이
되었는데, 그들은 단지 생활을 꾸려왔던 토지로부터 즉시 자유케 되
었으나 이 자유로부터 아직 아무것도 얻지는 못하였다. 이제 농민들
은 시장을 위하여 일하였고, 영국은 토지가 없는 임금노동자의 국가
로 변하기 시작하였다. 농민과 지주, 귀족들과 왕을 연결해주던 오랜
유대관계가 깨어졌다. 그 결과로 사회적·경제적 이동이 가능해지면
서 장차 더욱 큰 유농성을 가진 정치체제가 형성되기에 이르렀다. 그
리고 낡은 위계질서의 자취는 확실히 새로운 발전에 장애가 되었다.
국가의 지원을 받는 영국교회가 그 자신이 추방하였던 로마가톨릭교
회처럼 예배의식과 성례(聖禮)를 주관하게 되자, 그 구조는 바로 하나
의 위선(僞善)이 되고 말았다.

토지와 인민을 자유로이 착취하게 된 지주들은 이전보다 더 많은
권력과 영향력을 누리게 되었다. 그들은 부에서 귀족들을 능가하였
으며, 도시와 시골에 걸쳐 자신들의 영향력을 증대시키기 위하여 수
세기 동안 존재하였던 법과 규칙들을 바꿨다. 이전에 농민들은 경작
할 토지라는 보호수단을 가지고 있었으며, 또한 지역수도원의 자선
(慈善)에 의하여 유지되는 농노에 대한 지방귀족의 지역적 책임이라
는 일종의 안전책에 의존할 수 있었다. 그러나 헨리 8세가 바티칸과
의 관계를 단절하면서 수도원을 헐값에 팔아치우자, 가난한 자들은
한때 수도원이 여행자들을 위한 숙소제공, 극빈자에 대한 자선품과
구조품의 기증 그리고 수도원의 토지에 거하는 신자를 위한 직업제공

의 형태로 제공하였던 보호수단을 상실하게 되었다. 이와 같은 변화에 대한 반발로 폭동과 항의가 전국적으로 발발하였는데, 그 이유는 대규모 사회격변이 사회의 극빈자들에게 심한 고통을 주었기 때문이다. 수도원을 폐쇄한 결과로 적어도 전인구의 10%가 직업도 없는 무주택자가 되었다고 추정된다. 구걸과 절도가 광범위하게 퍼졌다. 그리고 걸인들은 얻어맞고 팔다리가 절단되어 채찍질당하였으며, 가난하다는 죄로 교수형에 처해지기도 하였다. 이 당시 상류계층과 하류계층 간의 긴장이 매우 컸기 때문에 의회는 가능한 한 매우 엄격한 조치로써 빈민들을 통제하려 하였다. 이러한 거친 통제의 희생자가 노퍽 주(州) 그리스톤의 존 워커(John Walker)였다. 그는 자기 주민(州民)에게 필요한 것은 그들로 하여금 부자의 지배에 항거하도록 이끌 지도력일 뿐이라고 말한 단순한 죄 때문에 교수형을 당했다. 이 예언은 1549년 로버트 케트(Robert Kett)에 의하여 성취되었다.

여러 달 동안 계속된, 중세의 마지막 대폭동인 케트의 반란을 통하여 영국이 일반대중 차원에서 개신교에 의한 개혁의 길을 어떻게 따라왔는지를 볼 수 있다. 이 운동이 갖는 평화롭고도 민주적인 성격과, 그 사회구조와 요구가 갖는 진정한 청교도적 특징은 주목할 만하다. 이 운동은 투명한 지도력과 심지어 적대자에 대해서도 공평의 원리를 가진 합리적인 정부의 모습을 내다볼 수 있게 하였다.

케트의 반란은 이전에 공동으로 사용하였던 토지를 울타리로 에워싼 것에 대한 항의로 시작하였다. 비록 이러한 엔클로저(enclosure, 봉건적 농업시대부터 내려온 소작인의 땅이나 마을의 공유지를 지주가 몰수하거나 매수해서 양을 치기 위하여 울짱으로 둘러친 일종의 농업혁명. 이로 인하여 목축업의 자본화가 진행되었고 농민들은 토지를 잃은 결과가 나타남—역주)가 공식적으로는 의회에 의하여 법으로 금지되었으나, 그러한 새로운 법령들은 좀처럼 시행되지 않았다. 1549년 7월 노퍽주 와이먼담(Wymondham)에서 대규모 군중이 그 지역에서 평판이 좋지 않던 지주의 울타리를 무너뜨리기 시작하였다. 그들이 로버트 케트의 땅에 이르게 되자, 평판 좋은 케트는 자신의 울타리를 뽑아버리는 데 동참하였다. 그는 재빨리 그들과 함께하면서 다음과 같이 발표하였다.

> 여러분들은 지난날 숱하게 많은 끔찍한 일들을 겪었고 또한 많은 악행과 불행으로 어려워하며 고통을 겪었습니다……. 또한 귀찮게 구는 지주들이 공공복리와 공용목초지에 끼친 손해를 보상할 것을 약속합니다.[4]

다음 날 그는 그 운동의 지도자로 선출되자마자 하루 종일 회의를 주재하였다. 그동안 새로운 지지자들이 도착하였다. 민란의 무리들은 하루 걷는 거리만큼의 반경 내에 위치한 토지를 둘러싼 울타리를 깨끗이 치워버렸다. 그들은 그곳에서 약 9마일 떨어진 노리치(Norwich) 주로 이동하였다. 그들은 마우스홀드 히드(Mousehold Heath)에 캠프를 설치하고 그곳에서 후에 「개혁의 참나무」라고 알려진 기도와 정책수립의 장소를 만들었다. 해산명령이 여러 사신들을 통하여 왕의 이름으로 하달되었지만, 그들은 사신들에게 어떠한 과격한 행동도 취하지 않았다. 비록 그들의 규모가 20,000명으로 커지고 그 멤버들이 가축과 식량 기타 필수품을 위하여 성이나 토지에 침입하였을지라도 이 초기의 몇 주간에는 한 사람도 살해되지 않았다. 난폭한 대중폭력과 약탈을 특징으로 하는 전형적인 반란과는 달리, 이

---

4 Alexander Nevylle, *Norfolk's Furies*, 1607.

무리들은 사실상 적에 해당하는 인근 토지소유자들을 해치지 않으면서 자신들이 필요로 한 것만을 취하였다. 이러한 일단의 침입자들이 영수증의 의미로 남긴 조그마한 쪽지를 통하여 이 반란이 사실 얼마나 평화적이었는지를 알 수 있다. 그 내용은 다음과 같다.

> 프랫 씨(Mr. Pratt), 당신의 양은 매우 살쪘더군요.
> 이에 대하여 감사의 말씀을 드립니다.
> 당신 아내의 핀 값으로 드리기 위하여
> 가죽을 남겨놓고 갑니다.
> 이에 대하여 당신은 감사해야겠지요.

자신들을 「공화국의 지배자들(governors of the commonwealth)」이라 부르면서, 그들은 많은 불의를 시정하고 인민들에게 보다 많은 공평을 확보해주는 명령(orders)을 발하였다. 이 명령들은 「29가지 청원 및 요구 장전(the Bill of Twenty-Nine Requests and Demands)」으로 알려졌다. 이에는 여러 가지가 있었는데, 그중에 공평한 토지사용료의 요구, 엔클로저를 반대하는 법률의 집행을 담당할 지방법률가의 선출, 어업과 수렵을 할 수 있는 공동권리, 자녀를 가르칠 목회자를 각 교구별로 세우는 일, 「하나님이 그의 보혈로 모든 사람을 자유롭게 만드셨기 때문에」 모든 노예를 자유롭게 하는 것들이 포함되어 있었다.

그들은 초라하게 진을 구축한 평지에 오랫동안 머물러 있을 수 없음을 알게 되자 노리치를 점령해야 할 것을 알았다. 노리치 시장은 이를 눈치채었으나, 그때까지 당한 호된 시련을 통하여 대결하기보다는 그들과 협력할 것을 추구하였다. 여기서 우리는 당시 영국사회에 작용하던 힘의 대결의 축소판이자, 한 세기가 지난 후에 나타나게 될 것의 전조를 보게 된다.

그러나 부유한 상인들은 온건한 시장을 제쳐두고 왕에게 직접 사신을 보내 지원군을 파병하여 반역도를 멸해줄 것을 요청하였다. 왕의 사신인 요크 헤럴드(York Herald)는 호화로운 궁전용 갑옷을 거만하게 번쩍이면서 반역자들에게 해산할 것과 왕의 아주 자비로운 용서를 받아들일 것을 명하였다. 그러나 그는 가혹한 부정행위나 이를 시정할 법률을 집행하지 않은 것에 관하여는 전혀 언급하지 않았다. 여기서 고립된 왕과 상류계층으로 하여금 상인·하류계층으로부터 멀어지게 만드는 견해의 차이를 간과할 수가 없다. 요크 헤럴드는 로버트 케트를 그의 동료들 앞에서 체포할 것을 요구하였다. 그럼에도 불구하고, 그들은 그를 해치지 않고 떠나게 하였다. 다음 날 반란자들은 이제 전투준비가 된 노리치를 점령하려고 이동하였다. 많은 생명을 잃고서 마침내 성문에 들어가게 되었을 때, 그들은 다시 요크 헤럴드를 만나게 되었다. 그는 그들에게 무기를 내려놓을 것을 요구하였다. 놀랍게도 그들은 그에게 대항하여 무기를 들지 않았고 오히려 「꺼져라, 제대로 지키지도 않는 약속과 함께 염병에나 걸려라!」고 외칠 따름이었다. 정부는 반역자들을 쫓아내기 위하여 많은 병력을 보냈다. 그들은 심각한 손실을 겪으면서도, 보복하지 않고 사람을 죽이지 않으려고 매우 조심하였다. 그러나 케트의 지지자들은 결국 정부군에게 패하였고, 정부군은 반란군을 잔인하게 죽이고 교수형에 처하며, 불구자로 만들고, 고문하고, 산 채로 창자를 빼내고 능지처참하였다. 이러한 사건들이 계기가 되어 영국시민들은 특히 칼빈이나 다른 사람들로부터 정치적 급진주의자들의 큰 세력을 동원하는 법을 배우게 되면서 과격성을 띠게 되었다.

영국에 독특하게 나타났고 나중에는 민주주의를 채택한 다른 나라에서도 나타난 하나의 중요한 발전은, 상류층 귀족들이 자발적으로 결혼을 통하여 성공한 상인가문들과 함께하려는 사실이었다. 가문의 재산이 줄어드는 것 같으면, 신분이 낮아도 부유한 상인가문에 딸을 시집보내는 것이 드문 일이 아니었다. 이는 유럽대륙의 귀족들에게는 생각할 수 없는 일이었다. 또한 귀족들이 종종 자기 아들들을 다름 아닌 무역자가 되도록 도시로 보냈다는 사실 역시 중요하였다. 아마도 이는 올리버 크롬웰이 창설하고 후에 그가 지휘했던 신모범군(the New Model Army)의 장교와 사병 간에 나타난 미증유의 친목에 대한 전조의 일부가 되었을 것이다. 이와 같은 명백한 와해(瓦解)는 심지어 오늘날의 미국에서도 받아들이기가 어려울 것이다.

튜더왕조는 인민의 다양한 에너지의 분출방향을 여러 차례에 걸쳐 재조정하는 데 훨씬 능숙했기 때문에 이 에너지들이 왕국을 파괴하지 않게 되었다는 점을 주목할 필요가 있다. 일례로 1588년에 있었던 스페인과의 전쟁을 들 수 있다.[5] 반면에 융통성이 훨씬 부족하고 현명하지 못한 스튜어트왕조는 그렇지 못했다. 나중에 살펴보겠지만, 크롬웰의 운동은 결과적으로 그들을 멸망시켰다. 엘리자베스 여왕은 강력한 파당들, 즉 이미 영국 전체의 도시와 시골에 있는 사실상의 정부와 언제 타협하고 협력해야 하는지를 더 독재적인 찰스 1세에 비하여 훨씬 잘 알고 있었다. 그래서 이러한 관계와 이에 따른 힘을 엘리자베스

---

5 특히 그 당시 무적이었던 스페인 함대의 영국 침공 시에 보여준 조국에 대한 엘리자베스 여왕의 용기와 헌신은 칭송할 만하다. Ann Somerset, *Elizabeth I*, published by Alfried A Knopf(New York, 1991), pp. 464-8을 볼 것. 찰스가 마음속으로는 영국에 큰 관심을 갖지 않는 독재자에 불과하였음을 나중에 사람들이 널리 믿은 것을 생각해 볼 때, 이 점은 특별히 주목할 만한 사실이다. 후에 언급하겠지만, 찰스는 나중에 반역죄로 처형당하였다.

여왕은 아주 잘 사용하였다. 이전에는 장원(莊園) 영주, 무역길드와 성직자들에 의해 결정되었던 임금·가격·세금을 실질적으로 정하는 명령들이 찰스 1세의 강력한 중앙집권적 치하 당시에 제정되었다. 일찍이 새로운 경제구조를 형성하였던 자들은 왕이 자신의 일에 대해 강요하는 것을 아주 싫어하였다. 그리고 발전의 엔진은 그리 쉽게 멈춰질 수가 없었다.

전체적으로 영국 경제의 모습은 대규모 상업회사의 경제로 변천하였다. 새로운 시장이 아메리카에 나타나고 기회가 계속되는 것처럼 보이자, 금속공업·해운업·광업 그리고 매우 다양한 무역업이 번성하게 되었다. 한때 대부분의 필수품을 스스로 만들었던 가구(家口)들은 이제 점차 생필품을 구입할 돈을 벌기 위하여 가내공업으로 바뀌게 되었다. 소규모 임차지나 소유지에서 일하였던 요맨(yeoman) 농부들은 새로이 재산을 얻게 되었고, 또한 열심히 일하려 하였으며 심지어 이를 유지하기 위하여 싸우려고도 하였다. 엔클로저 때문에 자신의 토지를 잃게 된 사람들은 필요에 따라서 이러한 삶의 방식을 스스로 선택하거나 또는 타의에 의하여 이러한 삶으로 내몰리게 되었다. 점차 사람들은 생존을 위하여 자급자족한 생산물보다는 고용을 통하여 얻게 된 임금에 전적으로 의존하게 되었다. 그들은 근대 노동계급의 선구자였다.

그러던 중에 상인계층이 청교도의 가장 강력한 후원자가 되었는데, 그들의 가장 큰 종파는 장로교였다. 그들은 영국교회의 의식적(儀式的) 성격을 탐탁지 않게 여겼는데, 그들은 이를 가톨릭교회로의 복귀에 해당하는 것으로 인식하였다. 왕이 교회의 주교들을 지배하고 모든 사람들이 교회에 출석하였기 때문에, 교회는 사실상 여론을 통제하려는 국가통제하의 언론매체에 해당하였다. 많은 장로교도들은 특별히 가톨릭교회로의 복귀를 미심쩍어 하였으며 또한 두려워하였다.
왜냐하면 그들은 수도원 폐쇄에 따른 가장 큰 수혜자였기 때문이다.
더욱 중요한 것은, 그들이 구약성경을 자기의 지침서로 보았으며 또
한 영국 성공회의 중심권위를 그리스도의 제자인 그리스도인의 사명
을 약화시키는 불순한 것으로 보았다는 점이다. 그 대신에 그들은 성
경공부, 전도와 높은 수준의 도덕을 기초로 삼았으며 선출된 장로에
의하여 치리(治理)받는 아주 독립적인 조합교회를 추구하였다. 모든
사람들로 하여금 의로운 길로 걸어가도록 하기 위하여, 필요하다면
도덕이 엄격한 처벌을 통하여 강제되기도 하였다. 1590년대 교회에
대하여 중앙집권적 통제가 더욱 심화되었는데, 이러한 사실이 그들의
기대만큼 제임스 1세에 의하여 개선되지는 않았다. 청교도들은 막대
한 재력을 얻게 되면서 귀족들과 연합하였으며 지방정치를 통제하고
의회활동에 참여하였다. 그들은 종교·경제·정치적 문제에서 자신
들의 힘을 왕에게 모두 양보하려고 하지 않았다. 바로 이때에 올리버
크롬웰이 태어났다.

영국 호국경(護國卿)이 될 올리버 크롬웰은 1599년 4월 25일 케임
브리지 북서쪽의 헌팅턴에서 로버트 크롬웰과 엘리자베스 크롬웰 사
이에서 태어났다. 그의 출생신분은 다소 수수하여 훗날 영국에서 차
지할 그의 걸출함을 전혀 예시(豫示)해주지 않은 것 같았다. 영국 호
국경으로서 의회에서 행한 연설 도중에 크롬웰은 자신에 대한 평가와
관련하여 「나는 날 때부터 젠틀맨이었으며, 상당히 높은 지체로도 그
렇다고 낮은 신분으로도 살지 않았다.」고 자세히 얘기하였다.[6] 그의

---

6 Richard Flecknoe, *The Idea of His Highness Oliver Late Lord Protector etc.
With Certain Brief Reflexions on His Life*(1659), p. 2; W. C. Abbot, *Writings and
Speeches of Oliver Cromwell*, 3, p. 452.

아버지 로버트는 기사(騎士)의 차남으로서 사회에서 중간 지위를 차
지하였다. 그는 야심적이지 않았으며 단지 가족들을 위한 평화와 안
정만을 원한다고 말하였다.[7] 그렇다 하더라도 그의 출생 이전 몇 세기
에 걸쳐, 그의 양가(兩家)의 구성원들은 새로운 젠트리 계층의 수혜자
로서 영국에서 꽤 중요한 지위를 차지하였으며 또한 의원으로서 영국
의 새로운 질서형성에 기여하고 있었다.

16세기 전반은 투기자들이 이득을 얻을 수 있는 기회가 많은 시기
였다. 왜냐하면 이때는 수도원을 해체하는 시기였기 때문이다. 그의
고조부 리처드 윌리엄즈(그는 영국식 성을 취하기 위하여 웨일즈 방
식의 명명법을 버리고 자신의 성을 크롬웰로 바꾸었음)가[8] 헨리 8세
를 섬기며 번성한 이래로, 크롬웰가는 헌팅턴 주에서 유력한 가문이
었다. 후에 그의 아들 헨리 크롬웰은 「황금기사(the Golden Knight)」
로 알려졌다. 또한 헨리는 힌칭브룩(Hinchingbrook)에 올리버가 어
릴 때 그 근처에서 성장한 것으로 기억하고 있는 커다란 저택을 세웠
다. 의원으로서 그리고 케임브리지 주와 헌팅턴 주의 장관(sheriff)으
로서, 그는 집안의 부를 키우고 사회와 궁정에서 자신의 신분을 높여
갔다. 「그의 조카가 정치·군사상의 중요한 지위에 극적으로 오름으
로써 가문에서 가장 유명했던 이 늙은 기사의 지위를 빼앗을 때까지,

---

7 자신의 죽음 전에 「일시적인 재산」뿐 아니라 「평강과 평정」을 아내와 자녀들에게 남
  겨주는 데 특별한 관심을 가진다고 말하였던 그의 유언장에서 이 사실을 알 수 있다.
  Antonia Fraser, *Cromwell the Lord Protector*를 볼 것. 여기서 그녀는 W. C. Abbot,
  *A Bibliography of Oliver Cromwell*을 인용하였다.

8 웨일즈인들은 「Morgan ap William」 등에서 볼 수 있듯이 「윌리엄의 아들」로 남자아이
  의 이름을 짓는 전통을 따랐다. 이는 다음 세대에 이어지는 성이 없음을 의미하였다.
  왕은 리처드가 성을 사용하는 문명화된 민족의 방식을 취하길 원했기에 그를 설득하여
  성을 바꾸도록 하였다. 그리고 이러한 식의 명명법을 비난하였다.

그 긴 생애의 대부분에 걸쳐 세상의 주목을 받은,[9]자는 바로 그의 장남인 올리버 크롬웰 경이었다. 왕에게 베푼 고급스러운 환대로 유명한 그는 특히 제임스 1세와 좋은 관계를 가졌는데, 왕은 자주 힌칭브룩에 방문하였다. 그곳에서 왕은 매력과 활수함으로 유명한 자로부터 「변치 않는 금제컵」과 「고급말」 같은 선물[10]을 기대하게 되었다. 올리버의 아버지인 로버트 크롬웰은 이 유명한 지방후원자의 차남이었다. 로버트가 왜 자기 아들의 이름을 힌칭브룩 대저택의 소유자의 이름을 따라 지으려 했는지는 쉽게 이해할 수 있을 것이다. 불행하게도 올리버 경은 바로 이 지나친 활수함으로 말미암아 크롬웰가의 재산을 다 탕진했고 힌칭브룩을 몽테뉴가에 팔지 않을 수 없는 지경에 이르게 되었다. 바로 이러한 사실은 풍족한 생활이 갖는 문제점을 분명히 보여주는 증거가 되었다. 이로 인해 올리버는 검소한 청교도 생활방식을 매우 쉽게 받아들이게 되었다.

올리버 경과는 대조적으로 로버트 크롬웰은 훨씬 적은 재산을 가지고서 더욱 낮은 신분의 삶을 영위하였다. 그는 의원이면서도 결코 그 지위로 이름을 떨치지 않았다. 아내와 자녀들에게 「평강과 평정(平靜)」 그리고 자신의 「일시적 재산」을 남기려고 애쓴 그의 성품과 인성은 어린 올리버에게 훗날 그의 청교도적 이념과 사회활동에 대한 부르심이라는 완전한 빛 안에서 엷어지는 희미한 인상만을 남겼었던 것 같다. 이러한 자기부인(自己否認), 근면 그리고 불필요한 일의 회피에 관한 모범은, 조부의 집에서 밤새 열렸던 왕의 대주연(大酒宴)으로 인하여 줄어드는 집안의 재산과 더불어 올리버의 남은 생애에 그의 성

....

9 C. H. Firth, *Oliver Cromwell and the Rule of the Puritans in England*(World's Classics Edition, 1953).

10 Fraser, p. 13.

격의 한 특징으로 각인(刻印)되었다. 1617년 로버트 크롬웰이 사망하
자 올리버의 케임브리지대학 공부는 중단되었다.

엘리자베스 스튜어드의 이름을 가진 올리버의 어머니는 노퍽의 유
명한 가문의 딸이었다. 그녀의 아버지는 일리(Ely) 대교구의 땅을 임
대차하면서 상당한 재산을 소유하였다. 그녀는 자신의 아들이 성인이
되었을 때까지도 큰 사랑과 헌신을 보여준 「성숙한 지혜와 커다란 분
별력을 가진 여인」으로 묘사되었다. 거의 들을 수 없을 정도의 나이인
84세까지 살면서 그녀는 올리버의 적극적인 정치 · 군사 생활에 영향
력을 잘 행사하였다. 일찍이 세 명의 형제자매가 죽은 이후에도 올리
버에게는 일곱 명의 누이들이 있었는데, 아버지의 사망 이후에 가족
들을 돌볼 책임을 담낭케 된 사실은 그의 성격 형성에 중요한 영향을
미쳤다.

올리버의 성격 형성에 더욱 중요한 것은 아마도 초등교육과 대학
교육이었을 것이다. 지방 고전문법학교(grammar school)는 나이
에 관계없이 한 학급으로 구성된 무료학교였다. 그 학교를 맡은 선생
인 토마스 비어드 박사는 케임브리지 출신으로서 견고한 신앙으로 지
역에서 잘 알려진 목사였다. 그의 저작인 『하나님 심판의 현장(The
Theatre of God's Judgments)』은 악인이 이 세상에서 처벌받는다
는 자신의 확신을 표현한 것으로서, 그는 자신의 주장을 증명하기 위
하여 일련의 역사적 사건, 즉 「섭리(providences)」를 그 논거로 들었
다. 이 책의 전반에 걸쳐서 나타난 사실은, 모든 존재는 하나님과 어
두움의 권세 간의 갈등으로 구성되어 있는데, 여기서 신자는 하나님
의 편에 서서 싸우며 그의 법을 순종하는 한 패배할 수 없다는 점이
다. 그의 청교도적 열정은 올리버의 사상을 형성하였으며, 올리버에
게 그 구성원에 의하여 조직되고 주로 운영되는 보다 단순하고도 엄

격한 교회를 추구하려는 강한 성품과 용기를 주었다. 비어드 박사의
생각은 초기 청교도 대다수의 생각이라고 할 수 있는데, 그들은 하나
님이 자신의 뜻을 이 세상에 이루기 위하여 자신의 종들에게 상을 주
기도 하고 벌을 가하기도 한다고 보았다. 그 처벌은 엄하였고 특히 왕
이나 통치자들에 대하여는 더욱 가혹하였다. 죄에 대한 그들의 교만
한 태도와 「자신들에게 주어진 모든 제재와 처벌을 감히 면하려는」 그
들의 버릇 때문에 그는 이러한 처벌이 하나님께 더 합당하다고 믿었
다.[11] 비어드는 민법이 공평과 의에 기초를 두었다면 왕자들도 이에
복종해야 한다고 강조하였다. 재산에 관하여 그는 「표준 이상의」 과
세는 「하나님의 법이나 인간의 법에 비추어 볼 때 모두 불법적」이므로
사유재산은 심지어 왕에 대해서도 신성하다고 말하였다. 이러한 말과
그 뒤에 깔려 있는 확신은, 그의 아버지가 살아남은 독자에게 전해주
기 원하였던 「평강과 평정」과는 판이하게 달랐던 올리버의 생애 만년
에 그 자신의 언행에서 빛나고 있었다.

   비어드 박사는 올리버의 단순한 교사 이상으로 크롬웰가(家) 전체
의 삶에서 중요한 역할을 맡았다. 로버트 크롬웰은 그를 자기 유언의
한 증인으로 선택하였다. 비어드 박사가 크롬웰가를 매우 좋아한 것
은 틀림없는 사실이었다. 그는 서명(書名)에서 알 수 있듯이 교황을
적(敵)그리스도로 비유한 『가톨릭교로부터의 이탈자(A Retractive
From the Romish Religion)』[12]이라는 제목의 저서를 올리버 크롬웰
경에게 헌정하기까지 하였다. 진실한 청교도를 향한 그의 열정은 가

---

11 Christopher Hill, *God's Englishman: Oliver Cromwell and the English Revolution* (London
  : Weidenfeld & Nicholson, 1970)에서, 그는 주목할 만한 이런저런 사상 때문에 「하
  나님 심판의 현장」 1597년 판을 치하하였다.

12 Ibid., Fraser, p. 17.

톨릭교회와 당시 영국 성공회가 취한 방침에 대한 증오와 견줄 만하였다. 애정과 책임감은 상호적인지라, 비어드 박사는 올리버가에 대한 부채의식을 느끼면서 「숱하게 받아온 특별한 호의와 친절에 당신들에게 빚을 지고 있습니다」라고 말하였다.[13] 이후 올리버의 연설에서, 그의 청년시절 신앙의 맹아(萌芽)가 어린 시절 학교장의 강한 확신이었음을 알 수 있다. 올리버에게 있어서 하나님은 악인을 멸망시키고 사악한 왕들을 폐위시키며 세상사에 적극적으로 관여하는 영존(永存)하시는 감독자였다. 그리고 그 하나님은 성령을 통하여 선민들을 의의 길로 인도하시는 분이었다. 자신의 생애 말년에 올리버는 자기 자신을 하나님의 뜻을 실천하는 도구로 보았다.

그의 성격을 볼 것 같으면, 올리버는 학구적인 연구보다는 생각하고 되새기며 묵상하는 것을 선명히 드러내는, 신체적으로 원기왕성한 소년이었다고 한다. 그는 드세고 떠들썩하며 실제적인 농담과 맹렬한 활동을 즐기는 것으로 표현되어 있다. 그는 고장의 과수원을 자주 습격하였기 때문에 「사과 용기병」(Apple Dragon, 용기병은 짧은 총을 가진 기마보병을 가리킴—역주)이라는 별명을 얻을 정도로 사과 훔치는 일에 유명하였다. 아마 자매들과 어머니에 둘러싸인 까닭인지 몰라도 그는 남자다운 성격을 더 강조하였다. 성인이 되어 지칠 줄 모르는 기병장교로서 얻게 된 명성은 그가 여전히 활동가이었음을 보여준다. 한편 그의 열렬한 웅변과 사람을 감동시키는 능력은 그의 철학적인 「인간」 연구의 결과였다. 사실 사무엘 카링턴(Samuel Carrington)은 올리버의 「가장 큰 즐거움은 책 아닌 사람의 마음을 읽어내는 것」이라고 기록하였다.[14] 사람들과 그들의 행동에 관한 연구

13 Ibid., Fraser, p. 17.

14 Antonia Fraser, *Oliver Cromwell: Lord Protector of England*, p. 19, 저자는 S.

와 더불어 활달한 활동과 신체적 특성 덕택에 그는 효과적으로 전략을 수립할 수 있었고 기병대장으로서의 성공을 자연스럽게 성취할 수 있었다.

　1616년 케임브리지의 시드니 서섹스(Sidney Sussex)대학에 입학한 그는 영국교회에서 목회할 수 있도록 훈련받을 예정이었다. 그 대학은 교수들이나 학생들로 하여금 로마가톨릭교를 혐오하도록 요구하는 청교도적 성향을 가진 것으로 유명하였다. 이 대학은 1596년 전(前) 그레이 프라이어즈(Grey Friars) 수도원 부지에 서섹스 백작부인인 프란시스 시드니(Frances Sidney) 부인의 유언집행자에 의하여 설립되었다. 이 훈련장소는 하나의 종교적 신병훈련소와 같이 학생들로 하여금 도박·선술집이나 볼링장의 출입과 같은 행동, 그리고 그들로 하여금 청교도적 방침으로부터 벗어나게 하는 천박하고도 관심을 분산시키는 많은 활동을 자제하도록 만드는 엄격한 환경을 제공하였다. 대학 학장인 사무엘 워드(Samuel Ward) 박사 역시 예정론에 대한 굳센 믿음을 가지고 있었는데, 이것이 그의 학생들에게 영향을 주었으리라 본다. 올리버의 훈련은 부친의 사망으로 중단되었으며 그는 가족의 일을 돌보기 위하여 귀향하였다.

　처음으로 가장의 책임을 떠맡게 된 많은 젊은이들이 그러하듯이, 올리버도 헌팅턴 근처의 선술집과 맥주 양조장을 드나듦으로써 책임에 따른 압박감으로부터 회피했다고 생각된다. 그가 일생의 이러한 시기를 도박과 왁자지껄 떠들며 술 마시는 것으로 보내자, 선술집 여자들은 「저기 젊은 크롬웰 온다. 문 닫아!」라고 외쳤다고 전해진다.[15]

....

Carrington, *The History of the Life and Death of His Most Serene Highness Oliver Late Lord Protector*, 1695를 인용하고 있다.

15 Ibid., p. 24, 저자는 James Heath, *Flagellum or the Life and Death, Birth and*

후에 그는 자신의 행동에 대하여 강한 죄책감을 느꼈고, 심지어 자신
이 도박으로 칼톤 씨로부터 딴 돈을 불법적인 수단으로 얻었다고 얘
기하면서 돌려주기에 이르렀다.[16] 여하튼 올리버가 케임브리지에서
갑작스럽게 귀환한 지 3년이 지난 어느 때엔가 그는 런던으로 가서
한 법학원에서 (Lincoln's Inn일 가능성이 아주 높다) 법학공부를 계
속하였다.[17]

　성년에 이르러 다행히 후견을 받을 운명에서 벗어나자마자, 그는
크리플게이트(Cripplegate)의 성 길즈(St. Giles's)에서 엘리자베스
부쳐(Elizabeth Bourchier)와 결혼하였다. 그녀가 기사이면서 에섹
스 주의 시골토지 지주의 딸이었기 때문에, 올리버는 나중에 의회의
야당을 이끌게 될 힘 있는 사촌들을 전략적으로 가까이하려 하였다.
올리버 크롬웰의 많은 사촌들이 찰스 1세에 대항한 주요 투쟁에서 중
요한 역할을 수행하였음을 아는 것이 중요하다. 그들 중 아홉 명은 크
롬웰이 처음 당선되었던 1628년 하원의원이 되었다. 나아가 네 명은
1637년 프로비던스 섬 회사(Providence Island Company)의 구성원
으로서 선박세에 반대하는 데 유력한 역할을 수행하였다. 이후에 보
다 자세히 알게 될 「장기의회(長期議會, Long Parliament)」에서 17
명의 사촌과 아홉 명의 먼 친척들이 결국 그와 연합하였다. 올리버는
의회에 참여함으로써 정부의 정책에 영향을 주려고 하는 열정적인 무
리와 이미 함께하고 있었다.

....

Burial of Oliver Cromwell, the Late Usurper , 2nd edition enlarged, 1663을 인용하
고 있다.

16 Ibid., p. 23.

17 Christopher Hill, *God's Englishman: Oliver Cromwell and the English
Revolution*(London: Weidenfeld & Nicholson, 1970).

올리버 크롬웰과 당대 다른 사람의 공적 생애를 논하면서 그들의 신앙과 그들의 청교도 윤리의 다른 근원들을 고려하지 않는다면 (크게) 실패하고 말 것이다. 당시 사건들에서 분명히 알 수 있듯이, 그들의 행동은 신앙에 의하여 고취되었으며 영국이나 다른 유럽국가의 국내 및 국제정치에 크게 영향을 미쳤다. 미국에서 이른바 「청교도 근로윤리」는 평범한 어구로서 보통 근면과 분명한 목표설정의 제도화를 의미한다. 이것이 청교도와 그 지도자인 칼빈의 사상에서 하나의 중요한 요소임은 틀림없지만, 그것은 그 운동을 일으킨 보다 근본적인 철학의 징후 또는 결과였다. 중세시대에 가톨릭교회는 교황과 왕들을 일종의 가족관계에 둠으로써 봉건적인 관계를 일찍이 강화하기 시작하였는데, 그러한 관계는 봉건영주와 자신의 생존을 위하여 그에게 의존하는 농노 간의 관계와 유사한 것이다. 왕이 국가의 조상이라면, 교황은 교회의 신랑이었다.

「그러나 칼빈교도의 활동은 모든 국민이 정치적으로 순진한 어린아이라기보다는 통찰력이 있는 활동적인 시민이며, 정부는 가족이 아니고 국가는 확대된 가정이 아니며, 또한 왕은 자애로운 아버지가 아니라는 점을 인정할 것을 요구한다.」[18] 근본적으로 재구성된 사회를 추구하는 과정에서 그들은 새롭고도 성서에 의하여 고취된 형상에 따라 사회를 개혁하기 위하여 전통적인 가족과 그것의 모든 확대된 형태를 해체하지 않으면 안 되었다. 그들의 기독교신앙과 그 목적을 위한 급진적인 정치에의 참여라는 새로운 가치에 의하여 그들은 바로 근대서구사회를 일찍이 예고(豫告)하였던 것이다.

초기 개신교도를 살펴보려고 한다면 적어도 종교개혁을 점화하기

----

18 Michael Walzer, *The Revolution of the Saints: A Study in the Origins of Radical Politics*, p. 14.

는 하였으나 이 세상에서 지속적이고 융통성 있는 개혁을 일으키고자 하는 정치적인 분별력이나 의욕조차도 가지지 않았던 마르틴 루터의 말과 행동을 관찰해야 할 것이다. 루터는 다음과 같이 말하였다.

> 나는 사람들이 내 이름을 존경하지 않기를, 그리고 자신들이 루터주의자가 아니라 그리스도인이라고 부르기를 바란다. 루터가 무엇인가? 확신하건대, 나의 가르침도 내 것이 아니요, 내가 누군가를 위하여 십자가에 못 박힌 것도 아니다. 모든 파당의 이름을 없애버리고, 우리가 받은 가르침의 주인을 따라서 우리 스스로를 그리스도인이라고 부르도록 하자.[19]

종교개혁은 로마교회가 신약의 기독교에 일치하지 않는 것에 대한 반발이었으며, 또한 그리스도의 복음을 그리스도인의 신앙과 삶의 중심으로 회복한 것이었다. 공적 · 정치적 활동의 의미에서 진정한 개혁주의자는 칼빈이었는데, 그는 제기된 사회적 · 종교적 변화를 실행하고 유지하는 활동과정의 틀을 갖춘 것으로 널리 인정받게 되었다. 루소는 『사회계약론』에서 「칼빈을 단지 신학자로만 아는 사람은 그의 천재성을 무척 낮게 평가한 것이다.」라고 하였다. 칼빈은 성경의 거의 모든 책에 대하여 주석서를 써서 「성도」에게 힘을 더해주기 시작하였고,[20] 루터는 히브리어와 그리스어 성서를 그 당시 평범한 독일어로 번역하였다. 비록 성도들이 새로운 교회(들)을 형성하는 데까지 이

---

19 모든 그리스도인을 위한 진지한 권고. Hugh T. Kerr, *A Compend of Luther's Theology*(Philadelphia, 1943), p. 135를 볼 것.

20 Jean Calvin, *Commentaries*(Grand Rapids, MI: William B. Eerdmans Publishing Co., 1963).

르지는 아니하였을지라도, 이것은 그들로 하여금 그들의 교회 내에서 보다 적극적인 역할을 수행하도록 만든 첫 단계이었다. 그들은 성경에 의지하여 정당성을 인정할 수 없는 모든 것을 거부하였으며, 성경의 관점에서 로마교회에 대항하는 주장을 내세우려 하였다. 많은 가톨릭교도들은 그 기원을 사도들에게로 소급할 수 있는 가톨릭교의 통일성에서 어긋난 것으로 생각했지만, 루터나 칼빈 같은 개혁자들은 자신들의 사명을 다르게 보았다. 그들은 종교개혁이 원시복음으로의 회복, 따라서 기독교의 본류(本流)에의 회복이고, 로마가톨릭은 하나의 이탈이라고 주장하였다. 교회에 대한 반발이 아니라 교회의 회복이라고 강하게 느낀 그들은 영국 · 프랑스 · 홀란드 · 헝가리 · 폴란드 · 스코틀랜드 · 스위스의 개신교회 사이에 널리 퍼진 1566년 제2차 헬베틱 신앙고백에서 다음과 같이 단언하였다.

우리 모두는 이러한 신앙과 종교를 가지고 있기 때문에, 모든 사람들로부터 이단이 아니라 가톨릭교도이자 그리스도인으로 여겨지기를 기대한다.

루터와 칼빈은 자신들의 교회를 형성하려 하지 않고 또한 자신들이 「가톨릭교도」[21]로 여겨지기를 원하기까지 하였는데도, 왜 칼빈과 그의 추종자들은 유럽에서 그리고 보다 더 민주적 방법으로 영국에서 종교적 판도를 변형시키고 회복하는 데 성공하였을까? 이에 대한 몇 가지 대답은, 영국 개신교의 다양한 교파들의 반란에 나타난 보다 명백한 반(反)로마가톨릭 양상과 그들 상호 간의 갈등에서 찾아볼 수 있

---

21 「가톨릭(catholic)」의 의미는 「보편적(universal)」이라는 의미이지 「로마 가톨릭」이 아니다.

다. 헨리 8세가 교황과 같은 역할, 즉 자신의 권위를 하나님으로부터 받은 영적 왕(Spiritual King)의 역할을 떠맡음으로써 교황의 권위를 능가하려 하지 않았다면, 위계적이지 않은 청교도들이 정치문제에 그토록 적극적인 태도를 취하려 하지 않았을 것이다. 이와 동시에 헨리 8세가 교황의 권능을 그토록 떠들썩하게 부정하다가 나중에 받아들이지 않았다면,[22] 그가 바티칸과의 관계를 그토록 철저하게 단절시킬 필요가 없었을지도 모른다.

종교개혁은 세 가지의 중요한 개신교 유형을 낳았는데, 그 각각은 역사적으로나 지리적으로 나름대로의 지위를 갖게 되었다. 첫째는 고전적인 루터교와, 칼빈파에 속한 개혁주의 전통이었다. 이들은 독일 · 네덜란드 · 스칸디나비아 제국 · 대영제국 그리고 나중에는 미국으로 전파되었다. 일부 교회 간에 차이는 있었지만, 그들은 16세기에 많은 개혁을 성취하였다. 둘째 유형은 영국에서 나타난 것으로서 성공회 또는 영국 국교회 교회의 관습을 가지고 있었다. 이 교파는 로마가톨릭에 반대하면서도 가톨릭에 더 가까운 위계질서를 유지하려 하였다. 이 교파는 성직자의 사도직 승계를 통하여 과거를 보존하면서도 루터교 · 개혁주의 교회와 로마가톨릭 사이의 가교(架橋)를 형성하려 한다는 점에서 종종 「우익」 개신교로 간주되고 있다. 셋째 유형은, 이후 미국혁명과 함께 논의하겠지만, 재세례주의자(Anabaptists, 유아세례를 인정하지 않고 회심에 의한 세례를 주장함—역주)와 메노파(Mennonites, 종교개혁 후 스위스에서 시작되어 네덜란드에 뿌리내리고, 나중에 유럽과 미국에 퍼진 개신교의 일파로서 유아세례 · 선

---

22 교황의 결정에 따라 동생의 미망인인 아라곤의 캐더린과의 결합을 무효화하고 자신의 정부(情婦)의 동생과 결혼하려는 과정에서, 그는 교황의 이중기준을 폭로하였다. 이것은 가톨릭교회를 당황스럽게 하였고, 왕 헨리 8세가 바티칸과 절교하는 데 편리한 구실이 되었다.

서 · 병역에 반대하며 검소한 복장과 생활을 장려하였음—역주)와 같은 집단에서 자라난 「좌파」 개신교였다. 이들은 초기 개신교 중에서 가장 독립적이었는데 서쪽으로 확장되면서 미국에서 가장 중요한 운동의 하나가 되었다.[23]

비어드 박사와 같은 청교도들은 책임의 기능적 분배를 더 선호하여 로마교회의 위계구조(位階構造)를 폐지하려 하였다.[24] 이러한 구조의 변화로 말미암아, 보통 사람들이 영적 단체의 일에 더 많은 발언권을 갖는 교회가 출현할 수 있게 되었다. 이것은 보통 시민들이 그 운영에 적극적인 역할을 맡게 되는 공화제 정부형태의 활동무대를 마련하였다. 100년 이상의 기간 동안 이러한 일은 영국에서 이미 일어나기 시작하였다. 정치단체의 의미가 이미 봉건구조에서 극적으로 변화하였기에 그 구성원들은 합리적인 머리, 즉 왕으로부터의 지시에만 따라 움직이는 몸체의 부속물에 불과하였다. 몸체 즉 왕국의 구성원은 사실상 발이 머리의 권위에 대하여 통제권을 갖지 못하듯 정치문제에 대하여 통제권을 갖지 못하였다. 그러나 이 몸체는 왕국의 성공에 큰 관심을 갖고서 왕국의 발전에 매우 적극적인 역할을 한 시민계층의 집합체로 변하였다. 영국의 사회적 · 정치적 · 경제적 영역에서 충분히 실증된 몇 가지 개혁들에 의하여 이후 16 · 17세기에 일어날 변화들이 차츰차츰 준비되고 있었다.

칼빈에게서 받은 시사(示唆)대로, 청교도의 종교조직은 자신들의

---

23 *Encyclopedia Americana*, 22(1969년 인쇄), 「개신교(Protestantism)」 제목의 항목, pp. 684-89을 볼 것.

24 칼빈이 교회를 목사 · 교사 · 장로와 집사의 네 영역으로 재구성한 것은 사제 · 주교 · 대주교 그리고 교황이 훨씬 위압적인 상태를 유지하는 로마가톨릭의 그것과는 다르다. Paul K. Ryu and Helen Silving, "The Foundations of 'Democracy': Its Origins and Essential Ingredients"을 볼 것.

사회에서 실현하고자 한 변화의 형태와 그 지속가능성을 마련하였
다. 자유로운 정치활동에 관한 이론적 기초를 만든 것은 칼빈주의자
의 공적이라 할 수 있다. 그들은 정치적 사고와 활동의 방식을 이전
보다 더 높은 수준으로 끌어올렸고, 이를 보통 사람들의 일로 만들었
다. 칼빈은 「정치를 일종의 양심적이고 지속적인 업무로 보는 새로운
관점」의 기초 위에서 평민들을 정치질서로 통합하였다. 성도, 즉 거
룩함과 덕을 가진 자로 입증되어 선택받은 보통 사람은 정치적 이상
에 대한 비타협적이고도 지속적인 헌신으로 유명하였으며, 정력적이
고도 체계적인 수고를 통하여 그 이상을 추구하여갔다. 자신들을 선
지자들과 같은 반대자로 여긴 그들의 목표는 전통질서를 제거하는 것
이었으며, 또한 근면이 요구되는 새로운 거룩한 공화국(a new Holy
Commonwealth)을 만드는 것이었다. 이것은 시민으로서의 덕과 시
민의 신분에 적합한 구조였으며, 그 구체적인 방향은 이제 최초로 평
민들이 가질 수 있게 된 성경 자체에 개신교적 관점으로 초점을 맞춘
것이었다.

잘 훈련되고 방향성 있는 진리탐구가 17세기 영국의 이러한 운동의
특색이었다. 여기에서 우리는, 주인 없이 고독한 책략가인 마키아벨
리와는 달리, 혁명의 지속가능성을 보게 된다. 그들은 먼저 기존질서
를 파괴하면서 당시 정치적·사회적·종교적 판도를 새롭게 그리는
실제적인 조치들에 열정을 쏟았다.

이러한 평신도의 군대가 사회의 중요한 개혁을 일으킬 수 있는 효
과적이고도 지속적인 집합체인 것은 사실이다. 그 조직의 정치적 목
적은 무엇이었을까? 보다 구체적으로 말하면, 그들이 형성하기 원하
였던 정부와 사회는 어떤 유형이었는가? 독일 사회학자요 경제학자
인 막스 베버는 이에 대하여 직접 답하였는데, 그는 개신교가 기업·

자본주의·경제적 부와 유산계급의 발달에 기여하였고 이들 모두가 민주적 제도의 출현을 촉진시켰다고 주장하였다.

이러한 배경을 바탕으로 올리버 크롬웰은 자기 고향과 매우 밀접한 왕과의 갈등 속에서 공적인 생활을 시작하였다. 정치조류가 변화하면서 중앙정부는 권한을 행사하여 헌팅턴에 폐쇄적인 과두제(寡頭制)를 정착시키려고 하였다. 그 과두제는 12인의 참사회원(alderman, 주의회나 시의회 의원이 뽑는 주나 시의 명예직 특별의원―역주), 종신으로 선출된 1인의 시 재판관(recorder), 그리고 참사회원 중에서 매년 선출되는 시장으로 구성되었다. 1627년 크롬웰과 비어드 박사는 함께 개신교 집단을 위하여 이러한 지방의 과두제를 반대하기 시작하였다. 이로 인하여 그는 1630년 추밀원(樞密院)에서 심문을 받게 되었고, 그 결과 그는 헌팅턴의 재산을 매각하고서 세인트 이브(St. Ives)로 이사하지 않으면 안 되었다. 그때까지 옥새관(玉璽官, Lord Privy Seal)이나 다른 판무관들(royal commissioners)과의 다툼이 끝나지 않았기 때문에, 그는 왕으로부터 기사 작위를 받기 위해 값을 지불할 것을 거절하였다는 이유로 비난받게 되었다. 왕은 의원법규를 따르지 않는 모금자로서 기사 작위를 공매(公賣)하였는데, 그 결과 한때 명성이 높았던 기사 작위의 명예가 실추되었다. 그래서 많은 젠틀맨(gentlemen)들은 이전에 한때 명예가 되었던 것을 거부하였다. 왕은 이를 거부한다는 이유로 그들에게 벌금을 부과하였다. 올리버와 그의 이웃 여섯 명은 모두 지불을 거절하였다. 특히 그는 절대로 굴복할 사람이 아니었다.

또한 크롬웰은 가난한 자를 도운 것으로 명망을 얻었다. 그는 왕과 대지주들의 배수시설을 반대하여 「펜스 경」(Lord of the Fens, 펜스는 영국 동부 케임브리지셔와 노퍽 서북부 지방의 습지대임―역주)으로 알려지게 되었다. 왕과 지주들은 땅을 경작함으로써 자기들의 배수시설로부터 이득을 얻고자 하였다. 그러나 이로 인하여 가난한 평민들과 습지 거주자들이 손해를 입게 되었기에, 크롬웰은 이 분쟁에서 그들의 편을 들어 주었다.

잠시 돌이켜, 크롬웰이 전국 정치무대에 들어가기 직전의 몇 년 동안에 일어난 정치적 사건들을 살펴보기로 한다. 1625년 찰스 1세는 부친 제임스 1세의 사망으로 왕위에 올랐다. 그의 첫 의회는 그해 6월에 시작하였는데 의회는 이미 왕에 대한 불만으로 가득 차 있었다. 찰스는 톤세와 파운드세의 평생부과에 대한 의회의 승인을 강제로 얻고자 하였다. 그는 이 조치가 처음부터 국고수입을 안정케 하리라고 생각하였다. 의회의 반대를 무시한 채 왕은 어떻게 해서든 그 세금을 부과하였다. 이 세금은 의회의 동의 없이 과세된 인기 없는 많은 세금 중의 하나에 불과하였다. 그 후 의회는 윌리엄 로드(William Laud) 주교와 같은 아르미니우스파(the Arminian, 칼빈의 교리를 수정할 것을 제창한 네덜란드 신학자 Arminius를 따르는 자들—역주)의 분쟁의 여지가 많은 종교적「혁신」의 문제를 제기하였다. 왕의 권위에 대한 그의 철저할 정도의 열정적인 지지와 비저항의 의무는 전 영국에 걸쳐 청교도의 분노를 일으켰다. 비록 로드의 극단적인 견해가 사실상 반가톨릭적이었으나, 대부분 청교도들은 그것을「교황주의자의 소산」으로 보았고 또한 비록 가톨릭교 그 자체로는 아닐지라도 이전의 전제주의적 교회로 복귀하는 것을 두려워했다. 이러한 격변의 시기를 두루 살펴보겠지만, 상업상·종교상의 반대는 영국 사회체제에 대한 일반민중 항의의 특징이었다.

영국에서 지배권력을 놓고 상호경쟁하는 파당 간의 권력투쟁이 절정에 이르게 되었다. 즉 왕과 왕당파에 맞서서 하원과 그 연합세력인 부유한 상인들이 한 부류를 이루었다. 특히 첫 의회는 영국정부의 곤경을 단적으로 나타냈다. 이때 왕의 오른팔인 버킹검 공작 조지 빌리어즈(George Villiers)는 왕의 모든 관심을 끌면서 자신의 생각이나 계획에 대한 왕의 지지를 누리고 있었다. 고비용의 어리석은 외교정책으로 젠트리의 호감을 별로 얻지 못한 그는 뻔뻔스러운 족벌주의와 함께 다른 사람들로부터 멀어지게 되었다. 이 시기 영국 외교정책의 입안자 중에서 그를 주목할 필요가 있다. 당시 의회는 왕과 공작이 외교정책을 제대로 처리하지 못하였다는 점과 또한 이를 확실히 통제할 수 없었다는 점을 지적하였다. 그러나 하원 지도자들인 에드워드 코크(Edward Coke) 경과 이전에 버킹검 공작의 추종자였던 존 엘리엇(John Eliot) 경은 자신들이 추구하였던 변화를 제대로 이끌어내지 못하였다. 왜냐하면 변화를 끝까지 이루어낼 수 있을 만큼 회기가 충분히 장기간에 걸쳐 지속되지 않았기 때문이다. 걷잡을 수 없이 타오르는 소각로와 같은 의회는 그 소각열이 새는 것을 막기 위해 문을 닫음으로써 일시적으로 억제될 수 있을 따름이었다. 그러나 이 불꽃, 즉 처음으로 성공과 자주적 결정을 맛본 사람들은 그리 쉽게 억제되지 않았다. 찰스는 이 의회를 석 달 후인 1625년 8월에야 폐쇄할 수 있었다.

두 번째 의회(1626년 2월 6일–6월 15일)는 버킹검 공작이 조종하면서 애를 썼으나 비참하게 실패로 끝난 카디스(Cadiz)에 대한 습격을 지켜보았다. 이때 하원은 여러 범죄에 대한 탄핵을 제소하면서 바로 빌리어즈에게로 분노를 돌리게 되었다. 그러나 왕은 다시 한 번 자신의 친구를 건져내었고, 또 한 번 의회의 제의를 거절하였다.

왕과 대신들은 20개월이 지나서 다시 선거를 요구하였는데, 그 동안 그들은 여러 행동으로 반대의 불꽃을 더 타오르게 하였다. 의회 관행에 어긋나는 방식으로 모금하여 그들은 영국 전체의 분노를 자초하였다. 또한 쓸데없어 보이는 여러 일에 모금된 돈을 낭비함으로써 이른바 설상가상(雪上加霜)의 형국을 가져왔다. 불분명한 목적으로 그리고 인정할 만한 국가적 위기가 있는 것도 아닌데 프랑스에 선전포고하면서, 왕과 대신들은 신민들로부터 돈을 짜내는 데 더없이 불쾌한 방법을 사용하였다. 그 당시 그들은 강제대출의 방법를 사용하였는데, 대다수가 이를 거부하였다. 이에 대응하여 왕은 평민들로부터 돈을 짜내기 위하여 군인 숙사를 강제할당하거나 보다 중요한 인사들을 투옥하기 시작하였다. 1627년 크롬웰의 사촌 여섯 명이 강제대출에 반대한 이유로 투옥되었다. 동일한 죄목으로 투옥된 다섯 명의 기사 무리는 대출의 적법성을 법원에서 따지기 위하여 인신보호령(人身保護令, *habeas corpus*)을 요청하였다. 왕은 자신의 불법적인 감금을 정당화하기 위하여 증오의 대상이 된 국왕대권법원(國王大權法院, prerogative courts)을 활용하였다. 이때 영국인들의 마음에 많은 불만이 불타올랐다. 그러한 불만의 대상에는 자의적인 과세, 자의적인 투옥, 강제적인 군인숙사할당 그리고 계엄법이 있었다.

1628년 3월 17일 세 번째 의회가 정상적으로 가동되자, 즉시 권리청원(*the Petition of Right*)을 만들었는데, 여기에서 위에 언급한 네 가지 불만사항을 불법으로 선언하였다. 그리고 다시 한 번 공작을 위협하자, 왕은 마지못해 이를 승인하였다. 이때 의회의 많은 사람들은 자신들이 승리했다고 생각했다. 그러나 찰스가 의회의 관행에 반하는 톤세와 파운드세에 대한 불만을 다루는 회기를 급작스럽게 끝내버리자, 그들이 틀렸다는 것이 입증되었다. 휴회 중에 찰스가 권리청원의 정신이나 특정부분에 대하여 복종해야 할 의무감을 전혀 느끼지 않고 있음을 보여주자 비판자들의 분노는 더욱 치밀어 올랐다. 찰스에게는 불행하게도 그의 정책에 대한 영국의 분노의 열기로부터 자신을 지켜주던 방패가 갑자기 사라지게 되었다. 즉 버킹검 공작이 8월 22일 암살당한 것이다. 빌리어즈에 대한 미움이 너무나도 컸기 때문에 암살자 존 펠튼(John Felton)은 영국에서 가장 인기 있는 사람 중의 하나가 되었다. 그러나 버킹검공의 제거는 단지 왕의 전제적 경향을 드러낼 뿐 아니라 또한 오랫동안 공작이 가교 역할을 하였던 왕과 신민 사이의 커다란 간극(間隙)을 더욱 벌려놓을 따름이었다.

한편 찰스가 교회에서 칼빈주의에 더욱 반하는 조치들을 권장함에 따라, 종교적 반감이 증가하게 되었다. 이러한 조치에 대한 중요한 지지자 중의 한 명인 윌리엄 로드는 왕의 신임을 얻어가기 시작하였다. 그와 교회 내 그의 지지자들인 아르미니우스파, 즉 반(反)칼빈주의당은 정부의 자의적인 정책들을 적극적으로 옹호하였으며 찰스는 그를 주교로 임명하였다. 이와 동시에 의회는 의회의 관습에 반하는 과세를 지지한다는 이유로 궁정신부인 로저 메인웨어링(Roger Mainwaring)을 공격하였다. 그는 곧 찰스에 의하여 승진되었다. 올리버 크롬웰은 초기에 행한 연설 중에서(1629년 2월) 「이것들이 승진에 이르는 단계라면 우리가 무얼 예상할 수 없겠는가?」라고 하며 왕의 행동을 드러내어 놓고 지적하였다. 종교적 · 정치적 연합을 위해 정치적 · 종교적인 편애가 결합한 것은 양자가 얼마나 뒤얽혀 있었는지를 보여준다. 당시 문제점과 해결책에 관하여 개신교 젠트리와 청교도 성직자들 모두가 처음으로 결합하게 되었다.

1629년 3월 2일 아침, 이미 찰스는 웨스트민스터의 회의에서 거절의 집중포화에 직면하게 되어 3월 10일까지 휴회하기로 선언하였다. 의장이 이를 선언하자, 거센 항의의 외침이 울려 퍼졌고 그는 일어나서 논쟁을 중단시키려 하였다. 분노와 좌절감을 느낀 두 명의 의원이 그를 주저앉히고 「이런! 우리들이 일어나라 할 때까지는 그대로 앉아 있으란 말이야!」고 욕을 퍼부었다. 존 엘리엇 경은 눈물을 흘리면서 톤세와 파운드세, 종교상의 개혁에 대하여 항의문을 제출하면서 이것들을 무효화하였고, 다른 의원이 이를 외어서 암송하기까지 하였다. 그 법안은 다수결로 승인되었다. 이에 대하여 찰스는 또다시 의회를 해산하였다.

이것이 전제정치 시대의 시작이었다. 이 기간 동안 많은 사람들은 투쟁을 포기하고 왕에게 합류하였다. 의회의 그 누구도 왕을 전복시키려 하지 않았음을 주목할 필요가 있다. 그들은 여전히 자신의 정부를 혼합군주제(混合君主制, mixed monarchy)로 이해하였으며, 단지 왕과 의회 사이의 권력배분선을 어디에 긋느냐에 관하여 논쟁하였다.

올리버 크롬웰이 1630년대의 언젠가에 신앙의 회개를 경험한 것으로 일반적으로 믿고 있다. 그는 1638년 사촌인 세인트 존 부인에게 자신의 회개를 표현하는 편지를 썼다.

> 하나님께서 내 영혼에 주신 것들을 선포하며 나의 하나님께 영광을 돌릴지어다…… 어둡기만 하던 내 마음에 빛을 비추신 것으로 인하여 그 이름에 찬송이 있으라. 오, 나는 어둠 속에 살며 어둠을 사랑하며 빛을 미워하였도다. 나는 괴수, 죄인 중의 괴수였도다. 거룩함을 미워하였건만, 하나님은 내게 자비를 베푸셨다.

이는 그 영혼에 그리스도의 역사하심을 진심으로 느낀 결신자의 언어임이 틀림없다.

하나님의 섭리는 크롬웰의 생애에서 이어지는 사건들 가운데 강력하고도 명백히 나타났다. 결신(決信)과 동시에 크롬웰은 신 프로비던스 회사에 있는 혈족들과 함께하기 위하여 뉴잉글랜드로 이주할 계획을 세웠다. 이들은 이전에 궁정에서 야당을 결성하였던 유명한 청교도들로서, 의회가 존재하지 않게 되자 영국에 희망이 별로 없음을 알고 대서양의 다른 편을 식민지로 삼으려 하였다. 여러 해 동안 그는 양심이 다스리는 경건한 왕국을 추구하는 모험가에 관하여 호의적으로 글을 써왔다. 크롬웰은 영국을 떠나 신세계로 가기 위하여 출발을 준비하였는데 마지막 순간에 추밀원으로부터 출국허가를 거부당하였다.

이와 같이 보기 드문 놀라운 간섭으로 말미암아 영국 · 미국 그리고 세계 역사의 방향이 돌이킬 수 없이 바뀌게 되었다.

실망스러운 반전의 순간에 올리버의 외삼촌 토마스 스튜워드 경이 갑자기 죽게 되면서 그에게 상당한 토지를 남겼다. 이제 상당한 재력가가 된 크롬웰은 북부 케임브리지셔의 일리(Ely) 근처에 있는 토지를 관리할 책임을 떠맡게 되었다. 그래서 그는 그곳에 머물러 있지 않으면 안 되었다. 또한 그는 정치 무대에서 더 큰 영향력을 행사할 수 있는 높은 사회적 지위를 갖게 되었다. 이러한 매우 놀라운 두 가지 사건으로 말미암아 그는 영국에 머물러 있으라는 하나님의 분명한 뜻에 순종하고 자신이 성취하도록 예정된 일을 해야 할 것을 알게 되었다.

의회의 부재 동안에 불공정한 과세(課稅)가 계속되었다. 그러한 것들로는 항구에서 내륙도시로 통행할 때 내는 윌리엄 노이(William Noy)의 선가세(船價稅), 자치의 대가로 아일랜드 사람에게 과하는 토마스 웬트워드(Thomas Wentworth) 경의 세금이 있었다. 이러한 세금들로 조세수입이 비록 많이 증가하였을지라도 왕실의 지나친 낭비는 세입을 더 빨리 고갈시켜버렸다. 돈이 점점 더 필요하게 되자 정부는 단기의 급부금만을 거래하였다. 그러한 거래 중의 하나는 몇 명의 런던자본가들과의 연합이었다. 그 자본가들은 유료토지의 임대 허가 등 영리적인 이익을 대가로 왕실에 돈을 빌려주었다. 이러한 찰스의 특혜조치에 해당하지 않은 대다수 런던 사람들은 소외되었다. 시간과 돈을 빌려서 지탱하던 정부는 빠르게 파산상태에 다다르고 있었다.

외교정책에 있어서 찰스는 점차 가톨릭국가, 특히 스페인을 지지하며 스코틀랜드의 장로교도에 압력을 가해갔다. 그는 스코틀랜드의 귀족들이 보유하고 있던 교회토지를 회수하겠다고 위협했다. 그 후 대주교 로드(Laud)는 칼빈주의의 스코틀랜드인들에게 더욱 가톨릭 성향을 띤 자신의 새로운 기도서를 강요하려 하였다. 이러한 정책에 대항하여 1640년 스코틀랜드 군대가 쳐들어왔다. 아이러니컬하게도 왕이 별 수 없이 의회 선거를 요구하게 되었는데, 이는 인기 없고 의회의 관습에 따르지 않았던 조세에도 불구하고 정부가 매우 심각하게 돈이 부족하기 때문이었다. 그가 스코틀랜드인을 진압하기 위하여 필요한 돈과 군대는 오직 의회만이 제공할 수 있었다. 이 의회는 「단기의회(短期議會)」로 알려졌다. 의회는 찰스에게 돈과 군사를 지원하기는커녕 불평과 비판을 안겨주었다. 이와 같은 비판에 직면하게 된 그는 다시 의회를 해산시키고 말았다.

별다른 선택의 여지가 없게 되자, 찰스는 스코틀랜드인들에게 돈을 주어 티(Tees)강 북부에 머물러 있을 것을 제안하였다. 찰스가 가능한 한 서둘러 자기들을 쫓아내려고 준비하는 것이 확실해지자, 스코틀랜드인들은 이러한 신속한 지급에 불만을 품게 되었다. 그래서 그들은 다음과 같은 한 가지 조건에 합의하였다. 즉 그들은 잉글랜드 의회와 조약을 체결하기로 한 것이다. 그들은 왕보다는 의회가 자기들의 편에 있으리라고 생각했다. 이것은 「분할정복(divide and conquer)」이라는 그들의 게임과 같은 것이 되었다. 찰스는 속수무책이었고 그 결과 하원의 새 선거를 요구하게 되었다.

유명한 「장기의회」는 영국 역사에서 처음으로 상인계급의 대표를 가능케 하였다. 이것은 영국에서의 혁명이었다. 강한 기독교 신앙으로 연합하여 성경의 지도 아래 동일한 마음을 가진 사람들과의 협력으로 기존의 것들을 무너뜨리고 사회를 재건설하기로 결심한 헌신적이고 근면한 개인들의 집단인 「혁명위원회(Revolutionary Committee)」가 중요한 역할을 맡았다. 혁명은 정신적·도덕적인 규율을 강화하는 이념과 결합한 정치적 현상이 되었다. 지칠 줄 모르는 칼빈 추종자들과 최근에 부를 얻으면서도 좌절감을 갖게 된 영국의 젠트리에 의하여 사실상 영국 봉건주의의 마지막 잔재가 일소되기 시작하였다. 잠시 「장기국회」에서의 일련의 사건들을 계속 살펴보고, 이후에 혁명주의자들과 그들의 지도자를 다시 다루도록 하자.

이 의회는 즉시 존 핌(John Pym)의 지도하에 체계적이고도 철저한 개혁을 단행하기 시작하였다. 처음 2년 동안에 몇 가지 주요 장애물이 제거되었다. 왕의 수석자문관 토마스 웬트워드 경(버킹검 백작의 후임자)이 탄핵되어 교수형에 처해졌고, 대주교 로드와 그를 따르는 많은 수의 주교들이 런던탑에 갇히게 되었다. 다른 장관들과 법관들도 탄핵을 당하였고, 주교들은 상원에서 축출되었다. 하원은 스스로의 동의에 의해서만 해산될 수 있고, 그 즉시 새로운 선거가 이어져야 한다는 내용의 법률이 제정되었다. 국왕대권법원들—성실청(星室廳, the Star Chamber), 고등위원회(High Commission), 북부의 추밀원—이 폐지되었고, 의회의 동의가 없는 모든 과세가 불법으로 선언되었다. 교회의 감독제도, 즉 주교에 의한 치리방식은 거의 폐지되기에 이르렀다.

언론의 검열제도가 철폐되면서 아주 가시적(可視的)인 효과가 나타났다. 즉 아주 많은 신문, 잡지, 팸플릿들이 등장하게 되었다. 런던 등지에서 의회를 지지하는 대규모 시위가 있었다. 진실한 청교도 신앙과 의회의 권력 및 특권을 보호하기 위하여 이전에는 정치에 관하여 별로 할 말이 없던 보통 시민들로부터 전국에 걸쳐 봇물처럼 분출된 여러 활동이 모든 반대자에 대한 항의와 더불어 더욱 늘어났다. 드디어 이 문서는 모든 지지자들로 하여금 서명할 수 있도록 전국에 걸쳐 회람되었다. 하나의 종교적·사회적 폭발이 이어졌다.

억압하던 교회가 이제는 제지를 당하게 되었고, 이전에 금지되었던 수많은 교파들이 공개적으로 예배를 드리기 시작하였다. 모든 종류의 자천 설교가들이 지나가는 행인들에게 열변을 토하였고, 노동계층은 모든 주제에 관하여 자신의 생각을 공개적으로 말하는 담대함을 얻게 되었다. 이들을 거의 제지하지 못한 상황에서 나타난 교회 내 힘의 공백으로 말미암아, 의회 외부에서 자신의 요구를 주장하려고 하는 공공연한 강압수단(steamroller)의 제동장치가 벗겨지게 되었다.

의회는 어떤 대가를 치르더라도 전쟁을 피하려는 의도에서 하층계급의 급진주의자에게 양보하였는데 이 때문에 젠트리가 멀어지기 시작하였다. 대규모 집단들이 자기의 권리를 주장하기 시작하자, 의회의 젠트리는 그들을 에워싼 무정부상태를 실제 두려워하기 시작하였다. 또한 의원들은 일정한 방식으로 투표하지 않으면 위협을 받기 시작하였다. 이러한 양보를 싫어하며 또한 마침내 재산권이 폐지될 것을 두려워한 일부 유산계급(有産階級) 의원들은 왕의 개입을 요청하였고, 찰스는 자신의 대적을 무너뜨리기 위하여 이 일을 행하겠다고 약속하였다.

그러나 아일랜드의 반란은 잉글랜드의 통치에 반대하는 무장투쟁으로 되었다. 대토지의 소유자와 점유자는 공격을 받게 되었고 재산은 파괴되었다. 개신교 왕국을 전복하고 가톨릭교회를 회복하기 위하여 스페인과 프랑스가 영국을 대적하여 연합 형태로 아일랜드를 지원하려 한다는 가능성에 의하여, 더욱 큰 위협이 차츰 다가오고 있었다. 이것이 잉글랜드에 대한 더욱 큰 위협으로 간주되자, 찰스는 강한 군사력으로 그 반란을 진압할 필요성을 느끼게 되었다. 그런데 오직 의회만이 그러한 군사력에 필요한 자금을 나누어줄 수 있었다. 찰스가 군사력을 사용하여 대항하리라 생각한 의회는 그에게 군사를 맡기려 하지 않았다. 그래서 의회는 자신이 선발하고 위임한 장교들을 고집하였다. 찰스는 그의 전형적인 스타일에 걸맞게 이를 꾸준히 거절하였다.

이에 대하여 1641년 10월 청교도 지도자인 핌, 햄프던(Hampden), 기타 사람들은 지난 10년 동안 왕의 통치에 대한 고소장인 대항의서(大抗議書, the Grand Remonstrance)를 의회에 제출하였다. 의회는 이를 접수하자마자 전 국민이 볼 수 있도록 인쇄하기로 의결하였다. 역사상 처음으로 전국은 국가 정치에 관한 공공연한 논쟁에 휩쓸리게 되었다. 올리버 크롬웰은 포크랜드(Falkland) 경에게 법안이 통과되지 않았다면 「다음 날 아침에 내 모든 소유를 팔아 다시는 영국을 보지 않으려 했을 것이다.」라고 얘기하였다. 전례 없던 이러한 조치로 인하여 전국이 크게 양분(兩分)되고 말았다. 왕은 실패한 쿠데타의 지도자들을 체포하려 하였으나 실패하고 말았다. 그들이 런던탑의 피난처로 도피한 반면, 찰스는 자신을 가장 강력하게 지지하였던 스코틀랜드, 영국 북부와 서부로 도움을 구하러 떠났다. 1642년 8월 찰스는 노팅검에서 자신의 왕기(王旗)를 세웠는데, 이는 자신에게 충성하는 백성들로 하여금 무장하고서 자신과 함께하도록 요구하는 중세적인 신호였다. 찰스의 첫 번째 의회에서 윤곽이 드러났던 상반된 의지(意志) 간의 싸움은 이제 영국에서 누가 주권(主權)을 가지느냐, 즉 왕이냐 의회냐를 결정하는 내란으로 바뀔 처지에 놓이게 되었다.

의회에 대한 지지는 공업화된 주(州), 즉 섬유업을 하는 남서지역과 동 앙그리라, 요크셔 그리고 랭카셔로부터 비롯하였다. 항구를 지배한 그들은 항구를 통하여 관세를 얻을 수 있었고 외국으로부터 무기를 수입하기도 하였다. 한편, 왕당파들은 웨일, 콘웰, 성당이 있는 도회지 그리고 먼 지역의 가톨릭교도 출신이었다. 공격을 개시하기로 결정한 왕은 14,000명의 기병을 데리고 런던으로 나아가 에섹스 백작의 지휘를 받는 10,000명의 의회군과 접전하였다. 왕군이 의회군을 단번에 쫓아 흩어버리며 시작된 전투는 경험 없던 의회군에게 매우 불리하게 전개되었다. 그렇지만 의회군은 재편성되지 않았다. 만약 올리버 크롬웰이 장교였던 의회기병이 밤이 되지 않았더라면 그들을 거의 완패시켰을 것이다. 후에 찰스는 런던으로 계속 진군하였으나 결국 의회군에게 패퇴해서 옥스포드에 있는 기지로 철수하고 말았다.

사실 의회의 혁명지도자들은 이 전쟁에서 이기기를 원하지 않았다. 지도적인 위치에 있던 장군 중의 한 명은 「우리가 비록 왕을 아흔아홉 번 이기더라도 그는 여전히 왕이고, 우리는 반역자일 따름이다.」고 비참하게 말하였다. 전쟁 동안 내내 협상이 끊이지 않고 이루어졌으며, 많은 사람들은 왕이 패배로 인하여 신속히 협상테이블로 나오게 되리라 기대하였다. 그러나 왕은 고집스럽게 자기의 입장을 견지하였으며 심지어 아일랜드 가톨릭교도와 협상하려고 하였다. 이 사실은 나중에 노획된 왕 개인의 캐비닛 안에 있던 서류에 의하여 입증되었다. 그 서류에는 반가톨릭법률을 폐지하고 아일랜드의 가톨릭 군대를 데려와 전제주의적인 성공회 국가를 세우려는 그의 계획이 나타나 있었다.

그러던 중에 의회는 잉글랜드를 희생하면서까지 장로교를 국교로 세울 것을 제안하며 스코틀랜드 칼빈교도에게 북부로 침입할 것을 제의·협상하였다. 사실 이것은 의회 활동의 중요한 분열을 보여주는 것이었다. 주로 「수평파(水平派, Levellers)」로 불리는 집단의 지지를 받는 그 군대는 다름 아닌 만인의 완전한 평등을 원하였다. 왜냐하면 만인은 하나님의 시야에서 볼 때 평등하기 때문이다. 그들의 명칭이 시사하듯이, 그들은 사회의 모든 계층을 동등한 것으로 만들며 또한 노력에 의하여 얻은 것이든 아니든 간에 어떠한 특권적 지위도 폐지하기를 원하였다. 지주젠트리와 부유한 상인들은 왕보다도 이러한 점을 더 두려워하였으며 찰스에 대항하는 수단에 상응하는 대책으로서 스코틀랜드인과 비밀거래를 하였다.

올리버 크롬웰은 그 자체가 혁명적 개념인 신모범군(the New Model Army)을 창설하였다. 이는 사회신분보다는 공적에 따라 장교로 승진시키는 등 그 기초를 주로 수평파의 혁명원리에 두었다. 그는 전투에 참여하고 자신의 군대를 이끌 「강인하고 정직한 사람」을 찾았다. 그 예로 구두수선공 휴슨(Hewson) 대령과 짐마차꾼 프라이드(Pride) 대령을 들 수 있다.[25] 찰스 왕은 자신의 군인들에게 청교도들은 그 신분상 다름 아니라 「재침례주의자」이며 회중파의 추종자, 즉 「적군(Reds)의 17세기판」에 불과하다고 말하였다.[26] 나아가 「너희들은 적이 아니라 반역자를 만나게 될 것이다. 그들 대부분은 교회와 국

---

25 짐마차꾼(drayman)은 견고하고 대(臺)가 낮은 큰 짐마차로 무거운 짐을 운반하였다. 단순한 보통 노동자였다.

26 Christopher Hill, *God's Englishman*, p. 67.

가를 무너뜨리려 하는 브라운주의자(Brownists)[27], 재침례주의자, 무신론자다.」라고 말하며 청교도들을 무시하였다. 크롬웰은 형식보다는 「자유로운 방식(free way)」으로 알려진 바가 좋다고 믿었다. 즉 자신의 이상에 대한 신념에 따라 의식적으로 동기를 부여받은 자유인(自由人)은 우월한 사기와 규율로써 단순한 전문가를 능가할 수 있다는 의미이다.

엄격한 규율과 잘 고안된 전략은 크롬웰 기병부대의 특징이었다. 그들은 좋은 행실과 전장에서의 효과적인 전투개시와 종료로 명성을 얻었다. 사병 두 명이 탈영·낙오하려 하자, 크롬웰은 그들을 헌팅턴 시장에서 채찍질하였다. 그리고 한 신문에서는 「아무도 외상으로 거래하지 않고 자기의 12펜스를 지불한다. 술에 취하게 되면 차꼬에 갇혀 있거나 힘들게 된다. 다른 사람을 '단발머리(Roundhead)[28]'라 부르면 계급박탈·면직된다[29]」는 기사가 실려 있었다. 그들은 성경을 각자의 영적 감흥과 정당화 근거로 삼아 종종 시편을 부르면서 전쟁에 참가하였으며, 각자의 「군용성경」을 휴대하였다. 성경에 대한 생기 있고 개방적인 토론이 모든 수준의 계급에서 넘쳐났다. 그들은 「성도의 군대」라는 이름을 얻었으며, 사실 무시할 수 없는 존재임이 판명되었

---

27 로버트 브라운의 추종자로서 조합교회파(Congregationalist) 운동의 선구자들이었다. 브라운은 그리스도인이라고 고백하는 자들은 모두 하나의 목사 아래 연합하거나 친밀히 교제하여야 한다고 공언하면서, 독립교회(independent church)를 설립하였다.

28 이 용어는 영국혁명 시 청교도들을 경멸하는 용어였다. 그것은 그들이 긴 머리를 가진 왕의 신하 즉 기사(calvaliers)에 대항하여 머리를 짧게 깎은 사실에서 연유한 것이다.

29 「cashiered(박탈면직된)」은 「부숴뜨리다」를 의미하는 불어동사 「*casser*」나 「무효화하다, 파괴하다」를 뜻하는 라틴어 「*cassare*」에서 비롯한 것이다. 그 의미는 불명예스러운 해직과 군법회의 사이의 어딘가에 위치하고 있다. 그들은 마치 필요 없다는 듯이 내팽개치게 되었다.

다. 평민의 인기와 함께 크롬웰의 명성은 높아졌다. 그는 곧 의회군 3대 병력 중 하나인 동부연합의 중장 지위로 승진하였다. 훨씬 작은 규모의 의회군이 연합하지 않고서는 전쟁에서 승리할 수 없다고 주장한 크롬웰 등의 효과적인 로비활동에 의해서 의회군의 연합이 이루어지게 되었다. 또한 그는 의원으로 하여금 군사지휘권을 갖지 못하도록 하는 겸직금지령(Self-Denying Ordinance)을 통하여 전통적인 군사지휘체계의 마지막 유물을 제거하였다. 의회의 군사적 승리 가능성을 당장 키우고 또한 잉글랜드 개혁보다 자신의 소유권보호에 더 많은 관심을 가진 수많은 지휘관의 지휘권을 박탈시킨다는 원칙에 따라 크롬웰은 스스로 군지휘권을 포기하려 하였다. 그러나 크롬웰에게는 하나의 예외가 인정되었다. 그것도 동부연합 사령관인 토마스 페어팩스(Thomas Fairfax) 경이 그렇게 하지 않을 경우 왕의 군대에 패배할 것을 두려워한 나머지 잠시 크롬웰의 권한을 다시 위임한 이후에야 이루어졌다.[30]

1645년 6월 신모범군은 내스비(Naesby)에서 왕의 주력부대를 만나 섬멸하였다. 왕은 1646년 봄에 스코틀랜드인들에게 항복·망명하면서 의회의 분열을 기대하였다. 스코틀랜드인들은 장로교를 영국의 공적인 교회로 세우려고 시도하였으나 이 일이 허사로 끝나게 되자 그를 고액으로 의회에 팔아넘겼다.

....

30 크롬웰은 다름 아니라 1644년 6월 마아스톤 무어(Marston Moor)에서 거둔 의회의 첫 번째 압승에 기여한 그의 큰 승리 때문에, 내스비에 들어가기 불과 4일 전에 승진하였다. 그때 그의 장교 임용은 오직 3개월 동안만 연장되었으나, 찰스 왕의 지지자로서 스코틀랜드에서 놀랄 만한 승리를 거두고 있던 몬트로즈(Montrose) 백작과 잉글랜드 남서지역의 중립당에 대항하기 위하여 그의 임용은 4개월 더 연장되었다. 이후에 그는 전쟁에서 매우 많은 공을 세웠기 때문에, 그의 임용은 또다시 6개월 더 연장되었다. 그 후 1646년 7월에야 그는 다시 민간인이 되었다.

1646년 7월 내전이 종료하자 크롬웰은 이제 정부에서 더욱 주요한 역할을 맡게 되었다. 그는 여러 일 가운데서도 독일의 30년전쟁에 참전하기 위하여 영국을 떠날 생각으로 골머리를 썩히고 있었다. 그다음 8개월 동안 장로교파는 의회에서 지배권을 다시 장악하였으며, 전사자의 미망인과 고아에게 연체금이나 연금을 지급하지 않은 채 군대를 해산하려 하였다. 이에 군은 즉시로 운동가들 또는 대표자들을 임명했다. 이들은 대표회의를 열었으며 수평파의 민주적 이념들을 수용하기 시작하였다. 준폭동으로 말미암아, 의회는 아일랜드의 전투에 서명계약하지 않은 채 해산된 자들을 위하여 6주 분량의 연체금 지급을 의결하지 않으면 안 되었다. 그러나 이것으로 그들이 충분히 만족한 것이 아니었다. 당시 의회는 크롬웰과 다른 의원 네 명을 보내 군을 합의점으로 되돌아오게 하였다. 그러나 그들은 오히려 군의 요구를 지지하면서 군과 운명을 함께하였다. 규율은 회복되었고, 크롬웰은 자신의 정치적 지위를 회복하면서 수평파의 영향력을 견제할 수 있었다. 이것이 정치에 대한 군의 개입의 시작이었다.

이때 군의 수평파와 하원의 장로교파 사이에 주도권 싸움이 벌어졌는데, 이로 인하여 왕을 「소유」하는 것으로 서로 다투던 양자 간에 이상한 부작용이 생겨났다. 장로교파의 영향하에 있던 의회는 신모범군을 물리치기 위하여 왕이 군의 수장(首長)이 될 수 있는 스코틀랜드로 그를 운송할 계획이었다. 그러나 일단의 군인들은 크롬웰의 부분적인 동의하에 왕을 쉽게 통제하기 위하여 그를 계속 감시하고 있었다. 이때까지 왕은 자기를 위하여 싸울 자에게 특권을 주면서 자기 마음에 드는 자와 자유롭게 협상할 수 있었다. 한편 수평파는 세력과 함께 자기확신을 가지게 되면서 사유재산의 기본원리를 위협하였다. 그들의 주장에 조직체의 외형을 제공해 주는 군사평의회가 결성되었다.

런던으로 진군하며 점점 위협을 가하던 수평파들은 자신의 요구를 강하게 주장하였고, 노예를 제외한 모든 시민에게 선거권의 확대를 인정하는 급진적 헌법─즉 인민협정(人民協定, *the Agreement of the People*)─을 제시하였다. 이와 대조적으로 크롬웰과 그의 의회 동료들이 제안한 헌법은 모든 재산가와 상인계층에게만 선거권을 확대하여 조세에 대한 기여를 기초로 한 선거권을 추구하려 하였다. 반(反)왕당파뿐 아니라 수평파도 귀족정치, 유산·상인계층을 위협하였다. 군의 지도자로서 크롬웰은 이러한 생각이 전체적으로 각 계층과 국가를 분열시키는 원천이라고 보아 이를 격렬히 반대하였다. 11월 4일 군사평의회는 자신의 헌법을 지지하기 위하여 크롬웰에게 반대투표하였고 스피탈필즈(Spitalfields)의 직공과 연대하는 대규모 회합을 계획하였다.

이때 놀라운 일이 발생하였다. 찰스왕이 와이트(Wight)섬으로 도망하였는데, 이는 아마도 수평파가 자기를 죽이려 할 것을 두려워하였기 때문이다. 그런데 사실은 그가 크롬웰의 계획 가운데 옮겼다고 말하는 자들도 있었다. 크롬웰의 사촌인 로버트 해몬드(Robert Hammond)가 그 섬을 다스리고 있었다. 그 「도피」는 존 애쉬번햄(John Ashburnham)과 존 버클리(John Berkeley) 경이 지휘하였는데, 그들은 크롬웰과 아이레톤(Ireton)이 왕과 협상을 벌이는 데 창구역할을 하도록 내세웠던 자들이었다. 크롬웰과 그의 지지자들은 군주제가 나라를 통일하는 데 필요하다고 믿었기 때문에 찰스와 계속 협상하였다. 그런데 군대는 찰스가 어디 있는지 알지 못했으며, 또한 어딘가로부터 다른 군사력으로 자기들을 대항하려고 진군할까 봐 두려워하였다. 회합은 이루어지지 않았으며, 군은 페어팩스의 전략을 따르게 되었다. 하나의 회합보다는 세 개의 분리된 회의체를 지지하는 그는 연체금의 지급, 의회의 조속한 해산, 그리고 의회로 하여금 인민의 평등한 대의기관이 되도록 하기 위한 선거권의 개혁을 지지하는 내용으로 정교하게 수정된 항의문서를 받아들이도록 부하들을 설득하였다. 또한 그는 군기회복을 위하여 노력하였는데, 그렇지 못한 경우에 그는 사직하기로 약속하였다.

질서가 회복하는 듯하면서도 분열은 여전히 남게 되었고, 그 파당 지도자들은 투옥되고 총살당하였다. 12월까지 왕은 강화(講和)를 위한 의회의 조건을 거절하였으며 오히려 자신을 위해 싸우도록 스코틀랜드인들과의 협약에 서명하였다. 이것은 그가 마지막 잡을 수 있는 지푸라기였다. 그때 크롬웰은 왕과 더 이상 협상하지 않기로 결심하고 투옥된 선동자들을 석방하였으며, 두 번째 내전을 시작하였다.

1648년 여름에 켄트 · 남부 웨일즈와 에섹스에서 반란이 봉기하였으며 스코틀랜드인들이 북부로 침입하였다. 이러한 반란을 제압한 후에 크롬웰은 스코틀랜드로 진군해서 패배한 왕당파를 폰테프락트(Pontefract)까지 추격하였다. 이 동안에 아이레톤은 찰스와, 두 차례의 내전 동안 그의 주요 군사 · 정치 지지자들의 사형선고를 요구하는 항의문을 작성하였다. 토마스 프라이드 대령이 하원을 완전히 숙청한 후에 런던은 다시 군에 의하여 점령되었다. 이 일 후에 크롬웰이 도착하였다. 처음에 그는 왕을 반역죄로 기소하려는 수평파의 결정에 미적지근한 열의를 나타내었다. 당시 사람들에 의하면, 그가「하나님의 섭리로 우리가 이 일을 맡게 되었다.」라고 하원에서 선언한 지난 12월까지 왕을 살려주려고 계속 노력하였다고 한다. 올리버는 이 일이 올바르게 행할 바라고 믿었으며, 하나님이 이 일을 승인하신다는 의미로 주신 증표(證票)를 따라 이 길을 추구하였다. 그리고 강렬하고도 단호하게 그 모든 적들을 추적하였다.

1649년 왕 찰스 1세는 국가반역죄로 기소되었다. 정치적으로나 법적인 선례(先例)가 없이, 또한 지지자도 거의 없는 채 크롬웰은 왕을 기소하기 위한 위원회를 미리 구성하게 하였다. 심지어 수평파조차도 무력의 노골적인 사용을 반대하며 또한 왕의 처형을 정치적인 과오(過誤)라고 보아 이를 반대하였다. 1월 30일 찰스는 처형되었고, 뒤따라 1648년의 왕당파 몇 지도자들도 처형되었다.

상원은 폐지되고, 1649년 2월 17일 하원에 의하여 새로운 국가회의(the Council of State)가 설치되었다. 「잔여의회」(Rump)[1648년 프라이드 추방(Pride's Purge) 후에 남은 장기의회(Long Parliament)의 일부로 열렸던 의회를 가리킴. 1653년 해산되었으나 1659−1660년 동안에 잠시 부활하였음—역주]로 알려진 이 의회는 1648년의 추방 후에 남은 잔여의원으로 구성되었다. 3월 28일, 군부 내 수평파의 주요 지도자들인 릴번(Lilburne), 월윈(Walwyn)과 오버튼(Overton)이 체포되면서 군부 내에 크롬웰의 권력기반이 견고해졌고 또한 그의 정부에 대한 견고한 기초가 형성되었다. 올리버는 너무 바빠서 장기간 머물지 못하고 심지어 정부에서 적극적인 역할을 하지도 못하면서 아일랜드로 떠났는데, 그곳에서 그는 가능한 조속히 반대자들을 발본색원하려 하였다.

지독하고도 효과적으로 수행된 아일랜드에서의 전쟁으로 인하여 크롬웰의 명성은 영원히 더럽혀질 것이다. 드로제다(Drogheda)와 웩스포드(Wexford) 학살은 사실상 모든 거주민을 싹 쓸어버릴 정도로 매우 야만적이었다. 이에 관하여 그리고 이 사건이 올리버 크롬웰을 판단하는 데 차지하는 중요성에 관하여 많은 글들이 쓰였다. 이 아일랜드 전투에 대하여 수평파들은 반대하였고, 나아가 많은 사람들은 심지어 가톨릭교도인 아일랜드인들에 동정심을 갖기도 하여, 「자신의

정당한 자유를 찾기 위한 아일랜드 원주민들의 이상(理想)은 압제자
의 권력으로부터 우리 자신의 해방과 자유를 얻기 위한 노력으로 나
타난 우리의 이상과 완전히 동일한 것이었다.」라고 말하였다.[31] 그러
나 이 전투와 전체 전쟁에 대한 크롬웰의 참여와 동기에 관하여 그를
제대로 평가할 수 있기 위해서는 당시 정치현실을 좀 더 자세히 살펴
볼 필요가 있다.

첫째, 당시 잉글랜드에 대한 유일한 커다란 국제적 위협은 인근 가
톨릭 국가인 스페인과 프랑스의 지원을 수반한 아일랜드의 침입이었
다. 이것은 뒷문이며 잉글랜드의 급소로서 왕당파 지지자들이 이를
통하여 강력한 공격을 꾀할 수 있었다. 정치적 종교로서 아일랜드 가
톨릭이 잉글랜드에 대한 정치적 위협으로 여겨지는 것은 당연하였다.
사실 드로제다 학살 직후, 불길하게도 당시 자칭 찰스 2세라고 하는
찰스 스튜어트가 잉글랜드로 가는 도중인 져지(Jersey)에서 기다리고
있었다. 전쟁터의 여러 군대들이 왕당주의를 지지하는 아일랜드를 통
하여 잉글랜드의 왕좌로 나아가기에 가장 적당한 방법을 그는 잘 알
고 있었다.

둘째, 잉글랜드 정부는 좌·우파 양쪽으로부터 점차 비판을 많이
받게 된 까닭에 지속적인, 즉 비용이 많이 드는 전쟁에 의해서 정부
그 자체가 무너질 수도 있었다. 또한 지주 젠트리는 아일랜드의 점령
된 도시에 상당한 이해관계가 있었기에 아일랜드 반란의 신속한 해결
을 원하였다. 사실 이 토지로부터 1640년대에 소비되었을 막대한 양
의 돈이 조성되었다. 그래서 이 토지에 대한 몰수가 처음부터 계획되
었다. 이러한 시도가 실패하게 되면, 재정상태는 몇 배나 더 심각하

---

31 Walwyns Wiles (1649), in *The Leveller Tracts, 1647–1653*, ed. by W. Haller and G.
D. Davies, p. 310.

게 되었을 것이다. 많은 도시를 파괴하고 아일랜드 지주를 대신한 잉글랜드인의 죽음을 유발한 1641년 아일랜드 폭동을 응징하는 것에 대해 많은 젠트리들은 직접적인 이유를 가지고 있었다. 가톨릭에 대하여 잉글랜드 전 지역에 널리 퍼진 강한 (일치된) 반감과, 아일랜드인에 대한 잉글랜드인의 편견이 부딪침으로 말미암아 이와 같이 부글부글 끓는 적대감이 증폭되었다. 그 결과 아일랜드에서 발생한 지독한 전투조차도 폭넓게 지지받게 되었던 것이다.

잉글랜드의 유명하고 힘 있는 수많은 지휘관들의 품위가 아일랜드에서 떨어지게 된 것과, 또한 본국에서 크롬웰이 처한 정치상황이 이전보다 더욱 불안정하게 되었다는 것이 크롬웰의 세 번째 관심이었다. 에섹스 공작이 그러한 예였다.[32] 올리버는 아일랜드에서의 전투가 교착상태에 이르게 됨으로써 더욱 더 많은 돈이 필요하게 되고 그 해결로부터 이익을 직접 얻게 되는 젠트리의 지지를 상실한다면, 하원에서도 지지자들의 힘을 상실할 수도 있다는 점을 알고 있었다. 이러한 모든 요인들 때문에 아일랜드의 반란을 가능한 한 신속하고 적은 비용으로 분쇄하고자 하는 그의 결심이 굳어지게 되었다. 또한 이러한 결정은 당시 전쟁규칙의 관점으로도 비춰보아야 한다. 앞에서 설명한 포위·섬멸은 심지어 전쟁상황에서 보더라도 사실 소름끼치는 사건이었으며, 영국의 내전에서 일찍이 볼 수 없었던 잔인한 것이었다. 그러나 포위에 관하여 일반적으로 널리 알려진 전쟁규칙을 고려하여야 한다. 특별히 승리 가능성이 별로 없는데도 불구하고 지휘관이 항복하기를 거절하는 경우 나중에 성읍이 침입자에게 패하게 된다

---

32 잉글랜드 군대 사령관이요 궁정신하였던 그는(1566–1601) 티론(Tyrone) 백작 휴 오네일(Hugh O'Neill)이 이끈 아일랜드 반란에 대한 진압을 우유부단하게 시도한 후에, 반역죄로 처형당하였다.

면, 그는 자신의 모든 부하와 전투원으로 볼 수 있는 모든 민간주민들의 목숨을 필연적으로 위태롭게 만들었다고 할 수밖에 없다. 일단 성벽이 돌파된다면, 사실상 자비(quarter)[33]를 요구하기란 불가능했다. 몽테뉴(Montaigne)는 「전시에 전쟁규칙상 지킬 수 없는 장소를 고집스럽게 방어하려는 자를 처벌하는, 그것도 사형으로 처형하는 관습이 있다.」라고 기록하였다. 이러한 규칙의 이유는 사실 생명을 보전하기 위함이었다. 포위는 장기화되기 쉽고, 공격부대의 노숙은 질병을 일으키며 기다리는 동안 양식을 소모하게 된다. 확실히 방어자의 자연스러운 동기는 공격자가 그저 지나가기를 바라는 것이다. 이런 점과 그로 인한 불행한 부작용을 없애기 위하여, 신속한 항복과 조속한 무혈(無血)승리를 허용함으로써 포위시간을 단축하고자 하는 기대 가운데 이와 같은 규칙이 명문화되었다. 그 규칙은 당시에 잘 알려져 있었다. 크롬웰의 군대에서 싸웠던 수평파조차도 드로제다, 나중에 웩스톤(Wexton)에서의 자신들의 행위를 그릇되었다고 판단하지 않았으며 또한 아일랜드인과 우호관계를 유지하지 않았다는 점이 중요하다.

재정적으로 그는 아일랜드에 있는 의회군을 위한 기금을 이미 확보하였는데, 그들은 지난 8년 동안에 8개월의 급료를 받았다. 일단 보이지 않으면 관심에서나 돈에서도 멀어진다는 것을 알았기에 그는 의회로부터 약속받던 100,000파운드를 손에 쥘 때까지 한 달 동안 출발을 연기했다.

그 자신의 정치 경력에 걸쳐 늘 그래왔듯이, 그는 자신의 군사적 목적에 도움이 되는 수많은 별개의 집단을 가능한 한 많이 연합시키기 위하여 공통의 기반을 찾았다. 아일랜드의 한 군대의 사령관인 조지

---

33 「quarter」는 *Webster's New World Dictionary*에 의하면 「항복한 적에 대한 자비」라고 정의되어 있다.

멍크(Geroge Monck)는 더블린을 내놓지 않으면서 의회에 대한 충성을 고백하였다. 옛 잉글랜드 가톨릭교도(Old English Chatholics) 집단들은 일반적으로 온건한 왕당파 정서를 견지하였는데도, 오웬 오네일(Owen O'Neill)은 반잉글랜드감정이 확고한 울스터(Ulster) 부족민의 충성심을 얻고 있었다. 올몬드(Ormonde) 후작은 왕당파 혼합군의 지지를 받으면서 개신교 잉글랜드인 이주민 군대의 우두머리가 되었다. 울스터 스코틀랜드인은 가톨릭에 대한 반감과, 국왕살해 및 종교다원주의에 대한 반감 중 어느 것을 택해야 할지 갈피를 못 잡고 있었다. 크롬웰이 아일랜드 내 잉글랜드군의 수장으로 선택되려 할 즈음에, 멍크와 오네일은 후작에 대항하여 연합하기로 합의·서명하였다. 후작은 찰스 2세의 배후에서 잉글랜드인과 스코틀랜드인 이주민들의 연합을 시도하였다. 전에 언급한 바와 같이, 수평파는 아일랜드의 평민들에게 동정심을 가진 까닭에 이 연합의 성취를 위한 정책을 수립하였다. 수평파가 군을 계속 통제하고 잉글랜드군의 지지 가운데 연합정책을 수행하였다면, 오늘날 영국과 아일랜드 간의 관계는 매우 달라졌을 것이다. 서로 어울리지 않고 성공할 것 같지 않는 협력자들의 이와 같이 어색한 연합은 두 달 넘게 잉글랜드 대중들에게 숨겨졌다. 이로 인하여 멍크의 후계자는 올리버 크롬웰의 도착 10일 전에 래스마인즈(Rathmines)에서 올몬드의 병력을 물리칠 수 있었다.

올리버 크롬웰은 상륙한 직후 15,000명의 노련한 부하들을 잃어 그 수가 불과 5,000명으로 감소하였지만, 대적을 제거하는 데 성공하였다. 그는 약탈을 금지하고 이를 어긴 두 명의 부하를 교수형에 처하였다. 그리고 즉시 올몬드의 개신교 군대의 탈영자를 얻게 되었다. 전투에서도 후작은 훨씬 효과적인 크롬웰의 전투력을 저지시킬 수 없었다. 크롬웰 군대에 비하여 제대로 보급을 받지 못하였기 때문에, 그는 전투에서 패하였을 뿐만 아니라 아일랜드 본국인의 신뢰도 잃고 말았다. 이전 왕당파의 아들로서 아일랜드에서의 약탈로 유명해진 브로그 힐(Broghill) 경과 의미 있는 연합을 택한 결과, 많은 개신교 이주민들이 의회 편에 서게 되었다. 나중에 그는 장래 호국경 쪽의 중요한 인물이 되었다. 당시 찰스 스튜어트[34]로 알려진 젊은 왕위 요구자는 아일랜드에서 자신에 대한 지지가 결코 실현되지 않음을 알고서 져지 해안의 대기 장소에서 철수하였다.

큰 명성과 함께 아일랜드에서 귀환한 성공적인 사령관은 본국에서 극복해야 할 많은 비판을 좌우로부터 받게 되었다. 이때 릴버른(Lilburne)이 10월 26일 런던 배심에 의하여 석방된 이후에 수평파 지도자들이 풀려나게 되었다. 릴버른은 런던시의회 의원에 당선되었으나 의회에 의하여 의원직을 얻지 못하였다. 지난 몇 년 동안 성공을 거의 거두지 못하였기 때문에, 의회는 자신에 대한 신임을 더 강화하기 위하여 아일랜드에서 거둔 크롬웰의 승리소식을 모든 교회에서 읽게 하였다. 이전에 섭리를 하나님의 승인의 증표로 이해하였던 비어드 박사의 교훈에서 보았듯이, 크롬웰은 자신의 성공에 대해 「이는 여러분 정부의 위대한 변화를 하나님이 승인하시는 증표입니다. 그러나 이러한 승리와 성공이 우리의 것이 아닌 것과 마찬가지로 이 증표 역시 여러분 것이 아닙니다.」라고 설명한 것으로 기술되었다. 그러나 당시 잉글랜드에 대한 가장 커다란 위협은 스코틀랜드에서 비롯하였다.

----

34 찰스 스튜어트는 찰스 1세와 헨리타 마리아 여왕의 장자였다. 그는 12세에 시민전쟁의 발발을 보았으며, 잉글랜드에서 왕당파의 지지를 연합하려고 하였으나 결국 실패하고 만 시도를 여러 차례 꾀하였다. 항상 올리버 크롬웰과 의회에게 패배하고 말았다.

그곳에서 찰스 스튜어트가 스코틀랜드·아일랜드·잉글랜드의 왕으로 추대되었다.

페어팩스가 지휘하기를 거절한 까닭에 크롬웰은 스코틀랜드를 공격하는 군대의 최고사령관으로 임명되었다. 또다시 그는 자신의 정치적 지지를 뒷받침하고자 서로 다른 집단의 연합을 시도하기 시작하였다. 커다란 인기와 전쟁터에서의 행운의 승리로 말미암아 올리버는 자칫 자신을 매우 격렬히 반대하였을 사람들과의 협상에서 유리한 처지에 있게 되었다. 그는 입법개혁을 약속함으로써 찰스 1세 처형 당시 잔여의회의 공화주의파인 에드먼드 루드로우(Edmund Ludlow)와 화해하였다. 크롬웰은 그로 하여금 후에 아일랜드의 기병대장 지위를 맡도록 설득하였다. 단 하나의 행동으로 그는 잉글랜드 정치의 장(場)에서 잠재적인 정적을 제거하면서 그로 하여금 아일랜드에서 복무하게 만들었다. 동일한 방식으로 그는 아무런 명령도 받지 않은 채 왕 찰스 1세를 체포한 하급 군인인 코르넷 조이스(Cornet Joyce)를 포틀랜드에서 특공대를 지휘하는 중령으로 승진시켰다. 마지막으로 그는 수평파 병사들의 노력으로 군에서 성취된 개혁을 전체 잉글랜드로 확대한다는 애매한 약속으로 릴버른을 무장해제시켰다. 이제 그는 스코틀랜드로 쳐들어갈 채비를 갖추고 이동할 준비가 되었다.

식량과 무기를 아주 세심하게 준비한 후에, 그는 수적 열세에도 불구하고 던바(Dunbar)에서 쉽게 승리를 거두었다. 후진(後陣)을 강화하고서 그는 잉글랜드의 가난한 자와 억압받는 자에 대한 지원을 적은 대의회서한(對議會書翰)으로써 조이스, 루드로우와 릴버른에 대한 자신의 약속을 키워갔다. 잉글랜드에서 장로교 왕당파의 음모가 즉시 발각되었고, 이로 인하여 장로교 장관인 크리스토퍼 러브(Christopher Love)가 기소되어 유죄판결을 받았다. 마침내 의회군

의 관심이 다시 스코틀랜드로 쏠리게 되었다. 스코틀랜드로 돌아간
그는 싸움에서 선동이라는 무기를 또한 사용하였는데, 그 방법으로
말미암아 그는 칼로 하는 것보다 더 많은 지지자를 얻었다. 그는 스
코틀랜드의 귀족과 젠트리가 잉글랜드에 대한 스코틀랜드의 적대행
동을 싫어한다는 것을 믿고서 아주 낮은 소작료를 약속함으로써 소
작인들에게 지지를 호소하는 반면, 교권주의(敎權主義, clericalism,
성직의 부당한 정치적 세력을 의미하는 말로서 정치적 성직권력주의
를 뜻함—역주)를 공격하였다. 후자를 언급한 것은 찰스 2세 및 그 지
지자들을 이미 불신하고 있던 장로교 급진주의자를 특별히 염두에
둔 호소였다. 여러 달 동안 크롬웰 군대는 스코틀랜드군이 출전해서
직접 교전하기를 기다렸다. 결국 1651년 8월, 스코틀랜드군은 런던
으로 가는 도중에 모병할 것을 기대하며 잉글랜드에 침입하였다. 그
러나 지방민병대가 잉글랜드를 방어하기 위하여 일어나서 숫자상으
로 배나 많은 스코틀랜드인들을 패퇴시켰다. 마지막 전투가 우스터
(Worcester)에서 일어났는데, 그곳의 끔찍한 대량학살로 남겨진 사
병과 말의 시체더미 때문에 여러 길의 통행이 막히기까지 하였다. 마
지막 참패의 와중에서도 야심적인 왕 찰스 2세는 불가사의한 방법으
로 탈출하여, 더럽고 헝클어진 채 파리의 왕궁에 도착하였다.[35]

　전쟁이 종결되자, 『머큐리우스 폴리티쿠스(*Mercurius Politicus*)』
지는 하나님이 친히 「자신의 손가락으로 잉글랜드를 위한 자신의
해결책을 모든 세상에 가리키는 것 같았다.」고 선언하였다.[36] 이
것은 크롬웰이 전장에서 싸운 최후의 전투가 되었다. 이때 공화국
[Commonwealth, the commonwealth (of England)는 왕정이 폐

----

35 W. C. Abbott, *Writings and Speeches of Oliver Cromwell*, 2, pp. 461, 463.

36 *Mercurius Politicus*, Sept. 4, 1651.

지되었던 1649-1660년간의 잉글랜드 공화국을 가리킴—역주]의 권력은 불가침의 상태였다. 잉글랜드는 전쟁의 황폐 이후에 정상적이고도 안정적인 정부로의 복귀를 기대하였다. 권력은 잔여의회, 즉 장기의회의 잔여의원들에게 있었다. 그러나 그 구성은 핌과 햄프던이 이끌었던 무리들과는 크게 달랐다. 강력한 왕당파 성공회교도가, 그리고 그 이후에 그리 열성적이지 않은 왕당파 장로교도들이 잇달아 축출되면서 오직 친군부의 이익을 대표하는 무리만이 남게 되었다. 그들은 군과 제휴하여 군이 반대하는 모든 의원들을 배제하는 데 힘썼으며 여러 전투에서 군을 지원하는 역할을 맡았다. 그러나 이와 같은 협력의 시기가 끝나자 의회는 이제 군부의 우위를 두려워하게 되었다. 군부는 여러 면에서 의회의 정책을 이끌었다. 이러한 모습은 후에 네덜란드에 대한 잉글랜드의 정책에 나타났으며 또한 국내 입법에서도 여러 차례 나타났다.

이제 더 이상 전쟁에 신경 쓰지 않게 된 잉글랜드에서 마침내 잉글랜드의 개혁이라는 커다란 의제(議題)로 나아갈 것을 기대하면서, 우스터 크롬웰(Worcester Cromwell)은 얼마 되지 않아 의장 렌탈(Lenthall)의 집에서 의회군 회의를 소집하였다. 그들 스스로 국가 운명을 판가름할 정책을 결정하기를 기대하였던 그는 실망하고 말았다. 일부는 절대공화제를 해결책으로 보았고, 다른 사람들은 이전 왕의 자손 중 한 명의 통치에 의한 제한군주제를 원하였다. 잉글랜드의 여러 문제를 해결하고 또한 더욱 대표성을 가진 집단을 마련하기 위하여 의회를 해산하려고 하는 당시에 혼란과 필사적인 자기보존이 일반화되었다.

잉글랜드의 그다음 중요한 단계는 스코틀랜드와의 합병이었다. 잉글랜드의 주된 목적은 그때까지 개혁에 필요하였던 몇 가지 사회토대를 다시 만들기 위하여 자유무역을 제공함으로써 소작인과 상업계층을 강화하는 것이었다. 그들은 스코틀랜드의 위계질서 내에서 상급지위를 누려왔던 스코틀랜드의 귀족계급과 대인(大人, great men)을 강등시킴으로써 잔존하던 일부 봉건적 관계를 깨뜨리려 하였다. 이를 자세히 언급하도록 한다. 존 존즈(John Jones) 대령은, 잉글랜드 공화국의 목표는 「영주와 고용주의 이익과는 다른 토대 위에서 평민의 이익을 안정시키는 것이다. …… 여러분이 인민들에게 자유와 압제로부터의 해방을 제안한다면, 귀족들은 더 이상 여러분을 신실하게 대하지 않을 것이다.」라고 기록하였다[37]. 봉건적인 소유와 노예제가 폐지되었고, 지주들에게 사적 재판권을 허용함으로써 각자의 토지를 개선하기 위하여 투자할 것을 촉진하는 법률들이 제정되었다.

　이제 잉글랜드는 외적으로 아일랜드와 스코틀랜드의 편입을 견고히 하고, 또한 국제적인 상업·군사적 공격으로부터 자신을 방어하기를 시작하지 않으면 안 되었다. 이러한 공격의 한 원천은 네덜란드였다. 네덜란드의 상인들은 영국의 운송무역을 거의 독점하였으며, 영국 상인들에게 네덜란드 식민지와 거래하는 권리를 인정하지 않았다. 영국 식민지들은 네덜란드와 직교역함으로써 그리고 자신의 상품을 유럽으로 운송하는 데 네덜란드 선박을 활용함으로써 모국이 전쟁으로 여념 없는 것을 기화로 이익을 얻고 있었다. 네덜란드의 자본은 영국 식민지 내 투자의 주요 원천이 되었으며 나아가 영국에 손해를 끼치고 있었다. 이러한 갈등에도 불구하고, 영국은 1651년 봄에 올리버 세인트 존(Oliver St. John)을 단장으로 하는 파견단을 보내 네덜란드와 친선관계의 회복을 사실상 추구하였다. 네덜란드는 이 제안을

----

37 J. Mayer(ed.), *Inedited Letters of Cromwell, Colonel Jones, Bradshaw and Other Regicides*, p. 192.

단호하게 거절함으로써 영국의 반응을 자극하였다. 의회는 1651년 10월 9일 항해법(the Navigation Act)을 제정하여 무역과 선적(船積)의 제국주의적 독점을 확립하였다. 항해법에 따르면, 아메리카 · 아시아와 아프리카 식민지에서 오는 모든 상품은 영국 또는 영국 식민지 선박으로 도착되어야 하고, 또한 영국이나 원생산국의 용기(容器)에 의하여 입항하여야 했다. 왕에 의하여 제정되어 개별회사가 이익을 얻었던 이전의 독점과는 전혀 달리, 이것은 국가적인 독점이었다. 또한 영국의 식민지들이 단일의 정치 · 경제체제로 통합된 것은 영국 역사상 처음 있는 일이었다.

이와 같은 항해법 규정 자체가 네덜란드와의 전쟁으로 이어지지는 않았다. 그러나 공화국은 다른 나라의 상품을 찾기 위하여 해상에서 네덜란드와 프랑스선박을 수색하기 시작하였다. 이러한 수색은 점차 사건의 상승작용을 일으켰으며 드디어 1652년 여름에 전쟁으로 이어지게 되었다. 네덜란드를 매우 강력한 개신교 유럽국가의 하나로 보아 잠재적으로 중요한 동맹자라고 여겼기 때문에, 올리버 크롬웰은 이러한 갈등이 전쟁으로 바뀌기를 결코 원하지 않았음을 주의할 필요가 있다. 그는 세계에서 가장 커다란 개신교 국가들끼리 서로 싸운다는 생각을 참을 수 없었다. 그런데 잔여의회는 해군을 균형세력으로서 지지하면서 육군의 힘을 서서히 쇠퇴시키려 하였다. 아주 성공적인 해군제독인 로버트 블레이크(Robert Blake)는 확고하고도 기탄없는 공화주의자였는데, 그가 정부가 임명한 에드워드 몬테규(Edward Montagu) 제독과 충돌을 일으켰다는 사실은 주목할 만한 중요한 일이었다. 몬테규는 이전에 크롬웰의 반대자이었던 맨체스터 백작의 아들로서 해군장병들로부터 급진주의자를 추방하는 임무를 부여받았다. 네덜란드가 승리할 가망성이 있는 지점 이상으로까지 네덜란드를 집요하게 추적한 것은 네덜란드의 선박이 있는 그곳에 그들이 자신들의 군사력을 보유하고 있음을 나타내는 증거였다. 육군과 영국인의 불만과 함께 크롬웰의 불만이 점차 더 커갔다.

정치적으로 영국 정부에서의 변화는 불가피했다. 다시 한 번 정치적으로 중요한 인물이 된 크롬웰은 정책에 대하여 별로 통제권이 없었다. 그가 군의 총사령관이 되었으나, 그를 따르는 많은 무리들이 반드시 그의 견해를 공유한 것은 아니었다. 즉시 우스터를 추적하였음에도 불구하고 그는 더비 백작의 생명을 건지는 데 실패하였다. 크롬웰은 그가 필요 없이 처형당하였다고 생각하였다. 그가 추구하며 또한 이를 위하여 일련의 전쟁까지 치렀던 거룩한 정책은 평시의 혼돈스러운 정치적 난국으로 말미암아 더욱 더 불명료해졌다. 자신을 둘러싼 사건들에서 언제나 하나님의 뜻을 발견하려 하였던 그에게 보다 미묘한 민간인 세계에서 이를 분별한다는 것은 더욱더 어려운 일임에 틀림없었다. 크롬웰에게 있어서 가장 시급한 사항들은, 새로우면서도 보다 효과적으로 단합된 의회의 성격을 결정하는 것, 그리고 새로운 국교의 구조—장로교나 성공회 모델과는 다른—를 결정하는 것이었다. 어떻게 이러한 변화를 가져올 수 있을까? 정치적으로 볼 때 이 의회는 인민의 신임(信任)을 신속히 상실하고 있었으며, 또한 인민의 이익을 대표한다는 주장을 거의 내세울 수 없었다. 많은 숙청과 변절 이후에, 의회는 마땅히 봉사해야 할 인민과 멀어졌으며 당시의 커다란 문제들을 해결하려는 의결에 있어서도 여전히 하나가 되지 못했다. 이때 공화국의 권력은 도전받지 않는 상태였으며, 군은 모든 전투에서 승리하였으나 왕권의 상속자가 되어야 할 자는 의회였지 군이 아니었다. 군은 그 성공으로 인하여 적어도 두려움과 부러움의 대상이었다. 그러나 잔여의회는 다름 아닌 경멸의 기운을 내뿜었다. 군이 의회의 해산을 오랫동안 주장하였어도, 의회 자신은 자신의 권력을 끈질기게 붙들었다. 커다란 균열이 생겨나면서 주로 군과 의회 사이에 많은 파당이 생기게 되었다.

엔클로저의 확대로 말미암아 많은 평민들이 이전보다 더 악화된 상태에 있게 되자, 수평파의 이념이 점차 인기를 얻게 되었다. 의회는 자신의 봉급을 지급할 수 있는 대체방식이 발견될 때까지 십일조를 폐지하고 싶지 않았다. 만약 십일조가 사라지게 되면 그다음에는 사유재산이 차례로 사라지게 된다는 것이 또 다른 일반적인 생각이었는데, 이로 인하여 젠트리와 지주계층은 두려움을 느꼈다. 크롬웰은 다른 어떤 방식이 작동할 수 있을 때까지 십일조를 유지하자는 쪽이었다. 이 때문에 그는 많은 사람들로부터 신랄한 비판을 받았다. 그중에 퀘이커교도인 조지 팍스(George Fox)가 포함되어 있었는데, 그는 올리버 크롬웰이 던바(Dunbar)에서의 승리의 대가로 십일조를 포기하기로 하나님께 서원(誓願)했다는 얘기를 퍼뜨렸다. 법의 개혁은 의회가 일반여론과 완전히 어긋나는 또 다른 영역이었다. 당시 한 팸플릿에는 형평법원(The Chancery)에 관하여 여전히 「이해할 수 없는 사악함과 지속적인 사기(詐欺)」라는 표현이 쓰여 있었다. 라틴어 대신에 영어를 공식적인 언어로 바꾼 것과 같은 사소한 몇 가지 변화가 제도화되었다. 나아가 공식적인 법적 언어는 대부분 인민이 해독할 수 있는 평범한 필체로 써졌다.

그런데 전장(戰場)에서 하나님 뜻의 도구인 군과 그 장교들의 요구사항은 무엇이었던가? 십일조의 폐지, 의회의 해산과 함께 법개혁을 요구한 「군의 선언(*A Declaration of the Army*)」이 1652년 8월에 작성되었다. 비록 크롬웰이 선언에 서명하지 않았지만, 군내부의 지지자들 다수가 이에 서명하였다는 사실을 그가 알았음에 틀림없다.

의회는 교회의 국교제를 폐지하는 데 실패하였으며, 오히려 크롬웰이 「성직자와 법률가들의 타락한 이익」이라 불렀던 것을 지지하였다. 국교제가 폐지되었다면, 그 결과는 군의 요구 중의 하나인 십일조의 폐지이었을 것이며 또한 성공회 교회의 위계적인 성격을 내내 싫어하였던 청교도들을 만족시켰을 것이다. 나아가 의회는 선언의 지지자들을 격분케 하면서, 가톨릭 경향의 국가를 복음화하는 군의 도구였던 웨일즈의 복음전파위원회를 쇄신하기를 거절하였다. 이로 말미암아 의회의 권력을 신속히 제거하려는 군의 결심이 더욱 강고해졌다. 크롬웰의 많은 충성스러운 지지자들을 포함한 여러 장교들은 의회의 해산을 제안하는 청원을 제출하였다. 그들은 해산을 논의하기 시작하였지만, 새로운 조직체를 선출하는 과정에 대하여는 아직 합의에 이르지 못하였다.

새로운 의회를 선출하는 문제는 여러 의원들의 상충하는 몇 가지 이익과 관련되어 있었다. 잔여의회의 잔존의원들은 철학적인 이유로, 그리고 채무 때문에 체포됨을 면할 수 있도록 하기 위하여 자신들의 지위를 잃는 것을 원치 않았다. 반면에 총선으로 말미암아 왕당파·장로교도 또는 영국을 경건한 국가로 형성하는 데 헌신되지 않은 자들로 채워질 하원에서 바람직스럽지 않은 결과가 나타날 수도 있었다. 이러한 수많은 당파들 간의 공통기반을 찾으려는 수고가 좌절되자, 크롬웰과 다른 사람들은 더욱 능률적이고 효과적인 정부가 될 수 있도록 이를 합리화하려고 힘쓰면서 정부의 무능에 대한 해결책을 찾았다.

벌스트로드 화이트로크(Bulstrode Whitelocke) 자신의 설명에 따르면, 자신과 크롬웰 간에 예기치 않았던 공원에서의 회합 중에 흥미로운 대화가 발생한 것은 바로 이 시기였다. 크롬웰은 잔여의회의 의

사진행 지체, 수치스러운 생활, 부정, 권력을 영속화하려는 그들의 욕심에 대하여 불만을 많이 꺼냈다. 이에 대하여 화이트로크는 재빨리 그들을 변호하게 되었다. 크롬웰은 그에게 화를 내면서 다음과 같이 말하였다.

「그들에 의해 제대로 해결될 가망은 거의 없어. 사실 전혀 없어. …… 우리는 모두 하나님을 잊어버렸어. 또한 하나님도 우리를 잊을 것이며 우리를 혼동에 방임할 거야.」화이트로크는 이를 깨닫지 못한 채「그들 스스로도 의회를 최고권력으로 여겨왔다. 때문에 그들을 억제하고 제한할 수 있는 방법을 찾는 것은 어려울 것이다.」[38] 그때 크롬웰은, 그가 언제나 왕좌에 눈독 들이고 있었다고 믿으면서 그를 비방하는 자들의 유명한 반박이 되었던 질문을 던졌다. 그가「만일 어떤 사람이 왕이 되려고 한다면 어찌 되겠는가?」라고 질문하였던 것이다. 그는 자기 생각의 요점을 말하면서, 왕권의 합법적인 행사가 타당한 경우가 있음을 주장하였으며 또한 영국인들이 전통적으로 군주제의 개념을 존중한 것을 지적하였다. 더 많은 토론이 이루어진 후에, 화이트로크는「군주제가 그토록 진정 자애로운 것이라면, 그 보잘것없는 찰스 2세와 교섭하는 것이 더 낫지 않은가?」라는 질문으로 말을 끝맺었다. 군과 의회 간에 해결되지 않을 것 같이 보이는 난국에서 하나님의 뜻의 실마리를 발견하려는 크롬웰의 노력은 지속되었으나, 거기서의 논쟁은 격렬해지고 말았다.

결국 잔여의회는 스스로 해산하기로 원칙적으로 합의하였으며, 보다 영구적이고 안정적인 그리고 책임성 있는 통치체제(government body)로 나아가기 위한 잠정적인 해결책의 발견을 필요로 하였다. 이 것은 장교들과 현역 의원들 간의 매우 뜨거운 쟁점이 되었다. 장군들

---

38 Antonia Fraser, p. 411.

은 자기들이 과도정부에서 다수세력이 되어 선거를 감시하고 이를 통제하기로 결정하였다. 그들은 자신 및 기타 멤버들을 「하나님을 경외하고 온전한 자로 인정받은 사람들」로서 과도정부에 선택되었다고 보았으며, 이것이 「하나님의 모든 백성을 격려하고 지지하며, 그리고 법을 개혁하고 공평하게 재판하는 가장 유망한 방법」이라고 보았다. 그러나 하원의 다수세력은 새 정부의 선거를 감시하기 위하여 여전히 권력에 남아있기를 원하였다. 1653년 4월 19일 두 그룹은 막다른 길에 다다르게 되어 더 이상의 논쟁 없이는 최종결정을 내릴 수 없다는 데 견해를 같이하게 되었다. 그런데 다음 날 유지론자 의원들은 그들의 일시적인 역할을 중단하지 않고 의회해산법안을 통과시키려 하였다. 크롬웰은 이 시각에 집에 있었는데, 이때 그는 의원 임기를 연장하려는 법안의 통과가 거의 이루어졌다는 사실을 전해 들었다. 크롬웰은 그들이 의도적으로 자기를 속이고, 자신들의 권력을 유지하기 위하여 공정하든 불공정하든 어떠한 수단이든지 제멋대로 사용하는 것에 분노하여, 집안의 평상복 차림인 채로 즉시 하원을 향해 떠났다. 그는 의원들에게 말하면서 「격렬한 방식으로」 장광설을 터뜨렸으며, 「발로 바닥을 차고 외치기도 하였다.」 그들 일부를 「뚜쟁이」라 하고, 나머지 다른 자들을 「술주정뱅이들」 그리고 「복음전파에 부끄러운 자들」이라고 외쳤다. 크롬웰은 「당신네들은 더 이상 의회가 아니야, 의회라고 할 수 없어. 당신들 임기를 끝내버리겠어.」라고 소리 지르면서, 그때 그 자리에서 소총부대를 사용해서 장기의회를 해산시켜버렸다.[39] 크롬웰은 의원 그들의 권리였음에도 불구하고 그들의 자진해산을 허용하지 않고, 잉글랜드·스코틀랜드와 아일랜드에서 더 이상 의회정치의 존재를 인정하지 않은 돌이킬 수 없는 방향으로 상황을 밀

---

39 C. H. Firth(ed.), *Memoirs, 1, E. Ludlow*, 1894, pp. 352-4.

어붙였다. 그는 자신의 권력기반이 궁극적으로 군대에 뿌리를 박고 있음을 보여주었다. 공격적이고 때론 충동적인 그의 성격은, 보통 한동안의 심사숙고와 정지 이후에 나타나곤 하였지만, 아마도 전쟁터에나 가장 잘 어울리는 것임이 분명해졌다.

이상하게도 잔여의회의 제거는 영국이나 외국에서 분노의 기색을 거의 초래하지 않았다. 에드워드 하이드 경은 이를 「영예스러운 행동」이라 부르며, 반면 잔여의회를 「사기꾼들의 저주받은 집단」이라 불렀다. 런던에서 의회의 종료에 대한 어떤 대중적인 반발의 징후는 거의 없었다. 심지어 잉글랜드의 왕당파나 가톨릭교도들도 크롬웰이 요새(要塞)의 항복자들에게 자비롭게 대하였음을 듣고서 핍박에서 벗어난 것에 대한 희망을 보았다. 다음 의회는 장교회의(Council of Officers)의 조언에 따라 올리버 크롬웰에 의하여 선출되었는데, 크롬웰은 스스로 「140명의 새로운 '베어본즈(Barebones) 의회'[40] 의원들의 야전사령관」이라는 명칭을 붙였다. 선출된 사람들은 대체로 보통 하원의원보다 낮은 사회신분의 출신들이었다. 여하튼 이러한 새로운 조직은 네덜란드와의 전쟁, 그리고 스코틀랜드와 아일랜드의 점진적인 통합의 시기에 매우 필요하였다.

크롬웰은 이와 같은 새로운 회의제정부를 혁명의 가장 중요한 계기로 보았다. 처음으로 그는 의회가 정치판에서 보통 발견되는 혼동과 갈등 없이 효율적인 방식으로 정책을 수행함으로써 정말 경건한 방향으로 나아갈 수 있으리라 생각하였다. 그는 전쟁동안 내내 그리고 민간인의 삶을 살았던 짧은 중간 시기 동안에, 자신이 원하는 목표를 성

---

40 경멸의 의미로 후에 왕당파에 의하여 붙여진 이 이름은, 그 멤버 중의 하나였던 「하나님을 찬양하라, 마른 뼈여(Praise-God Barebone)」라는 이름의 청교도 가죽 장수에게서 비롯하였다.

취하기 위하여 서로 다른 당파들 간의 단합을 만들어내는 데 언제나 애를 썼다. 그렇게 하기 위하여 그는 극단세력의 신임과 지지를 얻고자 서로를 달랠 수 있도록 보통 양극단 사이의 미묘한 노선을 걷지 않으면 안 되었다. 이제 그는 경건한 국가로의 개혁을 향한 진정한 진보의 가능성을 보았다. 그는 새 의회에서 기운차고 화려한 연설을 하였다.

진실로 여러분들은 하나님에 의하여 그와 함께 또한 그를 위하여 다스리도록 부름을 받았다. 고백하건대, 일찍이 예수 그리스도가 오늘 그리고 이 일에서 인정받으신 것과 같은 날을 본 적이 없었다—여러분도 그런 적이 없었으리라—. 예수 그리스도는 오늘날 여러분을 부르심으로 말미암아 인정받고 계신다. (나아가 그는 예언하였다) 이것은 하나님이 약속하셨던 것 또한 에언하셨던 것 그리고 자기 백성들로 하여금 그 마음속에 기다리며 기대하게 만든 것들로 인도하는 문이라 할 수 있다. …… 여러분은 이제 막 약속과 예언을 이루려는 참에 있다.

올리버 크롬웰은 이 그룹을 그리스도가 이 세상에서 1000년 동안 다스리는 황금의 시간인 천년왕국으로 가는 길로 보았다. 이것은 결국 잉글랜드의 진정한 개혁이 되었다.

베어본즈는 여러 법률상의 많은 개선을 이루기 위하여 수고하였음에도 불구하고 안타깝게도 그 고상한 사명을 이루지 못하였다. 크라렌던(Clarendon)은 이 무리의 사람을 「주로 자질이나 명성이 없는 열등한 사람들이며…… 오직 설교와 기도의 은사만으로 알려졌으

며……분별력 없는 약한 패거리」로 보았다.[41] 이것이 사실이든 아니
든 또는 심지어 중요하든 그렇지 아니하든 간에, 정작 중대한 것은 이
사람들이 정치경험을 갖지 않았으며 또한 실제적인 정치에서 그토록
필요한 쌍방 타협(give-and-take)의 방식으로 실행가능한 해결책
을 찾는 데 거의 또는 전혀 관심을 갖지 않았다는 점이다. 그들은 종
교적 열심을 가진 사람들로서, 그들 시대에 너무 앞섰다고 볼 수도 있
고 또한 자신들의 원대한 정책에 의해 영향을 받게 되는 자들의 의견
을 너무 등한시하였다고도 할 수 있다. 많은 정책들은 사리(事理)에
맞았으며 또한 잉글랜드에 유익하기도 하였다. 몇 가지 예를 들면 형
평법원의 폐지, 종교의식에 따르지 않은 혼인제도(civil marriage)의
성립, 십일조의 폐지 등이다. 그러나 대부분은 전체 국민의 의사를 외
면한 것이었다. 고위 장교들로 하여금 봉급도 받지 않고서 1년간 근
무하도록 제안한 것은 그들의 처지에 아무런 도움이 되지 않았다. 또
한 의회는 크롬웰과 잉글랜드의 다른 많은 사람들을 무시하고서 십일
조를 폐지하려고 하였는데, 이 십일조는 사람들에게 안정된 사회와
결부된 것으로 연상되었다. 비록 타락이 최소한의 수준에 이르렀고
그들 스스로 능률적으로 헌신하였을지라도, 그들도 역시 이전 의회
와 같은 내부 갈등을 겪었다. 그들이 마땅히 해야 했음에도 불구하고
하지 않았던 것은 새로운 우두머리로 이식된 새로운 군주제에 저항할
만큼 근본적으로 변화된 새 정부를 만들어내는 일이었다. 그동안 합
의의 형성(consensus-building)에 대하여 보수적인 성향을 지닌 까
닭에, 크롬웰은 이전 절대공화제에 대한 수평파의 제안을 거절하였던
것과 똑같이 그 그룹의 지나치게 급진적인 정책에 주춤거렸다. 이내
대중적 지지를 받지 못함이 분명해지자, 그 그룹은 시작한 지 불과 다

41 Clarendon, *History*, Book xiv; T.S.P., I, pp. 289.

섯 달 만에 자신의 권한을 크롬웰에게 넘겨주면서 자진해산하고 말았다.

베어본즈의 실패는 올리버 크롬웰에게 극적으로 파괴적인 영향을 끼쳤다. 그는 자신과 동료들이 추구하였던 변화를 가져올 수 있었던 이 효과적인 그룹에게 혁명에 대한 자신의 모든 희망을 걸었다. 그러나 혁명은 실패하였다. 그뿐 아니라 무제한으로 보였던 크롬웰의 권력만이 자기 마음대로 행사할 수 있는 군사력과 더불어 국가를 통합하는 것의 전부였다. 이 중대한 시기에 선택한 것이 아무리 독재적인 것이라 하더라도 그는 자기가 원하는 방향을 선택할 수 있었을 것이다. 베어본즈 의회를 정치체제로 선택한 것을 곰곰히 생각하면서, 그는 「하나님이 섭리 가운데 정말 내 손에 주신 권력을 단념하기에는 너무 조급한 것이 아닌가?」라고 생각하였다. 신앙적·정치적 의지와 조직으로써 국가에 개혁을 가져오는 「성도(Saints)」의 정부가 되기는커녕, 베어본즈 의회는 국민들이 원하는 것보다는 자기들이 생각하기에 국민들에게 유익한 것들을 국민에게 주려고 하였다. 그 후에 취해진 후속 조치로 말미암아 그 자신과 국민들은 그 스스로가 최후 수단으로 여겼으리라 생각되던 바를 받아들였다. 즉 그를 「호국경(Protector)」의 지위에 두게 된 것이다. 크롬웰이 언제나 왕위를 추구하였다고 생각한 비판자들에 대하여 그는 「내 자신이 스스로 호국경의 지위를 명한 것은 아니다.」라고 말하였다. 아이러니컬하게도, 그는 평생토록 제한군주제의 성립을 추구하였음에도 불구하고 이러한 절대권위의 자리에 이르게 되었다.

새로운 정부는 세 개의 주요 통치조직으로 구성되었다. 그리고 영국의 첫째 헌법인 새로운 「통치기구(*Instrument of government*)」가 제정되었다. 크롬웰은 헌법에 「1인자(the single person)」로 언급된 잉글랜드의 호국경(Lord Protector of England)이 되었다. 이 새로운 통치구조로 인하여 크롬웰이 오랫동안 꿈꾸어왔던 「어느 정도 군주제의 성격을 가진」 헌법에 대한 요구가 대부분 충족되었다. 요컨대 이러한 혼합정부는 마치아먼트 니드햄(Marchamont Needham)이 얘기한 것처럼 전시(戰時)와 평화시의 필요에 부응키 위함이었다.

> 전쟁이 발발하면 이에 맞설 수 있는 (다름 아닌) 군주제의 결집시키는 장점이 있으며, 이를 처리할 수 있는 귀족제의 훌륭한 심의가 있고, 또한 평화 시에는 이를 활용할 수 있는 민주제의 근면함과 용기가 있다.[42]

대의제 요소(의회), 군부권력의 기반(군부와 평의회에서의 군 대표자)과 군주제의 안정성(호국경)의 균형을 가진 정부를 조직한 「통치기구」는 안정적이고 책임 있는 정부의 핵심적 요소를 많이 포함하고 있었다. 그 정부의 존재와 구조 자체는 많은 문필가와 장차 발생하게 될 혁명에 강한 영향을 끼쳤다.

정부의 새로운 구성원에게 행한 크롬웰의 연설에는 국민이 가장 원하는 것이 「화해와 안정(healing and settling)」이라는 그의 신념이 표현되어 있었다. 이 새 의회는 잉글랜드의 400명, 아일랜드의 30명, 스코틀랜드의 30명으로 구성되었다. 최소한 200파운드 이상의 재산 보유에 기초한 피선거권을 전제로 하여 실시된 총선에서 선출되었기 때문에, 이 의회는 적어도 이후 200년 동안 영국에서 가장 광범위하게 대표성을 가진 의회가 되었다. 그 의회는 매 3년마다 선거를 치르게 되었는데, 그동안 적어도 다섯 달에 걸쳐 한 번 소집하게 되었다.

---

42 Marchamont Needham, *A True State*.

의회는 국가회의에 대하여 그 공석을 채우는 것 외에는 거의 통제권을 가지지 않았으나, 호국경의 거부권을 무효로 할 수 있었다. 크롬웰과 통치기구의 구상자들은, 이것이 모든 종파의 사람들의 참여를 허용함으로써 이전 의회를 마침내 파멸시킨 것과 동일한 불안정상태를 초래할 수 있음을 알았다. 이 점만을 따로 놓고 본다면, 이는 정책수행상 보다 나은 효율성과 더욱 많은 자유재량을 얻고자 하여 (의회에서나 군에서) 반대세력을 성공적으로 근절하려고 했던 그의 이전 노력으로부터 갑작스럽게 태도가 바뀐 것이었다. 그들은 이 의회 내에서 같은 생각을 가진 의원들을 지원하기 위하여 여러 조치를 취하였다. 선출된 사람들은「성실하다고 알려져 있으며, 하나님을 경외하고, 사람들과 친화력이 있으면서 또한 21세에 달하여야」했다.[43] 비록 의회가 널리 대표성을 가지고 있었지만, 아주 골치 아픈 하층계층은 재산보유의 기준에 의하여 배제되었다. 또한 1641년 1월 이래로 어떠한 형태로든 의회(그 당시까지 군에 의하여 유지되던 모든 정부를 뜻한다)에 대항하였던 자들은 배제되었다. 의회의 권력을 확실히 통제하기 위하여, 그와 이 헌법의 기초자들은 세 기관 중에서 가장 약한 권력을 의회에 부여하였다. 반면에 국가회의는 가장 강한 권력을 보유하였으며, 크롬웰은 중간에 위치하면서 의회의 지나친 권한남용을 견제하였다. 그는 거기에 머무르지 않고, 모든 의원들로 하여금 의원이 되자마자 기존에 형성된 통치형태를 변경시키지 않겠다는 협정에 강제로 서명하도록 함으로써 자신이 지나치게 급진적이라고 여긴 자들의 표현과 행동의 수단을 제거하였다. 그의 의심이 사실임을 입증이라도 하듯이 족히 백 명의 의원이 서명하기를 거절하였다. 그러나 이

43 S. R. Gardiner(ed.), *Constitutional Documents of the Puritan Revolution 1625–1660*, third ed.(Oxford, 1906), pp. 410–11.

의회는, 어떠한 다른 의회도 그러하듯이, 국가회의와 호국경에 다음
가는 부차적인 역할을 쉽게 수용하려 하지 않았다.

의회선거가 끝나기 전에 통치기구는 국가회의와 그 1인자에게 아홉
달 동안 포고(edict)로써 통치하는 것을 허용하였다. 집행부는 「국민
들의 평안과 복지를 위하여 영(order)이 의회에서 발해지기까지……
구속력을 가진…… 포고(ordinance)를 발하는」권한을 가지고 있었
다⁴⁴(제30조). 이러한 포고는 사실상 새로운 법을 만든다는 점에서 심
지어 왕의 포고(royal proclamations)보다도 더 강력하였다. 전체
80건이 발포되었으며, 그 범위는 광범위한 영역에 걸쳐 있었다. 일부
는 영향력이 아주 커서 진정한 개혁방식의 근본적인 변혁을 가져오기
도 하였다. 투계(鬪鷄)와 경마를 포함한 다양한 형태의 도박이 불법
화되었다. 이것은 물론 실제적이었으며 청교도적이었다. 왜냐하면 두
가지 모두 정치적 불평을 가진 자들이 정부에 대항하여 음모를 세우
고 꾸미는 대규모 사교모임장소로 사용되었기 때문이다. 또한 싸움과
폭동도 이 정부의 경계의 대상이 되었는데, 이 정부의 사회적 터전은
잠재적으로 불안정하게 보였으리라 생각된다. 소택지(沼澤地) 배수를
규율하는 조치가 제안되었는데, 이는 크롬웰의 초기 정치시절로 거슬
러 돌아가는 조처이며 또한 대규모 폭동과 반란을 막는 수단이었다.
몇 포고는 순향적(順向的, proactive) 또는 편집광적(偏執狂的)인 방
식으로 반역죄를 다루었다. 「호국경 각하」의 죽음을 꾀하는 것은 반역
으로 간주되었는데, 더욱 중요한 사실은 호국경과 의회의 절대적 권
위를 부정하는 것도 반역으로 간주되었다는 점이다. 호국경을 암살하
려는 시도들은 비록 하찮을지라도 「치안」활동을 위한 편리한 구실이
되었으며, 이 치안활동은 모든 종류의 왕당파나 다른 불만 있는 신민

──────────

44 Ibid., p. 414.

들을 억누르는 데 사용되었다. 또한 반역죄의 개념은 군에서 폭동을 선동하려는 행동으로까지 확대되었으며, 그리고 이는 엄벌에 처해졌다.

가장 중요한 종교 영역에서 신정부는 특정한 규칙, 통일된 교회법, 조직, 교의 또는 신앙고백으로부터 상대적으로 자유로운 교회체제를 만들었다. 대신에「공적 성직자(public ministers)」를 인증할 목적으로 런던에 일반위원회를 설립하였다. 이 위원회는 주로 독립교회파들, 그리고 소수의 장로교도와 재침례교도인 33명의 위원과 10명의 평신도들로 구성되었다. 그들은 어떤 후보자가 신앙심이 독실하며 도덕적이고 유능함이 검증되었음을 증명하여야 했다. 런던 외부에서 온 사람을 위하여 15-30명의 평신도와, 평가인으로서 런던위원회에 직접 보고하는 일을 하는 8-10명의 성직자로 구성된 주(county)위원회가 설립되었다. 또한 이러한 지방그룹들은 교장의 자격을 심사하기도 하였으며, 소문이 좋지 않거나 불경하거나 무신론자라고 여겨지는 자들을 추방할 권한을 가지고 있었다. 이외에도 추방할 수 있었던 사람들 중에는 가톨릭교도, 하나님의 이름을 내대며 욕하는 자, 간음자, 기도서 사용자, 거짓맹세자, 도박자, 술주정뱅이 또는 설교나 인쇄물로 정부비방죄를 범한 자들이 포함되었다. 위원회가 갖는 커다란 지방권력을 상쇄하기 위하여 지방목회자들을 지원하고 낮은 봉급을 보충할 목적으로 일단의 신탁재산관리인(trustee)들이 1654년 9월에 세워졌다. 이것은 수십 년 동안 청교도들이 강하게 느꼈던 필요였는데, 이때 정부가 이를 고치려고 생각한 것이다. 십일조는 폐지되지 않았으며, 이로 인하여 기존 지방체제의 안정성이 다시 한 번 유지되었다.

국가회의는 장군들, 그들의 지지자와 친척들로 채워졌으며 주권적

(主權的) 권위로서 정부를 주재하였다. 그들 중 다수가 「통치기구」의 기초(起草)를 도운 까닭에 그들은 최소한 30,000명의 군대를 창설하게 되었다. 그런데 이를 변경할 권한이 의회에게는 없었다. 나아가 더 확실한 추가조치로서 그들은 이를 가장 중요하게 자금지원을 받는 항목으로 만들었다. 마침내 군은 올리버 크롬웰의 권력기반이 되었다. 이것이 없었다면 이와 같은 새로운 구조는 남아 있을 수가 없었을 것이다. 그들이 동일한 개혁에 헌신되어 더 큰 응집력으로 남아 있었다면 이 구조는 군과 함께 훨씬 오랫동안 살아남았을 것이다. 그러나 수평파와의 분열과 반복되는 추방으로 인하여 그 단결은 무너졌고 잉글랜드 국민, 즉 이 세상에서 하나님의 도구로 싸우던 하나님의 백성들과의 연결도 끊어지고 말았다. 이제 그들은 단지 매우 효율적인 군조직에 불과하였으며 그 이상도 아니었다. 국가회의는 호국경의 인지나 승인 없이도 모여서 활동할 수 있었으며, 이에 대하여는 의회가 거부권을 행사할 수도 없었다. 그것은 호국경정치에서 가장 강력한 기구였다.

그런데 이 헌법의 성격은 무엇인가? 요컨대 통치기구는 혁명적(革命的)이었다. 비록 그 최종적인 권위가 자신의 고유한 권력을 포기하기를 꺼리는 의회에서 끊임없이 통과된 법률에 의하여 급격히 잠식되기는 하였지만. 헌법은 42개조로 구성되었는데, 이는 존 람베르트의 지도하에 다수 군인과 약간의 민간인이 함께 참여한 그룹에 의하여 정교히 만들어졌다. 전 생애에 걸친 크롬웰의 열망을 반영하여 그 헌법은 안정을 확보하며 군의 권력을 영속화하려고 하였다. 그에게 왕위를 주려고 하였던 헌법의 초안을 순화하여 최종안에서는 단원제 의회, 국가회의 그리고 강한 군대라는 존재와 권력을 공유한 「1인자」로 규정되었다. 이 제도에 따르면, 호국경은 의회의 회기 동안 출석해야 했으나, 국가회의는 그가 없어도 회합하고 의결할 수 있었다.

올리버 크롬웰은 이 새로운 의회에서 귀족, 젠틀맨 그리고 요맨의 기존 사회질서에 대한 자신의 지지를 분명히 강조하였다. 그는 다음과 같은 질문을 계속 던졌다. 「이 나라의 행정관은 평등화원리(Levelling principles) 주창자들의 경멸과 멸시 가운데 거의 짓밟혀 업신여겨지지 않았던가? …… 그것은 모든 가난한 자들에게 즐거운 소리였으며 또한 모든 무법자들에게 사실 반갑지 않은 것은 아니었다. …… 우리는 귀족과 젠트리를 유지하려고 한다.」이는 본질적으로 다른 요소들을 모아서 안정을 유지하려는 그 자신의 일관된 경향과 일치하는 것이었다. 화해와 조정에 대한 크롬웰의 생각에는 지나치게 문제를 야기하지 않는 것이 포함되어 있었다. 그가 군부의 급진적인 수평파나 나중에 열성적인 「베어본즈」의회가 너무 극단적이어서 실용적이지 않다고 보아 이들을 꺼렸던 점을 기억해보라. 그 자신의 말에 의하면, 그는 호국경의 지위를 「교구(敎區)의 평화를 지키는 착한 경관」으로 여겼는데, 이는 그를 왕이 되려고 하는 자로 낙인 찍은 왕당파의 비난과는 전혀 다르다.

첫 의회는 1년간 지속되었는데, 그 회기의 대부분을 크롬웰의 권위와 통치기구의 정당성(正當性)을 문제 삼는 데 소비하였다. 왕당파와 공화주의자들은 함께 호국경을 암살할 계획을 꾀하였으나, 모두 어설픈 협조와 계획으로 실패하였다. 의회의 완강함과, 장기의회가 결코 정당하게 해산되지 않았다는 이유로 국가회의와 호국경을 반발적으로 거부한 것을 보면서, 호국경은 다음과 같은 네 가지 통치원칙을 핵심적으로 말하였다. 첫째, 국가는 정부의 세 기둥에 의하여 통치되어야 한다. 즉 하원(the House of Representative), 국가회의 그리고 1인자(크롬웰). 둘째, 의회는 자신을 영속화(永續化)하여서는 안 된

다. 셋째, 양심의 자유는 존중되어야 한다. 넷째, 호국경과 의회는 민
병대(militia)에 대한 권력을 공유한다. 의원들은 처음 두 가지에 동
의하였으나, 크롬웰보다는 덜 진보적인 까닭에 세 번째에 대하여는
불안해하였다. 네 번째는 그들이 받아들일 수 없었다. 그의 권고에도
불구하고, 의원들은 확실히 의회에 적합한 것을 만들기 위하여 그 통
치기구를 조목조목 절단해버렸다. 그들은 국가회의를 그 특권적 지위
에서 쫓아내었고, 1인자의 거부권을 잘라내었다. 상비군에 대한 자금
의 지원과 상비군 자체가 폐지되고 전통적인 지방민병대로 복귀하게
됨으로써, 지방 젠틀맨에 의한 통제가 확실하게 이루어지고 경비가
훨씬 줄어들게 되었다. 이 기간 동안 의원에 의한 입법이 한 건도 이
루어지지 않았으며, 경비가 많이 드는 국내의 군사활동과 아일랜드·
스코틀랜드 및 공해상의 국제적인 군사활동에 돈이 전혀 배당되지 않
았다. 게다가 경비가 많이 드는 국제 외교사절의 파송이 있었는데, 이
런 일들로 말미암아 그나마 얼마 되지 않던 정부의 재원이 고갈되고
말았다. 그들의 반동적인 주장 때문에 군부 국가회의 및 호국경과 사
이가 멀어지게 되었는데, 이는 국가회의의 융통성이 없는 장군들과
함께 호국경을 지휘사령부로 도로 떠민 셈이 되었다. 아마도 더 이상
참을 수 없게 만든 것은 의회가 자신이 원하지 않던 민병대의 양성을
끝내 반대한 사실이었다―이는 행정부의 권위에 대한 정면도전을 의
미하였다. 크롬웰과 그의 최후의 권력기반은 서로 굳게 결속하게 되
었다. 그리하여 그는 1655년 1월 22일에 의회를 해산하고 말았다. 이
로써 영국에서 대의정치(代議政治)의 시기가 끝나게 되었다. 이 기간
이 의회의 개시로부터 다섯 달이 채 되지 않았으나, 크롬웰은 음력으
로 즉 4주간의 봉급주기를 따르는「군인의 달」로 다섯 달이 경과했다
고 주장하면서 통치기구를 그 자구대로 이행하려 하였다는 점은 흥미

로운 사실이다.

　크롬웰의 권위와 그에 대한 군의 충성심은 유지되었다. 그다음 해
는 크롬웰의 상비군 해산으로 특징지을 수 있는 개인통치의 시기였
다. 크롬웰은 국내안전보장을 위하여 지방에 민병대를 설치·양성하
였으며, 잉글랜드를 10개, 나중에는 11개의 군사구역으로 나누어 각
지역을 소장(小將, major general)의 지휘 아래 두었다. 3월의 왕당
파 반란은 호국경과 그의 군부 지지자들에게 왕당파 그룹을 더욱 억
압하는 데 필요한 선동의 근거를 제공하였다. 그들에게 왕당파는 서
로 용납할 수 없는 생각을 가진 까닭에 피차 화해할 수 없는 자들이
었다. 지휘관으로서 그들의 임무는 여하한 왕당파의 모반을 억압하고
알콜중독, 도박, 안식일의 불준수, 여타의 범죄 행위를 규제하는 청교
도 윤리규범을 시행하는 것이었다. 경비를 절약하기 위하여 상비군을
폐지하였음에도 불구하고 기금을 마련할 수 있는 의회의 부재로 말
미암아, 국가는 파산직전의 상태에 처하게 되었다. 왕관, 교회 및 왕
당파의 몰수토지의 매각으로 마련된 재원은 다 사용되었다. 사실 이
러한 새로운 제도도 비용이 적게 드는 것은 아니었다. 이것은 지난
1640년 찰스 1세를 처음으로 굴복시켰던 바로 그 지방권력자들을 격
분케 만드는 강한 효과를 가지고 있었다. 새롭게 권력을 잡은 젠트리
와 잉글랜드의 지방지배자를 제임스 1세와 찰스 1세가 소외시켰던 것
과 똑같이, 크롬웰의 소장들은 1655년 그들의 분노를 촉발시켰다. 이
때 소장들은 행정관, 경찰, 검열관, 풍기사범단속반과 하급판사의 역
할을 추가적으로 떠맡음으로써 사람들의 일상생활에 더 밀접한 편이
었고 그 이전보다 더 많은 권력을 가지게 되었다. 사람들은 윤리규
범과 또한 자신들의 자유에 대한 구속을 싫어하였다. 그럼에도 이와
같이 효과적으로 무장한 경찰은 체포된 자들의 토지를 몰수하고, 찰

스 2세의 추종자로 보이는 자들의 수입에 10%의「1할세(decimation tax)」를 과세하는 새로운 정책을 추진하였다.

정부활동의 경비에 필요한 재원이 미처 마련되지 않은 1655년 가을에 스페인과의 전쟁이 일어났다. 이에 필요한 경비의 지출을 위하여, 아메리카에서 귀국하는 스페인 사람들에게나 행할 수 있을 법한 은의 대규모 몰수로부터 아메리카의 다른 화물에 대한 독점무역을 스페인에게서 쟁취하는 것에 이르기까지 여러 가지 제안들이 제시되었다. 그러나 그 어떠한 제안도 효과적이지 않은 것으로 드러났다. 영국에서 전쟁은 대중적 성명과 선전을 통하여 잘 알려졌는데, 이 과정에서 여러 가지의 혹독한 표현들이 전해지고 있었다. 무엇보다도 오랫동안 흔히들 그랬듯이 스페인은 적(敵)그리스도(the Anti Christ)로 간주되었다. 또한 스페인은「찰스 스튜어트와 결혼하였다」라는 말과 함께 전도유망한 찰스 2세의 편을 들고 있다는 비난을 아울러 받았다. 보통 전쟁선전이 극단으로 흐르는 경향이 있듯이, 이 언어의 전쟁에 충격적인 작품이 사용되었다. 즉『인디안의 눈물: 이천만 명 이상 무고한 사람들의 잔인한 대학살과 살육에 관한 역사적 사실』이 밀턴의 조카인 존 필립스(John Philips)에 의하여 번역되었다. 호국경에게 헌정된 이 책에서 필립스는 인디안에 대한 스페인인의 학대를 그에게 앙갚음할 것을 요구하였다. 이 요구는 스페인과의 싸움에 대한 올리버의 변명에 해당하는 1656년 10월의 성명에서 밀턴에 의하여 다시 반복되었다. 히스파뇰라(자메이카)의 정복으로 말미암아 스페인의 선박을 습격하고 신세계와의 무역을 통제할 수 있는 기지가 확보되었다. 실제로 리처드 스테이너(Richard Stayner) 선장이 600,000파운드 이상의 스페인 보물을 빼앗았으며, 이후에 블레이크(Blake)는 산타 크루즈(Santa Cruz)에서 스페인 보물수송선단을 격파하였다. 이러한 전투들은 중요한 서방계획(Western Design)에서 나름대로 역할을 하였다. 크롬웰은 이 계획을 위하여 영국인들에게 자메이카에서 식민활동을 하고 서인도제도에 기지를 설치하여 그곳에서 스페인의 이익을 따라잡을 것을 요구하였다. 또한 이곳은 그가 네덜란드의 무역함대를 축출할 수 있기를 원한 장소였다. 그 이전에 많은 영국인, 프랑스인 그리고 네덜란드인들도 서인도제도의 잠재력을 보고서 이 지역을 확보하기 위하여 적지 않게 노력한 것이 사실이었지만, 오직 크롬웰만이 부분적이나마 성공하게 되었다. 이후 1세기 반 동안 자메이카가 영국 제국주의적 외교정책에서 지속적인 닻의 역할을 하게 되자, 크롬웰의 선견지명(先見之明)이 있는 전망이 이내 돋보이게 되었다.

　다른 국제관계에 있어서, 크롬웰은 합스부르크가(家)의 발틱해 무역독점에 대항하기 위한 연합세력으로서 스웨덴과 상업조약을 추구하여 체결하였다. 그는 프랑스에서 루이 14세와의 노골적인 갈등을 피하는 한편, 적어도 수식적(修飾的)으로나마 위그노파를 지지하는 역할을 하였다. 스페인과는 싸우지만 30년전쟁에서 개신교의 편에서 싸웠던 프랑스와는 화친하고자 하여, 크롬웰은 위그노파들이 해방되기를 원하지 않음을 알고 나서 그들의 해방자로서 수행할 수 있는 역할을 포기하였다. 또한 영국은 캐나다의 영국식민지화의 재점화를 기대하며 네덜란드와의 강화조약 이후에 노바 스코샤(Nova Scotia, 캐나다 남동부의 주—역주)를 점령하였다. 이때는 동인도회사의 형성기로서 동인도회사는 1655년 정부에 50,000파운드를 빌려주면서 1656년 칙허장을 받았다. 1654년 영국은 광대한 포르투갈 제국에 접근할 수 있게 하는 것을 내용으로 하는 조약을 포르투갈과 체결하였다. 오랫동안 영국 해운업의 독소였던 프랑스의 해적행위(privateering, 정부에서 허가를 받은 민간의 사략선으로 행하는 공공연한 해적행위—
역주)가 통제를 받게 되었다. 지중해에서 블레이크의 노력이 성공을
거둠으로써, 크롬웰은 전 지중해지역에서 패권을 노리던 프랑스의 야
심을 견제할 수 있었다. 지브로올터의 점령은 이와 같은 방향으로 나
가는 또 다른 걸음걸이가 되었다. 그의 세계전략에는 유럽 본토에서
네덜란드를 억누르는 교두보를 만들기 위하여 브레멘(Bremen, 독
일 북부의 주—역주)을 병합하는 것이 포함되어 있었다. 이러한 모든
노력 위에 더 많은 노력을 기울임으로써 영국은 농업의 섬 국가에서
상·공업의 세계강국으로 변화할 수 있었다. 이러한 점에서 크롬웰의
공적은 칭찬받을 만하다고 하겠다.

그러나 부채가 증가하게 되면서 새로운 의회의 필요성이 더욱 커졌
다. 호국경 정치시대의 두 번째 의회가 1656년 9월에 매우 긴급한 기
금의 조성과 함께 올리버 크롬웰의 의제에서 첫 자리를 차지한 법의
개혁으로 시작하였다. 그는 개회연설에서 「국가에 전반적인 불만이
한 가지 있다. 그것은 법이다. …… 6파운드와 8펜스 때문에 사람을
매다는 것 그리고 사소한 일로 교수형에 처하고 살인자를 석방하는
것은 도대체 이해할 수 없는 일이다.」그러나 이 두 번째 의회의 주된
존재이유(raison d'être)는 스페인과의 전쟁을 위한 기금 조성이었으
므로, 호국경은 스페인과 연계되었다고 그 자신이 지적한 수평파와의
관계 단절을 요구하였다. 그는 공화국을 보전하고 악을 감소시키며,
지난 50년 동안 행해진 그 무엇보다도 종교를 더 효과적으로 정착시
켰다는 이유로 높이 평가한 소장들의 지배를 지속시켜줄 것을 의원들
에게 권고하였다.

이 의회는 이전 의회보다 훨씬 더 생산적이었으며, 이러한 사실을
호국경이 모르지 않았다. 그는 1656년 11월에 「비록 짧은 기간 재임

하였으나…… 여러분들은 좋은 법을 많이 제정하였습니다.」라고 칭
찬하였다. 그러나 협력과 생산적인 입법의 그럴듯한 가장(假裝)의 이
면에는 실은 소장에 대한 증오감이 들어 있었다. 전시에 고작 3개월
만의 회기를 가진 임시의회로 간주될 것을 두려워한 의원들은 이러
한 무장압제자들의 멍에를 제거할 수 있는 계획을 필요로 하였다. 놀
랍게도 소장들은 의회가 그저 묵인하리라 생각한 때에 그만 부주의
하게 논쟁의 불씨를 지피고 말았다. 가족들과 휴일을 보내기 위해 많
은 의원들이 참석치 않을 때인 크리스마스에 소장 존 데스버러(John
Desborough)는 민병대를 유지하기 위한, 즉 소장의 지배를 지속하
게 만드는 십일조를 위한 「단기어음」을 제안하였다. 즉각적으로 논쟁
이 촉발되었으며, 1657년 1월 회의장을 가득 메운 채 그 의안에 관한
더욱 커다란 논쟁이 열리게 되었다. 크롬웰의 사위 존 클레이폴(John
Claypole)을 포함한 크롬웰의 강력한 지지자들은 통과될 가능성이
거의 없음을 보고서, 전쟁경비를 확보하기 위한 화해의 의사표시라는
더 큰 목적을 위하여 의안의 거부를 제안하였다. 자신감을 얻게 된 비
판자들이 격론을 벌인 결과, 그 의안은 124 대 88로 확실히 부결되었
다. 크롬웰의 직감은 예리하였다. 그다음 날 의회는 스페인에 대한 전
쟁을 지지하여 400,000파운드의 기금을 의결하였다.

크롬웰은 그리 내키지는 않았지만 소장들을 방임해둔 채 스페인
과의 전쟁을 계속 수행하였다. 그러나 이 의회에서 가장 중요한 결
과는 1657년 3월 올리버에게 제출된 「겸허한 청원과 조언(Humble
Petition and Advice)」이었다. 이 문서는 군의 기금이 비록 일부라도
지방세에 의하여 조성되는 것을 명백히 거부함으로써, 「칸톤화하는
(cantonizing)」 소장과 잉글랜드를 군사지역으로 구분하는 것을 모두
사실상 무력화시켰으며 또한 상비군에 대한 잉글랜드 젠트리의 증오

감을 나타내었다. 사실 이 논쟁의 양 당사자는 상대방이 잉글랜드를
칸톤화의 길로 이끌어간다고 주장하였다.[45] 그 청원에는 또한 올리버
크로웰에게 왕위를 양위(讓位)하는 것이 언급되어 있었다.

　이러한 제안이 결코 처음은 아니었지만 크롬웰은 이를 거절하였
다. 찰스 1세의 처형 직후 군귀족들(Army Grandees)은 1인에게 집
중된 권력을 원하였다. 1653년 12월에 람베르트가 이와 동일한 것을
제안하였으며, 또한 1654년 말에 브로그힐 경이 이를 제안하였다. 당
시 더욱 빈번하게 제안된 이러한 생각은 이제 훨씬 넓어진 영토를 다
스리게 된 정부에 나타난 불안정의 증가에 대한 방지책으로 보였다.
왕위를 양위받는 것은 군주의 종복(從僕)들에게 책임의 면제를 허용
해주는 것을 의미하였다. 이는 이전의 다른 군주에 의하여 이미 제정
된 법률에 포함되어 있었다. 그러나 군주제는 많은 문제점을 내포하
고 있었다. 다름 아닌 승계의 문제였다. 크롬웰은 후계자를 지명하거
나 준비한 적이 결코 없었다. 그것은 「통치기구」를 무효화하게 될 것
이다. 그것은 많은 사람들이 크롬웰의 지휘하에 목숨을 걸고 싸우고
추구하였던 이전의 선한 대의(Good Old Cause)를 모독하는 것이었
다. 베어본즈 의회는 귀족제 자체가 자연(본성)에 반한다고 공언한 것
으로 전해졌다. 심지어 왕당파들도 왕위의 양수는 반역죄로 볼 수 있
기 때문에 이러한 사실을 자신들의 명분에 좋은 것으로 보았다. 처음
의회의 해산 시 크롬웰 자신이 종신귀족과 관련하여 세습의 원리에
반대하는 연설을 하였기 때문에, 자칫하면 크롬웰의 신뢰성이 의문시

---

45 이것은 서로 독립적으로 움직이는 스위스의 칸톤에 관한 말이었다. 칸톤은 영국의
　수평파들도 선호하는 직접민주주의의 정치형태였다. 그런데 크롬웰은, 이러한 유형
　때문에 영국을 상업·정치·군사적 통일이 중요한 위대한 민족과 제국으로 만들기
　위하여 그 자신이 이룩해놓은 발전이 뒤집히고 나아가 영국이 영구히 분열되어 보잘
　것없는 국가로 전락될 것을 두려워하였다.

될 수 있을 것이다. 그래서 왕제도에 대하여 찬성투표하는 자들은 크롬웰의 대적들이라는 견해가 윌리엄 브래드포드를 포함한 몇 사람들에 의하여 주장되었다. 왕제도에 대하여 찬성하는 자로부터 또한 거부하는 자로부터 격정과 신념에 찬 서한들과 탄원서들이 쇄도하였다. 크롬웰이 왕의 직책뿐 아니라 왕이라는 칭호도 얻으려 하지 않았다는 것이 필연적으로 보인다. 왜냐하면 그래야만 그가 당면한 많은 문제들이 해결되고, 대브리튼과 아일랜드 그리고 해외에서 그리스도의 일을 계속할 수 있는 데에 도움이 되기 때문이었다. 써로(Thurloe)는 「이 민족은 군주제를 사랑한다. …… 명칭이 문제가 아니라 그 직책이 문제이다. 그런데 이러한 점은 법률과 이 백성들에게 알려진 바이다. 그들은 왕에 대한 자신들의 의무와 자기들에 대한 왕의 의무를 알고 있다.」라고 기록하였다.[46] 공적·사적 토론으로 거의 두 달 반이 지난 후에야 올리버는 결정을 내렸다. 그가 왕위에 오르기로 예정된 날의 전일(前日)에 신의 섭리에 따른 만남이 없었다면, 그는 왕위를 받기로 결심하였을 것이다.

1657년 5월 6일 성 제임스 공원을 걸으면서 올리버는 그의 습관대로 산책하고 있었다. 그러던 중에 그는 정부에서 가장 중요한 세 명의 지지자인 람베르트(Lambert), 플리트우드(Fleetwood)와 데스버러(Desborough)를 만났다. 람베르트는 크롬웰의 전 생애에 걸친 아주 가까운 협력자 중의 하나였으며 나중에 호국경을 계승하리라고 많은 사람들에 의하여 기대받던 자임을 기억해보라. 플리트우드는 호국경의 사위였으며, 데스버러는 그의 동서였다. 크롬웰이 왕위를 받으려 계획한다는 얘기를 듣자, 그들은 그가 그리한다면 즉시 자신들의 공직을 사직하겠노라고 확실히 얘기하였다. 비록 그들이 크롬웰에게

46 Thomas Birch(ed.), *A Collection of the State Papers of John Thurloe*, 6, p. 219.

직접 반대하지는 않겠다고 말했지만, 그의 결정을 번복하게 할 만큼 잊을 수 없는 영향을 주었다. 그때 그는 위원회로 하여금 자신의 공식 답변을 듣기까지 이틀을 더 기다리게 하였다. 최종적으로 접수된 메시지는 「그가 왕의 칭호로는 이 정부를 맡을 수 없다.」라는 내용이었다.[47] 그 결과, 토론은 「겸허한 청언과 조언」의 다른 점들을 결정하는 것으로 바뀌었고 주제는 새로운 기구를 만드는 것으로 되었다.

새로운 기구의 형태에 관하여 숙고하면서, 크롬웰은 결국 국가회의의 권력을 줄이고 이에 상응하여 그 권력을 의회로 옮기는 것을 내용으로 하는 개정안을 수용하였다. 올리버 크롬웰은 엄숙하게 호국경으로 서임되었고 또한 그 후계자를 임명할 수 있게 되었다. 의회에 대한 초기의 견제와 마찬가지로 이제 국가회의 구성원들은 충성의 서약을 해야만 했다. 람베르트가 서명하기를 거부하자 호국경의 요구로 국가회의 위원직을 사직하게 된 까닭이 바로 이 서약 때문이었다.

또 다른 정치적 변화에 상원(the House of Lords)의 재설치가 포함되었다. 확실히 단원제 의회의 변덕스러움은 제2원을 둠으로써 다소 완화될 수 있었다. 이러한 의미의 정부의 균형을 추구하는 과정에서, 많은 사람들은 그가 초기에 가지고 있던 확신들을 저버리고 있다고 생각하였다. 그 균형의 필요성은 (후에 논의하게 될) 나일러(Nayler) 사건에서 특히 선명히 드러나게 되었다. 그러나 이것은 전쟁에 지친 나머지 「정상상태(正常狀態)」를 요구하는 국민과 왕당파의 필요를 채워주는 것에 급급한 정부의 거친 요동을 다소 완화시키리라 생각되는 조처로서 비록 불완전하지만 실제적인 것이었다. 크롬웰은 자신의 이러한 생각을 다음과 같이 표현하였다. 「당신들에게 평형추

47 *Mercurius Politicus*, May 7, 1657. W. C. Abbott, *Writings and Speeches of Oliver Cromwell*, 6, p. 512.

(balance)와 같은 것이 없다면 우리는 안전할 수가 없다. …… 이 의회의 의사록에 의하면, 견제 즉 상쇄하는 힘이 필요한 상태임을 알 수 있다. 왜냐하면 제임스 나일러 사건이 당신들의 경우가 될 수 있기 때문이다.」[48] 상원은 바로 크롬웰이 가진 선한 대의(大義)의 목적에 봉사하는 데 엄격히 기속된 상태였다. 크롬웰은 모든 의원을 지명할 수 있었으며 발생할 수 있는 궐석을 채울 수도 있었다—의회의 동의도 없이. 이 마지막 논점은 약간 논쟁의 여지가 있는 사항이었다. 결국 크롬웰은 훨씬 다루기 어려운 의회를 계속 견제하기 위하여 새로운 귀족계급(noblesse) 대신에 자신과 자신의 대의를 지지하는 사람들의 단순한 소집단을 만드는 데 성공하였다. 그 집단은 호국경이 말한 바와 같이 「정직한 이익을 위한 커다란 보증과 방파제가 될 것이다. 그리고 인민의 선거에 의존하는 하원과 같이 그리 불확실하지는 않을 것이다.」[49]

또한 종교의식에 대한 관용이 이전의 어느 시대보다도 호국경시대에 더욱 커졌다는 사실은 주목할 만하다. 이러한 관용의 실시로 말미암아 가톨릭, 유대교, 성공회가 모두 동등하게 지방에서나 전국적으로나 유익을 누리게 되었다. 특히 유대인은 오랫동안 지속되어온 거부반응에서 크게 반전된 것을 누렸다. 런던, 브리스톨, 노리치, 요크 및 기타 지역에 정주하게 된 유대인들은 11세기 초기 잠시 왕의 보호를 약간 받았다. 그러나 1144년부터 시작해서 특히 1189년, 1190년의 세 번째 십자군 시대에 많은 사람들이 전국적으로 죽임을 당하였다. 1290년 이래로 그들은 영국에서 추방당하였다. 3세기가 지난 호국경 정치기간에 영국에 재입국하려는 유대인의 열망에 크롬웰이 크게

---

48 Abbott, 6, p. 417.

49 The Clark Papers, ed. by C. H. Firth, 1891-1901, 3, p. 93.

공감하면서 그들의 귀환이 허용되었다. 1657년 잉글랜드에서 그들의 종교의식의 준수가 허용된 후, 런던에 그들의 공회가 개관되었고 또한 그들의 묘지가 설치되었다.

그동안 혐오의 대상이었던 기도서(祈禱書)가 크롬웰과 그의 지지자들이 익히 아는 가운데 사용되었고 또한 개혁주의자들의 강한 혐오감에도 불구하고 용인되었다. 사실 크롬웰의 친딸인 메어리가 성공회교도인 헤위트(Hewett) 박사에 의해 집전된 성공회예배에서 바로 성공회기도서(the Book of Common Prayer)를 사용하며 결혼하였다. 심지어 가톨릭교도들도 일찍이 전례가 없던 수준으로 자립을 향유하였다. 그러나 가톨릭교도와 감독교회교도(Episcopalians)는 원칙적으로 관용의 법령으로부터 유익을 얻지 못하였다. 왜냐하면 그들은 「교황권(papacy)과 감독제도(prelacy)」를 인정하지 않는 모임으로 여겨질 수 없기 때문이었다. 그리고 그들은 공화국과도 어울릴 수 없는 적으로 보였기 때문이다. 흥미롭게도 의회의 첫 회의가 일요일인 9월 3일에 열렸는데, 이는 던바(Dunbar)와 우스터(Worcester) 두 곳에서의 승리를 기념하는 날로서 크롬웰과 국가회의에 의하여 길일(吉日)로 택해졌으리라 추정되었다. 이 사실을 통하여 크롬웰이 심지어 의회 내 그의 지지자보다도 덜 교조적이고 훨씬 유연한 관용의 태도를 가지고 있음을 알 수 있다. 의회의 경직성을 매우 생생하게 보여주는 예는 「제임스 나일러(James Nayler) 사건」이었다.

제임스 나일러는 약간의 카리스마를 가진 설교자로서 조지 팍스(George Fox) 만큼이나 퀘이커교도들 중에 많은 영향력을 가지고 있었다. 그는 예수님의 예루살렘 입성을 그대로 재현하였는데, 예수님과 같이 나귀를 탄 채 브리스톨에 들어갔다. 도중에 여인들은 길바닥에 종려나무를 깔았으며 또한 많은 사람들이 불경한 것으로 생각하는 존경의 표시를 나타냈다. 이러한 조그마한 일로 인하여 종교적 관용에 관한 전국적인 찬부투표가 촉발되었다. 그러한 정책에 대한 반대자들은 그를 불경죄(不敬罪)로 고소해야 한다고 의원들을 설득하면서 의회에서 시위하였다. 불경죄에 대하여 그리고 의회가 한 개인을 심리하고 판결할 수 있는 어떠한 사법적 권한을 가지는지에 대하여 격론을 벌인 후에, 의회는 그의 유죄를 인정하여 그를 매질하고 칼을 씌우며 낙인을 찍고 아울러 그의 혀를 도려내게 하였다. 그리고 그는 무기징역형에 처해졌다. 많은 의원들은 이 처벌이 너무 가볍다고 생각하였다. 그 직후에 호국경은 무슨 권한으로 나일러에게 이와 같이 행동하였느냐고 의원들에게 물었는데, 이에 대하여 그들은 마땅한 답변을 하지 못하였다. 이 일은 의원들의 경직성에 대하여 크롬웰이 따졌다는 사실뿐 아니라, 비록 그들의 결정에 동의하지는 않았지만 그들의 과격주의를 용납하였다는 사실을 아울러 보여주었다.

　올리버 크롬웰은 생애의 마지막 해에 건강이 급속히 악화되었다. 거듭 발병하는 말라리아로 고생하면서 그는 더욱 약해졌으며, 이로 인하여 자주 빈혈증에 걸리게 되었다. 고열 가운데 여러 날을 지내는 동안, 그는 다른 사람으로 하여금 성경을 크게 읽도록 하였다. 그는 빌립보서 4장과 같은 구절을 반복해서 읽고 또 읽었다. 「어떠한 형편에든지 내가 자족하기를 배웠노니……. 풍부와 궁핍에도. 내게 능력 주시는 자 안에서 내가 모든 것을 할 수 있느니라.」 자신의 사랑하는 딸 엘리자베스의 고통스러운 죽음이 지나간 한 달 후, 호국경은 1658년 9월 3일 폐렴으로 숨을 거두었다. 그는 다음과 같이 마지막 기도를 시작하였다.

　주님, 제 자신은 비참하고 보잘것없는 피조물에 불과하지만 은

혜로 주님의 약속 가운데 있나이다. 저의 사역은 끝나지만 하나님
은 당신의 백성과 함께하시리이다. 저를 그들에게 무언가 유익을
줄 수 있는 보잘것없는 도구로 만드사 저로 하여금 주님을 섬기게
하신 이 일은 정말로 감당치 못할 일이었나이다. 그들 중 많은 사
람은 저를 지나치게 높게 평가하지만, 어떤 사람들은 저의 죽음을
기뻐하리이다. 주님, 주께서 제 목숨을 취하시오나, 그들에게 계속
하여 선을 베푸시옵소서.

끝으로 그는 자기 일생의 종말을, 또한 어찌 보면 호국경정치의 마
지막을 내다보면서 다음과 같은 마치는 기도를 하였다.

가엾은 벌레와 같은 인생의 먼지를 짓밟으려 한 것을 용서하소
서. 그들도 주님의 백성들이니이다.

그의 사망일은 그가 던바와 우스터에서 승리를 거둔 날로 그에게
「길일」로 표현된 날이었다. 당시 사람들은 따뜻하고 건조한 여름날씨
뒤에 발생한, 수세기 이래 최악의 폭풍이 그의 위대함을 상징하는 것
으로 묘사하고 있다. 그 폭풍이 얼마나 강력했던지 말을 바람에 거슬
려 끌 수가 없었고, 커다란 참나무들이 그 바람의 힘에 쓰러 넘어졌
다. 새뮤얼 버틀러(Samuel Butler)는 그의 죽음에 임박한 폭풍우를
다음과 같이 썼다.

사납게 몰아치는 폭풍에 흔들려
올리버는 자신의 통치를 그만두게 되었다.

그의 장례를 담당하였던 존 메이드스톤(John Maidstone)은 올리버 크롬웰을 기억하며 쓴 글에서, 「이제까지 육체 가운데 거하였던 영혼 중에 그보다 더 큰 영혼은 거의 없었으리라 생각된다.」고 간단히 기록하였다. 그의 상(像)은 왕들과 같은 방식으로 사후(死後) 몇 주 동안 공중 앞에 정장안치(正裝安置)되었다. 에드워드 버러스(Edward Burroughs)라는 한 퀘이커교도는 크롬웰이 안치된 방을 들러 보고 이러한 허튼 과시를 비난하였다. 그는 호국경이 올바른 길에서 벗어났음을 비난하였으나, 그 후에는 이어서 하나님을 섬기는 면에서 보여준 그의 위대한 정신을 얘기하였다.

> 하나님께서는 그에게 얼마나 훌륭한 도구를 주님을 위해 주셨던 고…… 그때 나는 '아, 아! 이것이 한때 그 고귀했던 올리버의 마지막 작별이란 말인가? 허, 옮겨져 세워진 하나의 상(像)만을 바라보다니?'라고 말하였다.[50]

크롬웰이 실제로 자신의 아들 리처드를 후계자로 선택했는지, 아니면 국가회의가 나라를 위해 가장 동요시키지 않을 선택으로서 그를 고른 것인지는 확실하지 않다. 훨씬 더 남자답지만 아직은 어린 아들인 헨리보다 리처드를 많은 군장교들이 선호하였다는 사실과 크롬웰이 이러한 선호를 알았다는 사실은 알려져 있다. 비록 크롬웰이 봉인된 문서를 얻으려 햄프턴 코트(Hampton Court)에서 화이트홀(Whitehall)로 사람을 보냈다고 스스로 말하기는 하였으나, 공적으로 누구를 선택할지를 얘기한 적은 결코 없었다. 그 문서에는 그의 후계

---

50 E. Burroughs, *The Memorable Works of a Son of Thunder and Consolation*(1672), pp. 458–60.

자 이름이 쓰여 있기로 하였다. 이 문서는 궁전을 주의 깊게 뒤져보았음에도 불구하고 결코 발견되지 않았다. 1658년 여름 그가 회복된 시기에, 올리버는 자신의 아들 리처드를 옥스퍼드 법관(chancellor of Oxford)으로 지명하여 그를 등용하였다. 반면 그는 헨리를 아일랜드에서 불러오지 않았는데, 이는 필연적이었으며 또한 신중한 처사였으리라고 본다. 그가 심한 발열에서 회복되기를 구하는 국가회의의 열렬한 기도세션 중간에 그들은 누가 후계자로 될지를 묻고자 하여 그의 침대 곁으로 찾아갔다. 그러나 그의 주치의와, 그의 전기(傳記)를 바로 1년 후에 발간한 플렉노(Flecknoe)를 포함한 여러 소식통들을 통하여 알 수 있는 바는 그가 말조차 할 수 없을 정도로 혼수상태에 있었다는 사실이다. 그때 국가회의의 멤버들은 그에게 아들 리처드의 이름을 대었는데, 이는 필경 그로 하여금 그 이름에 대하여 고개를 끄덕이거나 「으응」이라고 속삭이도록 하기 위함이었다. 아무튼 올리버 크롬웰을 승계하여 잉글랜드, 스코틀랜드와 아일랜드의 지배자와 호국경이 된 사람은 정치보다는 사냥과 스포츠에 더 많은 관심을 가진 그의 아들 리처드였다.

기술도 인간관계도 그리고 아버지의 신임도 전혀 없이, 리처드는 부채더미와 이전 호국경에 의하여 일시적으로 침묵을 지켰을 따름인 의원들의 항의소리를 주재(主宰)하게 되었다. 장기의회는 런던 전 지역에서 팡파르와 함께 본래대로 복원되었다. 「몰락한 가엾은 딕(poor Tumbledown Dick)」으로 알려진 리처드는 국가회의와 운명을 함께 하였는데, 그들은 이내 서로 싸우는 야심찬 장교들의 파당으로 분열되고 말았다. 불공평하게도 호국경정치 기간의 부채는 그의 것으로 동일시되었고, 그는 6개월간의 체포면제를 허용하는 국가회의의 투표에 의지해야만 하였다. 그는 즉시 사임하고 은둔지로 피난하려 하였으며, 나중에는 나라를 떠나 여러 가명(假名)을 사용하며 살았다. 예기치 못하였던 사건들의 변화로 말미암아, 공위기간(空位期間, the interregnum period)[51]의 종료가 거의 불가피하게 되었다. 프랑스와 스페인은 24년간의 전쟁이 지난 후인 1659년 11월 상호평화조약을 체결하였다. 이 일로 인하여 스튜어트왕가를 왕위에 복위시킬 목적으로 그들이 연합전선을 형성하리라는 확신과 두려움이 생겨나게 되었다. 찰스 1세에 반대하였던 자들이 찰스 2세를 지지하는 쪽으로 선회함에 따라 정치분위기는 급변하게 되었다. 1660년 5월 29일 국왕 찰스 2세가 왕위에 오르기 위하여 멍크 장군의 초청으로 잉글랜드로 귀국하였다. 왕정복귀와 더불어, 상원과 주교들은 공화국과 호국경정치의 새로운 정치구조와 종교를 변경하기에 이르렀다. 이러한 왕정복고 시기는 잉글랜드의 위대한 혁명기를 끝내면서 그 국민의 진로를 바꿀 뿐 아니라 세계의 질서조차도 흔들어 놓았다. 그러나 크롬웰이 추구하며 싸웠던 모든 것들의 사망을 선언하기 전에 그 유산을 훑어보면 그것이 장래 전 세계 통치의 기초를 얼마나 극적으로 형성하였는지를 알 수 있을 것이다.

공위기간과 다름 아닌 호국경으로 말미암아 영국의 교육과 학문에 지속적인 유산이 남겨졌다. 그들은 더럼(Durham)에 대학교를 새로 설립하였으며 옥스퍼드대학교를 넉넉하게 지원하였고, 글래스고우에 새 건물을 짓도록 돈을 보냈으며 더블린의 트리니티대학에 기금을 기부하였다. 그는 오늘날까지 남아 있는 교육지원을 위한 기타의 의안들을 많이 지지하였다. 청교도주의는 과학과 지적(知的) 연구에 기여하였으며, 과학논문을 검토하고 오늘날에도 영국정부에 대하여 반공식적(半公式的)인 자문의 지위를 유지하고 있는 유력한 지식인들의

---

51 찰스 1세와 찰스 2세의 통치 사이의 기간.

그룹인 학술원(the Royal Society)의 설립을 지원하였다. 교리에 우선하여 교육을 강조한 또 다른 예를 동양학 학자로서 국제적으로 유명한 성공회교도인 에드워드 포코크(Edward Pococke)를 존중히 여긴 데서 발견할 수 있다. 특히 옥스퍼드대학교에서 아라비아, 히브리, 시리아의 연구서에 정통한 그는 비기독교적인 학문에 집중된 관심 때문에 자칫하면 비판을 받을 수 있었을 것이다.

확실히 견제와 균형을 가진 통치기구는 군주가 존재하지 않은 상태에서 안정감 있게 통치할 수 있는, 시대를 매우 앞선 하나의 시도였다. 비록 완전한 기구는 아니었지만,[52] 그것은 전 세계에 걸쳐 장차 있게 될 혁명과 민주적 정부형태로의 인도자로 기여하였다. 국가회의는 크롬웰의 권력기반을 공고히 하는 데 사용되었는데, 이는 제한된 그리고 잠재적으로 독재가능성이 있는 군주제 이상으로 통치의 영역을 확대하면서 안정성을 더해주었다. 전술한 바와 같이, 상원의 재설치는 선거에 의한(electoral) 부문과 대표제에 의한(representative) 부문 간에 통치권력의 균형을 유지하기 위한 잠정적인 도구가 되었다.

보다 더 중요한 것은 영국을 근대시대로 이끌어간 새로운 종류의 혁명이라는 영구적인 유산이었다. 중세 동안에는 오직 두 가지 반란만이 존재하였다. 대영주가 왕에게 도전하여 동등한 입장에서 그와 싸우거나, 또는 농민들이 반란을 일으켜 젠틀맨의 지지를 얻어내는 것이었다. 전자(前者)의 경우는 장미전쟁으로 말미암은 통일과 15,

---

52 오늘날 더 보편적인 헌법체제는 보다 균형 있는 통치를 위하여 집행·입법·사법부를 포함하고 있다. 앞에서도 보았듯이, 사법부라면 제임스 나일러 사건과 같은 사건들을 해결할 수 있었을 것이다. 그래서 이것은 나중에 미국과 기타 헌법에서 채택되었다.

16세기에 걸친 영국 경제의 발전으로 더 이상 위협이 되지 않았다. 후자(後者)의 경우, 농부들은 실패할 경우에 대가를 치르게 되었지만 젠트리는 처벌을 피하기 위하여 제때에 정부당국에 다시 동조할 수 있었기 때문에, 농부들은 젠트리로부터 멀어지게 되었다.[53] 더 나아가 겸직금지령(兼職禁止令, Self-Denying Ordinance)은 대담하게 의원들의 군대지휘권을 부정함으로써 그들에게서 중세시대의 추종자들을 없앴다. 반면 의회는 혁명을 계속 지지하였다. 이로 인하여 국가이익 대신에 지방토지귀족들의 이익만을 위해 싸우는 지방민병대의 문제가 해결되었다. 이와 같은 인민과 그들의 대표자, 그들이 행사하는 권력 간의 근대적인 관계는 인민에 대한 신뢰를 나타내며 또한 양자 간에 보다 성숙한 관계를 제공해주었다. 의회가 공화국과 호국경 정치기간에 획득하였던 권력을 왕정복고시대에도 유지하게 된 사실은 이러한 새로운 상황에 적합한 것이었다. 정부의 간섭에서 자유로운 자유시장과, 동일한 정부에 의한 빈민에 대한 보호가 존재하게 된 것은 대부분 올리버 크롬웰 덕분이다.

선거인에게 지혜와 책임감이 결여되어 있다고 보는 것은 아주 다루기 힘든 문제 중의 하나로서, 직접민주주의의 산물이나 그것의 변형의 존재를 허용하지 않았던 호국경 정치 아래에서는 전혀 해결되지(심지어 언급되지도) 않았다. 그것은 아마도 이때가 군주제 역사 이후 대의민주주의의 시작단계에 불과하다는 사실 때문이었으리라고 생각된다. 장기의회의 초기 때에도 그러했듯이, 하원의원 그 누구도 공화제를 추구하지 않았으며 오히려 인민들(주로는 지주귀족과 성공적인 상인들)의 요구에 따라 반응하는 군주제를 추구하였다. 혁명을 이

---

53 M. E. James, "Obedience and Dissent in Henrician England: the Lincolnshire Rebellion, 1536", *Past and Present*, No. 46.

끌었던 자들은 결코 평민들을 신뢰하지 않았기에 그들로 하여금 중요한 정치적 결단을 하지 않도록 하였으나, 오직 수평파 퀘이커교도들과 군부의 일부 사람들만이 잉글랜드 사람들 모두에게 참정권을 인정하는 것을 거의 실현하려고 한 적이 있었다. 찰스 1세를 사형에 처한 판사(the Regicides)의 하나인 존 쿠크(John Cook)는 인민의 성숙함의 결여에 대해 놀라움을 표하며, 「국민들이 자유 아닌 노예상태에 만족하지 않는다면, 우리는 …… 인민의 참정권을 부여할 텐데.」라고 말하였다.[54] 크롬웰과 그의 지지자들이 선택한 방침은 그들이 인민의 지지에 대하여 속으로 가지고 있던 불신을 반영한 것이었는데, 그들은 국가에 보다 적합하다고 생각한 바를 자신들이 강요할 수 있는 체제를 지지하였다. 바로 그 당시 영국은 소작농계급이 없고, 자본가적 농민·지주와 농업노동자와 함께 근대적 경제가 존재하는 유럽에서 유일한 국가였다. 인간은 자유롭도록 강제되어야 할 필요가 있다고 주장한 루소의 주장이 옳다면, 크롬웰은 그 시대에 올바른 방향을 택하였다고 하겠다. 그는, 인민들에게 최상이라고 그 자신이 굳게 믿은 바들을 인민들이 취해야 하고 또한 그들이 계시를 받은 정부의 커다란 유익점을 깨닫게 되리라고 생각하였다. 당시 또 다른 위대한 사상가인 토마스 홉스는 사회의 자연상태를 이기적이고 반사회적인 그리고 경쟁적인 인간의 본성으로 야기된 무정부상태(無政府狀態)라고 기술하였다. 그러한 피조물의 집단은 권력으로 인간을 두려움 가운데 붙들어줄 수 있는, 모든 법 이상의 절대권위의 존재 안에서만 평화를 유지할 수 있게 된다. 크롬웰과 그의 추종자들은 인민들에게 가장 좋다고 느끼는 정부를 강제함으로써 이러한 계략의 요소를 따른 것으로

---

[54] *A Complete Collection of the Lives and Speeches of Those Persons Lately Executed*, p. 49.

보였다. 아마도 그 이유는, 인민이란 혼자의 힘으로 최상의 판단을 할 수 있을 정도로 아직 성숙하지 않았다고 그들이 느꼈기 때문이라고 본다. 그들이 옳았는지도 모른다. 자기지배(self-government)에 필요한 책임을 기꺼이 수용하고 또한 어떤 형태로든 직접민주주의를 완전히 받아들이는 일류사회에서도 이러한 집단적인 성숙은 실제로 오랫동안 발견될 수 없었다. 그러나 영국인들은 13세기 대헌장 이래 수 세기 동안 다른 국민들보다 더 많은 진보를 보였으며, 16세기에는 로마가톨릭과 결별하였고, 그리고 그 뒤를 이어 경제와 정치에서 모두 근대화를 경험하는 결과를 누리게 되었다.

대브리튼(잉글랜드, 웨일즈, 스코틀랜드 지방을 포함함—역주)의 공위기간 마지막 무렵에 복고된 왕정은 논쟁의 여지가 있는 많은 새로운 인습들을 물려받게 되었다. 어떤 점에서는 「복고(restoration)」가 부적절하게 보이기 때문에 아마도 「새로운 양식의 군주제」라고 이름을 붙여야 할 것이다. 피상적으로는 지난 세대에 성취되었던 과업의 모든 자취가 지워진 것으로 보였다. 크롬웰의 시체는 파내어져 교수형(絞首刑)에 처해졌고, 사실상 모든 도덕법령이 폐지되었으며, 기도서가 다시금 규범이 되었고, 내전 때에 국교에 반대하던 신교도들(Sectaries)과 장로교도들이 교회에서 추방되고 심하게 핍박을 받았다. 궁전이나 문학과 극장에서 도덕적 타락이 두드러졌다.[55] 그러나

---

55 복고시대의 연극은 1650년대 중반에 도덕법의 강제 아래 허용되지 않았던 문란한 도덕, 성적 모험주의, 그리고 게으른 쾌락을 통하여 자아를 성취하려는 아주 탐욕스러운 욕구를 특징으로 한다. 이 시대 연극의 성격 일부는 극장 자체의 복고인 바, 이는 청교도의 호국경 집정시대에는 허용되지 않았던 것이었다. 주인공들은 종종 인간의 성격을 완전히 자기중심적이고 또한 자기확대에 초점을 맞춘 것으로 보았던 토마스 홉스의 서술을 반영하였다.

의사로 하여금 자신이 고자라는 소문을 퍼트리도록 하여 다른 사람을 속여서 그들

이러한 것들은 단기간에 나타난 피상적이고도 반동적인 변화에 불과
하였다. 사실 왕정복고 직후에 많은 사람들은 크롬웰시대의 브리튼에
서 영위하였던 생활로 복귀하기 시작하였다.

국제적으로 국왕 찰스 2세가 이전에 올리버 크롬웰이 누렸던 존경
의 그 어떤 일부도 얻지 못하였음을 많은 사람들이 알고 있었다. 프랑
스와 네덜란드에 파견된 그의 대사들도 그처럼 말하였다. 국왕의 정
부는 호국경 정치시대의 정부보다 비효과적인 것으로 나타났다. 국
왕대권법원들은 찰스 2세, 나중의 제임스 2세 통치 기간에 결코 다
시 나타나지 않았다. 구법원(The Court of Wards)은 결코 되돌려지
지 않았으며, 국왕이 경제나 지방행정에 참여하는 것도 허용되지 않
았다. 간단히 말해서, 의회가 국가권력의 중심에 위치하게 되었으며,
이와 같은 구조는 지속되어서 그 후 전 세계 민주주의체제의 발전을
촉진하였다. 이러한 일들은 새로운 의회의 의원들의 노력이라기보다
는 크롬웰에 의하여 닦여진 기초의 증거물이다. 찰스 1세의 처형과
잉글랜드의 수많은 변화로 말미암아 일종의 개혁적 복고가 발생하였

의 아내에게 접근하게 만들었던 윌리엄 위처리(William Wycherley)의 『시골 아내(*The
Country Wife*)』에 나오는 인물 「호오너(Horner)」에 관한 글의 서문에서, 존 딕슨 헌트
(John Dixon Hunt)는 존 바너드(John Barnard)의 복고시대에서 1710년까지의 연극
(Drama from the Restoration till 1710)」을 인용하였다. *English Drama to 1710*(New
York: W.W. Norton and Company Inc., 1973), p. 14.
　인간 자신의 힘과 능력에 대한 상상에서 비롯하는 즐거움은 「큰 만족(Glorying)」이
라고 불리는 마음의 광희(狂喜)이다. 왜냐하면 모든 인간의 일반적인 경향은 단지 죽
음에 이르게 되는 끝없는 권력을 향한 영속적이고 들떠있는 욕구이기 때문이다. 헌트
는 이어서 "죽음」에 대한 (홉즈에 의하여 의도되지 않았던) 성적 익살은 그러한 비평
을 호오너와 같은 복고시대 인물에 더 적합하게 만든다고 하겠다. 성적 문제에 관한
「인간에 고유한 힘과 능력」 즉 자신의 강력한 욕망에 대한 「큰 만족」은 호오너의 생애
대부분의 주제이다."라고 말하였다.

을 때, 「명예혁명(the Glorious Revolution)」이 가능하게 되었다. 명예혁명은 1688년 일어났는데, 그때 윌리엄 3세와 그의 아내 메어리가 왕위계승을 위하여 의회의 초청으로 영국에 귀국하였다.[56] 이 기간 동안 호국경 정치시대에 만들어진 종교의 자유와 정치적 자유가 회복되었다. 이때 정부는 강한 집행부를 유지하면서 의회와 납세자에게 더 큰 권력을 주었는데, 이는 크롬웰이 확보하려 하였으나 실패하였던 것이다. 법개혁은 이전보다 더 발전하였으며, 법관들은 더 이상 왕에게 책임지지 않았고, 배심원들은 자신들의 평결로 인하여 더 이상 정부에 책임지지 않게 되었다.

크롬웰이 마음에 그리던 것처럼 무역이 영국의 첫째가는 목표가 되었다. 외교정책은 이를 염두에 두고서 의회에서 결정되었다. 이러한 정책들로 맺혀진 결실은 국고의 보충, 국가 내 통일의 지속, 그리고 제국의 급속한 확장이었다. 영국의 칸톤화에 대한 두려움은 사라지고 말았다. 대브리튼과 아일랜드는 세력을 키워가면서 아시아의 무역통로를 통제하였고, 신세계에서 스페인의 통제권을 따라잡았다. 대브리튼의 젠트리와 모든 왕이 연합하여 노력하면서 전 세계에서 네덜란드에 계속 도전한 결과, 네덜란드는 잉글랜드에 종속되기에 이르렀다. 시장이 점차 가격을 통제하게 되고, 시장으로 말미암아 산업이 성장하게 되었다.

학술원으로 말미암아 과학이 영국에서 존경받게 되었고, 위대한 새로운 사상의 시기가 예고되었다. 1696년 새버리(Savery)에 의해 발명되고 이후 1712년 효과적인 석탄추출기로 특허를 받은 증기기관과 같은 기술로 말미암아 과학이 융성하게 되었다. 또한 석탄은 1730년

---

56 윌리엄 3세는 오렌지공 윌리엄과, 찰스 1세의 딸인 메어리 사이에 태어난 아들이었다. 그의 아내 메어리 2세는 제임스 2세의 장녀였다.

대 초기 산업혁명 때까지 기계류를 위한 견고하고 값싼 철을 생산하는 연료였다. 전통적인 가톨릭의 가르침에 따르면 서로 분리된 것으로 여겨졌던 지구상의 그리고 우주적인 현상들을 통합하는 역학이론(力學理論)이 뉴턴과 갈릴레오에 의하여 발전된 반면, 아일랜드 출생의 로버트 보일과 같은 다른 학자들에 의하여 화학과 물리의 중요한 연구가 촉진되었다. 이뿐 아니라 또 다른 발달로 인하여 신세계와 아시아에서 무역의 주도권을 잡기 위한 영국과 프랑스 간에 치열한 경쟁무대가 펼쳐지게 되었다.

B. 미국혁명 : 크롬웰혁명의 완성

미국혁명은 사실 상이한 시간과 장소에서 특별한 목표, 즉 미국의 독립이라는 목표를 가지고 일어난 크롬웰혁명이었다.

이 두 혁명 간의 관계를 인식하는 것은 매우 중요하다. 만일 크롬웰의 혁명이 정치적으로 성공하였다면 즉 왕국이 재건되지 않았다면, 아메리카합중국은 태어날 수 없었을 것이다. 그 대신에 잉글랜드공화국은 대브리튼합중국(the United States of Great Britain)으로 번영하였을 것이다. 하나님의 일이 일어나는 동안에 그러한 일의 배후에 있는 이유들을 우리들이 알기는 거의 불가능하다. 그러나 이들을 회고해보면서, 실제의 역사와 발생할 수 있었음직한 일을 명확히 하는 가운데 우리는 때때로 근시안적인 인간의 이해력을 깨우칠 수 있다. 여기에서 하나님이 왜 크롬웰로 하여금 대서양을 건너 새로 발견한 공화국을 향하여 영국을 떠나지 못하게 하였는가를 알 수 있다.[57] 또한 찰스 2세의 왕정복고 후 다른 양대 유럽세력인 프랑스와 스페인이 영국을 성공적으로 조종해서 세계적인 차원에서 볼 때 영국으로 하여금 상대적으로 무력한 왕국이 되게 하였는지를 알 수 있다. 이로 인하여 아메리카의 식민지들은 식민지 감독자로부터 받을 만한 간섭과 조작이 없이 성장할 수 있었다.

이뿐 아니라 양국 간 상호관계의 발전에 관한 다른 많은 예들을 비추어볼 때, 두 혁명은 서로 분리해서 생각할 수 없는 것이 분명하다.

---

57 Fraser, op. cit., pp. 49-51에는 크롬웰이 이미 영국을 떠나 아메리카로 간 친한 친구들을 따라가기로 결심하였으나 실제로는 떠날 수 없었다는 사실이 기록되어 있다. 그는 하나님께서 그로 하여금 떠나지 못하게 하셨으며 또한 계속 남아 있도록 부추기셨음을 깨달았다.

만약 양자를 분리해서 생각한다면, 세계역사의 진정한 의미를 흐리게 만드는 셈이 될 것이다.

인간의 기본적인 상식으로 생각해볼 때, 아메리카 식민지를 점령하고 있던 영국인들에게[58] 자신들의 모국에 대항하여 싸울 이유가 없었다. 그들은 전통적인 의회체제와 의회가 형성한 권리로 말미암아 자신들의 인권(human rights)을 영국으로부터 받았다고 느끼고 있었다. 그런데 그들이 지구상에서 가장 강력한 군사조직에 대하여, 승리의 가능성이 거의 없는 대상에 대하여, 즉 자신들의 모국에 대하여 왜 그리고 어떻게 태도를 일변해서 전쟁을 선언하게 되었는가?

여기에서는 합중국의 득세를 세 부분으로 나누어보기로 한다. 영국과의 관계를 결국 단절시키게 만든 여러 사건들에 관한 예비적 단계와, 독립선언서(the Declaration of Independence)로 시작되는 혁명전쟁의 주요 사건들의 간략한 연대기를 다룬 두 번째 단계, 전례없이 유일한 그리고 지속적인 아메리카 정치체제의 몇 가지 측면들을 기술한 세 번째 단계.

제1단계 : 예비적 단계 – 7년전쟁의 효과

미국혁명의 예비적 단계에서는 먼저 아메리카 식민지인들과 모국 영국 간에 마침내 충돌이 일어나는 데 크게 활약하며 기여한 혁명발기자 네 명을 언급하고자 한다. 이들 중 세 명은 제임스 오티스(James Otis, 1725–1783), 패트릭 헨리(Patrick Henry, 1736–

---

58 아메리카 식민지 거주인 다수가 주장하며 요구하였던 「영국인의 권리」의 관념을 상기해보라.

1799)와 토마스 페인(Thomas Paine, 1737-1809)이며 나머지 한 명은 독립선언서 작성자인 토마스 제퍼슨(Thomas Jefferson, 1743-1826)이다. 이들 네 사람은 식민지인들의 자유에 대하여 언제나 바짝 죄는 제한에도 불구하고, 아메리카 식민지인들이 영국과 싸우기를 꺼려하는 것을 바꾸어놓는 데 없어서는 안 될 사람들이었다. 또한 미국의 형성기에 미국체제를 만들어낸, 이에 못지않게 중요한 다른 사람들은 이후에 논의하고자 한다. 그들 중에는 「연방주의자(*The Federalist*)」에세이의 세 명의 필자인 알렉산더 해밀턴(Alexander Hamilton), 제임스 매디슨(James Madison), 존 제이(John Jay) 또한 미국 제2대 대통령 존 애덤스(John Adams, 1735-1826)가 포함되어 있다.

제임스 오티스는 매사추세츠에서 태어나 하버드대학교에서 법을 수학(修學)하였으며, 법정에서 큰 성공을 거두었다. 자신의 성공 덕분에 그는 보스턴 부해사법원(副海事法院, the vice-admiralty court, 영국식민지에서 당해 지구의 해사관할권을 가진 법원―역주)의 국왕의 변호사로 선출되기에 이르렀다. 영국의 정책을 지지하면서 영장을 발부하는 그의 직책으로 말미암아 물건이나 장소를 명확히 할 필요가 없는 광범위한 밀수품 수색이 이루어질 수 있었다. 그는 이러한 불공정한 일을 맡은 역할을 감당할 수 없어서 그 직을 그만두었다. 오티스는 1761년 2월 법정에서 자연법을 인용하면서 이러한 영국 관행의 불법성을 다룬 것으로 유명해졌다. 그러한 네댓 시간의 연설에 대한 증거를 「미국독립이 그때 거기서 탄생하였다」라고 담대하게 선언한 존 애덤스의 노트에서 찾아볼 수 있다. 그는 매사추세츠 입법부 선출직 의원으로서 이러한 노선을 따랐으며 그곳에서 혁명전쟁으로 이어지는 아메리카 식민지 여론을 계속 주도하였다. 인지법(印紙法, the

Stamp Act) 의회의 주요 멤버인 그는 식민지의 정치에 열중하였다. 자신을 반역자라고 비난한 영국인 중개인 몇 명과 싸워서 입은 머리의 심한 타격상에서 아주 완전히 회복되지 않게 됨으로써 그의 생애는 조금 일찍 끝맺게 되었다.

버지니아 식민지에서 자라난 패트릭 헨리는 농업과 상업에 실패한 후 나중에 변호사가 되었다. 3년간 1,000건 이상을 처리한 후에, 그는 식민지 권리의 옹호자로서 그리고 교구목사 사건에서 넋을 빼앗는 웅변가로서 명성을 쌓았다. 이 사건은 버지니아 담배재배자와 일단의 성공회 교구목사들과의 다툼이었다. 당시 교구목사들의 봉급은 영국이 버지니아 농부들로 하여금 인위적인 낮은 가격으로 담배를 판매하도록 강요함으로써 취한 이득에 의존하고 있었다. 식민지 장관들이 재배자들을 위하여 국왕 조지 2세에게 그 법에 대하여 이의를 제기하자, 목사들은 밀린 봉급을 받기 위하여 소송을 제기하였다. 패트릭 헨리가 이 사건을 접수할 때, 재배자들은 이미 거의 진 상태였다. 그가 변론을 매우 성공적으로 한 까닭에 배심원들은 목사들에게 배상조로 단지 1페니만을 지급하게 하였다. 계속해서 그는 인지법 의회의 적극적인 참여자로 활동하였으며, 나중에 버지니아 민병대 창설을 위하여 수고하였다. 그의 생애가 끝나갈 무렵, 그는 제퍼슨에 심각하게 반대하면서 연방주의에 반대하던 입장에서 태도를 바꾸어 이를 매우 지지하게 되었다.

토마스 페인은 잉글랜드의 노퍽(Norfolk)에서 퀘이커교도인 한 코르셋 제조자 집안에서 태어났으며, 후에 런던에서 벤자민 프랭클린을 만났다. 프랭클린으로부터 소개장을 갖고 아메리카의 지도급 인사들에게 가기 위하여 그는 1774년 대서양을 건넜다. 18개월 동안 『펜실바니아 매거진(Pennsylvania Magazine)』의 편집자로 일한 후, 그

는 식민지들과 영국 간의 분리를 옹호하는 내용으로 유명한 팸플릿인
『상식(*Common Sense*)』을 1776년에 썼다. 이러한 강력한 작품으로
말미암아, 독립을 향한 아메리카인들의 결심이 전국에 걸쳐 견고하게
되었다. 1777년 그는 「위기(Crisis)」라고 알려진 정치적 호소를 통하
여 시들해진 아메리카 군대의 사기를 끌어 올렸는데, 그 처음은 다음
과 같은 말로 시작하였다. 「지금은 사람들의 심령을 시험하는 시기이
다.」 이 두 가지 작품의 역할에 관하여는 후에 언급하기로 한다.

버지니아 섀드웰(Shadwell)에서 태어난 토마스 제퍼슨은 피치자
(被治者)의 동의를 강하게 믿는 열정적인 사람이었다. 그는 1769년
버지니아 의회(the Virginia House of Burgesses) 선출직 의원으
로서 정치생활을 시작하였는데, 나중에 대륙회의(the Continental
Congress)의 일원이 되었다. 패트릭 헨리의 뒤를 이은 버지니아 주
지사로서 그는 종교의 자유에 관한 법령을 만들었다. 1783년 대륙
회의의 일원으로서 그는 새로운 지역에서 노예제를 금지하는 법령
을 기초하였는데, 이것은 하마터면 부결될 뻔하였다. 처음부터 이해
할 수 없으며 다툼의 여지가 있는 것은 그가 자신의 노예를 소유할
뿐 아니라 다른 지도자들처럼 그들에게 자유를 주지 않기로 하였던
사실이다. 파리에서 상업조약을 협상하는 데 중요한 역할을 한 그는
1785년 프랑스 공사(公使)로 임명되었다. 1789년 워싱턴이 그를 국
무장관으로 임명하였는데, 이로 인하여 민주공화당(the Democratic
Republican)과 연방주의자인 해밀턴 간에 갈등의 시대가 열리게 되
었다. 아메리카혁명의 자식(프랑스혁명을 지칭함—역주)을 지지하느
냐 또는 거부하느냐에 관하여 대중들의 견해가 나뉠 때, 특히 공포정
치가 온건주의자의 초기 성공을 떠맡을 때, 심지어 그 정도가 지나친
때에도 제퍼슨은 프랑스혁명을 지지하였다. 그는 1801년 합중국의 제

3대 대통령으로 선출되어 1807년까지 재임하였다. 그의 통치는 루이
지애나의 매입으로 유명한데, 이로 인하여 1803년 12월 20일에 합중
국의 영토는 두 배로 되었다. 그리고 1804년 5월 14일부터 1806년 9
월 23일까지 걸쳐 이루어지고 제퍼슨 대통령에 의하여 명명된 루이
스 · 클라크 원정(the Lewis and Clark expedition)이 유명하였다.

　미국혁명은 잉글랜드 역사의 변화와 분리해서 생각할 수가 없다.
식민지의 탄생과 성장은 지난 3세기 동안 잉글랜드와 대브리튼에서
일어난 급격한 변화의 직접적인 산물이었다. 대서양을 건너는 힘든
항해를 감행한 그 사람들 스스로가 잉글랜드 혁명기의 열기 가운데
만들어지고 형성되었던 굳센 이념들을 소유하고 있었다. 그들은 종교
의 자유, 자치, 개인의 자유 그리고 자의적인 핍박으로부터의 해방에
대한 자신들의 꿈을 실현할 수 있는 새로운 세계를 찾기 위하여 잉글
랜드를 떠났다. 바로 올리버 크롬웰의 친척들인 프로비던스 섬 회사
의 소유자들은 17세기 잉글랜드의 아주 열정적인 혁명가들로 하여금
이제 그 운명이 형성되어야 할 나라에 관심을 갖게 하였다. 뉴잉글랜
드는 그 새로운 거주자들의 발자국에 성경이 계시될 곳으로 잘 알려
져 있었다. 그들이 감당하게 될 많은 어려움들 즉 거친 기후, 매우 미
개한 상태, 토착인[59]과의 지속적인 갈등은 이 땅에서 하나님의 나라가

----

[59] 이후로 토착인들을 간단히 「인디언」으로 부르기로 한다. 이들을 표현하기 위하여 사
　　용된 많은 용어들, 즉 인디언(Indians), 아메리카 원주민(Native Americans), 토착인
　　(indigenous people), 최초의 국민(First Nations people) 등은 역사적으로 부정확하
　　거나(서인도는 결코 인도가 아니다), 정치적으로 긴장을 일으키거나(미국의 48개주
　　원주민 일부는 1980년대와 1990년대에 알류산 열도민과 하와이 원주민들에게 연방
　　의 재산을 낭비하는 것을 염려하면서 자신들을 표현하기 위하여 「인디언」이라는 용
　　어를 다시 사용하기에 이르렀다), 지나치게 일반적이곤 하다. 이러한 까닭에 식민초
　　기부터 오늘날에 이르기까지 이와 같이 다양한 사람들을 지칭하는 데 가장 일관적으
　　로 사용되어진 용어를 사용하고자 한다. 이 용어가 아메리카 원주민들과 문화를 표

실제 창조될 수 있다는 그들의 열정적인 신앙에 비하면 약한 것이었다. 그들은 자신들을 이 세상에서의 하나님의 도구라고 여겼다.

사실 초기 식민지 역사에서 대부분 일을 처리한 세력은 잉글랜드인이 인구의 다수를 차지하는 지역에서 나타났다. 뉴잉글랜드는 식민지 시대 초기 그곳에 모여든 다수 기술자, 다수 청교도 젠트리들 덕분에 아메리카의 산업화에서 주요한 역할을 맡았다. 뉴잉글랜드 지역은 주로 1630년대에 거의 20,000명에 달하는 잉글랜드 청교도들의 유입으로 말미암아 대륙으로 크게 확장할 수 있는 노동력을 충분히 가진 유일한 아메리카 식민지로 알려졌다. 유럽이민자의 2/3가 「노예신분의 식민지인(colonists in bondage)」[60]으로 알려진 도제(徒弟)살이 고용인(indentured servants, 도제살이 계약으로 고용된 사람―역주)으로 유입된 다른 식민지역의 매우 적은 이민자와 이를 비교해보라.

퀘이커교도는 나중에 특히 찰스 2세의 치하인 1660년대의 압제 이후에 아주 많은 수가 왔다. 그들의 영향력은 거의 영국 식민지인들로 구성된 버지니아, 북캐롤라이나, 메릴랜드 그리고 뉴잉글랜드 식민지에서 강하게 나타났다. 영국 역사가 발전하면서 대의정부라는 근대적 이념에 열정적으로 헌신한 많은 신민(臣民)들이 자유롭게 되자, 이 그룹들은 아메리카에 새로운 정치현실이라는 씨를 뿌렸고, 이곳에서 그 씨들은 낡은 유럽의 제한적인 전통과 그것의 변치 않는 방식에 매이지 않고서 자랄 수 있었다. 아메리카의 새로운 지도자가 제기한 문제들이 새로운 것은 아니었으나, 그들이 추구한 많은 해결책은 일찍이 시도해본 적이 없던 것이었다. 그들은 지방정부와 중앙정부 간의 관계, 법과 성문헌법의 성격, 그리고 정치사회에서 민주주의의 지위에

현하기에 불완전하다는 사실을 충분히 인식하고서 말이다.

60 *Encyclopedia Americana*, 1969, 27, p. 497.

관한 문제들을 해결하려고 노력하였다. 멀리 기원전 4세기에 이미 아리스토텔레스의『정치학』은 정부권력이 피지배자의 동의에 기초하고 있다는 관념에 대하여 씨름하였다. 대헌장은 일정한 정치적 · 개인적 권리를 밝힘으로써 이러한 문제점들을 해결하기 위한 중요한 일보(一步)를 의미하였다. 비록 이 문서가 권력적 지위에 있는 자들만이 동의권을 가진 중세적 상황에서 탄생하였지만, 이 개념들은 16세기 잉글랜드 그리고 이후 아메리카 식민지에서 사용된 것들과 일치하였다. 식민지인들은 조직, 지도 그리고 영감을 얻기 위하여 잉글랜드를 바라봄으로써 이러한 문제점들에 대한 해답들을 발견할 수 있다고 믿었다. 혁명의 거의 마지막 순간에 이르기까지, 그 해답은 식민지들이 적절히 대표되며 보호와 안정을 누리게 해주는 대영제국의 적당한 형태를 찾는 데 있다고 믿었다.

경제의 근대화와 산업의 자본화로 상인들과 무역업자들이 점차 지방에서 권력을 얻으면서 인민의 동의 원칙은 16, 17세기 유럽에서 힘을 얻게 되었다. 식민지인들은 대서양을 넘어서 존 로크의『시민정부이론(*Second Treatise in Civil Government*, 1690)』[61]과 장 자크 루소의『사회계약론(*Social Contract*, 1762)』에서 영감을 얻었다. 「종종 1688년 영국혁명의 이론가로 불리우는 그[로크]는 또한 1776년 미국혁명사상의 주된 원천이었다.」[62] 이러한 사상가들과 그들의 사상

---

61 앞에서 언급하였듯이, 세계 민주주의의 이면에 있는 추진력은 주로 캘빈에 의하여 주입된 개신교의 「성도들」에게서 비롯하였다. 그중에 영국 청교도들이 매우 두드러진 역할을 수행하였다. 존 로크(1632-1704)는 의회에 대하여 정치적으로 분명하게 지지하였던 청교도 중산층 가정에서 태어났다.

62 John Locke, *The Second Treatise of Government*(Indianapolis, New York: The Liberal Arts Press, Inc., 1952). 이 인용구는 토마스 P. 피어든(Thomas P. Peardon)이 쓴 서문 7면에 나온다.

이 유럽의 정치와 사회에 큰 영향을 주었지만, 그들의 영향은 아메리카 식민지에서 한층 더 극적이었다. 이는 아메리카 개척자들의 생활양식 그 자체의 결과였으리라고 생각되는데, 그 생활양식은 이미 확립되어 있는 유럽사회보다 로크와 루소가 논의한 「자연상태」에 더욱 유사하였다. 뉴잉글랜드 목사들은 특히 1763년 이후에 로크의 사상을 설교에서 널리 사용하였는데, 그의 책들은 식민지들 전역에 널리 유통되었다.

영국 식민지들은 처음부터 자신을 하원의 축소판으로 보았다. 사실 1621년 플라이머드 락(Plymouth Rock)에 도착한 첫 번째 그룹은 아직 배 위에 있을 때 새로운 사회를 만들기 위한 자치협정에 서명하였다. 메이플라워 협약(the Mayflower Compact)에는 아래에서 보는 것처럼 신앙이 최초 이주자들(pilgrims)에게 얼마나 중요한 의미를 갖는지가 나타나 있다.

> 하나님의 이름으로, 아멘, …… 하나님의 영광과 기독교 신앙의 진보와 우리의 왕과 조국의 명예를 위하여 버지니아 북부지역에 최초의 식민지를 건설하기 위한 항해에 나섰도다. …… 하나님과 서로의 앞에서 …… 행하며, 우리의 보다 나은 질서와 보호, 그리고 전술한 목적의 증진을 위하여 서로 약속하고 연합하여 하나의 시민 정치단체를 만든다.[63]

그들은 법률에 의한 통치의 의미를 밝히는 일련의 권리를 구상하였

---

63 이 메이플라워 협약은 Robert Famighetti(ed.), *The World Almanac and Book of Facts*, 1994(Manwah, New Jersey: Funk & Wagnalls, 1993), p. 469에서 인용되었다.

고 나중에 이들을 선언하였다. 즉 자유로운 선거, 회기 중에 체포당하지 않을 자유, 토론 중 표현의 자유, 의회 또는 왕에게 고통경감을 위해 청원할 수 있는 권리. 개인적·법률적 권리에 대한 영국의 전통은 신세계의 새로운 거주자들의 마음과 생각 가운데 신세계로 오게 되었다. 그러나 이러한 태도와 신념들이 간밤에 싹튼 것이 아님을 명백히 하지 않으면 안 된다.

신세계에서 나타난 또 다른 중요한 문서가 세계 다른 곳에서의 민주주의를 향한 길에 앞장서게 되었다. 1638년 1월 14일 코네티컷의 하트포드(Hartford)와 인근 도시의 시민들은 「코네티컷의 기본질서 (the Fundamental Orders of Connecticut)」를 채택하였다. 이 문서는 「근대민주주의의 최초 성문헌법」이 되었다.

대헌장으로부터 시작해서 16, 17세기 근대화기간에 걸친 지난 몇 세기 동안, 영국인들이 자기지배를 점점 더 폭넓게 행사하는 것을 배운 민족으로 발전하였다는 점을 기억하는 게 중요하다. 의회와 국왕 (제임스 1세와 찰스 1세) 간 갈등의 시대에 걸쳐 그리고 호국경정치기간에 들어서면서, 영국 인민들은 자신들의 운명에 대해 지배권을 점차 갖게 되었다. 이러한 노력은 독재적 지배를 행할 수 없는 국왕의 무능력이 입증되었던 대브리튼에서 결실하게 되었다. 영국의 1688-1689년 명예혁명은 크롬웰이 「제한군주제(制限君主制)」라고 말한 것을 분명하게 보이면서, 군주지배에 대한 의회지배의 최종승리를 이루어냈다. 이러한 이유로 새로운 정부를 형성하는 데 영국 이민자들은 다른 이민자 그룹보다 훨씬 큰 역할을 하게 되었다. 영국인들은 이용할 수 있는 경험과 영감(靈感)을 훨씬 더 심오하게 가지고 있었다. 전 세계 다른 민족들이 영국혁명과 미국혁명을 본떠서 대등하게 해보려는 것이 얼마나 어려운가를 알게 된 사실은 영국인들이 자기지배의 원칙에 따라 훨씬 발전하였다는 점에 대한 증거가 된다. 영국의 역사와 본을 결여한 라틴아메리카 국가들이 미국의 본에서 시사를 받은 민주주의 사상을 신봉하였을지라도, 그들이 독립한 이후 즉시 독재와 부패로 귀결되고 만 사실이 그 한 가지 예가 된다. 또한 러시아의 짜르독재와 소비에트 공산당의 독재 사이에 나타난 유사성을 쉽게 발견할 수 있다.

 당시 널리 지켜지고 있던 몇 가지 행동원리가 영국과 싸우는 동안에 식민지인들을 지도하였다. 그러한 것 중의 하나가 「영국인의 권리(the rights of Englishmen)」였는데, 이는 영국에서 태어나 살고 있는 영국 신민들처럼 식민지인도 동일한 권리와 특권을 기대하고 있음을 보여주었다. 식민지역사의 초기부터 그들의 칙허장은 식민지 또는 식민지로 오가는 공해상(公海上)에서 태어난 자들을 포함한 모든 식민지인들이 「그들 각자가 영국의 영토 안에서 태어난 것처럼 자유롭고 선천적인 신민의 모든 자유와 면책을 그 어떤 점으로 보나 보유하며 향유한다.」라고 선언하고 있었다.[64] 그토록 매우 제한적인 독점식민지(proprietary colony)에서나 제임스 2세에 의해 설치되어 단기간 존재하였던 뉴잉글랜드 자치령[65]에서도 이러한 권리들이 조심스럽게 보호되었다. 이 개념은 식민지인들에 대한 의회의 지지를 얻기 위

64 1629년 매사추세츠 만 칙허장에서. 이 칙허장은 Merrill Jensen(ed.), *English Historical Documents, IX(American Colonial Documents to 1776)*(London and New York, 1955), pp. 81–82에 수록되어 있음.

65 제임스 2세는 뉴 잉글랜드 자치령을 설립하였는데, 여기에서는 과세권을 가진 총독과 자문회를 두었다. 격렬한 항의가 잇달았으며, 입스위치(Ipswich)의 존 와이즈(John Wise) 목사와 같이 저항하던 자들은 투옥되거나 처벌을 받게 되었다. 식민지 의회의 규범은 1688–89년의 명예혁명을 반향하였다. 이에 관한 자세한 논의는 이후에 칙허장과 관련하여 다루기로 한다.

한 투쟁뿐 아니라, 나중에 영국단체가 과세하기 위해서는 영국의회에서 식민지가 대표되어야 할 것을 주장하기 시작할 때에도 역시 중요한 역할을 하게 되었다. 또한 이 사실은 대부분 식민지인들이 영국인임을 자랑스러워하고, 그리고 어떤 형태로든 대영제국에 남게 되는 해결책을 원하고 있음을 보여주었다. 1765년 5월 버지니아 의회(버지니아 회사의 식민지 입법기관)는, 영국의 모든 권리와 면책이 첫 번째 아메리카 이주자와 더불어 들어와 후손들에게 전수되었다는 내용의 결의안을 통과시켰다. 그들이 그토록 열심히 그 자유와 보존을 지키려 하였던 모국으로부터 완전히 독립하려는 생각을 하기까지에는 숱한 변화와 두 차례의 전쟁이 있어야 했다.

자신을 대표하는 자에 의해서만 과세될 수 있다는 내용으로 견고하게 유지되어온 또 다른 신념은 「대표 없이는 과세 없다」는 유명한 인용구 이상으로 훨씬 복잡하였다. 영국에서 왕과 의회 간 갈등의 반영이기도 한 이 쟁점은 사실상 자기지배에 대한 그들의 열망의 징표로서 아메리카 식민지에서 영국의 지배를 반대하는 데 힘을 실어주었다. 그것이 즉시 혁명을 초래하지 않은 사실은 이 절의 후반부에서 설명하게 될 많은 요인들에 기인한다. 먼저 간략하나마, 식민지의 여러 유형과 그들의 소규모 의회기구의 외부에 의하여 과세되고 법률이 제정된 것에 대한 그들의 반응을 열거하고자 한다.

영국은 아메리카에서 세 유형의 식민지를 가지고 있었다. 즉 독점식민지(proprietary colony), 회사식민지(corporation colony), 특허식민지(royal colony, 이를 charter colony라고도 함—역주)이다. 가장 제한적인 곳은 메릴랜드와 같은 독점식민지였으리라고 본다. 왜냐하면 칙허장(charter)은 영주에게 거의 독재적인 권력을 부여하였으며, 그에 대한 유일한 요구는 자신의 법률에 동의하기 위하여 인민

대중을 소집해야 하는 것이었기 때문이다. 이러한 내재적인 불리함에
도 불구하고, 메릴랜드 의회는 자신들의 권리를 보호하며 어떠한 개
인이나 단체에 의하여 세금이 부과되는 것을 막기 위하여 다른 의회
와 똑같이 활발하게 투쟁하였다. 전반적으로 보아 그들은 승리하였
다. 1630년대에 들어서면서, 그들은 이러한 입장을 견지하였으며 또
한 자신들이 영국의 하원과 동일한 권리를 갖는 것이 합당하다고 여
겼다. 1세기가 지난 후에 그들은 총독이 국왕 이상으로 대권을 가질
수 없다고 주장하면서, 포고문으로 요금을 정하고 사적 용도를 위하
여 약간의 벌금을 부과하는 소유자의 권리에 반대하였다. 그들은 의
회의 배타적인 모금권을 최종적으로 확정한 1689년 「행운의 혁명
(happy Revolution)」의 협정을 상기하였다. 그들은 「자기 자신이 당
사자가 되는 법률에 의하여 주어진 것이 아닌 어떠한 세금이나 형벌
에 대하여도 책임을 지지 않는 신민의 고유한 권리」를 요구하였다. 나
아가 그들은 자신들의 입장을 분명히 말하면서 다음과 같이 주장하였
다. 「이 지역의 인민들은 대브리튼의 신민이며 모국의 …… 모든 권
리, 특권과 자유를 보유하고 있다. …… 그들의 특권의 주된 근거는,
세금 · 관세 · 수입세 · 수수료 기타 어떠한 종류의 납부에 대하여도
복종하지 않는다는 그들의 권리이다. 그러나 스스로 또는 대리인을
통하여 동의를 부여한 법률에 의하여 모금 · 확정되거나 또한 결정되
는 것은 우리가 이해하기로는 전혀 모순의 여지가 없는 문제이다.」[66]
뉴욕(이전에 「뉴암스테르담」이었으나, 1664년 정복된 후 영국에 의해
개명되었음)의 경우, 1683년 새로운 하원(Assembly)의 의사(議事)
의 첫 순서는 「자유와 특권의 칙허장(*the Charter of Liberties and*

---

66 Proceedings of the Maryland Assembly, May 21–June 5, 1739, *Archives of
Maryland*, XL(Baltimore, 1921), pp. 336, 367, 381, 392.

Privileges)」이었다. 칙허장에는 「총회(General Assembly)에서 회합한 총독(governor), 심의회(council)와 인민 대표자의 법령과 동의가 없이는 어떠한 방식으로든 어떠한 형태의 세금도 부과될 수 없다.」는 점이 분명히 언급되어 있었다.[67] 다른 독점식민지에는 동·서 뉴저지(1664년), 캐롤라이나(1670년)와 펜실바니아(1681년)가 포함되어 있었다.

회사식민지는 주식회사(joinstock companies)에 의하여 개척되었다. 이는 다음과 같이 형성되었다. 런던 버지니아 회사(1607), 매사추세츠 만 회사(1630), 네덜란드 서인도 회사(1624년)와 델라웨어강변 뉴 스웨덴 회사(1638년). 이 식민지들은 이익을 추구할 목적으로 세워졌는데 보통 한 세대나 그 정도 이내에 실패하고 말았다. 인지세에 대항하여 버지니아 하원은 「영국인의 권리」라는 그들의 토대를 발판으로 삼아 다음과 같이 주장하였다. 「인민들에게 세금을 부과하는 법률은 그들에 의하여 선출된 대표자의 동의 없이 제정되어서는 안 된다는 것이 영국인의 자유에 핵심적인 것이다. …… 이러한 지역들을 발견하고 정주한 사람들에게 고유한 이 특권은 이곳으로 이사 온 것으로 인하여 포기될 수도 없고 몰수될 수도 없다. …… 그 특권은 다른 모든 영국신민들의 권리와 면책과 함께 왕의 칙허장에 의하여 그들과 그들 자손들에게 확보되었다.」

식민지의 세 번째 유형인 칙허장(the Royal Charter)은 왕의 법규의 관리와 집행을 인정하고 있었다. 이러한 결정은 영국의 세입 확보를 위한 칙령 및 의회법령의 집행을 담당하는 식민지의회의 실패에 어느 정도 기인하였다. 왕은 자신의 눈과 귀가 되어 규범의 준수 여

---

67 이는 1683년 10월 30일에 기록되었음. 이 헌장은 *English Historical Documents*, 9, pp. 229-30에 다시 인쇄되었음.

부를 감시하는 권한을 가진 총독, 심의회 기타 행정공무원, 군장교와 법관을 임명함으로써 정치적 권력을 보유하고 있었다. 특허식민지가 된 최초의 식민지는 버지니아였는데, 그 이유는 그곳에서 수출에 최고로 유익한 생산물인 담배가 생산되었기 때문이다. 버지니아 회사가 네덜란드에 대한 영국의 독점적인 수출을 위협하게 되자, 영국은 자신의 이익에 부합되도록 그 무역을 규제하기 원하였다. 이로 인하여 국왕은 무역에 대한 통제를 지속하기 위하여 1624년 버지니아 회사로부터 무역과 관리권을 제거하고, 그 회사를 임명된 행정공무원으로 대체하였다. 몇 개의 다른 식민지들도 영국의 손에 의하여 이와 같은 구조조정에 직면하게 되었다. 즉 1679년에 뉴햄프셔, 1685년에 뉴욕, 1691년에 플리머드 · 메인과 함께 매사추세츠, 1702년에 뉴저지, 1719년에 남캐롤라이나, 1729년에 북캐롤라이나 그리고 1752년에 조지아. 그러나 이러한 상황에서도 지방의 입법부는 거주민들에게 식민지의회에서 대표될 수 있는 권리를 부여함으로써 자신의 운명에 대한 약간의 지배권을 인정하였다. 특허식민지 중 세 개를 제외한 모든 곳에서 식민지의회는 총독 봉급의 명목으로 돈을 제공하였으며, 또한 군사적 필요를 위한 비용의 의결에 필수적인 존재였다. 모든 세출의 승인과 봉급보조금은 총독이 의회의 희망에 따른 후에야 의회 의안의 끄트머리에 자리잡게 되었다. 그 결과, 총독들은 영국법률의 집행이라는 자신들의 일정한 과업의 수행에 어려움을 겪게 되었다.

특허식민지와 유사한 발전으로 볼 수 있는 1686년 잉글랜드 자치령(the Dominion of England)의 설립은 반역자인 매사추세츠 식민지와 뉴잉글랜드의 다른 식민지를 통치하며 모국에게 이익을 가져오는 새로운 무역구조를 실시하려는 국왕 제임스 2세의 방식이었다. 한 영국법원은 매사추세츠 칙허장이 그 특권을 남용하였다고 주장하면서 이를 폐지하였다. 단순하고 충성스러운 총독인 에드먼드 안드로스(Edmund Andros) 경은 계속 세금을 부과하고 청교도교회를 점점 약화시켰으며, 뉴잉글랜드의 식민지들을 뉴저지 · 뉴욕과 합병함으로써 이들의 독립을 위협하였다. 비록 이와 같은 구조가 국왕 제임스 2세 통치의 종료와 「행운의 혁명」 때문에 아주 단명에 그치고 말았지만, 그것은 영국 식민지정책의 근본원리를 나타내었다. 즉 상업통제(商業統制, mercantile control)이다.

영국의 식민지정책과, 아메리카의 부를 통제하기 위한 끝없는 경주를 이해하는 열쇠는 무역의 통제이다. 영국만이 대서양을 넘어 원자재를 우려냄으로써 이익을 취하는 유일한 유럽강국은 아니었다. 모든 주요 유럽열강은 누구든지 아메리카에서 가장 많은 부를 우려낼 수 있는 자가 유럽에서 정치와 외교의 주도권을 쥐게 됨을 알고 있었다. 이 때문에 영국은 유럽의 주요 경쟁자 즉 스페인, 프랑스와 네덜란드에 대한 방파제로서 무역흑자를 성공적으로 만드는 것에 중요한 이해관계를 가지고 있었다. 자급자족하며 성장하는 제국을 형성하는 구조는, 식민지들로 하여금 영국에 판매하는 것보다 더 많은 양을 구입하고 그 차액을 매우 중요한 금 · 은화나 금 · 은괴로 채우도록 하는 것에 의존하고 있었다. 생산품 보호조항과 함께 제품의 선적(船積) 자체는, 제국의 목표와 양립하는 것으로서 영국상인의 거래를 자극하고 또한 상품의 흐름을 더 잘 감시하고 통제하는 결과를 가져왔다. 다양한 상품을 생산하는 영국 제조자들의 정치적 로비로 인하여 의회는 자국산업을 보호하고 해외에서 경쟁산업이 형성되지 못하게 하는 취지의 법령을 많이 제정하였다.

1661년 항해법(the Navigation Act)은 오직 영국 상인들과 영국 선박만이 영국의 아메리카 식민지 무역에 참여할 수 있다고 규정하였다. 또한 그 법률은 몇 생산품을 영국식민지에서 외국항구로 곧장 운송되어서는 아니 되는 「열거된 품목들」로 지정하였다. 여기서 언급된 생산품은 설탕, 면, 인디고, 담배, 생강, 염료나무였다. 1663년 무역법(the Trade Act)은 유럽에서 생산된 제품이 영국선박으로 그리고 잉글랜드, 웨일즈나 버위크(북해에 연한 스코틀랜드의 동남부에 위치함)의 도시에서 선적되지 않으면 영국 식민지로 운송될 수 없다고 규정하였다. 이러한 법률들이 겨냥하고 있는 두 대상은 아메리카 식민지의 무역을 독점하고 각각 사략선(私掠船)에 의한 해적행위(privateering)에 관여하였던 프랑스와 네덜란드였다. 17세기 후반부(1652-54, 1664-67 그리고 1672-74)에 세 차례에 걸쳐 발발한 영국-네덜란드 전쟁은 식민지에서 광범위한 문제를 파생시켰다. 버지니아의 경우, 그곳에서의 네덜란드 담배무역의 제거는 경제적 침체를 의미하였다. 왜냐하면 이로 인하여 담배 가격이 더 하락되어 영국의 선적과 상품에 대하여 더 많이 지출하여야 하기 때문이었다. 그 때문에 경비를 절감하지 않을 수 없게 된 플랜테이션 소유주들은 이전에 거의 쓰지 않았던 노예를 더 많이 고용함으로써 이를 해결하고자 하는 파급효과가 나타났다. 그러자 영국은 1672년 왕립 아프리카회사에 독점권을 부여함으로써 아메리카로 가는 노예의 운송을 통제하게 되었다. 한층 더 심해진 영국의 담배가격인하와 백인 농노의 유입에 대한 새로운 제한들은 17세기 후반의 노예제 증가에 중요한 역할을 하였다. 그 전쟁의 또 다른 결과는, 뉴잉글랜드 무역업자들이 선약된 영국선박의 선적의 부진을 활용하여 부를 획득하게 된 것과 영국이 식민지무역을 감당할 수 있을 정도로 선박을 제대로 보유하기 전에 네덜란드 무역업자들을 배제함으로써 이익을 얻게 되었다는 점이다. 또한 그들은 항해법의 규제를 따르지 않고 유럽으로부터 오가는 생산품을 직접 운송하였기 때문에 1684년 매사추세츠 칙허장이 폐지되기에 이르렀다.

뉴잉글랜드의 상인들은 자신들의 생선, 목재, 선박과 해상운송을 위한 시장을 찾기 위하여 외국무역에 종사하였다. 그 부분적인 이유는 그들이 수입하는 상품의 대가로 영국에 지불하여야 할 상품을 충분히 생산하지 못하기 때문이었다. 이와 같은 무역 역조로 말미암아 영국 상품을 구입하기가 어렵게 되자 많은 사람들은 모직제품과 철기제품을 생산 · 제조하게 되었다. 1699년 모직물법(Woolen Act)은 양모 · 모사(毛絲)와 모직천의 수출을 금지하였다. 마르티니크(Martinique)와 과다루프(Guadaloupe)의 프랑스령 서인도의 설탕 재배 섬들과 무역하기 시작한 그들은 그곳의 재배자들로 하여금 생산비를 절감하고 바바도스, 안티구아와 자메이카에 있는 영국인 생산자들에 비하여 전략적 유익을 약간 얻도록 하는 데 도움이 되는 값싼 원료를 제공하였다. 뉴잉글랜드의 식민지 이외에 뉴저지, 뉴욕 그리고 펜실바니아의 중부식민지들도 서인도제도에 밀, 밀가루, 소고기 및 돼지고기를 수출하였다. 이와 같이 자신들의 경쟁자들에게 값싼 원료가 유입되는 것을 본 영국 재배자들은 영국의 설탕산업이 위협을 받는다고 말하면서 의회에 호소하였다. 이에 대응하여 제정된 1733년 당밀법(the Molasses Act)은 영국의 아메리카 식민지에 수입된 외국 당밀, 설탕 그리고 럼주(酒)에 대하여 높은 관세를 부과하였다. 이들 세 가지 상품은 식민지인들에게 필수품이었다. 그래서 만약 그 법률이 집행된다면 식민지를 황폐시키는 효과를 야기할 것이므로 뉴잉글랜드 무역업자들은 탈세하며 이전처럼 계속 무역하면서 그 법률을 무시하였다.

여기서 이 섬들이 세계무역과 역학관계에서 차지하는 중요성을 인식하는 것이 필요하다. 아메리카에서 카리비안 지역은 양대륙간 무역에 핵심적인 역할을 하면서 세계적인 영향력을 갖고 있었다. 유럽으로 설탕을 공급하려는 프랑스, 스페인과 영국령 카리비안 제도 간의 치열한 경쟁으로 말미암아 긴장이 고조되어 거의 전쟁에 가까운 상태가 지속되었다. 설탕만이 중요한 상품인 것은 아니었다. 영국 무역업자들은 은을 대가로 지불받기 위하여 멕시코와 페루의 스페인 식민지에 상품을 판매하였다. 그리고 동양의 상품들을 구입하는 데 은이 지급되었기 때문에 영국 상인들은 수익성이 좋은 영국의 서인도무역을 유지하였다. 나머지 생산품 중의 하나인 차의 무역이 아메리카 식민지인들의 생활에 얼마나 심대한 영향을 주었는지는 나중에 살펴보기로 한다. 유럽 선진국가들의 무역흑자를 위하여 식민지는 쟁취할 만한 보물 같은 귀중한 발견물이 되었다. 그 보물에 이르는 길은 북아메리카를 통해 카리비안에 오가는 무역로였다.

카리비안 무역에서의 지배권이 세계무역에서 우위를 차지하는 열쇠라는 점은 확실하였다. 이와 같이 중요한 열쇠로 말미암아 서반구 전체로 오가는 상품의 유통이 열리게 되었는데, 그곳에서는 막대한 가치를 가진 원료가 개발되기를 기다리고 있었고 점차 성장하는 식민지들은 유럽산업의 완제품의 주요 시장이 될 것으로 기대되었다. 서인도제도에서 설탕의 생산이 증가함에 따라, 더 많은 수의 노동자와 그곳의 항구에 드나드는 선박의 공급이 더 많이 요청되었다. 이러한 필수품이 유럽 공급자보다 북아메리카 공급자로부터 더 값싸게 구입될 수 있었기 때문에 식민지의 가치가 그곳의 무역과 함께 증대하였다. 프랑스와 스페인은 영국과 서인도제도 간의 무역을 공격하기 위한 기지로 북아메리카 식민지를 점점 더 사용하였다. 손실이 증가함에 따라 영국은 자신의 경쟁자들을 대륙에서 제거하기 위하여 군사적 행동을 취할 것을 자극받게 되었다. 네덜란드가 18세기 중반까지 이전의 두드러진 지위에서 보기 좋게 밀려남에 따라 프랑스가 대영제국의 주된 도전자로 남게 되었다.

그 결말은 「7년전쟁(The Seven Years War)」 또는 영국의 「프랑스·인디안과의 전쟁」으로 북아메리카에서 알려진 전투로 분출되었다. 프랑스인들이 오하이오강의 분류(分流)들을 점령하면서 이 전쟁을 일으키자, 영국인들은 이후 여러 해 동안 오하이오의 값진 지역에서 식민활동을 할 수 없었다.

이때 등장하게 된 자가 조지 워싱턴이라는 젊고도 미숙한 22세의 버지니아인이었다. 여덟 살의 소년 시절에 자기 형이 영국을 위하여 스페인과의 싸움에 참전한 것을 지켜본 그는 자신도 언젠가 군인으로서 원정에 나서게 될 날을 꿈꾸었으리라 생각된다. 워싱턴은 그 누구보다도 머리 하나는 훨씬 더 큰 인상적인 체구로 성장하였다. 17세에 측량사로 시작한 그는 미개간지에 대한 직접 체험을 통하여 유익한 지식을 갖게 되었고 어린 나이에 책임감을 배우게 되었다. 그때 측량사는 토지의 오측(誤測)이나 토지사용에 대한 지방의 규제의 위반으로 말미암아 부정행위가 발생하지 않게 하는 것을 선서하면서 책임 맡은 정부의 직원이었다. 또한 황무지지역이 사회간접시설과 함께 발전하게 되면서 발생하게 된 토지의 장래가치를 정확히 평가하는 것이 그의 직책이었다. 프랑스인들과 영국인들이 자신들의 유익을 구하여 황야로 이동함에 따라, 조지는 자원하였든지 또는 명령에 의해서든지 영국이 소유권을 주장하는 지역에 있는 프랑스 요새를 정탐할 목적으로 황야에 들어가, 그들로 하여금 영국의 땅에서 떠나갈 것을 요구하는 버지니아 부총독 로버트 딘위디(Robert Dinwiddie)의 편지를 전하였다. 그러한 중요한 원정으로 말미암아 매우 많은 일들이 발생하였다.

전쟁의 시작을 알리는 사격이 1754년 5월 28일에 개시되었다. 이 때 조지 워싱턴은 프랑스인을 쫓아내고 그 요새를 점령할 계획으로 프랑스의 새로운 포르 뒤께스느(Fort Duquesne, 현재 피츠버그)로 150명의 버지니아인을 인솔하여 이동하는 과정에서 프랑스 소부대로 부터 승리를 거두었다. 곧 그는 대평원(Great Meadows)에서 니세서 티(Necessity)요새를 세워, 그곳에서 더 큰 규모의 프랑스병력에 대항하여 수비하였다. 그곳에서 전 세계에 쥐몽빌르(Jumonville)의 암살로 알려진 중요한 전투가 치러졌는데, 이로 인하여 세계전쟁을 바로 앞두고 있는 대영제국 전체의 도덕적 위상이 위협받기에 이르렀다.[68] 그는 7월에 꿀롱 드 비이예(Coulon de Villers)의 우세한 병력 앞에 굴복하지 않을 수 없었다. 거기에서 꿀롱 드 비이예가 수적으로 매우 열세인 워싱턴의 군사력에 대하여 단순한 승리 이상의 그 무엇을 추구하려 하였음이 드러나게 된다. 그 프랑스 지휘관은 워싱턴으로 하여금 전쟁상태가 존재하지 않은 때에 프랑스 대사를 살해한 것을 무의식중에 인정하도록 만든 항복조건을 작성하였다.

이것은 신세계의 영국 식민지에 대한 프랑스의 공격을 부분적으로 정당화하는 데 국제적으로 사용되었다. 후기 성공의 빛에 가려서 종

---

[68] 워싱턴이 일단의 프랑스군을 포위하여 공격한 이 전투는 외교사절의 신임장을 운반하는 프랑스인을 이끌던 조제프 꿀롱과 시외르 드 쥐몽빌르의 죽음을 가져왔다. 이러한 것은 프랑스인들이 자기들의 수가 적다는 것은 알게 될 때에 취할 수 있는 비장의 수(手)일 따름이라고 조지 워싱턴은 믿었다. 왕 조지 2세는 버지니아 부총독 로버트 딘위디에게, 비록 프랑스와 영국 간에 전쟁상태가 있지 않더라도 적대행위가 발생하게 되면 영국인은 어떠한 공격이 일어나기 전에도 프랑스인들에게 그들이 죄를 범했다는 사실을 언제든지 경고하여야 한다는 내용의 서한을 보냈다. 불행하게도, 딘위디는 이러한 지시를 미묘하게 넌지시 말한 것에 불과하였기에 자신의 중대한 실수를 알아차리지 못하였다.

종 잊히곤 하지만, 워싱턴은 첫 지휘에서 비참하게 실패하였다. 군사적인 관점에서나, 또한 프랑스인들이 자신들의 목적을 위하여 더 효과적으로 결탁하였던 인디안과의 중요한 관계라는 관점에서도 그러하였다. 영국에서는 식민지군대의 장교에 대한 매우 낮은 평가 때문에 갈등이 심해졌고, 이로 인하여 그들의 돈·지휘권과 위신을 빼앗게 되었다. 조지 워싱턴이 국제적으로 알려진 것은 사실이었으나 무능한 자로 비춰지게 되었다. 주불영국대사 알버마를(Albermarle) 경 장군은 「워싱턴과 같은 많은 자들은 용기와 결단성을 갖고 있으나 우리의 전문적인 지식이나 경험을 갖지 못하고 있다. 따라서 그들에게 신뢰감이 있을 수 없다.」[69]고 기록하였다. 그 후 얼마 되지 않아, 지방의 군사집단은 정규장교에 의해 지휘 받는 정규집단에 포함되고 말았다. 지방의 장교들은 대위에서 더 이상 진급하는 것이 허용되지 않았는데, 이는 워싱턴에게 강등을 의미한 것이었다. 그는 군에서 사직하기로 결심하였다.

이때 워싱턴은 예상외로 마운트 버논(Mount Vernon)의 공한지(空閑地)로 옮기기로 결심하였는데, 그곳은 그가 그 당시 부재중이었던 자신의 이복형제 로렌스 워싱턴(Lawrence Washington)의 미망인에게서 빌린 장소였다. 이주한 지 바로 두 달 후에, 그는 전망이 좋은 자신의 새로운 장소에서 에드워드 브래독(Edward Braddock) 장군이 지휘하는 정규군 두 연대가 상륙하는 것을 지켜보았다. 이들은 험한 지역을 통과하는 긴 행군을 한 후 프랑스인들로부터 포르 뒤께스느 요새를 빼앗을 계획이었다. 그 지형과 그러한 유형의 원정이 갖는 문제점에 대하여 조지 워싱턴이 아주 많은 경험을 가진 것을 듣게 된

---

69 Bernhard Knollenberg, *George Washington, The Virginia Period*(Durham, N. C., 1964), p. 29

장군은 그에게 자신의 개인참모의 지위를 제의하는 편지를 보냈다. 사직하였음에도 불구하고 야심 가운데 있던 워싱턴은 그 제안을 받고서 진정한 전문적 군사력을 볼 수 있다는 기대에 흥분하였다. 일찍이 보지 못했던 가장 큰 대포들, 포병마차들, 완벽한 통일성 가운데 이동하는 정장 차림의 수백의 군인들로 22세의 버지니아인은 큰 감명을 받았다. 그는 그 직책을 수락하는 편지에서 「저는 군사기술에 관한 조그마한 정도의 지식을 얻는 것 이상의 다른 어떤 것을 바라지 않습니다.」[70]라고 하였다. 그러나 상당히 빨리 그는 영국인의 불융통성과 규칙성 및 기율에 대한 애착심을 알게 되었다. 그것들은 인디안·캐나다인과의 전투에서 나타난 영국인들의 전술이 갖는 어리석음을 보지 못하게 만드는 오만과 연관되어 있었다. 모든 낮은 곳을 메우며 모든 높은 곳을 평탄케 하면서, 그들은 포르 뒤께스느 요새의 프랑스 적군을 향하여 황야를 통과하는 유럽식 도로를 달팽이가 기는 속도로 느리게 건설하였다. 젊은 워싱턴은 이 원정 도중에 지독히 아프게 되어 삼림을 통과하는 어려운 이동 기간에 거의 마차를 탈 수가 없었다. 이것은 하나의 나쁜 징조였다고 하겠다. 왜냐하면 그는 22세의 생애에서 최악의 패배를 목격하게 되었기 때문이다. 이때 수많은 영국인 병사들은 두터운 수풀의 방어 가운데 사방에서 공격하는 인디안과 프랑스군인의 함정 속으로 걸어 들어가게 되었다. 거의 앉아 있을 수 없을 정도로 심하게 이질을 앓고 있었음에도 불구하고 그는 전투에서 세 마리의 다른 말을 각각 타게 되었는데, 한 마리가 총상으로 죽으면 이를 버리고 재빨리 다른 말 위에 올라탔다. 전투에 용감히 임한 까닭에 모자를 총알에 맞아 잃어버렸고 그의 코트에는 탄환에 의하여 큰 틈

---

70 John C. Fitzpatrick(ed.), *The Writings of George Washington*, 1(Washington D. C., 1931–1944), p. 107.

이 생기게 되었다.

밀집된 그룹으로 남게 된 정규군들은 용이한 목표물이 되었는데, 그들 다수는 사실 숲속의 적들을 보지 못하는 공포 가운데 서로를 쏘게 되었다. 「극한 공포심으로 압도당하여」 명령을 잊어버린 것 같은 정규군의 병졸들을 보면서 버지니아인들은 격분하게 되었다. 워싱턴이 「자기 나름대로의 방법으로 적과 교전할 수 있도록」 장군의 허락을 요구하였지만, 브래독은 그 대신에 쓸데없는 명령을 내렸으며 그마저 자신의 말에서 낙상하게 되었다.[71] 브래독 장군을 비롯한 다른 모든 장교들은 공격 또는 그 뒤를 이은 후퇴 도중에 사망하거나 심한 부상으로 고통을 겪었다. 이 전투로 인하여 겁 많고 무능한 영국군의 이미지가 식민지인들의 마음에 고정된 반면에, 워싱턴은 펜실바니아에서 「당신의 지휘 아래서는 모든 사람이 위험을 무릅쓰고 나갈 것 같다.」라는 찬사를 벤자민 프랭클린으로부터 받았다.[72] 워싱턴 자신은 「하나님의 섭리에 따른 이 놀라운 일을 보라! 인간사의 그 불확실함을!」이라고 말하면서, 크롬웰과 청교도를 연상하게 하는 방식으로 그날을 기록하였다.[73] 이러한 일들로 말미암아, 그는 세련되지만 비효과적인 영국군에 대하여 확실히 일찍이 가져보지 못하였던 일종의 자신감을 얻게 되었고, 또한 훗날 영국과의 혁명전쟁에서 많은 좌절을 겪는 중에서도 식민지의 승리를 내다보는 전망을 가질 수 있게 되었으리라고 본다.

그러나 당분간 식민지들은 강력한 프랑스인들과 그들의 많은 인디안 동맹자들과의 싸움에서 영국을 지원할 수 있는 수단을 찾지 않으

71 Ibid., pp. 149–50.

72 Ibid., p. 134.

73 Ibid., p. 155.

면 안 되었다. 서로 간에 힘을 얻고 더 큰 적과 싸우는 군대에 참여해야 할 필요성을 알게 된 식민지들은 더 강한 힘을 위하여 협력하기로 결정하였다. 프랑스인들과 더 잘 싸우기 위하여 아메리카의 영국식민지들은 연합해야 한다고 벤자민 프랭클린이 제안할 때, 중요한 진전이 이루어지게 되었다. 조지아와 노바 스코샤를 제외한 모든 영국 식민지들의 연합으로서, 영국왕에 의하여 지명되고 봉급을 받는 총통(president general) 1인을 두기로 한 「연방계획(Plan of Union)」은 7월의 알바니 의회(Albany Congress)에서 식민지대표자들에 의하여 수용되었다. 비록 식민지 의회들에 의하여 거절되었으나, 영국무역국(the English Board of Trade)은 영국식민지들에 대하여 총사령관 1인(영국 장군인 에드워드 브래독)과 인디안 업무행정관 1인(윌리엄 존슨 경)을 둔 이와 유사하면서 더 느슨한 연합을 제안하였다. 조지 워싱턴은 중령으로 임명되었다. 마침내 영국은 영국-프러시아 동맹과 프랑스-오스트리아 협약 이후 몇 달이 지난 1756년 5월 15일 프랑스에 선전포고하였다. 영국은 그 전쟁에 몰두하게 되었고, 아메리카 식민지인들은 자신들의 일을 처리할 수 있는 스스로의 능력에 대한 자신감을 갖게 되었다. 여기서 잊어서는 안 될 것은, 영국이 1689년-1763년에 걸쳐 약 38년 동안 전쟁을 수행하였는데 이 기간 동안 식민지들은 영국의 싸움을 돕기 위하여 계속해서 인원과 자금을 구해야만 했다는 사실이다. 최소한으로 필요한 소수의 군인과 돈을 습관적으로 대서양 너머로부터 받았지만, 그들은 자신들을 방어할 수 있는 능력에 대하여 자신감을 점차 갖게 되었다. 또한 이로 인하여 식민지들은 영국의 전쟁을 지원하는 데 필요한 인원과 돈을 철수하겠다는 위협으로 영국의 많은 법률과 규제들을 완화하거나 제거하는 데 필수적인 수단을 갖게 되었다. 이 기간 동안 조지 워싱턴은 많은 식민지인들과 마찬가지로 자신들에게 크게 영향을 미치는 사안에 있어서 식민지인의 적정한 대표를 요구하는 강인한 지휘관으로 성숙해져 있었다.

영국은 주된 경쟁자에 대하여 기념비적인 사건인 이 전쟁에서 승리하였고 막대한 식민지라는 상을 얻게 되었다. 파리조약에 따라 영국은 캐나다, 미시시피강 이서(以西) 지역과 스페인의 플로리다 식민지를 얻게 되었다. 그러나 이 승리의 대가는 너무 컸기 때문에 영국정부의 재정이 위험할 정도로 낮은 수준으로 고갈되기에 이르렀다. 영국의 지출능력이 얼마나 극적으로 영향받았는가를 보여주는 예를 전쟁 전과 전쟁 중의 영국의 지출을 통해 볼 수 있다. 전쟁 전의 지출은 매년 약 6,500,000파운드 주위를 맴돌았는데, 전쟁 중에는 매년 14,500,000파운드로서 두 배 이상에 달하였다. 그 결과로 나타난 영국의 조세부담은 그 나라 역사상 가장 높았으리라고 여겨지는데, 그 대부분을 여전히 영향력을 가진 지주 젠트리가 부담하였다. 이 간격을 메꾸려는 영국정부의 노력은 아메리카의 영국식민지들에게 직접적이고 극적인 영향을 주었다.

전쟁비용 이외에도 프랑스로부터 캐나다 영토를 구입하는 데 든 많은 비용과, 스페인인 및 아메리카 원주민으로부터 그 지역과 영국의 다른 지역을 방어하는 데 드는 부가비용이 있었다. 이러한 비용들은 아주 오랜 기간이 지나도 줄어들 것으로 기대하기 어려웠다. 더 나아가 의회는 매사추세츠로 하여금 자신의 전쟁경비를 보상하기 위하여 넉넉한 양의 금액을 지급하도록 의결하였다. 영국인이 생각하기에, 이것은 가벼운 세부담과 영국의 보호 아래 있으면서 실질적인 자치에 의하여 오랫동안 유익을 누려왔던 식민지인들에게 나중에 부담을 전가(轉嫁)할 만한 충분한 근거가 될 것으로 보였다.

이때까지 영국에서 들어오는 생산물에 부과된 대부분의 세금은 영국의 재정을 위한 수입을 발생시키기보다는 단지 무역을 유지할 것을 목적으로 하였다. 이때 새로운 갈등의 시기로 말미암아 본국과 식민지들 간의 관계가 위협받게 되었다. 식민지인들은 영국이 여러 가지 이유를 들어 자신들의 일에 간섭하는 것을 몹시 싫어하였으며, 대서양을 넘어 쓸데없이 간섭하는 이러한 세력의 멍에를 떨쳐버리기 위한 방법을 영국 하원의 예에 따라 선택하기로 하였다. 이와 같이 광대한 새 영토 때문에 영국은 이들을 유지하고 방어하는 데, 그리고 무역과 산업의 기능의 발휘에 필요한 사회간접시설을 건설하는 데 대가를 치르게 되었을 뿐 아니라, 영국정부는 기존의 식민지들에게 군사적·상업적 통제를 행함으로써 기존의 식민지재산을 더욱 철저히 처리해야 할 필요성을 깨닫기 시작하였다. 식민지에서의 사무를 감독하기 위하여 영국은 특허식민지와 독점식민지의 총독을 임명하였으나, 대부분의 경우에 식민지의회는 상당히 자유롭게 지배권을 행사하면서 입법분쟁이 생길 적마다 대부분 승리하곤 하였다.

이내 영국은 대(對)인디안 관계의 모든 영역을 관장하게 되었다. 1763년의 포고(royal proclamation)에 의하여 영국식민지들로부터 정주할 수 있는 한계를 표시하는 (경계)선이 애팔래치아 산맥 아래로 그어졌는데, 그 경계선을 넘어선 인디안 무역은 영국이 임명한 행정관들에 의하여 엄격하게 관리되었다. 이러한 포고는, 자신들의 토지가 점차 잠식당하는 것을 지켜보는 인디안 민족들을 달래는 것과 수익성이 좋은 모피무역에 필요한 비버와 기타 동물의 서식지를 더 이상 침해하는 것을 방지함을 의미하였다. 그러나 이러한 조처들이 오타와(Ottawa) 추장 폰티악(Pontiac)의 지휘 아래 발생한 심각한 폭동을 제때에 방지하지는 못하였다. 그 포고는 부분적으로 인디안의 인권에 대한 존중에서 비롯하였는데, 다음의 두 가지 이유에서 영국

식민지인들을 크게 놀라게 하였다. 그것은 서부 땅에서의 정착과 투기의 전망을 제한하며 또한 식민지의 수중으로부터 서부에 대한 지배를 빼앗는 것을 의미하였다. 그래서 벤자민 프랭클린과 조지 워싱턴 등 매우 야심찬 사람들은 그 포고를 자기 재산을 지배할 수 있는 힘의 상실로 보았다. 이러한 견해의 차이는 아메리카 땅에서 재정적으로 성공을 누림으로써 식민지인들의 자립심이 점차 커가는 것을 보여준다. 또한 그들은 아메리카의 토지사용을 둘러싸고 인디안 민족들과 끝없는 협상 속에서 자신들의 생명과 안전을 희생하였다. 이때 식민지인들의 확장이 중단되지 않으면 안 된다는 영국의 말은 자신들의 업무에 대한 부당한 참견으로 보였다. 만약 그 포고가 인디안과의 세력다툼에서 식민지인들에게 아무런 제한을 가하지 않고 단지 도움만을 주었다면 분명히 수용되었을 것이다. 많은 영국인들에게 식민지인들은 식민지의 일에 부과한 어떠한 부담도 거절하는 반면 영국의 군사적·재정적 그리고 기술적 도움은 기꺼이 받겠다고 말하는 것으로 보였다. 다 큰 어린애의 부모처럼 모국은 자신의 성장하는 자녀, 즉 식민지들의 앞치마 줄을 잘라내기를 꺼렸다.

그러나 인디안과의 관계는 평화와 성공적인 무역을 확보하기 위하여 여전히 조정되지 않으면 안 되었다. 그 당시 영국은 전쟁에 지친 까닭에 제국의 경계를 분명히 확정하고 무역을 관장하며 통치하는 일을 다시 계속하기에 이르렀다. 제국은 인디안의 공격으로부터 그 영토를 지키는 데 드는 추가비용을 감당할 수 없었기 때문에 애팔래치아 경계선 이상으로 확장하는 (식민지인의) 권리를 포기하기로 결정하였다.

이러한 제한을 식민지인들은 기꺼이 수용하려 하지 않았다. 그들은 아메리카에서 부를 형성하기 위하여 거친 기후, 인디안의 지속적인 습격 그리고 원시적인 생활조건을 참았기 때문에, 현재 또는 장래의 보상을 추구하기 위해 서부쪽으로 확장하는 권리를 포기하는 것을 생각할 수 없다고 느꼈다. 사람이 정직하게 획득한 것을 그의 동의 없이 취할 수 없다는 것은 사물의 본질상 고정불가변의 원리이며, 소유권(property) 개념 바로 그 자체의 일부라는 로크의 주장에 많은 사람들이 동의하였다. 「자신의 신체의 노동과 자기 손의 일은 정당하게(properly) 그의 것이라고 말할 수 있다. 자연에 의하여 마련되고 남겨진 상태로부터 옮겨진 것마다 그는 자신의 노동을 혼합시키며 또한 그것에 자신의 고유한 그 무언가를 결합함으로써 그것을 자신의 소유(property)로 만든다.」[74] 이와 같은 근본적인 이념 등으로 말미암아 아메리카인들은 영국과의 관계에서 독립성을 키워가게 되었다.

아메리카 식민지 간에, 그리고 그들과 영국 간의 관계를 정립하는 것에 관하여 여러 가지가 제안되었다. 이러한 관계와 유사한 예들이 역사적으로 국가차원 그리고 국제차원에서 존재하였다. 잉글랜드 지방지배자들(성공한 상인과 젠트리)과 중앙정부 간의 갈등이 그 일례다. 여왕 엘리자베스 1세는 지방 지도자들에게 잉글랜드를 보다 강하게 만들 기회를 주기 위하여 충분한 자율을 능숙하게 허용하는 반면, 국가적 위기 때에 그들이 잉글랜드를 지원할 것을 기대할 수 있었다. 국왕 찰스 1세와 추밀원은 각 신민들의 필요나 그들의 하원의원들의 요구를 크게 무시하고 정부에 가해진 적절한 제한을 배척하며 그들의 영지를 침범하였다. 아직도 중세에 살고 있던 그는 하원의 경계선을 무시한 것에 대한 극단적인 대가를 치렀다. 호국경 정치시대에는 아일랜드나 스코틀랜드를 성공적으로 결합하여 보존할 수 있었

----

74 John Locke, *The Second Treatise of Government*(The Liberal Arts Press, 1952), p. 17.

는데, 그 이유는 신모범군의 군사정복의 결과로 협력의 문이 열린 후 이들에게 의회권력에 참여할 대표의 몫을 주었기 때문이었다. 아메리카 식민지들은 이러한 의회의 전통 안에서 당당히 나아갔으며, 의회 지배를 견고히 한 명예혁명에 대한 확신으로 자신과 대영제국 권력보유자 간의 관계를 새로이 형성하려 하였다. 그들이 원한 것은 다름 아니라 자신들의 자율을 지키면서 의회(parliament)나 다른 어떤 입법부(assembly)에서 대표의 정당한 몫을 차지하는 것이었다.

여기에서 지방정부냐 중앙정부냐 또는 식민지정부냐 영국정부냐라는 문제는 매우 흡사하고 또한 많은 점에서 동일한 방식으로 기술될 수 있음을 알 수 있다. 혁명전쟁 이전에, 아니 이 당시에만도 식민지들이 자신을 대영제국으로부터 완전히 독립한 주권국가로서 생각하는 것은 널리 수용된 개념이 아니었다. 여기 언급된 논의와 기본 모델로부터 20세기의 대영제국, 국제연맹(the League of Nations)과 국제연합(the United Nations)을 이해하는 데 필요한 기초를 얻을 수 있다. 이 모든 세 가지 체제는 중앙집중적인 권력이 어느 정도로 그 구성국가를 다스릴 것인지, 그들 개별 주권이 각자의 일에 대한 간섭을 어느 지점에서 배제하는지를 고려하지 않으면 안 된다. 나중에 다른 나라와, 소련과 같은 국가집단을 살펴보면서 이러한 주제의 일부를 더 언급하기로 한다. 이 모델들은 다음의 세 가지로 나누어볼 수 있다. 즉 식민지 보호령의 이론(the Theory of Colonial Dependency), 제국연방의 이론(the Theory of Imperial Federation), 국가연합의 이론(the Theory of the Commonwealth of Nations).[75] 일반적으로 정치적 힘은 점차 첫 번째 이론에서 세 번째 이론으로 옮겨갔

---

[75] 이러한 이론들에 대한 자세한 설명과 그것들의 대중성에 관하여는 Randolph Adams, *Political Ideas of the American Revolution*, 1958, pp. 47-85 참조.

고 곧장 혁명전쟁으로까지 나아가게 되었다.

식민지 보호령이라는 첫 번째 모델은 어머니 나라와 자녀 식민지라는 고전적인 관념을 포함하면서, 영국과 의회를 제국의 중심에 두고 모든 식민지를 그들에게 종속케 하고 있다. 의회에는 아메리카 식민지들의 대표자가 있지 않기 때문에, 이 이론은 대다수 영국인이 믿고 있는 바와 같이 식민지에 대한 영국의 우월한 지위를 나타내는 위계질서를 명시하고 있었다. 특히 독점식민지의 경우 영국인들은 대서양 너머에 있는 자신들의 봉건영지의 소유권에 집착하였다. 오늘날에는 놀라운 것으로 여겨지지만, 이러한 생각은 아메리카 식민지에 걸쳐 심지어 1765년 소집된 인지세 의회의 항의 모임들에서도 광범위하게 인용되었다. 식민지권리위원회(the Committee on Colonial Rights)에서 작성된 보고서도 「국왕과 의회에 대한 식민지의 마땅한 복종」을, 「식민지의 신민들은 영국 국왕에 대하여 왕국에서 출생한 신민들과 동일한 충성심과, 저 존엄한 기구인 영국 의회에 대해 매우 합당한 복종의무를 지니고 있음」을 받아들이고 있었다. 그들은 또한 자신들의 존재이유에 맞추어 「자유인으로서 그리고 영국 신민으로서 우리의 본질적인 권리를 향유하는 것에 우리의 상황이 양립하는 한도에서 영국 의회의 권위는 여기서도 분명히 인정된다.」[76]라고 말하며 동일한 의회에 대한 제한을 주장하였다. 여기에서는 식민지들이 약간의 대표권을 갖는 별도의 제국의회(imperial parliament)의 특징을 나타내기 위하여 약간의 구별을 시도하고 있다. 식민지인들 자신의 명시적인 동의 없이는 자신들의 소유권을 빼앗길 수 없다는 로크의 이상과 의회주권이라는 상호모순된 개념이 공존하고 있음은 흥미로운 사실이다. 이러한 이론은 영국의회에서 광범위하게 자유로이 견해를

---

[76] Pitkin, *Political and Civil History*, I, p. 453.

피력하는 가운데 지지를 받았는데, 의원들은 의회에서 「상위의 정부와 입법부에 대한 종속을 함축하는 준칙으로 말미암아, 상위 입법부에 종속하면서 제한된 권력을 가진 하위 입법부의 존재가 배제되지 않는다.」고 말하였다.[77]

둘째로 제국 내의 모든 정부들이 대표자를 파견하게 되는 새로운 제국정부를 창설하는 모델이 있다. 이 개념에는 기호논리학으로나 정치학으로나 어떤 이들에게 비현실적으로 보이는 많은 어려움이 있었다. 이 이론이 결코 실천될 수 없었던 이유 중의 하나는, 영국의회가 자신의 지위를 제국의 다른 모든 의회와 동일한 수준으로 낮춰야 하고 또한 중앙집권적인 제국의회를 지도적인 지위에 앉혀두어야 할 것이 요청되기 때문이었다. 영국 하원은 영국 자신의 이익만을 위하여 입법하려 할 것이다. 이러한 설명에 따르면, 제국의회에 파견된 식민지의 대표자들을 통하여 식민지가 요구한 대표가 확보되며 「대표 없이는 과세 없다」는 외침에 대한 해결책이 제시될 것이다. 그러나 크롬웰의 호국경정치에서 보았듯이, 의회는 자신이 이전에 누렸던 권력을 포기하기를 매우 꺼려 조직의 구성이 성공하거나 지속되지 않게 하려 하였다. 이러한 권력투쟁이 왕정복고 시대에 다시금 나타나게 되었는데, 그 시대의 정점은 영국에서 분쟁을 단번에 해결한 명예혁명이었다. 그러한 제도적 장치의 필연적인 장애물, 특히 대서양을 넘어서 대표자를 수송하는 일은 큰일이었다. 여하튼 대서양의 양편에서 정치가들에 의하여 반복적으로 제시되었던 이 제안이 전혀 실행되지 않았다는 점은 여전히 놀라운 사실이다. 훗날 독립선언서는 영국으로부터의 분리를 정당화하는 근거로 이러한 논점들 중 몇 가지를 명확하게 지

---

77 Hansard, *Parliamentary History*, XVI, pp. 166-7. Feb. 24, 1776.

적하였다.[78] 양편 모두 너무 교만하고 고집스러워서 자진해서 할 수 없었다고 말한 벤자민 프랭클린이 옳았는지도 모른다. 그럼에도 불구하고 대의정부의 중요성에 관하여 영국에서 배운 교훈들, 최소한 부와 재산권을 지배하는 자들의 필요에 부응해야 한다는 교훈이 아메리카 식민지에 관하여는 의회에서 철저히 무시당하였다. 만약 통치에서 진정한 대표에 따른 발언권을 옹호한 벤자민 프랭클린과 다른 사람들의 조언에 주의를 기울였다면, 아메리카 혁명은 결코 발생하지 않았을 것이다. 그리고 대영제국은 오늘날 아메리카 합중국을 구성하는 일단의 다수 소주권국가들로 발전하였을 것이다. 그들이 그토록 소중히 여겨온 이상(理想)을 위협하는 강제력이라는 접합제가 없었다면, 그들이 서로 결합해야 할 이유가 별로 없었을 것이다.

　제국연방의 주장에 대한 반박으로서 상당한 관심을 받은 다른 개념은 잠재적 대의(潛在的代議, virtual representation, 잠재적 대의라는 개념은 E. Burke의 개념으로서, 현실적 대의(actual representation)와는 달리, 인민에 의하여 현실적으로 선출되지 않았을지라도 인민의 이름으로 행동하는 대표자와 인민 간에 이익의 공감이 있고 감정과 욕망의 동일시가 있는 대표관계를 의미함—역주)였다. 그 요점은 심지어 영국에서도 맨체스터, 버밍엄과 스코필드와 같은 일부 주요 도시를 포함하여 약 10%의 인민만이 의회에서 대표된다는 것이다.

....

[78] 독립선언서를 인용하자면 다음과 같다. 「그(대브리튼의 왕)는 입법의원들로 하여금 지쳐서 자신의 조치에 순응하도록 할 유일한 목적으로 그들을 공문서보관서에서 멀리 떨어진 이례적이고도 불편한 장소들로 소집하였다.」 그 이후에 「그는 다른 자들과 연합해서 우리로 하여금 우리 헌법에 생소하면서도 우리 법에 알려지지 않은 재판관 할권에 복종하게 하였다. 즉 허울만의 법률을 재가하였다……. 우리의 동의 없이 우리에게 과세하기 위하여.」

비록 의회가 전 인민을 비례적으로 대표하지는 않지만 잠재적으로
모두를 대표한다고 주장되었다. 그러므로 식민지도 역시 잠재적으로
대표되었으며, 따라서 그와 비슷한 영국의 일부 도시보다 더 많이 대
표되기를 기대할 수는 없었다. 아메리카의 혁명적 정치가로 알려진
제임스 오티스는 이러한 영국의 비대표적인 체제가 하나의 질병이며,
아메리카 식민지의 반란은 단지 그 증상에 해당한다고 글을 썼다. 그
는 다음과 같은 질문을 던졌다. 「의원을 선출하지 않는 맨체스터, 버
밍엄 그리고 셰필드와 같은 경우인 식민지에 대하여 같은 말을 여러
가지로 되풀이하여 말하려는 의도가 무엇인가? 현재 그토록 중요하
게 여기는 장소들이 여태껏 대표되고 있지 않다면, 그들은 마땅히 대
표되어야 한다.」[79] 제국연방이라는 아이디어에 대한 또 다른 지지자인
매사추세츠의 영국 총독 토마스 파우널(Thomas Pownall)은 「대서양
과 아메리카의 속령과 더불어 브리튼의 섬들이 사실상 하나의 거대한
해양 영토와, 정부의 소재지를 가진 중심지로 연합되어 있는」 것을 그
려보았다.[80] 이와 같은 새로운 정부에 관한 그의 개념은 「전체에 기초
를 두어 성립하고, 전체에 적절하고 효율적인」 중앙집권적 정부를 구
성하는 것을 내용으로 하였다. 그 정부는 「식민지들로부터 선출된 기
사(knights)와 하원의원(burgess)으로 하여금 의회에서 그들을 대
표하도록 함으로써 대브리튼의 입법부에서 식민지들에게 일정한 몫
을 허용하려는 것이었다.」[81] 그는 대브리튼의 의회가 스코틀랜드 출신

---

79 James Otis, *Considerations on behalf of the Colonists in a Letter to a Noble Lord*, 2nd Ed.(London, 1765).

80 *The Administration of the Colonies, Wherein Their Rights and Constitutions are Discussed and Stated*(London, 1768), p. xv.

81 Ibid.

의 대표자들을 포함하게 된 1707년 잉글랜드·스코틀랜드 연합(the
1707 union of England and Scotland)을 특별히 언급하였다. 나아
가 그는 구성원의 승인에 의해서만 변경될 수 있는 연합의 계약행위
를 요구하였다. 이와 같은 방식으로 왕국의 모든 자치령은 그 자신도
제국정부에 종속하게 된 대브리튼과 평등한 입장에 서게 되었다. 이
모델의 변형에 관한 또 다른 제안은 1770년경에 벤자민 프랭클린이
제의하였는데, 이는 「영국 의회에 아메리카 식민지 및 아일랜드 대표
자들을 허용함에 따른 연합계획」으로 불리었다. 「서반구의 모든 영국
자치령은 웨스터민스터에 대표자를 보내야 한다. 불만을 품고 있는
북아메리카의 13개 식민지들, 플로리다, 바바도스, 세인트 키츠, 안
티구아, 바하마, 버뮤다 그리고 세인트 빈센트와 토바고에 이르는 모
든 나머지는 인구수에 따라 그룹을 나누어 가장 커다란 그룹은 각각
네 명의 의원들, 가장 작은 세 군데는 합쳐서 한 명의 의원을 보내도
록 한다.」[82] 이러한 제안에는 새롭지만 대부분 영국인들이 아마 받아
들이기 어려운 것, 즉 중앙입법부가 자기를 창설한 기구에 의하여 제
한을 받아야 한다는 점이 들어 있었다. 또다시 하원은 자신이 누렸던
무제한의 권력을 포기하는 것이 불가능함을 스스로 드러냈다. 비록
이것이 잉글랜드 내에서 성취하기 위한 투쟁의 대상이 되었던 것으로
서 왕국 내의 다른 사람들에게 더욱 많은 대표성을 확보해주는 정부
가 되는 것을 의미하더라도.

　세 번째 이론의 성립은 맨 섬(the Isle of Man)과 채널제도(the
Channel Islands)가 차지한 특수한 지위에 부분적으로 기초하고 있
다. 이들은 실제로 브리튼 영토 내에 속하지 않지만, 국왕 아래에서
대표되고 있었다. 버지니아의 리처드 블랜드(Richard Bland)는 한

---

82 Randolph G. Adams, *Political Ideas of the American Revolution*, 1958, p. 61.

팸플릿에서 「아메리카는 대브리튼왕국의 일부가 아니다.」라고 얘기 하였는데, 이는 프랑스 의회가 영국식민지에게 입법적 통제권을 행 사하기를 기대할 수 없는 것처럼 대브리튼의 입법부가 아메리카에게 어떠한 관할권도 갖지 못함을 의미하는 것이었다. 영연방(a British Commonwealth of Nations)의 개념은 그 집단을 구성하는 다양한 국가들의 주권을 허용하는 반면, 구성국가의 정부 이상으로 중추적인 지위를 차지하는 중앙집권적인 정부를 갖지 않고 있다. 대신에 영연 방은 입법권을 가진 여러 정부를 연합하는 집행부가 되어야 했다. 미 대통령 제임스 매디슨(James Madison)은, 「식민지들이 상호 간에, 또한 대브리튼과 더불어 공동의 최고 입법권력이 아니라 공동의 최고 집행권력에 의하여 연합된 제국의 동등한 구성원이라는 것이 혁명의 근본원리」라고 설명하였다.[83] 흥미로운 사실은 20세기 초반의 영연방 이 결국 이 형태를 취하게 되었다는 점이다. 대영제국을 위하여 이러 한 이상이 성취되도록 열심히 수고하였던 사람들 중 다수가 이제는 장차 아메리카 합중국이 될 정부의 형성을 위하여 방향을 바꿔 자신 들의 노력을 기울이게 되었다. 영국의 실(失)이 다시 한번 아메리카의 득(得)으로 되고 말았다.

버지니아의 리처드 블랜드는 『영국식민지의 권리에 관한 연구(An Inquiry into the Rights of the British Colonies)』를 발간하였는데, 그는 이 책을 통하여 「아메리카는 대브리튼왕국의 일부가 아니다.」라 는 명제에 근거하여 제국적 협력관계(imperial partnership)를 제안 하였다. 여기서 그는 국왕에 관한 의회의 권력에 대한 제한과, 헌법 적 제약, 그리고 대영제국(the British Imperial Commonwealth) 내 아메리카 식민지 지역에 대하여 미치는 의회권력의 영향에 관하여

---

83 Hunt(ed.), *Madison's Works*, VI, p. 373.

두 가지 생각을 발전시켰다. 그는 의회의 승인이 없어도 왕이 신민으로 하여금 다른 나라로 이민 가는 것을 허락하는 등의 일정한 대권을 행사할 수 있다고 주장하였다. 브리튼 헌법은 다른 방법으로도 의회를 제한하였다. 또한 그는 당시 대브리튼에서 받아들여지고 있던 법령들을 채택하였는데, 이에 따르면 맨 섬 및 기타 지역들은 브리튼 영토 외부에 존재함에도 불구하고 영국 왕국에서의 지위를 허락받고 있었다. 브리튼 영토만이 의회가 입법권을 가진 유일한 지역이었기 때문에 이들 지역은 의회의 지배에서 자유로웠으며 의회로부터 결코 세금을 부과 받지 않았다. 이러한 입장은 18세기 아메리카 식민지의 대다수 주요 지도자들에게 매우 바람직한 것으로 보였다.

  대영제국의 틀 안에서 지방정부 대 중앙정부의 문제를 해결하려는 이러한 시도를 고려해볼 때, 7년전쟁 후에 하원에서 통과되어 제약을 가하고 부담을 주는 주요 법률들을 언급할 필요가 있다. 이제 영국은 프랑스와의 전쟁에서 더 이상 식민지의 도움을 필요로 하지 않기 때문에 그들에게 양보하거나 영국의 과세나 무역정책에 대한 식민지의 면탈을 더 이상 눈감아줄 필요가 없었다. 1763년 당밀법은 서인도제도로부터 식민지들로 들어온 당밀과 설탕에 세금을 부과하려 하였으나 전혀 시행되지 않았다. 그다음 해 의회는 식민지의 지폐발행권을 엄격하게 제약하는 지폐법(the Paper Money Act, 1764년)을 공포함으로써[84] 식민지의 인플레이션을 억제하려 하였다. 지폐가 필요

----

[84] 영국이 식민지의 지폐를 불법이라고 선언한 것이 이번이 처음은 아니었다. 1751년 화폐법(The Currency Act)은 지폐는 법정 화폐로 사용될 수 없고 단지 자회사(子會社)의 약속어음으로만 사용될 수 있다고 규정하였다. 영국의 채권자들은 이러한 제한에 특별한 관심을 가졌다. 왜냐하면 그들은 식민지 법률에 따라 식민지인들의 채무로부터 평가절하되고 무가치해진 지폐의 지급을 당분간 받지 않을 수 없었기 때문이었다.

하게 된 하나의 이유는 영국과의 무역불균형이었다. 이로 말미암아 식민지인들의 금과 은 보유고가 서서히 줄어들게 되었다. 또한 무역을 지속하기 위해서는 몇 종류의 화폐단위가 필요하게 되었다. 이 법률을 시행함에 따라 식민지인들은 부채를 거의 갚을 수 없었다. 이와 동시에 설탕법(the Sugar Act, 1764년)은 당밀법과 유사하게 설탕과 당밀에 세금을 부과하였다. 이번에는 엄격하게 시행되었다. 존 로크로부터 영향을 받은 뉴욕 의회는 1764년 10월 「자신 또는 대표자들에 의하여 부과된 세금 이외의 모든 세금으로부터 자유로운 것은 '인간의 자연권'이다.」고 선언하였다.[85]

그 후 1765년 인지법(the Stamp Act)은 식민지인에게 신문, 결혼허가증과 기타 법적 문서에 대하여 세금을 부과하였다. 이에 대하여 화가 난 변호사와 언론인들은 그 입법에 대하여 재빨리 공공연하게 반대하기 시작하였다. 상인 및 지주들과 연합한 그들은 1765년 10월 인지법 의회(the Stamp Act Congress)를 구성하여 영국의회에서 대표되지 않는 식민지인들을 대변하려 하였다. 보스턴의 한 타운회의에서 인지법은 영국의회에서 식민지인들이 대표되지 않은 채 주어졌기 때문에 영국인으로서 누려할 권리가 침해되었다는 주장이 제기되었다. 뉴욕과 매사추세츠의 지도하에 아홉 식민지는 영국의회에서 대표되지 않은 과세를 비난하는 권리선언(Declaration of Rights)을 채택하였다. 그들은 납세인지를 붙인 신문지를 공개적으로 불태우는 그룹을 조직하였으며 영국 상품을 수입하지 않기로 합의하였다. 패트릭 헨리와 다른 지도자들은 이러한 불공정한 세금을 이유로 모국정부를 공개적으로 비난하였다.

---

85 Edmunt S. Morgan(ed.), *The New York Declaration of 1764*(Old South Leaflets, no. 224, Boston, 1948).

한동안 인지법 의회의 활동은 효과를 가져왔으며 영국의회는 1766
년 그 법률을 폐지하기에 이르렀다. 영국상품의 불매운동으로 영국
산 상품의 판매가 격감하여 세수가 전혀 증가하지 않은 듯하였다. 그
리하여 고갈된 국고를 채워야 할 필요성에 압력을 받은 영국의회는
1767년 광범위한 효력을 가진 타운젠드법(Townshend Act)으로 강
하게 되받아쳤다. 이 법은 유리, 화가의 연필심, 종이, 차, 기타 물건
등 식민지에 수입되는 광범위한 생활필수품에 세금을 부과하였다. 이
법률에 따라 국왕은 수입세를 아메리카에서 징수하여 식민지의 국왕
관리들로 하여금 식민지의 예산에 의존하지 않도록 하였기 때문에,
이 법률은 식민지인들을 더욱 자극하였다. 또다시 조직을 갖춘 그룹
들이 불매운동과 공공연한 반영(反英) 구호로써 대응하였다. 이와 동
시에 많은 식민지 지도자들은 영국상품을 식민지에서 생산한 물건으
로 교체하는 것을 권장하였다. 조지 워싱턴은 1769년 4월 영국과 싸
우기 위하여 무기를 사용하는 것을 지지하는 내용으로는 아마도 첫
번째에 해당하는 편지를 썼다.

존경하는 우리 영국 상전들이 다름 아닌 아메리카의 자유를 무
시하는 것으로 흡족해할 즈음에, 공격을 피하고 우리 조상으로부
터 물려받은 자유를 유지하기 위하여 무언가 행해져야 할 필요가
있는 것 같다. 그러나 그 목적을 효과적으로 이루기 위해서는 행하
는 방법이 문제이다. 그토록 귀한 축복을 지키기 위하여 무기를 사
용하는 순간에 그 누구도 망설이거나 주저해서는 안 된다. …… 이
것이 나의 분명한 견해이다. 그러나 덧붙여 말하자면, 무기는 마지
막 방책, 최후의 수단이어야 한다. [86]

86 이 편지는 특정 영국제품의 수입금지 합의를 상술한 몇 문서들에 덧붙이기 위하여

더 나아가 그는 통상 수입하던 물건을 대체하기 위해 자체 생산함으로써 식민지가 영국으로부터 경제적으로 독립해야 함을 주장하였다. 이를 위해서 그는 자신의 농장의 산물을 담배에서 수출품인 밀과 옥수수로 바꾸었다.

여러 식민지들, 특히 새뮤얼 애덤스 지도하의 매사추세츠에서 저항이 커지게 되었다. 이 때문에 영국이 대서양을 횡단하여 군대를 파견하기에 이르렀다. 영국군과 식민지 시민군의 충돌이 빈발하게 되었다. 이 중에는 1770년 3월 5일의 보스턴 대학살과 같은 유명한 사건이 포함되었다. 여기에서 영국군은 성난 보스턴 군중에게 발사하여 다섯 명을 살해하였다. 이 일과 기타 사건들로 인하여 식민지 전역에 걸쳐 모국에 저항하려는 아메리카인들의 결심이 확고하게 되었다. 영국의회는 식민지인의 수입거부협정의 실시라는 식민지에서의 어려움에도 불구하고, 1770년 차를 제외한 나머지 모든 물품에 대해서 타운센드법에 따른 세금을 폐지하였다. 그러나 차는 당시 식민지에서 가장 중요한 음료였기 때문에 여전히 남아 있는 이 세금으로 식민지 거주자들은 특별한 어려움을 겪었다. 그 뒤를 이어 아메리카 식민지에서 차를 매우 낮은 가격으로 판매할 수 있도록 동인도회사(the East India Company)에게 세금을 면제해주는 영국차법(the British Tea Act)이 1773년 제정되었다. 그 법률의 제정 의도는 차의 가격을 떨어뜨림으로써 아메리카 식민지인들을 도우려고 하기는커녕 동인도회사로 하여금 아메리카에서 잉여분 차의 덤핑을 도와주려는 것이었다.

....

그의 이웃인 조지 메이슨(George Mason)에게 쓰였다. 이 글에는 버지니아·메릴랜드와 펜실바니아 식민지에 의한 계획들이 포함되어 있었는데, 그중의 일부는 사실 조지 메이슨 자신에 의하여 작성되었다.

이와 동시에 차를 특정한 영국 대리인들을 통하여 독점적으로 판매하도록 함으로써 식민지 상인들에게 손해를 끼쳤다. 매사추세츠에서 인디안들로 가장한 시민들이 동인도회사의 차를 보스턴만으로 투척하였다. 이 일은 「보스턴다회(茶會, the Boston Tea Party)사건」으로 알려졌다. 점차 담대해진 일부 시민들은 메릴랜드 아나폴리스에서 차 수송선인 페기 스튜워트(Peggy Stewart)호를 불태우기까지 하였다.

이 일로부터 사태가 점차 확대되더니, 1774년 「불관용법률(the Intolerable Acts)」로 알려진 일련의 입법들이 이루어졌다. 매사추세츠 식민지의 비타협에 대한 보복으로 영국의회는 잠정적으로 보스턴항을 폐쇄하고 식민지의 자치권을 제한하였다. 국왕의 관리들로 하여금 재판을 위하여 일부 법적 사건을 영국으로 이송하는 것을 허용하였고, 일정한 규칙 아래 여관과 비어 있는 건물을 영국군이 접수하는 것을 인정하는 숙영법(宿營法, a Quatering Act)을 도입하였다. 자신들의 자유에 대한 경제적 · 법적 침입으로 촉발된 식민지인들의 분노에 더하여, 1774년 퀘벡법(the Quebec Act)은 오하이오와 미시시피 사이 지역의 재판관할권을 캐나다의 중세적인 프랑스인 가톨릭교도에 넘김으로써 종교적 갈등을 부채질하였으며 또한 주로 영어를 사용하는 13개 주 개신교도들을 격노케 하였다. 이를 비롯한 기타 조치들로 말미암아 식민지들은 연합하여 영국에 대항하게 되었다.[87] 로드 아일랜드인들이 영국 세관감시선 가스페이(*Gaspée*)호를 끌어당긴 이후, 1773년 그곳 의회(the Burgesses)는 다른 식민지들과 상호방

------

[87] 이외의 다른 조처에는 1763년의 경계선 선언(the 1763 Proclamation Line)을 다시 확정하는 조지 3세의 선언이 포함되었다. 그 한계선은 사실상 서쪽으로 옮겨졌는데, 그 이상으로는 아메리카인들이 정착할 수 없었다. 또한 왕은 애팔래치아 산맥 동쪽의 왕의 영토에 세금을 부과하였다.

위를 위해 노력하는 위원회를 설치하기로 의결하였다. 다른 식민지들에서도 이와 유사한 조치들이 나타나 결국 제1차 대륙회의(the First Continental Congress)가 1774년 9월 필라델피아에서 개최되었다.

이 모임과 영국의회에서도 분리를 넘어서 전쟁을 바라는 의도는 결코 많지 않았다. 혹 있다 하더라도 제1차 대륙회의에서 영국으로부터의 완전한 독립을 거론한 것은 거의 없었다. 대부분 아메리카인들은 여전히 「영국인의 권리」나 영국의회에서의 대표의 필요성을 언급하는 등 모국에 대하여 강한 연대감을 느꼈다. 영국도 역시 무력충돌은 값비싼 대가를 요구하며 식민지에서 쏟아부었던 자신의 노력에 돌이킬 수 없는 손해를 끼친다는 사실을 알고 있었다. 버지니아의 조지 메이슨(George Mason)은 「우리는 다름 아닌 영국인의 자유와 특권을 주장한다.」고 선언하였다.[88]

1775년 7월 6일 작성된 「무기보유의 이유와 필요성에 관한 선언(the Declaration of the Causes & Necessity of Taking Up Arms)」조차도 그들이 침해되었다고 느낀, 예로부터 내려온 자유를 유지하고 강화하는 것을 지지하였다. 즉 그 선언은 「우리의 선천적 권리이며 지난번 침해되기 전까지 향유하였던 자유를 지키기 위하여」라고 하였다. 조지 워싱턴은 스스로를 「불순한 의도가 없으며 그래서 모국과의 분쟁에 들어가기를 원치 않는」 자로 표현하면서, 그러한 갈등은 아마도 영국의 무능한 정치인들과 혼란의 결과일 것이라는 결론을 내렸다. 아메리카를 노예상태로 두려고 위협하는 정복계획에 영국이 착수하려는 증거들이 드러나자, 그는 「겸손히 요청한 대로」 법률들이 폐지되지 아니하면 영국의 무역을 거부하기로 하는 것에 다른 사람과 함께 처음으로 찬성투표하였다. 더 나아가 제1차 대륙회의는 무

88 *Encyclopedia Britannica*, 1996.

력을 사용하려는 영국의 어떤 시도도 무력에 맞부딪치게 될 것이라고 선언하였다. 협상에 의한 해결을 희망하면서도 양측은 잠재적인 갈등에 대비하여 각자 무장하였다. 1775년 3월 23일 버지니아 회의(the Virginia Convention)에서 행한 연설에서 패트릭 헨리는 그의 유명한 말을 남겼다.

신사들(영국인을 지칭함—역주)은 평화, 평화라고 외칠지 모른다 —그러나 평화란 존재하지 않는다. 사실 전쟁은 이미 시작되었다. 다음에 북쪽을 향하여 휘몰아칠 강풍을 따라 요란한 무기의 충돌소리가 우리 귀에 전해질 것이다. 우리의 형제들은 벌써 전장에 나가 있다. 우리는 왜 게으르게 여기 있는가? 사슬과 노예상태라는 대가를 치르고서 사야 할 정도로 생명이 그토록 귀하단 말인가, 평화가 그토록 소중하단 말인가? 전능하신 하나님이 이를 금하시는가? 다른 사람은 어떤 길을 택할지 모르겠다. 그러나 나에게는 자유를 달라. 그렇지 않으면 죽음을 달라!

얼마 되지 않아 매사추세츠 총독인 토마스 게이지(Thomas Gage) 장군이 콩코드에 저장된 아메리카의 군수품을 빼앗기 위하여 영국군을 보냈다. 1775년 4월 19일 콩코드와 렉싱턴에서 아메리카 의용대(minutemen)가 영국군을 대항하는 과정에서 잇달아 「전 세계에 걸쳐 울려 퍼진 총성」에 의하여 아메리카 혁명전쟁이 시작되었다. 이것이 적개심의 시작이었으나 독립선언서가 비준되기까지는 여전히 예비단계에 머물러 있었다. 이 선언서는 독립전쟁에서 공식적이고도 연합적인 노력을 알리는 것이었다. 이 총성은 계속해서 전 세계에 울려 퍼지게 되었는데, 그 이유는 전 세계의 혁명지도자들이 자신들의 폭동이 기존 질서를 성공적으로 전복시키리라 믿으면서 4월 19일을 폭동의 개시일로 계획하였기 때문이다.[89]

필라델피아의 제2차 대륙회의에서 존 애덤스와 기타 사람들의 강력한 지지로 아메리카의 자유를 지키기 위하여 대륙의 병력을 지휘하도록 선출된 조지 워싱턴은 이를 쉽사리 받아들이려 하지 않았다. 그 이유 중의 하나는 많은 강대국가를 굴복시켰던 세계 최강 군대와의 무력충돌을 피하고 싶었기 때문이었다. 토마스 제퍼슨, 벤자민 프랭클린, 벤자민 러쉬―독립선언서의 모든 서명자들―를 비롯한 나머지 사람들을 포함한 아메리카의 많은 건국자들로부터 건배 제의를 받은 만찬석상에서 전면에 나서지 않는 워싱턴은 수줍어하며, 심지어 소심하게 건배에 응하였다. 프랑스-인디안전쟁 동안 그토록 많은 어려움을 극복하였던 사령관은 자기 친구인 패트릭 헨리에게 자신의 속마음을 털어놓으면서 이내 눈물을 흘리고 말았다. 그는 「헨리, 지금 내가 당신에게 하는 말을 기억해두시게. 내가 아메리카 군대를 지휘하기 시작한 날부터 나의 파멸과 내 명성의 몰락이 시작된다네.」라고 말하였다.[90] 그는 「그토록 중대한 일을 처리함에 있어서 자신의 무능력과 경험의 부족에 대한 자각」을 느꼈다.[91]

이처럼 중요한 시기에 식민지 내부에서는 독립반대자(the Loyalists)와 독립주의자(the Patriots) 간에 날카로운 대립이 나타

---

89 4월 19일이 독재자 이승만을 축출하기 위하여 한국인들에 의하여 선택되었던 사실 (1960), 그리고 최근에 잘 알려진 미국의 세 폭동 즉 아이다호의 루비 리지(Ruby Ridge, 1992), 텍사스의 웨이코(Waco, 1993), 그리고 오클라호마시 연방빌딩의 폭파 (1995)가 모두 4월 19일에 발생한 사실을 나중에 살펴보도록 한다.

90 Benjamin Rush, *Autobiography*, ed. by George W. Corner(Princeton, AN. J., 1948), p. 113; Fitzpatrick, 3, p. 297.

91 Continental Congress, *Journals*, 1774-1789, 2(Washington D. C., 1921-1926), p. 92.

났다. 대체적으로 계급에 따라 분류하자면, 왕의 토지교부로부터 이익을 얻고 혁명이 부자에 대한 공격으로 변할지도 모른다는 두려움을 가진 대토지소유자들이 독립반대자로 되는 경향이었다. 다른 독립반대자들로는 영국교회의 목회자, 영국군장교, 왕에 의해 임명된 식민지 총독 및 기타 사람들, 그리고 다수의 영국출신자들처럼 영국과 밀접한 관련이 있던 자들이었다. 독립주의자들은 영국무역입법에 반대한 대·소규모의 상인들[예컨대 존 핸콕(John Hancock)], 또한 토지투기자들(벤자민 프랭클린, 조지 워싱턴, 대니얼 분, 존 세비어 등), 영국에 빚을 진 남부지역의 농장소유자들에게서 공감을 얻었다. 예상했던 대로 식민지의회의 대부분 선출직 의원은 소농과 도시노동자들과 함께 독립주의자들이었다. 싸움은 이웃끼리 하는 것처럼, 독립주의자들은 대영제국으로부터 보수를 받으며 다른 곳에 재정주할 수 있는 기회를 얻은 독립반대자를 마침내 내쫓았다. 청교도들이 이전 가톨릭 수도원 토지와 건물을 폐쇄함으로써 이익을 얻었던 16세기 영국의 상황과 유사하게, 독립주의자들은 추방된 독립반대자들에게서 몰수한 토지로부터 이익을 얻었다. 이로 인하여 그들의 재정적·정치적 세력은 개인적으로나 집단적으로 증대하였다.

영국과의 전쟁은 제2차 대륙회의의 지도 아래 움직이는 13개 식민지들의 통일된 성과물이었다. 이 자체만으로도 기념비적인 일이었다. 왜냐하면 식민지들은 언제나 상호 간 독립을 철저하게 유지하였기 때문이었다. 사실 싸움의 초기, 즉 뉴잉글랜드 거주민들이 콩코드의 식민지 무기고에서 영국군을 격퇴하기 위하여 싸울 때 어떤 식민지도 그 일을 위하여 병력이나 군수물자를 전혀 보내지 않았다. 조지 워싱턴이 있던 식민지인 버지니아도 그가 1775년 5월 대륙회의의 모임에 참석키 위하여 떠날 때에도 그 전투에 참여조차 하지 않았다. 그러나 그와 다른 버지니아 사람들은 필요하다면 전투에 참여할 용의가 있었다.

존 핸콕을 의장으로 한 대륙회의는 마치 이미 주권국가의 정부가 된 것처럼 입법, 집행, 사법 기능을 수행하고 있었다. 그러나 이와 같은 외적인 독립성에도 불구하고, 그들은 그다음 해에도 영국과의 관계를 사실상 단절하지 않고 양자 간에 넓어진 균열을 개선하기 위한 외교적 노력을 지속하였다. 전쟁터에 있는 군대에 대한 대륙회의의 불충분한 재정적 지원을 예감한 많은 사람들은 「왕 중에 가장 좋은 왕」인 조지 3세가 자신의 아메리카 식민지들을 영국의회의 침해로부터 보호해주리라는 희망을 나타냈다.[92] 영국과의 단절은 많은 사람들에게 고통스러운 일이었으며, 또한 전쟁에 참여한 식민지인이나 참여하지 않은 식민지인들 모두 오랜 세월에 걸친 변화를 겪게 되었다.

또 다른 문제는 대륙회의 자체의 내적 대립이었다. 사실 대륙회의는 서로 분리된 정치조직체들의 모임장소로서 오랜 경쟁의 역사를 가진 여러 식민지들을 대표하고 있었다. 온화한 남캐롤라이나의 담배농장에서부터 제조업과 해운업이 주도하는 북부의 훨씬 추운 지방에 이르기까지 기후와 경제는 다양하였다. 이미 각 식민지를 분리시킨 숱한 차이점 외에도 여행의 어려움과 도로의 미발달로 인한 형편없는 통신까지 문제되었다. 유럽을 기준으로 한다면, 뉴햄프셔와 남캐롤라이나 사이의 거리는 영국과 이태리 간의 1배 반이었다. 식민지 간의 유일한 공적 연결고리가 그들이 맞서 싸우려고 준비하는 나라의 왕에 대한 점점 약해져가는 충성심이었다는 점은 참으로 아이러니이다.

확실히 그러한 조직에게는 그 구성원들을 묶는 유대관계가 매우 약하기 때문에 다수결의 원칙에 의하여 의사를 결정할 수가 없었다. 오

92 Fitzpatrick, 3, pp. 291–92.

직 만장일치에 따른 결정만이 통과되었는데, 이것은 어떠한 변화를 가져오기에는 힘겹게도 느린 과정이었다. 전쟁선포는 적잖이 어려웠으며, 또한 전쟁을 위하여 자금·인원·군수품을 보내는 일은 조지 워싱턴과 다른 장군들이 힘써 이를 수행하려는 데 지속적인 어려움이 되었다. 그러한 어려움 중에는 특히 겨울을 지내기 위한 군대의 양식 및 의복의 제공과 무기, 모포, 비바람을 막는 숙사, 화목(火木)의 공급이 포함되었다. 군의 최고사령관은「할 수 있는 대로 최대한 절약하더라도 이 모든 것을 합산한다면, 이 군대의 지원경비는 대륙회의가 상상한 것을 훨씬 더 초과할 것이다. 그래서 그 결과가 어떻게 될지 나로서는 모르겠다. …… 이러한 사실들을 적군이 모르는 바가 아니다. 바로 이것이 그들이 발판을 삼을 토대가 될 것이다.」라고 불평하였다.

조지 워싱턴은 자신이 아메리카 군대의 지휘 책임을 혼자 감당할 정도로 숙련되지 않았다고 계속 강조하였는데, 대륙회의 역시 그의 군사기술의 부족을 깨닫게 되었다. 이뿐 아니라 매우 소심한 대륙회의 의원들을 달래느라고 제대로 이끌어가지 못하는 우유부단한 대륙회의와, 워싱턴으로 하여금 모든 결정과정에서 그 의견을 들을 것을 대륙회의가 요구하였던 볼품없는 전쟁평의회로 말미암아 전체 아메리카인의 노력이 허사가 될 위험에 처하게 되었다.

처음에는 사병들이 1775년 12월 31일까지만 징모되었다. 그러나 전쟁이 지속되자 이는 비현실적인 것이 되었다. 효율성과 연속성을 유지하기 위하여 보다 항구적인 상비군이 필요함을 워싱턴은 깨닫게 되었다. 워싱턴은 전쟁이 지속하는 동안 모든 사람들이 입대하여야 한다는 내용의 서한을 대륙회의에 보냈다. 새뮤얼, 존 애덤스와 같은 의원은 상비군이「인민의 자유에 언제나 위험」하다고 부언하면서 그

를 강하게 비난하였다.[93] 사태가 이렇게 진행되어갈 때, 토마스 페인
(Thomas Paine)은 1776년 1월 9일 독립국가의 건국을 주장하는 책
자로 널리 읽혀진 『상식(*Common Sense*)』을 간행하였다.

이 책자의 힘이 결코 과소평가 되어서는 안 된다. 왜냐하면 이것은
「대서양의 이쪽에서 여태까지 알려지지 않았던, 몹시도 마음을 사로
잡는 언어가 가득한 문체를 쏟아놓은」[94] 책으로 묘사되었기 때문이다.
토마스 페인은 런던에서 벤자민 프랭클린을 만난 후, 1774년 가을에
펜실바니아로 가기 위하여 영국을 떠났다. 그가 영국에 있었다면 『상
식』에서 쓴 내용으로 인하여 그는 투옥되거나 적어도 국왕과 의회에
대한 대담한 공격 때문에 어려움을 겪었을 것이다. 그의 글을 통하여
알 수 있듯이 그는 이 세상에서 자유를 지킬 수 있는 마지막 희망을
아메리카에서 보았기 때문에 그곳으로 옮겼다.

아메리카의 주장은 크게 보면 모든 인류의 주장이다…… 구세계
의 모든 구석구석은 압제에 의해 황폐해졌다. 온 지구상에서 자유
가 쫓김을 당하고 있다. 아시아와 아프리카에서는 오래전에 자유
를 추방하였다. 유럽에서는 자유를 이방인 취급하고 있으며 영국
은 자유더러 떠나갈 것을 경고하였다. 오, 그 망명자를 받아들여라.
늦지 않게 인류를 위한 피난처를 예비하여라.

그는 계속해서 정복자 윌리엄을 「프랑스인 사생자」라 하고, 조지 3

93 W. C. Ford(ed.), *Warren-Adams Letters: Being Chiefly a Correspondence among John Adams, Samuel Adams, and James Warren*, 1(Massachusetts Historical Society Collections, 1917, 1925), pp. 197-98.

94 Edmund Randolph, "Essay on the Revolutionary History of Virginia," *Virginia Magazine of History and Biography*, 23(1935), p. 306.

세를 「무정하고 무뚝뚝한 파라오(이집트 왕을 지칭함—역주) …… 대
영제국의 망나니 왕족」이라 부르는 등 대부분의 영국왕을 나쁜 놈으
로 묘사하였다. 그토록 가혹하게 군주제를 비난한 후에, 그는 법이
왕이 되는 아메리카의 평민정부(simple government)를 제안하였
다. 그는 초기 영국으로 거슬러 올라가 아메리카의 대헌장(American
Magna Carta)을 요구하였다.

> 「대륙회의 의원·식민지의회 의원의 수와 선출방식 및 임기를
> 정하고, 그들 간의 업무와 권한의 경계선을 설정하며」 그리고 「모
> 든 사람에게 자유와 재산을 보장하고, 무엇보다도 양심의 명령에
> 따른 종교행사의 자유를 보장하며……」[95]

물론 이미 영국으로부터의 독립에 헌신된 자들 중에는 이러한 담대
한 생각들에 공감하는 무리들이 있었지만, 그 책이 나머지 다른 사람
들로 하여금 독립을 추구하도록 설득한다는 사실은 매우 중요한 것이
었다. 그 모습이 1월에 나타났으나 대륙회의에서 독립선언서를 작성
한 7월에서야 비로소 열매가 맺혔다는 사실을 통하여, 그토록 강력한
혁명적 사상이 견고한 운동으로 자라기까지는 대중 속에 뿌리내리는
시간이 필요했다는 점을 알 수 있다. 새뮤얼 애덤스는 그 책을 표현하
기를, 그 책으로 말미암아 「이곳의 일부 사람들이 적잖이 안달하게 되
었다.」고 말하였다. 사실 그 책은 훨씬 그 이상이었다.

인민 자신들의 뿌리와, 영국인의 권리·영국의 헌법·1688년에 완

---

95 Merrill Jensen, *Tracts*, pp. 400–406. 「상식」의 상세한 분석과 독립선언서로 이
르게 된 최종단계에 관하여는 Merrill Jensen, *The Founding of a Nation*(Oxford
University Press, 1968), Ch. XXV을 볼 것.

성된 입헌군주제의 조화와 같은 자신들의 정부의 근본에 대해 인민들이 가지고 있던 신념의 기초 자체가 페인의 활달한 웅변으로 말미암아 흔들리게 되었다. 그때까지만 해도 대영제국의 군주정은 아메리카인들의 삶의 구조를 제공해주었다. 영국과 국왕에서 벗어난다는 사실은 인민들이 여태껏 알아왔던 모든 것을 버린다는 것과, 결점이 있음에도 불구하고 세상에서 가장 좋은 정치체제로 아메리카인들이 존중해왔던 모든 것을 배척하는 것을 의미하였다.

그 책에 대한 공격은 페인 자신에 대한 개인적인 공격일 뿐 아니라 또한 그 책의 사상을 거절하는 것이 되었다. 『펜실바니아 관보 (the Pennsylvania Gazette)』의 기고가인 윌리엄 스미드(William Smith) 목사는 『상식』에 반대하는 일련의 「카토(Cato)」 논문을 썼다. 뉴욕에서 아이작 시어즈(Issac Sears)와 함께하는 직공위원회는 『상식』에 반대하는 팸플릿을 판매되기 전에 없애버렸다.[96] 반대하는 팸플릿으로서 아마도 가장 널리 읽혀진 것은 제임스 챠머(James Chalmer)의 『평범한 진리(Plain Truth)』였다. 나중에 독립반대자가 된 챠머는 페인을 「엉터리 정치인」이라 표현하면서, 국왕의 통제가 없는 상태로 된다면 「우리의 헌법은 즉시 민주주의로 타락할 것이다.」라고 말하며 파멸과 암담을 예언하였다. 민주주의의 역사는 부유한 자와 일반적인 전쟁에 의한 반란·지배 그리고 억압으로 가득 찼다고 말하면서, 그는 영국왕·의회와 관계를 끊는 것에 장래가 없다고 보았다. 이러한 공격에도 불구하고, 『상식』은 세 달 이내에 120,000부가 판매되었으며 독립을 추구하는 자들의 대의를 강화하였다.

옛 친구였던 버지니아 총독 던모어(Dunmore)가 노퍽에 대한 악의에 찬 폭격을 감독한 후, 1776년 1월 31일 조지 워싱턴이 독립을 찬성

---

96 Becker, *New York*, p. 252, n. 153.

하는 첫 번째 문서가 나타났다. 「소책자『상식』에 포함되어 있는 건전한 신조와 반박할 수 없는 논거 이외에도 파머드와 노픽에서 드러난 것과 같은 열띤 논쟁으로 말미암아 많은 사람들은 독립이 타당한가 여부를 어떻게 판단해야 할지 어려워하지 않게 되었다.」 며칠 후 그는 대륙회의가 대영제국의 장관들에게 저항해야 하며, 또한 「자유의 정신이 우리 속에서 너무나 크게 고동치기에 우리는 노예상태에 굴복할 수 없다. 그리고 다른 어떤 것으로도 폭군과 그의 극악무도한 내각을 만족시킬 수 없다면, 우리는 그토록 부정의하고 반자연적인 국가와의 모든 관계를 끊어버릴 각오가 되어 있다.」고 선언해야 한다고 기록하였다.[97]

불과 한 달 후에 이러한 열정과 분별력은 아메리카의 토양에서 열매를 맺게 되었다. 토마스 제퍼슨이 기초(起草)하고 위원회가 편집한 「독립선언서」로써[98] 아메리카 합중국은 마침내 영국으로부터의 독립을 선언하였다. 1776년 7월 7일 필라델피아에서 회합한 대륙회의는 독립선언을 요구하는 리처드 헨리 리(Richard Henry Lee)의 결의안을 수락하였다. 선언서의 작성을 위임받은 위원회는 존 애덤스, 벤자민 프랭클린, 로져 셔민, 로버트 R. 리빙스턴과 토마스 제퍼슨으로 구성되었다. 제퍼슨은 며칠 동안 혼자 은밀히 선언서를 기초하였다. 후에 제퍼슨은 자신이 처음 작성한 선언서 초안을 「정서(淨書)」하였는데, 위원회는 세 문단을 삽입하는 등 이를 48번이나 개정하였다. 「제퍼슨이 '저주받을 무역'이라 불렀던 노예매매를 장려하고 육성한 까닭

---

97 Fitzpatrick, 4, pp. 297, 321.

98 토마스 제퍼슨이 작성한 안에서 몇 부분이 수정되었으며 또한 최종본에 몇 가지 잘못이 나타났다. 예컨대 「창조주로부터 불가양의 권리를 부여받은 것……」에서 「불가양의」를 의미하는 것으로 사용된 「unalienable」은 프랑스어 「inalienable」에서 비롯한 「inalienable」로 되어야 했다.

에 영국인과 국왕 조지 3세에 대하여 퍼부었던 제퍼슨의 비난」을 제
거하는 등 위원들이 제안한 여러 변경을 제퍼슨은 「통탄할 만한」 것으
로 보았다.[99] 대륙회의는 6월 28일에 이 개정판을 받아들이고 7월 2
일에 독립을 의결하였으며, 7월 4일에 이를 채택하기 전까지 39번이
나 수정을 더하여 이를 더욱 다듬었다. 대륙회의는 독립선언서를 인
쇄할 것을 명하였는데, 그 첫 판은 「던랩 인쇄물(Dunlap Broadside)」
로 알려졌다. 7월 9일 조지 워싱턴은 독립선언서를 뉴욕의 아메리카
군대에게 읽히도록 명하였다. 작성 후 50년이 지나서, 토마스 제퍼슨
은 그 기념비적 문서를 표현하기를 「…… 자기 지배의 축복과 안전을
누리도록 하고」 또한 「이성의 무한한 사용의 자유와 생각의 자유」를
회복하기 위하여 「쇠사슬을 깨뜨리도록 일깨운 계기」라고 하였다.[100]

또한 이 문서는 어떤 의미에서 보면 나중에 「미국 시민종교(Ameri-
can Civil Religion)」[101]라고 불린 것의 최초 경전이 되었다. 많은
구절들에는 진정한 로크의 전통을 따라 하나님과 자연인(Natural

---

99 이 사실은 제퍼슨의 글이나 생활방식을 인종차별과 노예제에 대한 지지로 보았던
사람들에게 놀라운 일이다. 그가 인종차별주의를 신봉하였는지 또는 미국의 통일
을 철저하게 강화하려고 하였는지는 지겹도록 논의될 수 있었으며, 또한 실제로 수
많은 역사학자나 정치학자에 의하여 논쟁이 이뤄지기도 하였다. 아마도 그는 아메
리카 식민지인의 일에 참견한다는 이유로 영국을 비난하려고 하였을 뿐이었을 것
이다. 노예무역이 아메리카인들에 의하여 이뤄지는 한, 그는 노예제 자체에 대하여
사실 원칙적으로 다투지 않았을 것이다. 여하튼 토마스 제퍼슨은 미국의 형성에 여
러 가지로 크게 기여하였다. 비록 성인(聖人)도 아니고 악마도 아닐지라도, 그는 행
한 바에 따라 칭찬을 받을 만하다.

100 제퍼슨은 1826년 로저 웨이트맨(Rodger Weigtman)에게 보낸 편지에서 이것을 썼
다.

101 「시민종교」라는 용어는 처음 장 자크 루소에 의하여 만들어졌는데, 그 의미는 「국가
의 종교적 차원(the religious dimention of the polity)」이라고 한다.

Man)의 관념—즉 기독교와 정치학—이 융합되어 있다. 첫 문단은 「자연의 법과 하나님의 법」에 따라 영국으로부터의 독립을 정당화하고 있으며, 뒤에서는 「인민들은 창조주에 의하여 일정한 불가양의 권리들을 부여받고 있다.」라고 공언하고 있다. 그것은 청교도의 고전적인 이상으로 끝맺는다.

　또한 이 독립을 지지하기 위하여 하나님의 섭리에 따른 가호(加護)를 굳게 믿으며, 우리는 우리의 생명, 우리의 행복과 우리의 숭고한 영예를 걸고 서로에게 맹세한다.

　로버트 N. 벨라(Robert N. Bellah)가 인용한 1770년의 한 관찰자의 기록에 따르면, 「종교가 동기가 될 때만큼이나 사람들은 자유라는 말에 열광할 정도로 흥분되었다.」[102] 이러한 사상들의 힘은 결코 과소평가되어서는 아니 된다. 이 사실은 커다란 대적과, 처음부터 그들의 노력을 괴롭혔던 내·외의 적에 대항하여 이긴 아메리카인의 승리에 의하여 입증되어왔다.

　이와 같은 종교와 정치학의 융합은 새 대륙회의의 많은 선언들 가운데 명백히 나타난다. 그러한 결의안 중의 하나인 1776년 12월 11일 결의안은 겸손하지만 담대한 기도 같은 맹세로 시작한다.

　아메리카 합중국이 영국에 의하여 강제로 참여하게 된 정당한 전쟁은 지금까지 아메리카 자유의 대적들을 이끌어왔던 것과 같은

---

102 *The Broken Covenant: American Civil Religion in Times of Trial*(New York, 1975). 이 책의 제목은 1975년에 「미국의 시민종교는 공허하고도 깨어진 껍질이다.」라고 보았던 자신의 견해를 드러내고 있다.

폭력과 불의에 의하여 여전히 지속되고 있다는 사실에서, 또한 하나님의 섭리를 존중하고 그를 만사의 최고 결정자요 모든 민족의 운명의 결정자로 존경하는 것은 개인뿐 아니라 모든 공적 단체에도 합당하다는 사실에서……[103]

이어서 기도가 계속되는데, 그 기도는 **합중국 의회에 의하여 기록되었다.**

그리하여 의회는 이 문서에 의하여 다음과 같이 결의한다. 가능한 한 빨리 엄숙한 금식과 굴복의 날을 정하는 것, 전능하신 하나님께 모든 사람 가운데 횡행하는 많은 죄의 용서를 간구하는 것, 그리고 이와 같이 정의롭고 필요한 전쟁을 수행함에 있어서 그의 섭리에 따른 도우심을 구하는 것을 모든 주에 권장하고자 한다. 또한 의회는 매우 진지한 태도로 합중국의 모든 구성원들 특히 그들 아래에 있는 민간인, 군인, 장교들에게 회개와 개심을 권한다. 더 나아가 앞에 기록한 국방성의 장교들에게 모든 장교들로 하여금 주의를 기울이도록 권장하는 군율(the Articles of War)을 엄격히 준수하기를 요청하는 바이다. 여러 경계지역에 가장 적합하다고 여겨지는 날을 정하는 포고문의 발표는 각 주에 달려 있다.

이것은 하나의 거룩한 성전(聖戰)으로 여겨졌는데, 그 승리는 하나님의 섭리에 대한 강한 신뢰로만 가능하다고 대부분 사람들은 보았다. 전쟁이 아메리카에서 사실상 애국적인 성격을 띠게 되자, 그들은 모두 승리를 위한 기도를 필요로 하였다.

---

103 서기관(Secretary) Charles Thompson의 1776년 12월 11일 회의록에서 발췌하였음.

제2단계 : 독립전쟁

종전의 식민지가 자신들의 군사적인 적에 대하여 독립을 공식적으로 선언한 까닭에 전쟁의 발발은 불가피하였다―그들은 이제 내기를 한 것이다. 13개 주의 각 정부는 자신의 민병대에서 돈과 병력을 중앙정부군대에 제공하며 대륙회의의 재정적 필요를 채우게 되었다.

전쟁의 발발 단계에서 게이지(Gage) 장군의 영국군은 1775년 6월 17일 벙커힐(보스턴) 전투에서 아메리카군을 격퇴하였다. 그러나 아메리카 독립주의자들은 끝까지 저항하여 1776년 3월 영국인들을 보스턴에서 물러나 해변가에 이르게 하였다. 영국인들은 보스턴을 상실한 후, 잠시 동안 로드 아일랜드의 뉴포트(New port)를 차지하다가 마침내 혁명 말기에 이르러서는 뉴잉글랜드 외곽으로 물러나게 되었다. 이러한 패배를 역전시킬 목적으로 영국 해군은 남캐롤라이나의 찰스턴을 취하려 하였으나, 같은 해 6월 28일 물트리(Moultrie) 대령의 해안포대에 의하여 격퇴되었다.

미국의 에단 앨런(Ethan Allen) 대령과 베네딕트 아놀드(Benedict Arnold) 대령이 포트 티콘데로가(Fort Ticonderoga, 1775년 5월 10일)와 그 근처의 크라운 포인트를 점령함에 따라 캐나다와 미국 식민지 간의 중요한 내수항로인 챔프린(Champlain) 호수 지역의 통제가 확보되었다. 1년이 좀 더 지나서(1776년 10월 11일) 아놀드 준장의 챔프린 호수 함대가 크라운 포인트에서 북부로 몇 마일 떨어진 발쿠어(Valcour)에서 패배하였으나 영국군은 캐나다로 복귀하였다. 그러던 동안 워싱턴은 자신의 부대가 화이트 플레인(White Plain)에서 윌리엄 하위(William Howe)로부터 타격을 받으면서 계속 버티고 있었다(10월 28일). 한 달이 채 못 되어서 영국을 위해 싸우는 헤센인

(Hessians)[104]들이 11월 16일 맨해턴의 포트 워싱턴을 점령하여 약 3,000명을 사로잡았으며, 11월 18일 포트 리(Fort Lee)를 점령하려고 공격하였다. 이 때문에 워싱턴은 1776년 크리스마스에 그 유명한 델라웨어강의 재도하(再渡河)를 감행하여 12월 26일 1,400명의 헤센인들을 격퇴하였다. 2주가 채 되지 않은 1월 3일, 워싱턴은 뉴저지의 프린스턴에서 콘월리스(Cornwallis) 경을 격퇴하였다.

한편 미국인들은 퀘벡주로 하여금 자신들의 이상에 동참하여 영국으로부터 독립하고서 열네 번째의 주가 되도록 설득하고자 하였다. 이를 위하여 리처드 몽고메리와 베네딕트 아놀드는 몬트리얼에서 병력을 집결하여 진격함으로써 요새화된 퀘벡시를 점령하려 하였다. 그러나 퀘벡인들은 미국인들과 함께할 이유를 찾지 못하였으며, 그들의 도시에 대한 공격에 저항하였다. 이 전투에서 1775년 12월 31일 몽고메리가 전사하였다.

이제 중부대서양 연안의 주(州) 방향으로 힘을 쏟게 된 윌리엄 하위는 롱 아일랜드(Long Island) 전투에서 조지 워싱턴을 완전히 격파하여 그를 무력화시킨 뒤에(1776년 8월 27일), 뉴욕시를 점령하여 영국에 귀속시켰다. 얼마 후 1777년 7월 6일, 영국 소장 존 버고인(John Burgoyne)이 캐나다인 8,000명의 도움으로 포트 티콘데로가를 점령하였다. 뉴저지에서 벌어진 몇 차례의 전투상황은 워싱턴에게 유리하게 진행되었으나, 하위가 미국의 최대 도시 즉 수도인 필라델피아를 1777년 9월에 점령하자 결정타를 입게 되었다.

미국인들은 용감하게 싸워 10월 7일 베미스 고지(Bemis Heights)에서 버고인을 패퇴시켜 그의 후퇴로를 차단함으로써 10월 17일 뉴욕의 사라토가(Saratoga)에서 그의 부하 5,000명을 붙잡았다. 이 전

---

104 독일 중부 비스바덴(Wiesbaden) 근처 지역 출신의 사람들.

투로 말미암아 미국인 운동의 운세가 좋아지고 있음이 알려지게 되었다. 이는 프랑스로 하여금 미국 편으로 전쟁에 가담토록 설득하는 데 도움이 되었다.

전쟁이 지속되자 신생 합중국은 힘겨운 적을 대항하는 데 원조를 필요로 하였다. 1776년 5월 2일 「독립선언서」의 공표 얼마 전에, 프랑스와 스페인은 각각 아메리카에 백만 리브르(livre, 프랑스의 옛 은화─역주) 상당의 무기를 보냈다. 그러한 도움과 이후 프랑스의 직접적인 병력, 선박의 군사적 관여가 없었다면 미국측이 어떻게 승리할 수 있었을지는 상상하기 어렵다. 프랑스·인디안 전쟁에서 영국에 대한 패배로 여태 상심하고 있던 프랑스는 이때를 경쟁자 영국에게 손해를 끼칠 수 있는 기회로 보았다. 스페인은 영국이 1763년에 취하였던 플로리다를 다시 쟁취할 수 있는 기회로 보았다. 프랑스는 군수물자를 비밀히 운송하면서 극작가 삐에르 드 보마르쉐(Pierre de Beaumarchais)의 중개로 식민지에 화약과 대포를 보냈다. 프랑스에 있던 외교 대표자인 벤자민 프랭클린의 탁월한 외교를 통하여 양국 간의 관계는 더욱 밀접해졌다. 프랑스는 1777년 12월 17일 13개 식민지의 독립을 공식적으로 승인하였고, 1778년 2월 6일 동맹조약에 서명하였다. 같은 해에 양국은 상호 간의 무역증대를 위하여 통상우호조약에 서명하였다. 대서양을 건너 함대를 파견하려는데 프랑스 선박이 존재한다는 사실과, 영국 자신의 노력의 결과를 견고하게 할 필요성 때문에 영국군은 6월 18일 필라델피아에서 철수하지 않으면 안 되었다.

미국혁명가들이 신봉하는 사상을 프랑스 왕실법원이 신뢰하지 않는다는 사실에도 불구하고, 프랑스인들은 미국과의 우호관계의 증진을 적극 권장하였다. 그들의 동기는 혁명의 열정보다는 실제적인 이

유였다. 마치 미국인들이 프랑스를 영국의 거대한 압력에 대항하는
균형세력으로 본 것처럼, 프랑스는 세계지배를 위한 영국과의 힘겨
루기에서 식민지를 담보로 여겼다. 그들은 식민지가 프랑스 지배하에
들어올 것을 기대하면서 영국과 미국 간 갈등에서 생겨날 풍부한 전
리품으로부터 이익을 얻을 것을 기대하였다.

프랑스와의 조약 후 약 1년 뒤인 1779년 스페인도 미국에 무기를
공급하며 미국 편을 들면서 이 전투에 개입하였다. 네덜란드는 1780
년부터 미국인들에게 돈을 빌려줌으로써 시간이 많이 걸리고 돈이
많이 드는 전쟁에 소요되는 자금을 제공하였다. 이와 같은 물질적 ·
군사적 도움이 미국인의 최후 승리에 결정적으로 중요하였으나, 프
랑스인들이 영국보다 더 나쁜 또 다른 유럽 전제군주일 수도 있다고
보아 많은 미국인들이 그들을 불신한 것은 합당하였다. 퀘벡법(the
Quebec Act)에 대한 식민지의 반감에서 입증되었듯이 미국인들은 종
교적 · 정치적 이유로 프랑스인들을 싫어하였지만, 궁핍한 순간에 그
들의 도움을 받아들이고 나중에 그 결과를 처리하는 것 외에 달리 선
택의 여지가 없었다.

외교관들이 유럽의 궁정을 움직이고 있을 때, 존 폴 존즈(John
Paul Jones)가 지휘하는 본홈 리처드(Bonhomme Richard)호에
승선하고 있던 미해군이 영국의 북해 근해에서 영국 선박 세라피스
(Serapis)호를 격침시켰다. 육지에서는 조지 로져스 클라크가 1778
년-1779년에 걸쳐 인디아나 지역의 카스카스키아(Kaskaskia)
와 빈센느(Vincennes)의 항구들을 탈취하였다. 존 설리번(John
Sullivan)은 영국을 위해 싸웠던 뉴욕과 펜실바니아 인디안을 물리치
면서 중부대서양 연안 지역을 확보하였다.

영국은 더욱 견고한 발판을 얻고자 하여 1778년 12월 조지아의 사

반나, 1780년 5월 12일 남캐롤라이나의 찰스턴을 함락하면서 남부로 옮겨갔다. 콘월리스 경은 승리를 거두며 캐롤라이나를 통과하여 진격하였다. 미국의 독립주의자 변경개척자들(frontiersmen)은 계속 저항하면서 북캐롤라이나의 샤롯데 서쪽에 있는 킹스마운튼 전투(1780년 10월 7일)에서 독립반대자들을 물리쳤다. 1년 뒤 버지니아의 요크타운으로 옮긴 이후에 콘월리스는 드 그라스(de Grasse) 제독 지휘하의 프랑스 해군함대와 육지에서는 드 로샹보(de Rochambeau) 백작 지휘하의 프랑스 육군에 의하여 보강된 워싱턴 부대 사이의 함정에 빠진 것을 알게 되었다. 프랑스군은 3,000명의 병력을 상륙시켜 영국함대를 햄프턴 로즈에서 움직이지 못하게 하여 그들로 하여금 요크타운에서 콘월리스 부하를 구하지 못하게 하였다. 16,000명이 훨씬 넘는 워싱턴과 드 로샹보의 연합병력에 대항하여 겨우 6,000명의 병력을 가진 콘월리스는 1781년 10월 19일 항복하였다. 반면 뉴욕, 찰스턴과 사반나는 여전히 영국군에게 점령되어 있었다.

그러나 값비싼 대가를 치르게 되자 전쟁은 본국에서 크게 인기를 잃게 되었다. 이 때문에 영국은 전쟁을 돕는 용병들, 특히 헤센인들을 고용하지 않을 수 없었다. 인원과 전함의 손실 이상으로 영국정부는 영국해군을 공격하며 상선을 포획함으로써 대파괴를 일삼는 존 폴 존즈와 같은 미국지휘관으로 말미암아 심한 괴로움을 느끼게 되었다. 후자 때문에 상인들은 의회와 국왕에게 전쟁을 종결하도록 압력을 가하게 되었다. 프랑스와 스페인으로 인하여 전쟁이 확대되어 복잡하게 되자, 영국은 합중국의 독립을 승인하기에 이르렀다. 1782년 3월 영국의 새 내각은 합중국의 독립을 승인하기로 합의하고, 1782년 11월 30일 예비조약에 서명하였다. 공식적인 강화조약은 1년 후인 1783년 9월 3일 파리에서 서명되었다.

제3단계 : 미국체제 - 미국혁명의 유산

강력한 영국 육·해군과 싸우는 도중에 합중국은 새로운 국가를 형성하기 시작하였다. 나중에 살펴보는 바와 같이, 미국인들은 두 가지의 전혀 다른 통치체제 중 처음에는 국가연합(國家聯合, the Confederacy, 1777-1789)을, 나중에는 입헌주의적 연방정부(立憲主義的聯邦政府, Federalist Constitutional Government, 1789—현재)를 선택하였다.[105] 국가연합은 역사상 적절한 때에 자신의 소임을 다하고서 국가의 안전과 경제성장을 위하여 보다 안정적인 헌법에 재빨리 길을 터주었다.

전쟁 도중에 대륙회의는 주로 주와 인민의 도움으로 필요한 만큼의 광범위한 권력을 보유하고 있었다. 실제 통치구조는 1777년 작성된 연합규약(*the Articles of Confederation*)에 기초를 두었다. 통치구조를 선택함에 있어서 정부의 성격—중앙집권적인가 지방분권적인가—에 관하여 격렬한 논쟁이 생겼다. 부유한 대지주와 상인들은 자신의 재산을 더 잘 보호할 수 있는 전국차원의 보다 강력한 정부를, 반면에 소농과 노동계급은 분권화된 주의 연합을 선호하였다. 후자가 승리하였다. 이것은 앞에 언급하였던 영국의 고압적인 태도에 반발하여 권력을 가까이 두기를 선호하는 미국 일반 인민들의 자연스러운 반응이었다.

그리하여 1781년에 각 주는 「연합과 영속적인 단결을 위한 규약

---

105 여기서 입헌주의적 연방정부라는 용어는 아주 분권화된 연합(Confederacy)과 엄밀히 대비해볼 때 중앙집권적 정부—연방정부—에 더 많은 권력을 주는 체제를 표현하기 위하여 사용되고 있다. 엄밀히 말하자면, 연방주의자당(주요 멤버로는 대통령 조지 워싱턴·존 애덤스, 대법원장 존 제이, 재무장관 알렉산더 해밀턴 등)의 이름을 따서 부르게 된 연방주의자 시대는 1801년에 끝나게 되었다.

(the Articles of Confederation and Perpetual Union)」을 비준하였으며, 영국의회와 국왕 조지 3세를 매우 불신하였던 자들이 지지하였던 약한 중앙정부의 방침을 입안하였다. 사실 이 당시 합중국은 주권국가가 전혀 아니었고, 오히려 주(州)로부터 권력을 위임받은 「의회 내에 회합한 주연합(the United States in Congress Assembled)」이었다.

오직 주(州)만이 과세와 통상규제의 권한을 향유하게 된 것은 놀라운 일이 아니었다. 이 두 가지가 식민지들로 하여금 영국과 전쟁하도록 몰아간 주요 사항이었음을 기억하라. 각 주는 연합의회에서 한 표를 가졌으며 전쟁을 일으키는 권한, 육군·해군을 육성하는 권한, 통일화폐를 발행할 권한, 외국과 조약을 체결할 권한 그리고 일반지출을 가져오는 채무를 계약하는 권한을 가졌다. 연방의회는 비록 과세하지는 못하지만 공채를 발행하며 공용토지를 매각하고 재원을 확보하기 위하여 지폐를 발행할 수 있었다. 모든 주에서 노예의 수입을 금지하는 것을 비롯한 또 다른 발전이 있었으며, 나아가 북부의 일부 주에서는 노예해방이 제도화되기 시작하였다. 이와 같은 상태에서 1787년 7월의 서북부조례(the Northwest Ordinance)는 오하이오강 이북에서 노예제를 금지하고 종교의 자유를 보장하며, 교육에 대한 공적 지원을 약속하고, 새로이 정착된 서부지역도 원래의 13개 주와 동등한 기초 위에 주로 인정하는 것을 명문화하였다.

전쟁이 종료되어가자 많은 사람들은 더욱 강력한 중앙정부의 필요성을 인정하게 되었다. 이 점에 관하여 상반된 두 그룹이 자신의 견해를 표명하였다. 연방주의자들은 안정과 질서, 그리고 경제적 번영을 위하여 강력한 중앙정부에 대한 열망을 나타내었다. 그러나 반(反)연방주의자들은 인민의 동의에 의해 권력이 통제될 수 있는 지방정부의 수중에 권력이 있어야 한다고 믿었다. 그러나 혁명에 곧장 뒤따른 두 가지 문제점으로 말미암아 상황이 연방주의자들에게 유리하게 되었다. 즉 영국 및 서인도제도 영국식민지와의 무역배제로 말미암은 전후(戰後)의 경제적 침체와, 국가연합이 대규모 정착을 권장하려 하였던 서부지역에서 발생한 인디언과의 충돌이었다. 부채를 짊어진 주(州)로 경화가 유입될 필요가 있던 차에 각 주가 나름대로 관세와 규제를 설정한 까닭에 국내외 무역은 관료적인 번거로운 절차를 중시하는 늪에 빠지고 말았다. 상충된 정책으로 말미암아 각 주는 상반된 목적 가운데 일하였으며, 때때로 자기 자신뿐 아니라 다른 주의 상업 발달을 사실상 저해하기까지 하였다. 또한 취약한 경제로 말미암아 늘어난 주세(州稅) 아래 일하면서 자신의 저당 잡힌 돈도 제대로 지불하지 못한 농부들에게 어려움이 생겨났다. 1월에 매사추세츠 농부들은 주로 무역제한으로 말미암아 저당 잡힌 돈의 지출이 불가능하게 되자 대니얼 셰이스(Daniel Shays)의 지도 아래 반란을 일으켰다. 또 다른 반란들이 그 지역을 불안하게 만들면서 이것들이 다른 지역으로 확산되고 또한 노예제도의 관행이 유지되고 있는 남부의 주에서 어쩌면 노예의 반란으로 이어질 수도 있다는 두려움이 많은 사람들을 사로잡았다. 한편 과세권이 없는 중앙정부는 지폐의 유통을 유지하기 어려웠으며 국내와 해외채무를 변제할 수 없었다. 미국이 혁명전쟁의 강력한 국제적 지원자들인 프랑스와 네덜란드에게 큰 빚을 지고 있다는 사실과, 그들이 더 이상 영국 식민지에 수출할 수 없게 된 미국의 상품 다수를 구매한다는 사실은 정세에 따라 미국의 신용도가 강하게 영향 받는 것을 의미하였다. 또 다른 문제는 군사적인 것으로서, 개척민들로 하여금 자기들의 땅을 차지하지 못하게 하려는 인디안에 맞서기 위해서는 대규모 군대와 자금의 할당이 요구되었다.

이러한 어려움을 해결하고자 9월 11일-14일 알렉산더 해밀턴
(1757-1804)의 주도하에 5개 주의 대표자들이 메릴랜드 아나폴리스
에 모여, 의회로 하여금 13주를 위한 헌법을 기초할 제정회의를 필
라델피아에서 소집할 것을 요구하였다. 1787년 5월 25일 조지 워
싱턴은 필라델피아 독립홀에서 「연합이 절박한 상황에 적합한 연방
정부의 헌법을 제출하기 위한」 헌법제정회의(the Constitutional
Convention)를 주재하였다. 어떠한 개정이라도 13개 모든 주가 동의
해야만 하기 때문에 국가적 차원의 발전을 저해하는 현행규정을 극복
하기 위해서는 이 회의가 필요하였다. 이 회의의 결과로 나타난 것은
합중국이 세계 역사상 위대하게 기여한 세 가지 중에 두 가지였다. 즉
미국헌법과 「연방주의자(the Federalist)」로 알려진 일련의 논문들이
다.[106] 미국헌법과 독립선언서가 널리 연구되고 그 결과가 발간된 반
면에, 해밀턴, 제임스 매디슨(1751-1836)과 존 헤이(1745-1829)가
쓴 「연방주의자」[107]는 오늘날에도 거의 알려지지 않은 채로 있다. 이
와 같이 중요한 논문들이 쓰인 목적은 즉시 여러 곳에서 비판의 대상
이 된 신헌법에 대한 대중의 지지를 획득하기 위함이었다. 미국헌법
의 장수(長壽)와 정치철학분야에 기여한 이 세 사람은 초기 아메리카
합중국의 전경(landscape)에 그 거대한 모습을 드러낸다.

해밀턴은 처음에 유명한 웅변술로 두드러지더니 보스턴다회(茶會)
사건 이후에 영국의 정책들을 비난하였고, 나중에 독립주의자 지원

---

106 세 번째의 기여는 물론 독립선언서였다.

107 *The Federalists*, ed. with Introduction and Notes, by Jacob E. Cooke(Middle
    town, Conn.: Wesleyan University Press, 1961). 이것은 이 주제에 대하여 매우 민
    감한 연구자를 제외한 대부분의 사람들에게 잊혀진 사건들과 정치행위들에 관하여
    원문에서 언급되었던 참조사항들을 설명한 것으로 주석이 아주 풍부하게 달려 있
    는 결정판이다.

군에 참가하여 결국 워싱턴의 신임받는 비서가 되어 요크타운 전투
(1781년 9월-10월)에서 사령관 지위를 차지하게 되었다. 전후 그는
견실한 은행체제의 필요성을 인정하여 1784년 2월에 뉴욕은행의 설
립이사가 되면서 그의 경력은 법률에서 금융으로 옮겨졌다. 그는 헌
법제정회의에서 비준문제를 설득력 있게 주장하여 처음에는 과반수
를 차지하였던 반연방주의자를 30 대 27로 바꾸어 찬성투표가 나오
게 하였다. 워싱턴이 대통령직을 맡게 되자 해밀턴은 그의 국가문서
대다수를 기초하였다. 재무장관으로 임명되자 그는 처음으로 공적인
신용을 제공하는 연방체제를 창설하는 등 재정문제에 정열적으로 착
수하였고, 국내와 해외 채무를 인수하고 또한 주의 채무를 인수하였
다. 또한 프랑스혁명으로 모든 유럽이 전쟁에 이르게 될 때 해밀턴은
중립, 즉 미국으로 하여금 이러한 중대한 국면에 자신의 자원을 약화
시키지 않게 하며 나아가 프랑스의 탐욕스러운 외무장관들에 의한 참
견을 막는 입장을 주장한 것으로 알려졌다.[108]

　네덜란드 위그노파의 후손이며 뉴욕에서 높은 계층의 이주자인 존
제이(John Jay)는 1768년 개인 법률사무소를 개설하였다. 강력한 중
앙정부와 안정의 열렬한 지지자인 그는 영국으로부터의 독립이 혼란
으로 이어질 것을 두려워하여 이를 반대하였다. 일단 독립이 선언되
자 그는 독립전쟁을 전적으로 지지하였다. 1778년 대륙회의 의장으로
선출된 그는 영국과의 전쟁에서 원조를 확보하기 위하여 스페인에서,
그리고 나중에는 영국과의 평화협상에서 적극적인 외교활동을 수행

---

108 프랑스 외무장관 에드몽 샤를르 쥬네(Edmond Charles Genêt)와 그 후임자 조제프
포쉐(Joseph Fauchet)의 기록은 해밀턴의 의심을 확증시켜준다. 양자는 모두 여
론을 조작하여 프랑스를 지지하고, 또한 미국을 프랑스와 프랑스의 모든 것에 대한
고분고분한 지지자로 만들려 하였다.

하였다. 「연방주의자」의 논문 일부의 공동저자로서 그는 헌법의 승인을 확실히 하는 데 한 역할을 담당하였다. 그는 조지 워싱턴 대통령에 의하여 첫 번째 대법원장으로 임명되었다. 1794년의 미 · 영 간 위기기간 동안 그는 자기 이름을 딴 제이 조약(Jay's Treaty, 1794년 11월 19일)으로 영국과 화해하게 되었는데, 그 조약은 영 · 불전쟁 중에 미국이 중립을 유지하는 것을 용인하는 대가로 영국에게 조차지(租借地)를 허가하는 것을 내용으로 하였다. 그의 경력은 뉴욕지사로 마쳤다.

「연방주의자」의 세 번째 저자는 제임스 매디슨으로서 그는 1653년 영국으로부터 이민 온 영국인 선박 목수의 집안에서 버지니아의 포트 콘웨이(Port Conway)에서 출생하였다. 문학 · 철학 · 신학 그리고 정치원리를 공부하고 난 그는 공무(公務)에서 적극적인 생애를 시작하였다. 미국의 독립선언서에 크게 영향을 준 버지니아 권리선언에 기여한 그는 신앙의 완전하고도 평등한 자유를 나타내기 위하여 그 선언문을 되풀이하여 다시 썼다. 그의 명성은 높아져서 주 의회는 그를 대륙회의 최연소 의원으로 임명하기까지 하였다. 재정을 늘리고 상업을 규제하기 위하여 연방권력을 사용하려는 그의 노력으로 인하여 1787년 아나폴리스 회의(Anapolis Convention)와 헌법제정 의회가 소집되었다. 「연방주의자」 에세이의 두 번째 다작가로서—그는 85편 논문 중 29편을 썼다—이러한 수고에 적극 참여한 결과로 그는 「헌법의 아버지(father of the Constitution)」라는 이름을 얻었다. 하원의원으로서 매디슨은 권리장전(the Bill of Rights)을 지지하였으며 공화당[the Republican Party, 후에 민주공화당(Democratic Republican Party)으로 불림]의 유력한 지도자가 되었다. 제퍼슨 대통령은 1801년 그를 국무장관으로 지명하였는데, 그때 그는 루이지애

나 지역의 구입을 지지하였다. 두 번에 걸친 대통령의 재임기간 동안
(1809년-1817년)에 그는 영국과 프랑스 간의 지속적인 전쟁 위협—
그리고 1812년 전쟁—에 직면하였는데, 그는 지나치게 연루되는 것을
피하기 위하여 양자의 전략적 이익의 중간에 서기를 항상 힘썼다.

헌법제정회의 대표자들은 9월 28일 자리를 가득 채운 의회에 헌법
안을 제출하여, 그 후 1787년 12월 7일 승인에 필요한 최소한 9개 주
(전체 주의 3/4)로부터 비준을 받았다. 비록 1789년 3월 4일 공식적
으로 효력을 가진 것으로 선언되었으나, 일부 주는 몇 년 동안 그 연
합에 가입하지 않았다.[109] 프랑스에 대항하기 위하여 각 주들이 서로
힘을 합쳤던 프랑스·인디안 전쟁기간과 같은 초기에는 이러한 만장
일치가 경제적·기후적으로 서로 다른 여러 주들을 밀접하게 이끌기
위하여 필요하였으리라고 본다. 국가연합의 8년이란 세월은 처음으
로 자신의 대표자를 본거지에 가까이 두면서 하나의 단위로 협조하며
작동하는 데 필요한 결합제 역할을 하였다. 폭군이라는 악마를 쫓아
낸 그들은, 자신들의 손으로 정교하게 만들었으나 자신들의 고향으로
부터 멀리 떨어져 있는 중앙정부에 대한 신뢰를 요구하는 새로운 조
직과 더불어 나아갈 준비가 되었다.

이러한 결과로 성립하게 된 헌법은 신생국가가 직면하는 몇 가지
문제점을 바로잡는 데 관건이 되는 권력을 중앙정부에 허여하였다.
과세권을 갖는 것은 화폐, 무역 그리고 군사적 문제들의 해결에 필요
한 재정적 통제를 더 많이 할 수 있음을 의미하였다. 이제 정부는 주
간(州間)의 국내통상은 물론 외국과의 무역을 규제할 수 있게 되었기
에 일관성 있고 논리적인 무역수행의 기회를 제공하였으며, 각인의

---

109 북캐롤라이나는 1789년 11월 21일, 로드 아일랜드는 1790년 5월 29일, 버몬트는
1791년 1월 10일 이를 비준하고 연방에 가입하였다.

이익을 위하여 통상(通商)의 규칙을 단순화하였다. 중앙정부의 새로운 권력에 수반된 것은 국민의 「공공복리」를 보장하여야 하는 책임이었다. 반면 이와 더불어 고유한 화폐를 가질 수 있는 권리를 상실하는 등 각 주의 권한이 감소하게 되었다.

그러나 이 헌법의 제정자들은 군주와 영국의회의 월권행위를 잊지 않았기에 의회에 집중된 권력의 새로운 무게에 균형을 맞추기 위하여 새로운 권력분립을 도입하였다. 의회는 몽테스키외의 권력분립사상을 따라서 지나치게 강한 의회나 무력한 국가연합을 방지하는 데 필요한 견제와 균형을 가진 3부체제를 만들었다. 특히 몽테스키외는 「동일한 군주나 의회가 전제적인 법률을 제정하거나 전제적인 방식으로 이를 집행하지 않을까 하는 우려가 생길 것이므로 자유란 있을 수 없게 된다.」라고 하면서 「동일한 사람이나 집단에 의하여 합쳐져 있는 입법권과 집행권」의 개념을 전제적이라 거절하였다.[110] 동일한 맥락에서 「사법권이 입법권과 결합되어 있다면, 신민의 생명과 자유는 자의적(恣意的)인 통제의 위험에 접하게 된다. 왜냐하면 이때 법관은 입법자가 되기 때문이다. 사법권이 집행권과 결합된다면, 법관은 압제자로서의 폭력으로 행동할 것이다.」라고 말하였다.[111]

이제는 연합규약체제, 즉 의회가 입법권, 집행권과 사법권을 향유하기는 하였으나 각 부문에서의 권력의 범위가 엄격히 제약되었던 체제에서 크게 벗어나게 되었다. 조지 워싱턴은 국가연합이 유럽열강으로 하여금 (미국을) 분열하고 정복하도록 유인하여 각 주끼리 서로 맞붙게 함으로써 그 어떤 주도 침략적인 군사적·경제적 세력을 내쫓을

110 Charles Louis de Secondat, Baron de la Bréde et de Montesquieu, *L'Esprit des Lois*, I, Book IX, Chapter VI(Paris, 1748년 초판).

111 이 두 구절은 *The Federalists*, op. cit., pp. 324-27에서 인용하였다.

힘을 가지지 못하게 되리라고 굳게 믿었다. 그 대신 새로운 체제에서 의회는 입법부문에서 더 큰 통제권을 가지게 되었고, 집행과 사법부문은 나머지 다른 두 통치기관이 나눠 가지게 되었다.

의회의 새로운 일은 법률을 제정하는 것으로서, 이 법률은 대통령에 의하여 집행되고 법원에 의하여 해석된다. 반면에 의회는 세금을 부과하고 국가의 경계선을 지키며 난동을 진압하는 권한과 함께 자신이 요구하는 모든 권한을 가졌다. 그러나 견제와 균형의 체제로 말미암아 의회는 지나치게 많은 권력을 휘두르지 못하게 되었다. 또한 대통령은 하원과 상원을 통과한 법률안을 거부하게 되었다. 대통령은 조약을 체결하고 정부를 구성할 수 있지만, 의회가 이들을 동의해야 한다. 탄핵을 통하여 의회는 권모술수를 쓰는 대통령과 사법공무원들을 다스릴 수 있고, 법원은 위헌으로 결정한 집행부와 입법부의 행위를 무효로 할 수 있게 되었다. 대법원의 임기를 종신으로 함으로써 대법관들이 일반 여론에 굴복할 필요성을 느끼지 않게 되리라 생각하였다.

헌법제정회의 대표자들은 자신들의 기대를 말하였고 그 최종성과에서 자신들의 간청에 대한 해결책을 보았다. 이와 같은 방법으로 그들은 자신의 신생 민주국가의 장래 진로를 결정하면서 민주주의의 유익점을 알게 되었다.

상·하원의 구조 그 자체는 매우 상이한 주들을 대표하는 수많은 대표자들을 만족시킨 타협의 실례이다. 규모가 큰 주들은 인구비례에 따른 입법부의 대표를 명백히 원한 반면에, 작고 인구가 희박한 주들은 각 주의 동등한 대표를 분명히 원하였다. 각 주당 2석과 매우 긴 임기인 6년을 허용한 상원이라는 최종 결과는 정부에서의 대표성과 안정성을 가져다주었다. 안정이 얼마나 중요한지를 여러 대표자들에게 보여주기 위하여 알렉산더 해밀턴은 법관뿐 아니라 상원의원의 종신임기를 주장하였다. 1년 임기의 주지사에 익숙해져 있던 많은 주의 사람들에게는 6년의 임기 그리고 대통령의 4년 임기조차도 지나치게 길다고 여겨졌다. 안정성을 더하기 위하여 상원의원과 대통령은 국민에게서 직접 선출되지 않고 각각 주의회와 선거인단에서 선출되게 하였다. 이러한 대통령제는 영국과 같은 의원내각제에서 흔히 볼 수 있는 정책의 큰 변동을 막아준다. 그리고 오늘날까지 250년을 넘은 시험을 견뎌왔다. 이러한 18세기 사람들의 창의성이 세계적인 수준이라는 점이 계속 인정되고 있다.

이 당시 토마스 제퍼슨은 미국의 주불(駐佛)대사로서 파리에서 근무하고 있었다. 그는 새로운 헌법을 전해 듣자마자, 훗날 함께 진지한 논쟁을 벌이게 된 조지 워싱턴에게 지지의 서한을 보냈으며 또한 새로운 헌법을 칭찬하였다.

최근 아메리카에서 일어난 일로 인하여 본인은 매우 기쁩니다. 첫째 그것은 우리의 일이 분명히 잘못될 때 인민의 올바른 분별력이 관여하여 이를 말끔히 처리한다는 나의 확신을 실현시킨 것입니다. 군을 소집하지 않고 주(州)의 지혜로운 자들을 소집하여 헌법을 개정한 일은 우리가 이전에 세계에 보여준 좋은 모범만큼이나 이 세계에 가치 있는 일입니다. 우리의 심사숙고의 산물인 헌법이 역시 이제까지 인간에게 나타난 적이 없는 가장 지혜로운 것임은 의심할 여지가 없습니다. 그리고 그것이 채택한 몇 가지 이익의 조정들은 이전에 그 이익들을 조정하기가 얼마나 어려운가를 경험해본 적이 있는 본인으로서는 몹시도 기쁜 것입니다.[112]

112 토마스 제퍼슨이 1789년 3월 18일 데이비드 험프리스(David Humphreys)에게 보낸

그런데 국민 간의 내분은 외국과의 갈등 및 전쟁에 관여하면서 이에 휘말려들게 되었다. 일반적으로 연방주의자들은 그들이 열심히 모방하기 원하는 정치적 안정을 가지고 있는 영국을 지지하였다. 그들은 미국 상품의 시장을 보전하기 위하여 이전의 모국과의 연합을 찬성하였다. 비록 처음에는 프랑스혁명을 지지하였으나 국왕 루이 16세의 처형 이후 프랑스에서의 「공포정치」와 혼돈보다는 영국의 안정을 좋은 것으로 여기면서 영국의 안정 쪽으로 돌아섰다. 반면에 반연방주의자들은 프랑스혁명에게서 자유의 이상을 연상하였기 때문에 프랑스혁명에 동조하였다. 미국의 남북전쟁 훨씬 이전에 미국 사회구조에 있는 잠재적으로 불길한 틈을 보았던 조지 워싱턴은 그의 고별연설[113]에서 「우리나라의 모든 부분에서 전체의 통일을 조심스럽게 지키고 간직할 것을 강하게 요구하는 동인(動因)들을 발견할 수 있다」고 염려를 표하였다. 그는 정부의 통일이 「당신들의 진정한 독립이라는 건축물의 주된 기둥이요, 국내에서의 안정과 해외에서의 평화, 그리고 당신들의 안전과 당신이 그토록 높이 평가해온 바로 그 자유의 번영의 지주」[114]라고 주장하였다.

편지; Julian P. Boyd(ed.), *The Papers of Thomas Jefferson*, 14(Princeton), pp. 678-79.

[113] 1796년 9월 17일에 행한 조지 워싱턴의 고별연설은 미국이 차기 대통령을 선출하려고 준비할 즈음에 미국의 기풍을 마련하고 이를 지도하고자 하는 취지였다. 그는 세 번째 임기를 추구하려 하지 않았지만, 「여러분의 장래이익을 위한 변치 않는 증표에 따라」, 국력을 증대할 수 있으리라 믿은 일정한 정책을 강조하고자 하였다. 본문에 인용된 말은 열한 번째 문단의 마지막 말이다. 그의 연설 전문, 그리고 그가 처음 의도하였던 고별연설(결코 행해지지 않았음)의 문안을 작성하였던 제임스 매디슨의 그것은 Victor Hugo Paltsits, *Washington's Farewell Address*(New York, 1935), pp. 139-69에서 찾아볼 수 있다.

[114] Ibid., 아홉 번째 문단.

워싱턴의 부통령인 존 애덤스는 파당적 정치의 분열상을 타개하는
데 기여했던 당시 몇 안 되는 위대한 지도자 중 하나의 전형이었다.
그의 성품은 이 일에 적합하였으며, 혁명 때의 경력으로 말미암아 그
는 이 역할을 감당하게끔 잘 준비되었다. 1750년대 후반에 변호사로
서 일하기 시작한 그는 자유를 추구하면서 초당파적인 모습을 보였
다. 애덤스는 인지법으로 말미암은 부정의와 강하게 싸우면서 『보스
턴 신문(the Boston Gazette)』에 「교회법과 봉건법에 관한 논고(A
Dissertation of Canon and Feudal Law)」를 썼으며, 영국인의 권
리는 하나님께로 말미암았지 국왕이나 의회에서 비롯된 것이 아니라
고 강조하였다. 유명한 1770년 사건에서, 그는 보스턴 대학살에서 살
인죄로 피소된 영국병사를 대리하면서 그의 공평함을 나타냈다. 그
는 그 대학살이 보스턴 폭도에 의하여 유발되었다고 주장하였다. 제1
차 대륙회의 대표자로서 그는 미국독립을 선언하고 독립선언서로 이
어진 1776년 5월 10일 결의안의 작성을 도왔다. 전쟁 동안 그는 「전
쟁 및 법령위원회(the Board of War and Ordinance)」의 위원장을
지냈으며, 「노반글루스(Novanglus, 1774-75)」와 「통치에 관한 견해
(Thoughts on Government, 1776)」에서 미국인들을 위한 자유와
질서의 원리에 관하여 광범위하게 썼다.

애덤스는 미국 독립의 승인과 지지를 얻기 위하여 프랑스, 영국과
네덜란드에서 외교관으로서 근무하였다. 초대 부통령인 그는 주의 강
력한 권한을 찬성하면서도 또한 중앙정부의 권력의 증가를 지지하였
다. 1796년 간신히 대통령으로 당선된 그는 서로 다투는 정파 간의
화해와 조화를 추구하였다. 연방주의자들과 공화주의자들 양측으로
부터의 거센 압력에도 불구하고, 그는 1800년 9월 30일 비참한 전쟁
의 가능성을 벗어나게 한 프랑스와의 조약을 체결함으로써 중도의 길

을 걸었다.

헌법제정회의 기간의 논쟁은 미국헌법에서 가장 돋보이는 측면, 즉 권리장전(the Bill of Rights)으로 이어졌다. 권리장전은 매우 열정적이고 유명한 반연방주의자 몇 사람에 의하여 만들어지고 지지되었다. 그들은 새뮤얼 애덤스, 조지 클린턴, 패트릭 헨리와 제임스 먼로였다. 그들은 연방을 지지하는 새 통치기구의 비준에 대하여 반대운동을 불러일으켰다. 반연방주의자들은 중앙정부에 대하여 뿌리 깊은 불신을 가지고 있었다. 왜냐하면 그들은 중앙정부가 인민의 권리를 찬탈하지 않으리라고 믿을 수 없다는 확신을 가졌기 때문이다. 따라서 그들은 개인의 권리가 빈틈없이 보호될 수 있는 강력한 보장을 원하였다. 일반적으로 권리장전에 영향을 준 것으로 이해되고 있는 버지니아 인권선언을 작성한 조지 메이슨이, 헌법이 노예제를 완전히 반대하지 않고 또한 개인의 권리를 보호하지 않는다는 이유로 그것의 비준을 반대하였다는 점은 흥미로운 사실이다.

최초의 10개 수정조항(amendments)의 추가는 필수적으로 요구된 전체 주의 3/4이 헌법을 비준한 후에 이루어졌다. 수정 제1조에서 종교·언론·집회와 청원의 자유가 보장되면서 개인의 권리가 확실하게 보장되었다. 그다음 세 개의 수정조항은 무기소지권, 군인의 강제 숙영으로부터의 자유, 영장 없는 수색·체포로부터의 자유를 다루고 있다. 수정 제5조에서 제8조는 법관에 의한 공정한 심판과 공정하고 적절한 처벌을 받을 권리를 약속하고 있다. 수정 제9조는 헌법의 조항 및 수정조항에 특정하게 확인되지 않았다고 여겨지는 다른 권리를 규정함으로써 장래의 진보나 아직 알려지지 않는 인권에 장애가 되지 않도록 하였다. 마지막으로 「헌법에 의하여 합중국에 위임되지 않고 각 주에 금지되지 않는 권한은 각 주 또는 그 인민들에게 유보된다.」

고 하여 각 주의 권한을 제10조에서 보장하였다. 이러한 수정조항과 그 뒤에 만들어진 조항들은 미합중국 인민의 다양한 필요들에 대해 이 위대한 문서가 보인 반응의 증거이다.

엄격한 연합규약이 불과 8년 동안 지속한 것에 반해 (합중국의) 헌법이 영속적인 효력을 가지게 된 것은 다름 아닌 그 헌법의 탄력성 때문일 것이다. 개정절차를 통하여 시대에 맞게 개정됨으로써 그 문서는 국가와 함께 시대에 따라 성장할 수 있었고, 그뿐만 아니라 개략적인 방식으로 표현된 까닭에 헌법제정자들이 미처 예상하지 못하였던 새로운 요인들을 숙고할 수 있는 장래의 법원들에 의하여 충분한 해석이 이루어질 수 있었다. 기록된 문서가 갖는 훨씬 영구적이고 다른 것에 의하여 거의 영향을 받지 않는다는 속성과, 대법원에 임명된 살아있고 성장하는 법관집단이 서로 결합함으로써 잉글랜드공화국과 크롬웰의 호국경 정치시대의 형성단계를 확실히 능가하는 안정된 통치구조를 이끌어낼 수 있었다. 세월이 지나면서 이 정부는 시련을 견디어내었고 또한 이질적인 민족으로 구성되어 분투하던 농업국가에서 국민의 필요에 잘 반응하면서도 많은 국제적인 의무를 다하려고 노력하는 초강대산업국으로의 변천을 잘 견디어냈다. 이와 동시에 개정절차는 일시적인 변화의 모든 풍조에 굴복하는 것을 막을 수 있을 만큼 엄격하다. 수정조항이 통과하기 위해서는 전체 주의 3/4의 비준을 받아야 하는데, 각 주에 이송되기 전에 먼저 하원과 상원에서 2/3의 찬성으로 수정조항안이 동의를 받아야만 한다. 그러나 통치구조를 선택하는 일은 아무리 훌륭할지라도 신생국가를 위한 첫걸음에 불과하였다. 다수는 새로운 중앙집권적 구조에 완전히 반대하여 정치의 외부에서 이와 싸우거나, 또는 연방주의자들의 몰락을 기다리면서 그들과 일시적으로 결합하는 등 여전히 심각한 분열이 남아 있었다. 새로운 국가의 지도자들은 국내적으로나 국제적으로 극복해야 할 많은 난제들을 가지고 있었다. 이러한 역사적 시기에 누가 이들을 이끌 수 있겠는가?

거의 모든 사람이 신뢰하였으며 당시 최고로 인기 있던 지도자는 자신의 시골 땅에서 평화로이 농장생활에 활발히 종사하고 있었다. 조지 워싱턴은 영국과의 평화협정소식을 듣자마자 아나폴리스로 부지런히 말을 타고 달려 「최고사령관의 임무를 대륙회의에게 반환하였다. 그때 자신의 부관 데이비드 험프리스를 옆에 데리고서 버논산으로 질주하여 훌륭하게도 크리스마스이브에 집에 도착하게 되었다.」[115] 장군은 늘상 부족한 돈, 적보다 더 적은 수의 부하, 부적절한 군수물자, 그리고 여러 계층 부하들 내부의 날카로운 분열 등을 떠안고서 지구상에서 가장 강력한 국가의 군대와 싸웠다. 그는 동계전투의 비참한 상황과 부하의 생명을 위협하며 쇠약케 만드는 유행병을 견디었고…… 그리고 이겼다. 그는 두 번이나 군복무에서 은퇴하였으며 그때마다 복귀하지 않겠다고 약속하였다. 처음에는 프랑스 사령관 꿀롱드 비이예에게 패배하고서 버지니아 총독 로버트 딘위디에 의하여 대령에서 대위로 수치스럽게 강등된 후인 22세 때에 은퇴하였다. 또 한번은 프랑스 · 인디안 전쟁 후였는데, 이로 인하여 그는 몇 년 동안 군복무를 피하게 되었다. 농부와 지방명사(地方名士)로서의 삶을 살고자 하는 강한 열망에도 불구하고 그는 두 번 모두 자신의 식민지, 나중에는 자신의 조국에 봉사하려는 부름에 응하여 자신의 평온한 생활을 포기하였다.

조지 워싱턴은 명성, 재산과 영광보다도 자신에게 더 가치 있는 그

---

115 John C. Fitzpatrick(ed.), *The Writings of George Washington*, 27(Washington D. C., 1931–1944), pp. 284–86.

무언가를 얻고자 하는 바람과 기도를 그의 마음에 가지고 있었다. 그
것은 「조국의 사랑과 지인(知人)들의 우정 어린 존경을 받고자 하는
소망」이었다. 생애 말년에 그는 「동료 시민들의 신뢰와 애정은 한 시
민이 성취할 수 있는 최고로 가치 있고 유쾌한 보상이다.」라고 말하면
서 이와 비슷한 심정을 나타냈다.[116] 이것이야말로 자기에게 일을 맡
긴 사람들로부터 어떠한 도움도 없이 오랫동안 어렵게 봉사해온 그
가 원했던 모든 것이었다. 융통성 없는 영국인 총독이나 지휘관과는
대조적으로, 조지 워싱턴은 계급에 기초한 전통적인 위계질서를 따
르기보다는 그들의 노력만큼 보상해줌으로써 자기의 부하들로 하여
금 각자 최선을 다하도록 그들을 격려하였다. 수고와 능력을 보상해
주는 그의 지도 스타일은 크롬웰의 신모범군을 연상케 한다. 그리고
이것은 이 아메리카 장군에게도 동일하게 성공을 가져왔다. 1759년 1
월 그의 은퇴가 공표되었을 때, 그의 부하들이 보낸 열렬한 편지가 이
를 가장 잘 설명해준다. 그들은 「우리가 함께 누렸던 기쁨과 함께 얻
었던 서로에 대한 경의……」를 회상하였다. 「아주 초기에 당신은 우리
를 가르쳤고, 훌륭한 군대를 만들 수 있는 그러한 훈련을 실시하면서
우리를 단련시켰습니다. …… 공평무사한 정의에 대한 당신의 변함없
는 충실함으로 인하여 우리의 자연스러운 경쟁심과 뛰어나고자 하는
우리의 열망은 커지게 되었습니다. …… 이와 같이 탁월한 지휘관을,
이와 같이 신실한 친구를 그리고 이와 같이 친절한 동료를 상실함으
로 우리가 얼마나 슬픔에 잠기는가를 생각 좀 해보시지요. 한 사람에
게 그토록 호감을 주는 자질이 함께 어우러져 있다는 것은 얼마나 드

---

116 John C. Fitzpatrick(ed.), *The Writings of George Washington*, 21(Washington
D. C., 1931-1944), p. 37.

문 일이던가? 그러한 사람을 상실한다는 것은 얼마나 큰일인가!」[117]

　청교도의 선배들과 동료들처럼 조지 워싱턴은 하나님의 섭리가 자신을 바른길로 인도하기를 바랐다. 그는 전 생애에 걸쳐 종종 장래의 전망이 흐린 상황에서 최선을 다해야 했다. 모진 겨울에 강력하고 잘 무장된 영국군을 대항하여 싸울 때의 부족한 병력과 군수물자, 거친 황야 그리고 영국인 적에 대하여 열성 없이 싸우는 시민들의 분열 등등. 1776년 초겨울에 자신의 친구이며 부하인 죠셉 리드(Joseph Reed)에게 쓴 비통한 편지에서, 그는 「우리가 처한 곤경을 알 사람이 거의 없다. 이 전선에서 어떤 재앙이 발생하더라도, 어떠한 이유에서 생겨나는지를 믿을 자는 더욱 없을 것이다.」 재앙이 없이 1월을 지낼 수만 있다면 「나는 하나님의 손이 거기에 임재하고 있음을 매우 진지하게 믿을 것이다.」라고 덧붙였다.[118] 또 다른 기회 즉 영국군(the redcoats)에게서 보스턴을 재탈환한 후 천연두 참화를 겪을 때, 그는 자신의 부대에 있는 교회에 출석하였다. 거기서 그는 군목이 출애굽기 14장 25절을 읽은 것을 들으며 위로를 얻었다. 「애굽사람들이 가로되, 이스라엘 앞에서 우리가 도망하자. 여호와가 그들을 위하여 싸워 애굽사람들을 치는도다.」[119] 전쟁 말기 전쟁터에서 영국인의 약점이 드러나는, 그에게 힘을 주는 징후들을 보면서, 그는 다음과 같이

117 Stanislaus Murray Hamilton, *Letters to Washington and Accompanying Papers*, 3(Boston and New York, 1898–1902), pp. 143–46.

118 John C. Fitzpatrick(ed.), *The Writings of George Washington*, 6(Washington D. C., 1931–1944), p. 243.

119 John C. Fitzpatrick(ed.), *The Writings of George Washington*, 4(Washington D. C., 1931–1944), p. 389; Rowe, *Letters*, p. 304; Douglas Southhall Freeman, *George Washington: A Biography*, completed by J. A. Carroll and M. W. Ashworth, 6(New York, 1948–57), p. 53.

썼다.

> 이 모든 일에 하나님의 가호(加護)가 너무나도 분명히 드러났기
> 때문에 믿지 않는 자는 이교도보다 더 나쁘며, 또한 그의 은혜에
> 사의(謝意)를 표할 정도로 감사하지 않는 자는 사악한 자보다 더
> 나쁜 자임에 틀림없다. 현재 관직에서 벗어나게 되면 내가 언젠가
> 전도사로 될 때가 올 것이다. 그런 까닭에 섭리의 교리에 관하여
> 더 이상 말할 것이 없다.[120]

그 생애 대부분에 걸쳐 교회에 자주 출석하는 자는 아니었지만, 건국의 아버지는 인간의 마음속 그리고 전반적으로 보다 위대한 사회 속에 있는 신앙의 특별한 가치를 귀중히 간직하고 있었다. 「정치적 번영으로 이끄는 모든 성향과 습성 중에서 신앙과 도덕은 결코 없어서는 안 될 지주이다. 인간의 행복에 이와 같이 위대한 기둥들—인간과 시민의 의무에서 가장 확고한 버팀목을 무너뜨리려는 자가 애국심의 찬사를 얻고자 하는 것은 헛된 일이라 하겠다.」[121] 워싱턴은 종교에서 하나님께 대한 개인적인 예배만을 소중한 것으로 보지 않고 자유 및 번영을 위한 촉매와 법 아래서의 정의의 지배도 소중한 것으로 보았다. 「요컨대 법정에서 조사의 수단이 되는 선서에서 종교적 의무감이 없어진다면, 재산·명성·생명의 담보수단은 어디에 있겠는

---

120 John C. Fitzpatrick(ed.), *The Writings of George Washington*, 12(Washington D. C., 1931–1944), p. 343.

121 Burton Ira Kaufman(ed.), *Washington's Farewell Address: The View from the 20th Century*(Chicago: Quadrangle Books, 1969). 이 인용문은 위 책의 24면에 실제로 있는 본문에서 인용하였다.

가?」[122] 미국에서 종교 자체가 보존되어야만 한다는 자신의 주장을 더 강조하기 위하여, 그는 「종교 없이도 도덕이 유지될 수 있다는 가정을 조심스럽게 받아들여보자. 특이한 구조의 사람들에게 끼친 세련된 교육의 영향력을 어떻게든 인정한다 하더라도, 이성과 경험에 따를진대 우리는 종교상의 원리를 배제한 채 국가의 도덕이 유지될 것을 기대할 수 없다.」[123] 여기에서 다시 한 번 올리버 크롬웰의 신앙심과 아주 유사한 점을 보게 된다. 즉 개인적인 깊은 신앙심에 근거한 비교조적 (非敎條的) 종교, 그리고 하나님의 주재하에서 이러한 행동원리들로 말미암아 국가의 본질적 요소와 유대를 마련했던 환경.[124]

사실 그는 이신론자(deist)였는데, 그는 자신의 종교철학을 다음과 같이 요약하였다.

우연히 일어나는 일이 어떻게 「끝나는가는 오직 만사의 위대한 주재자에게만 알려져 있다. 그의 지혜와 선함을 신뢰하고서 그에게 문제들을 확실하게 맡길 수 있다. 그리고 인간의 이해를 뛰어넘는 것을 찾으려 혼란스러워하지 않고, 단지 우리에게 주어진 본분을 이성과 우리 자신의 양심이 옳다고 생각하는 대로 주의하여 수

---

122 Ibid., p. 24.

123 Ibid., pp. 24-25.

124 이것은 미국의 충성맹세(the Pledge of Allegiance)의 마지막 줄의 일부이다. 여기서 이를 언급하는 것은 하나님 중심의 국가의 이상이 얼마나 널리 퍼져 있는지 또한 때로는 우리의 생활에서 종교가 훨씬 사소한 역할을 수행하는 것같이 보이는 오늘날의 파편화된 사회에서도 미국인의 일상생활에 하나님이 얼마나 중요한지를 보여주고자 함이다. 매일 아침 수백만의 초등학교 학생들이 국기를 바라보며 가슴에 손을 얹고서 이 맹세를 암송하고 있다.

행하면 된다.」[125]

워싱턴은 지휘관으로서의 일생을 살면서 몇 번이고 개인생활에서
나 또한 다른 사람을 대할 때에도 기독교 가치를 엄격하게 고수하였
다. 그는 미국 민주주의의 형성에 자신이 참여한다는 가치 있는 목표
를 이룸에 있어서 하나님이 행하신 역할을 지적하는 데 항상 빨랐다.
그가 자신의 신앙 또는 종교에 전혀 독단적이지 않았다는 것은 사실
이지만—실은 아마도 그가 독단주의자가 아니기 때문에 그의 삶이 다
른 사람들을 격려하는 본이 되었을 것이다. 프랑스가 영국에 대항하
여 미국을 도우면서 전쟁에 참여한다는 소식을 듣자마자 그는 자신
의 군대에게 다음과 같이 말하였다. 「미합중국의 이상을 지키고 또한
결국 세상의 왕들 가운데 강력한 지원자를 모음으로써 마침내 우리의
자유와 독립을 영구적인 토대 위에 확립하는 것은 우주의 전능하신
주재자를 기쁘시게 하므로, 신의 자비에 감사함을 표하며 그의 자애
로운 관여로 말미암아 얻게 된 중요한 일을 축하하는 날을 따로 정하
는 것이 마땅하다.」[126]

종교에 대한 워싱턴의 개방적인 마음은 그가 민주적 공화주의
(popular republicanism)의 이상에 대하여 커다란 믿음과 신앙을 가
지고 있다는 증거이다. 개인의 언행의 자유를 장려하는 정부를 지지
하는 것과 같은 맥락에서 그는 종교를 자신의 양식의 판단에 따라 이
루어져야 할 개인적인 결정으로 보았다. 양심의 자유에 대한 그의 신

---

125 John C. Fitzpatrick(ed.), *The Writings of George Washington*, 23(Washington
D. C., 1931–1944), p. 398.

126 John C. Fitzpatrick(ed.), *The Writings of George Washington*, 11(Washington
D. C., 1931–1944), pp. 324, 332–33, 354.

넘은 심지어 미국혁명을 지지하지 않은 자로 알려진 자들에게도 확대
적용되었다. 비록 그들이 전쟁터에서 결국 다른 편에 서거나 적을 방
조하였음에도 불구하고. 혁명전쟁의 암울한 기간 동안 총사령관은 독
립주의자들의 이상에 참여하지 않고 독립반대자들을 편들기로 결심
한 자신의 친구에게 편지를 썼다. 이때 워싱턴이 말한 바가 이전에 그
자신이 종종 얘기했던 것임을 기억하여야 할 것이다.「다름 아닌 분열
만이 우리의 이상(理想)을 해칠 수 있을 따름이다. 만약 탁월한 분별
력, 중용과 온전이 우리의 평의회에 섞여 있지 않다면, 그리고 상호경
쟁적인 정파들의 지배원리가 되지 않았다면, 그것으로 말미암아 우리
의 이상은 무너져버릴 것이다.」[127] 이와 같이 강하게 붙들고 있던 확
신에도 불구하고, 그는 자신의 친구이자 토리당에 동조하던 브라이언
페어팩스(Bryan Fairfax)에게 다음과 같이 글을 썼다.

> 일찍이 내가 자네에게 고백했던 우정은 우리의 정치적 정서의
> 차이를 이유로 줄어든 것이 결코 아니라네. 나는 내 자신의 의지가
> 올바르다고 알고 있다네. 또한 자네의 의지도 진실하다고 믿기에,
> 나는 내가 선택한 신조를 자네가 거부한 것을 비록 비난하지는 않
> 지만 슬퍼하였다네.「자네의 행동이 인민의 공동이익과 그들이 추
> 구하는 수단에 반하지 않는 한, 그 누구도 그 어떠한 권력도 간섭
> 할 수 없다고 생각한다네. …… 우리 자신이 좌우할 수 있는 우리
> 의 행동은 통제될 수가 있다네. 하지만 고차원적인 동기에서 비롯
> 하는 사고의 힘은 언제나 우리의 희망에 따라 형성될 수만은 없는

---

127 John C. Fitzpatrick(ed.), *The Writings of George Washington*, 6(Washington
D. C., 1931~1944), p. 483.

것이라네.」[128]

때로는 자기 견해와 분명히 상이한 것으로 보이는 의견들에 대한 용납은 민주적 원리에 대한 그의 강한 신봉을 보여준다. 한 세기가 더 지난 후 테어도어 루즈벨트(Theodore Roosevelt) 대통령은 조지 워싱턴을 올리버 크롬웰보다 더 높이 평가하였다. 그는 워싱턴을 매우 흠모하면서, 「크롬웰은 자기가 옳다고 생각하는 방식으로 인민들이 결정하지 않으면 그들이 스스로 결정하는 것을 결코 원하지 않았다. 그런데 한편으로는 인민들의 문제가 훨씬 더 컸다. 왜냐하면 그들은 자유에 대한 열망도, 자유를 사용함에서 있어서의 절제도, 그리고 의견의 차이에 대한 관용도 가지고 있지 않았기 때문이다. 그런데 아메리카 식민지인들은 그다음 세기의 마지막까지 이들을 발전시켜왔었다.」고 말하였다. 대조적으로 그는 총사령관이자 초대 대통령인 「워싱턴이 그의 장교들로 하여금 자기를 독재자로 만들지 못하게 하였으며 또한 모든 연방군으로 하여금 그들을 불신하고 고맙게 여기지 않을 뿐 아니라 지원하기를 거절하는 약한 의회에 쳐들어가지 않도록 하였다.」고 주장하였다. 「크롬웰과 달리, 그는 인민의 안녕이란 각자 자신의 구원을 위하여 애쓰는 데 있다고 보았다. 비록 그들이 도덕적으로만 아니라 자신들의 이익의 측면으로도 우둔함과 완전한 무지를 나타내더라도. 결국 인민들은 이러한 신뢰가 정당함을 보여주었다.」[129]

국내의 다툼과 내부 간의 충돌은 종종 외국과의 전쟁보다 더 폭력적으로 특히 국가연합의 느슨한 상태에 있는 이 급진적인 신생국가를

---

128 John C. Fitzpatrick(ed.), *The Writings of George Washington*, 11(Washington D. C., 1931–1944), pp. 2–3.

129 Theodore Roosevelt, *Oliver Cromwell*(New York, 1900), p. 102.

갈가리 찢을 것같이 거듭 위협하였다. 워싱턴은 무장병력의 권력을 행사하면서도 자신이 최선으로 여기는 대로 일을 바로 잡으려는 유혹을 견디어낸 보기 드문 사람이었다. 의회지도자들의 수중으로부터 통제권이 쉽게 빠져나가는 것을 보여주는 많은 증거가 있을 때, 자기 나라에서 자기 나름대로의 방법을 강요하기보다 체제 자체가 나름대로 작동되도록 놓아두는 것은 훨씬 더 많은 용기를 필요로 한다. 이러한 점으로도 그는 크롬웰보다 더 큰 용기와 신용을 보여주었다.

절친한 친구로서 준장이며 워싱턴 행정부의 일원이었던 헨리 낙스는 「초기 미국을 단결시킨 것은 최근에 서명된 헌법이 아니라 바로 워싱턴의 인격이었다.」라고 판단하였다. 미합중국의 대통령으로서 조지 워싱턴은 새롭게 연합한 다양한 주와 인민을 위해 대의민주주의를 확보할 수 있는 많은 구조적 변화를 제도화하려는 데 자신의 마음을 집중하였다. 그의 영웅적 자질은 조용하고 견고한 그리고 사심(私心) 없는 형태를 취한 까닭에, 그에 대한 우리의 인상은 움직임 중에 잡혔다기보다는 석상(石像)으로 각인된 채 남아 있다. 심지어 자만심이 강한 자인 나폴레옹 보나파르트조차도 그의 임종석상에서 한탄하기를 「사람들은 내가 또 하나의 워싱턴이 되기를 원하였다.」고 하였다. 이는 많은 정치인들로부터 거친 비난과 신랄한 비판이 있었음에도 불구하고 자신의 의무에 대하여 욕심 없이 헌신한 초대 대통령에 주어진 커다란 찬사였다.

확실히 조지 워싱턴의 꾸준한 지도력이 없었다면, 미국정치체제는 오늘날까지 아니 아마 그 처음 십 년까지도 지속하지 못하였을 것이다. 이후 프랑스혁명에서는 군중의 변덕에 따라 극단적인 방향으로 격렬하게 동요하였던 커다란 혁명의 결과를 보게 될 것이다. 프랑스혁명은 올리버 크롬웰과 조지 워싱턴 같은 성실한 지도자의 강력하면서도 화합을 이끄는 통치에 따른 유익을 얻지 못하였다.

C. 프랑스혁명 : 하나님의 사람이 없는 혁명

프랑스혁명은 크롬웰혁명 및 미국혁명 과정의 또 다른 발전의 장이지만, 그것의 반응은 프랑스 문화의 다각적인 양상으로 이루어졌다. 따라서 프랑스혁명은 각각 상이한 이념과 서로 격하게 맞부딪쳤던 지도자들이 등장하는 네 단계로 발전하였다.

여기서 개략적으로 파악하기 위하여 선택한 네 단계는 다음과 같은 시간틀과 사회 · 정치적 경향으로 나뉜다. 첫 단계를 살펴보기 이전에 혁명으로 이어진 여러 사건들과 운동들을 간략히 훑어보고자 한다. 제1단계는 군주 · 성직자 · 귀족들의 특권으로부터 대의제 의회의 권력으로 변화를 시도한 프랑스 개혁의 시작인 1789년 5월 5일 삼부회(三部會)의 개회로부터 시작해서, 1793년 6월초 지롱드당의 몰락으로 끝난다. 제2단계는 급진적 이념의 통치의 예를 보여주면서 1795년 8월 22일 신헌법의 채택으로 끝난다. 제3단계에 나타난 외국과의 충돌은 프랑스가 세계를 자신의 이념으로 개종시키려 하고 또한 그의 새로운 질서로 위협을 받은 적대국가로부터 자신을 지키는 방패를 만들려 하는 프랑스의 노력의 결과이었다. 이 단계는 1799년 11월 10일 나폴레옹 보나파르트의 쿠데타로 막을 내리게 된다. 제4단계는 나폴레옹의 독재로 일관하다가 1815년 7월 15일 워털루에서 나폴레옹이 영국군에게 항복함으로써 끝나게 된다. 많은 사람들이 보나파르트의 통치를 프랑스혁명의 일부로 보려고 하지 않지만, 프랑스혁명의 진행과정은 부분적으로는 자주 바뀌는 다수의 일시적인 지도자와 그들의 추종자 무리들에 의하여 이루어진, 계속 변전(變轉)하는 하나의 진화(進化)라고 하겠다. 각자의 혁명에서 입장 차이가 큰 양극단을 고무하며 절충하는 데 기여한 크롬웰 및 워싱턴과는 달리, 프랑스에서는 혁명을 완전한 결말로 성공적으로 이끌어갈 만큼 강한 신앙·윤리·카리스마와 지속력을 가진 위대한 지도자들이 없었다. 이 두 사람이야말로 자기 나라 또한 사실상 세계를 새로운 미래로 담대하게 이끌어가도록 하나님이 선택하였다고 믿는다. 반면 프랑스는 대부분 계몽주의 지식인이 가진 무신론(無神論)을 따랐으며, 그 과정에서 길을 잃어버렸다.

제1단계 : 구체제(the Ancient Régime)의 종말

미국은 미국혁명을 도우러 온 프랑스군대의 구성원들에게 직접 이화수분(異花受粉)시킨 셈이 되었다. 프랑스 장군 라파예트는 미국에서 혁명전쟁을 지원하면서 몇 년을 보내게 되었는데, 그는 거기서 작용하고 있던 평등주의적 가치의 중요성을 확신케 되었다. 프랑스에 귀국한 후, 라파예트는 미국의 「독립선언서」를 충실히 본뜬 「인간과 시민의 권리선언」의 채택을 부추겼다. 나중에 그는 중앙정부와 긴밀히 연결되어 유일하게 믿을 수 있는 군부의 우두머리로서 커다란 권력을 행사하였고 왕과 국민의회(the National Assembly)로부터 종종 자문을 요청받았다. 그러나 결단력 있게 행하지 못한 일이 자주 있자, 그가 아메리카에서 성공한 것은 주로 조지 워싱턴의 지도 덕택이었음이 드러나게 되었다(라파예트가 아메리카에 왔을 때 그는 겨우 19세였으며 많은 면에서 아주 미숙하였다). 이제 그러한 지도를 받지 못하게 되자 그는 계속 주저주저하게 되었고 그로 말미암아 프랑스에서 영향력을 상실하게 되었다.

아메리카의 본으로 말미암아 철학파(哲學派, *les philosophes*, 18

세기 프랑스 계몽주의의 이신론·유물론적 작가, 사상가들을 지칭함—역주)로 알려진 계몽주의의 영향력 있는 학자들은 담대하게 되었다. 그들의 운동은 1688년 영국의 명예혁명부터 1789년 프랑스혁명의 시작에 이르는 기간인 이성(理性)의 시대(the Age of Reason)에 전 유럽을 휩쓸었다. 이 무리의 지식인들은 여론을 크게 주도하였으며 또한 구체제와 그것의 절대주의와 함께 가톨릭 이념을 약화시키기 위하여 적극적으로 노력하였다. 그들의 계몽주의 철학은 다작가요 프랑스 학술원 간사인 베르나르 드 퐁뜨넬(Bernard de Fontenelle)이 1702년에 다가오는 빛의 세기에 대하여 「날이 갈수록 이 세기가 더욱 개화되어갈 것이며 따라서 이전의 모든 세기들은 이에 비하여 어둠 속으로 사라지고 말 것이다.」[130]라고 쓴 것을 반영하고 있었다. 그들은 사회뿐만 아니라 개개인의 일상적인 문제들에 대한 실제적인 해결책을 얻고자 노력하였다. 장 르 롱 달랑베르(Jean le Rond d'Alembert)와 드니 디드로[Denis Diderot, 이들은 한 시대의 과학적·예술적 업적의 전체를 아주 체계적으로 소개하려는 시도인 『백과사전』(Encyclopédie, 1751-72)의 저자들임], 엘베티우스(Helvétius), 몽테스키외[Montesquieu, 『법의 정신』(De l'esprit des Lois, 1748)의 저자], 장 자크 루소[Jean-Jacques Rousseau, 『사회계약』(Contrat Social, 1762) 등의 저자], 그리고 프랑스와 볼테르(François Voltaire, 비극·역사·철학적 시와 산문의 다작가) 등은 스스로를 그 멤버로 여겼다.[131] 유럽 각국에서 계몽주의 사상가들

---

130 이 인용문은 *Encyclopedia Britannica*, 1996에서 취하였다.

131 달랑베르(Jean le Rond d'Alembert), 디드로(Denis Diderot), 엘베티우스(Claude Adrien Helvétius), 몽테스키외(Baron de la Bréde et de Montesquieu), 루소 (Jean-Jacques Rousseau), 볼테르(François Marie Arouet de Voltaire), 로크

이 위대한 작품을 만들었지만, 그 발전에 기여한 자들은 프랑스의 많은 위인들이었다. 그들은 경험적 분석과 합리적 사고에 기초를 둔 새로운 사고영역에 해당하는 과학을 사랑하였으며 이러한 방법들을 가톨릭교회와 같은 전통적인 권위에 도전하는 데 사용하였다.[132] 프랑스와 기타 유럽국가의 철학파 다수는 미신과 무지의 사슬을 부숴뜨리는 것이 자신들의 운동에 따른 가장 커다란 잠재적인 유익점이 될 것으로 마음속에 그려보고 있었다. 그들은 과학적인 혁명을 환영하였기 때문에 벤자민 프랭클린을 그의 과학적인 명민함을 이유로 환영하였다(그는 피뢰침의 발명자였다). 또한 그들은 그에게서 로크와 루소의 저서들에서 보편화된 고상한 미개인(the noble savage)의 모습을 보았다. 왜냐하면 그가 펜실바니아의 광야에서 성장하였기 때문이었다.

철학파들은 하나님이 인간의 일상사에 대하여 영향력을 거의 또는 전혀 가지지 않는다고 믿으며, 하나님에 대하여 자유방임적인 태도를 취한 이신론자(理神論者)들이었다. 그들의 전형인 볼테르처럼 그들은 자신들에 대한 최대 박해의 원천인 가톨릭교회와, 가톨릭교회 및 프랑스 군주정치의 잡종(hybrid)의 열광적인 지배를 무너뜨리기 위하

(John Locke), 흄(David Hume) 등 작가, 철학자 및 과학자들은 개성을 강조하는 사상계를 형성하였다.

132 그 많은 예 중의 하나가 자살한 아들 마르끄 앙뜨완느(Marc Antoine)를 살해하였다는 혐의로 지방최고법원 즉 빠를레망(parlement)에 의하여 기소되어 유죄판결을 받은, 똘루즈(Toulouse) 출신 개신교 상인 장 깔라(Jean Calas)에 대한 볼테르의 변호이다. 이 사건의 요지는 법원이 장 깔라, 그의 아내, 그의 아들 삐에로와 한 명의 방문자가 마르끄 앙뜨완느가 가톨릭으로 몰래 개종하였다고 추정하여 그를 냉혹하게 살해하였다고 주장하였다는 점이다. 이로 인하여 깔라는 고문당하였으며 형차에 붙들어 매이는 처형을 당하였다. 볼테르는 이 판결을(그는 이를 종교상의 편협주의자들에 의해 만들어진 것으로 묘사하였음) 번복하고 형법체계를 개혁하려는 대규모 신문캠페인을 시작하였다.

여 「모든 부패를 쳐부수어라(*Ecrasez l'infâme*)」[133]는 표어를 퍼뜨렸다. 그들의 해결책은 프랑스 가톨릭교회의 후원자가 행한 난폭한 정치적 행위를 일소(一掃)하는 것을 넘어서, 프랑스에서 하나님을 일종의 세속적인 인본주의(人本主義)로 대치하였으며 때로는 신앙고백문에서 인본주의를 털어내기도 하였다. 프랑스의 많은 이신론자들은 성도덕(性道德)의 영역에서 미국의 이신론자들과 완전히 대조를 이룬다. 프랑스인들은 정절과 일부일처제를 기독교의 불필요한 유물로 믿었다. 사실상 그들은 무신론자들이 되었다. 벤자민 프랭클린이 프랑스에 있던 당시, 어느 프랑스인은 그를 프랑스식의 이신론자로 믿었으며 프랑스 이신론을 자기 나름대로 다음과 같이 설명하였다.

> 얼마 전 영국식민지에서 도착한 프랭클린 박사는 학식이 많은 자들이 매우 따르며 환대하는 자이다. …… 우리 자유사상가들(esprits forts)은 그의 종교에 관하여 능숙하게 타진해보았다. 그래서 그들은 자신들의 관점에서 볼 때, 그가 신자라는 사실 즉 어떠한 종교도 가지고 있지 않다는 사실을 알게 되었다고 믿고 있다.[134]

----

133 이 투쟁구호는 유명하게 되었다. 왜냐하면 그것은 프랑스혁명을 일으킬 정도로 폭발적인 힘을 가졌기 때문이었다. 원래 그것은 1762년 11월 28일 당베르(M. D'Ambert)에게 쓰여진 것이었다. 「네가 무엇을 하든지 악습을 근절하고 너를 사랑하는 자들을 사랑하라(*Quoi quevous fussiez, écrasez l'infâme, et aimez qui vous aime*).」 여기 언급된 악습은, 가톨릭교회에서 발견되는 광신과 가톨릭교회의 정책을 지지하고 형성하였던 프랑스의 전제군주제였다. 또한 볼테르는 광신을 모든 악 중에서 가장 위험한 것이라고 하여 이를 공격하고 또한 그것이 일으키는 종교상의 불관용과 불의와 전쟁을 공격한 것으로 알려졌다.

134 Conor Criuse O'Brien, *The Long Affair, Thomas Jefferson and the French Revolution 1785–1800*(University of Chicago Press, 1996), p. 13.

이 인용문으로부터 프랑스 이신론자들이 사실상 무신론자임을 확실히 알 수 있다.

미국혁명 직후에 발생한 프랑스혁명에 대한 「파리의 네 아메리카인」[135]의 관점을 상세히 분석한 꼬노르 끄뤼즈 오브리앙(Conor Cruise O'Brien)은 몇 명의 미합중국 건국자들 속에 있던 분명히 아메리카적인 거울에 비친 프랑스의 변화에 관한 심상(心象)을 세세하고도 생생하게 표현하고 있다. 그 네 명은 벤자민 프랭클린, 존 애덤스, 그의 부인인 아비가일 애덤스와 토마스 제퍼슨으로서 그들은 모두 아메리카 제국의 건설에 크게 기여하였다.

비록 프랑스가 영국혁명과 미국혁명의 이론과 적용을 많이 받아들였지만, 이러한 사상들에 대한 작용과 반작용은 바로 프랑스의 지형(地形)에 의하여 형성되었다. 팽창을 꾀하며 약탈을 일삼는 세력이 쉽게 접근할 수 있는 범위 안에 있고 북쪽과 동쪽으로부터 공격을 당하기 쉬운 유럽의 한가운데에 있다는 위치 때문에, 프랑스의 역사는 농업과 광물이 풍부한 프랑스에 언어와 문화를 준 여러 나라의 침입자들에 의하여 형성되었다. 켈트족(Celt), 즉 켈트어와 동족인 언어를 구사하는 이민자집단이 약 기원전 2000년경에 원주민인 리구리아인들(Ligurians)과 섞여서 프랑스로 밀고 들어갔으리라고 본다. 켈트족 침입자들은 B.C. 800년에, 그리고 2세기 이후로 계속 들어왔다. 이후에 로마인들이 침입하여 그들이 갈리아(Gallia)라고 부르는, 오늘날 골(Gaul)로 알려진 지역을 정복하였다. 거의 5세기 동안 지속된 로마의 영향으로 인하여[136] 프랑스어는 로마의 라틴어를 닮은 로망스

---

135 위 책. 「파리의 네 아메리카인」은 제1장의 제목이다. 프랑스어로 된 대화와 편지들의 영어번역은 저자 자신에 의한 것이며, 여기서는 그의 책에 실린 그대로 인용하고 있다.

136 아우구스투스 황제는 B.C. 27-12년에 걸쳐 골(Gaul)을 로마제국의 일부로 편입하

어(프랑스어, 스페인어, 이탈리어 따위의 라틴어계 언어—역주)가 되었다.

　로마제국이 몰락하자 프랑크(the Frank)족으로 알려진 게르만 부족이 현재 프랑스로 알려진 대부분을 차지하면서 각 지역에 오늘날까지 사용되고 있는 지명을 붙였다. 루이(Louis)라는 프랑스 이름은 르와(the Loire), 세느(Seine)강을 인접한 지역을 정복한 프랑크 추장(클로비스, Clovis)의 이름에 기원을 두고 있다. 비록 이교도이지만 그는 가톨릭교도인 클로틸다(Clotilda)와 결혼함으로써 그의 남쪽에 이웃한 부르군디(Burgundy)와의 연합에 조인하였다. 그는 자기의 자녀들로 하여금 세례를 받도록 허용하였으며, 후에 가톨릭의 하느님이 톨비악[Tolbiac, 오늘날 코론(Cologne)]에서 자기에게 군사적 승리를 허락한다면 그를 믿겠다고 서약하였다. 클로비스는 그 지역과 종교를 얻었고 남부의 비시고트(Visigoths)를 마침내 물리침으로써 왕국을 계속 넓혀갔다. 나중에 그는 비잔틴 황제 아나스타지우스(Anastasius) 1세와 협약을 체결하였는데, 황제는 그에게 집정관(執政官, Consul)의 지위를 수여하였다. 또한 그는 프랑스의 왕들과 로마 교황청 간에 수세기 동안 지속될 관계를 형성하였다. 이와 같은 정치적 교섭으로 프랑스는 더욱 강력하고 안정적으로 되었으며, 때때로 「교회의 장녀」라고 불리기도 하였다. 그러나 이로 인하여 프랑스 내의 교회 업무에 대한 교황청의 통제권 일부가 희생되었다. 클로비스와 프랑스 왕들이 그들 영토 내의 교회행정에 대하여 교황청과 의견이 일치하지 않게 되자, 이 첫 연합의 조건은 결국 프랑스와 로마 교황청 간의 충돌로 이어졌다. 이후 프랑스혁명에서 교회행정의 수장

─────────────────────

였다. 반달족이 라인강을 건너 침입하여, 클로비스가 이를 프랑크제국의 일부로 만든 A.D. 5세기까지 그것은 로마제국의 일부로 남아 있었다.

(首長)으로서 왕이 담당한 역할이 어떻게 교회와 왕 모두에게 대한 격심한 반발로 이어졌는가가 분명하게 드러날 것이다.

1789년 이래 수년간의 그토록 파란만장한 변화에 이르기까지 프랑스는 근 300년 동안 잘 돌아가는 것 같았다. 어떠한 의미로든, 모든 길은 파리로 통하였다. 프랑스의 행정은 중앙집권적이었으며, 파리는 패션·건축과 문화세계의 중심무대 역할을 담당하였다. 프랑스는 모든 것을 소유한 것 같았다. 프랑스 왕들은 하나의 교회 아래에서 그들을 지지하는 로마교황청의 정치적·종교적 권력으로 통일왕국을 다스렸다. 프랑스 왕들은 베르사유에서 귀족들을 통제하였고 파리의 궁정에서 왕국의 경제를 미시적으로 관리하였다. 프랑스는 천연자원이 풍부하였기 때문에 풍성한 수확, 탁월한 금속품 제작과 충성스러운 신민을 기대할 수 있었다.

「누구나 아는 바와 같이 프랑스인은 가장 통치하기 쉬운 민족이다. 한 왕을 참수(斬首)하고 또 다른 왕을 종신유배형으로 보낸 끊임없는 반역자들인 영국인과는 달리, 프랑스인들은 자기의 군주를 사랑했다. 때로는 그렇지 않은 적이 있더라도, 그들은 여전히 군주의 명령에 순종하였다.」[137] 확실히 이것은 영국인이나 아메리카인의 그것과는 다른 문화의 「장(場)」으로서, 자칫 비슷한 뿌리를 가졌을 법한 혁명의 색다른 전주곡을 만들었다. 루이 14세와 그 이후의 루이 15세 두 군주는 1643년부터 1774년까지 131년 동안 통치하였는데, 이는 다른 유럽국가들이 부러워하는 안정과 힘을 프랑스에게 준 전례 없는 기간이었다. 전자는 「짐(朕)이 곧 국가다」라는 표어로 72년 동안 계속 통치하였으며, 쟁취와 영향력 행사를 위한 전쟁으로 말미암아 국가의 부유한 자원을 낭비하였다. 프랑스 왕실법원도 역시 가톨릭교였는데, 법

---

137 Olivier Bernier, *Words of Fire, Deeds of Blood*(Doubleday, 1989), p. 11.

원은 평신도에게 부과된 법 및 세금과 무관하게 영향력을 행사할 수 있는 자유재량을 교회에게 허용하였다. 왕실법원에 이식된 이러한 위계구조로 말미암아 이미 계층화되고 매우 계급의식이 강한 사회가 더욱 심각하게 되었다. 이러한 균열은 오늘날에도 남아 있는 것을 볼 수 있는데, 일반적으로 좌파나 진보주의자들에 비해서 보수주의자들은 훨씬 종교적인 성향을 갖고 있다.

프랑스 민주주의의 발전에서 지각변동을 일으킨 사회격변을 이해하는 하나의 열쇠는 왕과 귀족 간의 관계이다. 영국에서 마그나 카르타 즉 대헌장은 존 왕으로 하여금 사실상 귀족들이 지방에서 갖는 봉건적 권리, 법과 관행을 침해하지 못하도록 하기 위하여 그의 권력에 제한을 가하였다.[138] 프랑스처럼 군주적 독재로 향하거나 독일처럼 소규모의 공국들(principalities)로 분할된 다른 유럽국가와 달리, 영국은 지방과 중앙권력 간의 균형을 찾아냈다. 영국의 장미전쟁 그리고 로마 교황청과 왕 헨리 8세 간의 불화 이후에 왕들과 귀족들은 서로를 필요로 한 까닭에 신중한 발전속도가 그곳의 변화의 특징이 되었다. 국가의 실질적 권력이 선거로 구성된 의회로 이동하기에 이르렀다. 두 그룹 간의 균형으로 인하여 대부분의 경우에 고무줄로 쏘는 듯이 급격한 인민의 반발은 일어나지 않게 되었다. 반면에 보다 폭넓은

---

138 1215년 일단의 반란호족들은 잉글랜드 존 왕(1199–1216)에게 이러한 자유를 요구하였다. 이 대헌장은 아직 미성년자인 헨리 3세를 대신하여 펨브로우크(Pembroke) 백작 윌리엄 마샬(William Marshall)이 주도하는 섭정단에 의하여 1216년에 다시 발행되었다. 섭정단은 1217년 이 헌장을 두 개의 별개문서로 발행하였다. 자유의 헌장 및 삼림의 헌장. 이것은 그 문서의 최종형태로서, 헨리 3세가 성년이 된 후에 다시 발행되었다. 대헌장은 법에 대한 왕의 복종을 인정한 것으로 커다란 의미를 가지고 있으며, 또한 봉토마다 상이한 법률과는 달리 잉글랜드의 모든 사람을 위한 법의 지배를 여러 측면에서 표준화하였다.

참여를 수용할 수 없는 엄격하고도 중앙집권적인 체제를 형성해온 프랑스 왕들은 대부분 권력을 그 자신이 오랫동안 누리고 있었다. 이러한 과정은 1461년부터 1483년까지 통치하였던 루이 11세부터 시작되었다. 루이 11세는 프랑스의 규모를 훌륭하게 두 배로 키웠으며, 귀족들의 세력을 약화시켰다.[139] 그러나 귀족들은 더욱 근대화된 상황에서 권력을 얻는 다른 방법들을 가지고 있었다. 즉 그들은 프랑스 사회의 다른 구성요소들과 권력을 공유하였다. 영국 및 기타 유럽국가들과 비슷하게 프랑스는 세 그룹 즉 귀족, 성직자, 평민이라는 프랑스 왕국의 세 신분으로 구성된 삼부회(États-Généraux, States-General)[140]라 불리는 의회를 가지고 있었다.

　삼부회의 설립은 프랑스에서 근대화의 한 측면을 나타내며 가톨릭 교회에 대한 의존으로부터 떠나는 것을 보여준다. 삼부회는 교황 보니파체 8세(Boniface VIII)에 대항한 「정당한」 왕 필립 4세에 대한 지원자로서 1302년 4월에 처음 소집되었다. 첫 회의 때 프랑스의 세 신분 전부 또는 모든 지역의 구성원이 실제로 포함되었는지는 의심스러우나, 확실히 그들은 프랑스 군주권력의 중대한 확대를 상징하였다.

....

139 루이 11세는 1482년 불로네(Boulonnais), 피까르디(Picardy)와 부르군디(Brugundy)에 대한 종주권을 다시 세웠으며 프랑스 꽁떼(France-Comté)와 아르뜨와(Artois)를 점령하였고, 1471년 앙주(Anjou)를 병합하였으며, 1481년 멘느(Maine)와 프로방스(Provence)를 상속하였다.

140 이후로는 이 집합체를 언급할 때, 영어서적에서 종종 발견할 수 있는 「Estates General」이라는 표현 대신에 「States-General」로 표현하고자 한다. 그 이유는, States가 프랑스어 단어 「États」의 의미를 보다 정확히 반영해주기 때문이다. Estates General의 용례는 대규모 재산을 가진, 즉 토지를 소유한 사람들만이 그 대표기구의 구성원이라는 부정확한 추정을 하게 만들 수 있다. 사실 삼부회를 구성한 집합체 중에 가장 큰 것은 평민들의 것이었는데, 그들은 프랑스혁명의 선두에 서서 그 대표성을 강조하기 위하여 자신을 국민의회라고 불렀던 그룹이었다.

필립 4세는 아마도 그 당시 가장 봉건적이고 세속적인 왕으로서 프랑스에서 가톨릭교회 권력의 많은 유물을 파괴시켜버렸다. 그는 교회 재판소의 권한을 줄였으며, 교황법정에 대한 상소를 거의 없애버렸고 또한 교황의 승인 없이 프랑스 성직자들에게 세금을 부과하였다. 교회와의 관계에서 매우 강력해진 그는 교황 클레멘트 5세(Clement V)의 선출을 확보했으며, 그를 설득해서 바티칸을 떠나 더욱 감시를 잘 받을 수 있는 아비뇽(Avignon)에서 거주하게 만들었다.

필립의 사후(死後) 삼부회는 여러 차례 잘못된 시작을 거듭하였으며, 영국의회가 행사하는 권력을 얻고자 하였으나 그 일은 언제나 이루어지지 않았다. 백년전쟁(1337-1453)이 시작하면서 삼부회는 피대표자의 일반적인 불만 때문에 또한 그들의 주요한 부르주와지 개혁자 중의 한 사람이 암살당하였기 때문에 통치의 주도권을 잡지 못하였다. 그동안은 지방 삼부회가 종종 삼부회의 헌법적 기능을 담당하였다. 이후 인두세(人頭稅, taille)[141]로 불리는 일반 국세가 왕에 의하여 이미 부과된 까닭에 평시에 징세를 승인하는 외부 의회의 필요성이 없어졌다. 그 때문에 삼부회가 개혁을 위한 제도적인 힘으로 충분히 발달하지 못하였다. 이후 세 신분의 선명한 이해대립에 따른 내부의 불화로 말미암아 중요한 개혁이 제도화되지 못하였다. 그 일례로, 귀족들이 특권의 일부를 포기하지 않는다면 관직매매의 폐지를 찬성하지 않기로 하였던 1614년의 삼부회를 들 수 있다. 이것은 1789년 혁명 시작 때 최후로 열린 회의가 있기까지 소집되었던 삼부회의 마지막 기회였다. 지속되는 내부의 대립은 사회신분에 기초를 둔 전통적 형태의 의회를 폐지하고자 하는 빌미를 제3신분(평민)에게 제공하

---

141 이 세금은 종종 지방 영주들에 의하여 부과되었으나, 나중에 왕이 강력한 경쟁귀족들을 제압한 후에는 왕에 의하여 부과되었다.

였다.

  프랑스 왕들은 삼부회의 권력을 억제하면서 자신이 직접 통제하고 급료를 주는 관료들을 통하여 봉건귀족을 약화시키기 시작하였다. 오래된 봉건가문들과는 더 소원(疏遠)해지는 반면, 루이 11세는 많은 돈을 원조 받는 대가로(이러한 돈은 보다 안정된 사업환경에서 더 쉽게 벌어들일 수 있었다) 강력하고도 안정된 정부를 마련함으로써 중간계급과 강한 연대를 형성하게 되었다. 그는 지방정부와 밀접한 관계를 유지하면서 자신에게 충성하는 관리들만 그곳에서 근무하도록 허용하였다. 이러한 방식으로 그는 나중에 자신의 정적(政敵)이 될 수 있는 지방 지배자들의 정치권력을 억눌렀다. 주로 중간계급과 하급귀족 출신들로 일단의 자문단, 즉 중앙관료제의 충성스러운 주창자들을 확보한 그는 나아가 최대한의 정적들, 즉 왕국의 제후들과 많은 가신들의 영향력을 감소시켰다. 이와 동시에 그와 그 뒤를 이은 군주들은 바티칸의 집단적 권력과 왕의 권력을 연결하는 로마와의 관계를 돈독하게 하였다.

  프랑스는 바티칸과 세력의 줄다리기를 계속하였다. 위에 언급한 바와 같이, 교황과 샤를마뉴(Charlemagne) 왕조 간의 초기 정치적 연합에 이어 클로비스와 교황 간에 이루어진 합의는 프랑스와 다른 유럽국가들이 로마가톨릭 교황의 확장, 즉 가신(家臣)임을 의미하였다. 루이 11세는 자신이 교황의 승인 없이 프랑스 주교들의 임명을 통제할 수 있는 조약을 1472년 체결하였다.

  프랑스 군주제와 가톨릭교회를 결합한 권력을 구현하면서, 추기경 리슐리외(Richelieu)[142]는 사실상 1624년부터 1642년까지 최고 성직

---

142 리슐리외(Armand Jean du Plessis de Richelieu)는 추기경·공작으로 프랑스 고위성직자이며 정치가였다. 1585년 파리에서 태어나 1642년 사망하였다.

자의 지위에서 나라를 다스렸다. 궁정신하 및 군사령관으로서의 직책을 위해 양육과 연단을 받은 후, 그는 앙리 3세가 리슐리외가(家)에 수여하여 얻게 된 루송(Luçon) 주교직을 그의 형이 거절한 때에 비로소 성직자가 되었다. 그는 재빨리 순차적으로 전쟁·외무담당 국무장관으로 승진하여 왕에 의하여 재상이 되기에 이르렀다. 1624년 추기경이 되었고 국사원의 일원이 되었는데, 그곳에서 그는 지방가신들의 특권을 폐지하고 프랑스 국경을 지키는 데 불필요하게 된 모든 요새 성채들을 파괴하기 시작하였다. 지방귀족에 대한 의존을 충성스러운 지방행정장관으로 대체하면서 그는 군주정치의 절대주의를 강화하기에 이르렀다. 그는 영국으로부터 무기와 다른 물자들을 오랫동안 공급받아온 라 로쉘르(La Rochelle)의 개신교 위그노파 진지를 뭉개버리면서 그들의 힘을 약하게 만들었다. 자기 또는 왕의 계획에 대항하는 모든 반역들을 진압하는 데 계속 성공함으로써 그는 왕의 권력으로 하여금 거의 도전을 받지 않게 만들었다. 그는 태양왕(Le Roi du Soleil)[143]인 루이 14세로 하여금 절대적인 호화로움과 권세 가운데 통치할 수 있게 한 중앙집권적이고 효율적인 프랑스 관료제의 성립에 영향을 끼쳤다.

　루이 14세는 베르사유에 거대한 궁전을 건축하고 수천의 귀족들로 하여금 그곳에 살도록 하여 그들이 단순한 궁정신하(Courtiers)로서 자신의 통제하에 있고 자신을 대항하여 권력을 추구하지 않도록 만들었다. 이 사실은 절대군주들이 어떻게 잠재적인 적으로부터 최소한으로 방해를 받으며 전제상태를 유지할 수 있었는지를 부분적으로 설명해준다. 귀족정치의 음모가능성이 없는 상태에서, 프랑스는 외부에

---

143 「태양왕」이라는 이름은 만물이 그 둘레를 따라 회전하는 태양이 그의 상징이었기에 붙여진 것이다. 그의 이름은 또한 프랑스체제의 중앙집권적 성격을 반영한 것이었다.

서 보기에 믿을 수 없을 정도로 부유하고 안정되며 통일된 것으로 여겨졌다. 프랑스 언어·문화·요리·건축과 의상은 유럽대륙에 걸쳐 상류문화(上流文化, *haute culture*)의 상징이 되었다. 견제와 균형에 의하여 제약되지 않은 중앙집권체제에 의해 만들어진 외견상의 안정과 풍부는 지속될 수 없었다. 특히 프랑스는 미국혁명에 의해 획득된 새로운 자유를 지켜보았다. 왕과 그 제도는 단지 인민의 소리를 억눌렀던 것이다. 그러나 그 소리는 영구히 침묵을 지킬 수는 없었기에, 1789년 파리 군중이 동원될 때에 크게 울려 퍼지게 되었다. 그때까지 프랑스 왕들은 수 세기에 걸쳐 프랑스 사람들에게서 개인적인 인기를 누리고 있었다.

그러한 왕으로 「매우 사랑 받는 자(bien-aimé)」로 알려진 루이 15세를 예로 들 수 있다. 그의 인기는 아주 높아서 다음과 같은 사실이 기록될 정도였다. 「1744년 이 왕자는 메츠(Metz)에서 갑자기 목숨을 잃게 될 위험성이 있는 병에 걸렸다. 이 소식에 모두 두려워한 파리는 흡사 강탈당한 도시 같았다. 교회는 간구와 신음소리로 울렸으며 성직자와 일반 사람들의 기도는 흐느끼는 소리로 순간순간 중단되었다. 이러한 '매우 사랑 받는 자'라는 별명이 유행하게 된 것은 바로 이토록 절실하고도 애정 있는 관심 때문이었다. 그 별명은 이 대단한 왕자가 얻었던 다른 어떤 칭호보다 훨씬 더 고귀한 것이었다.」[144] 그러나 30년이 지나서 그가 다시 병들었을 때, 이번에는 죽음 직전이었는데도 그에 대한 동정심에서 우러나오는 그러한 외침은 없었다. 그러나 전반적으로 프랑스는 왕이 대단한 인기를 누렸던 부유하고 규율 있는 나라였다.

점차 절대주의적 지배가 강화된 약 300년 동안 프랑스의 경제는 경

---

[144] *Abrégé Chronologique de l'Histoire de France*(Paris, 1775), p. 701.

제와 과세(課稅)에 대한 강력한 중앙통제 때문에 영국보다 훨씬 더디
게 발전하였다. 프랑스는 그에게 충성하는 군과 중앙집권적 관료제에
의하여 지탱되는 왕을 정점으로 한 것을 특징으로 하는 하나의 거대
한 상부구조(上部構造)였다. 영국이 현금에 기반을 둔 근대적 경제를
형성하고 있는 반면에, 프랑스는 군인과 공무원에게 급료를 지급하는
커다란 중앙 국고의 존재로 도움을 받으며 왕에 대한 강직한 충성심
에 기반을 둔 체제를 계속 유지하였다. 지방의 봉건귀족들을 거세시
켜버린 이 구조는 프랑스 전역에 걸쳐 5,000만의 가신을 가진 하나의
거대한 봉건영지(왕의 영토)와 같아 보였다. 왕은 인민에게 실질적인
권력과 선택을 주기보다는 자기를 지지하는 자들에게 이익을 제공함
으로써 비위를 맞추려 하였다.

그러나 세계경제는 변하고 있었다. 이러한 변화가 영국과 네덜란
드 등의 다른 나라보다 좀 더 느리긴 하지만 프랑스에서도 전역에 걸
쳐 감지되고 있었다. 원래 농업이 주종이었던 경제가 18세기 중반
에 공업화되기 시작하면서 파리의 동부교외, 생 앙뜨완느(Saint-
Antoine)와 생 마르셀(Saint-Marcel)에 공업지역을 형성하였다. 대
규모 벽지공장에서부터 가구, 식탁과 다른 소규모의 공장에 이르기
까지 이 지역은 공업화된 세계의 다른 도시지역과 연합하여 폭발성
(volatility)을 많이 가진, 노동자의 도시지역 집중지가 되었다. 그러
나 경제는 여러 세대에 걸친 통제경제로 괴로워하였다. 통제경제하에
서 모든 영역이 중앙정부의 통제 아래 있었다. 가격통제, 생산통제 그
리고 분배의 인위적 기준은 프랑스 사회의 봉건적 성격만큼이나 성장
을 방해하였다. 최소한 양식을 위한 곡식과 기능공을 위한 일자리와
같은 기본적인 주요 품목의 풍요로움에 익숙해졌던 프랑스 사람들은
통제에 의하여 의존심리를 더 크게 가지게 되었다. 이러한 풍요로움

이 감소하게 되자 파리의 군중은 거리로 나가게 되었다. 이전에 성장하였던 기능공 부문에서 실업이 늘어나자 교외지역의 많은 노동자들 가운데 불만이 커갔다.

경제의 중앙집권적 통제로 말미암아 인민들은 경제상태가 안 좋아질 때마다 상류층으로부터 음모가 꾸며지는 것을 보게 되었다. 혁명기 이전과 진행 중 몇 년 동안 파리 인민들은, 왕 루이 16세나 탐욕스러운 왕비 마리 앙뚜와네뜨가 그토록 오랫동안 누려왔던 큰 권력을 빼앗긴 것 때문에 인민들을 처벌하려 한 점에 책임이 있다고 여겼다.

왕 루이 16세의 어려움을 이해함에 있어서 중요한 것은 그가 미국 독립전쟁을 지원하는 데 너무 많은 프랑스의 시간과 돈을 소비하였다는 사실이다. 앞서 이 장의 B절에서 보았듯이, 그의 막대한 원조가 없었다면 조지 워싱턴이 매우 강한 해군력과 정말 많은 수의 영국군을 격퇴할 수 없었을 것이다. 조지 워싱턴이나 아메리카의 각 주들이 전쟁 이후 한참까지도 이렇다 할 해군을 보유하지 않았음을 기억해보라.

게다가 1789년 7월 12일 어리석은 왕은 인기 좋은 재무장관인 자크 네께르(Jacques Necker)를 충동적으로 경질하기로 결정하였다. 대다수 인민들은 네께르를 자신들 이익의 옹호자로 보았기 때문에 그의 경질에 강하게 반발하였다. 그러므로 그 반갑지 않은 소식으로 말미암아 3일 동안의 폭동과 무질서가 촉발되었고, 이는 마침내 7월 14일의 「바스티유(Bastille)」 습격으로 끝맺게 되었다. 14세기 이래 감옥으로 사용되어온 그 유명한 요새는 이 일로 습격을 받아 파괴되었다. 그 파괴는 프랑스혁명의 상징으로서 7월 14일 바스티유의 날에 기념되고 있다. 일반적으로 구체제는 1789년 7월 14일 오후 5시에 종료된 것으로 여겨지고 있다.

　군중폭력이라는 유령은 무서운 것이었지만, 그것은 또한 다양한 그룹을 가진 전체인민의 위대한 통일과 그들의 세력이 개혁을 위한 힘이라는 것을 나타내었다. 프랑스 역사에는 증오의 대상이 된 세금징수자나 지방의 적대자에 대항하여 급속히 폭발한 농민반란의 숱한 예가 일찍이 있었다. 그러나 이전의 폭동들과는 달리, 1789년에는 정부군이 구체제의 사람들과 상징들에 무기를 돌려댄 농민들과 유산계급의 폭동자들에 가담하면서, 자기들에게 급료를 주며 사실상 부대를 소유한 상급자들의 명령에 따르기를 거부하였다. 확실히 왕에게는 「상설위원회」의 명령 아래 있는 파리의 무장 민병대는 물론이고 수가 더 많고 아주 단호한 군중들에 대항하여 싸울 것을 요구할 수 있는 군대가 없었다.

　바스티유의 성공적인 탈취로 인하여, 왕은 프랑스 인민을 대표하는 새로운 국민의회의 주장을 받아들이지 않을 수 없었다. 7월 17일 이후로 몇 가지 핵심적인 사항들에 관한 논의가 진지하게 착수되기 시작하였다. 즉 개인의 자유의 보장, 권력분립 체제의 형성, 그리고 전제정의 폐지. 헌법의 발전은 귀족정치주의자들의 변덕이나 지나치게 강력한 왕과 왕실의 어리석음에 좌우되지 않는 보다 정당한 체제를 법전화(法典化)하는 수단이었다.

　한편 의원들은 베르사유의 홀 바깥에서 바야흐로 무정부상태로 되려고 하는 민중의 압력을 받고 활동하였다. 파리에서 시작된 불안상태는 국민의회가 더디게 진행하고 있는 것을 혁명을 와해시키려는 귀족들의 음모로 보고 두려워하는 농민들이 사는 지역들까지 급속히 확산되었다. 이에 대응하여 의원들은 두려움과 폭력사태를 가라앉힐 것을 기대하면서 봉건제를 폐지하기로 한 8월 4일의 법령에 서명하였다. 이로 인하여 농민들은 지방 영주에게 지고 있었던 많은 부담으로부터 자유롭게 되었으며, 귀족들의 면세특권의 지위가 박탈되었다. 여러 가지 운동들이 봉건제 유산의 완전한 폐지에 기여하였다. 이에는 봉건적 십일조, 영지법원, 수렵법, 재산상속불능제도(*main-morte*, 봉건적 노예의 한 형태), 사법직의 매관매직(이로 인하여 판사들이 법원의 자리를 돈을 주고 샀다)의 폐지와 모든 사람에 대한 모든 관직·군대계급의 개방이 포함되었다. 8월 11일 통과된 법령은 「국민의회는 봉건체제를 완전히 무너뜨리며…… 모든 봉건적 권리와 의무는…… 종료되었다.」[145]로 시작하였다.

8월 27일 의회는 「인간과 시민의 권리선언」을 채택하였다. 비록 그 마지막 형태는 한 달 후에 채택되었지만, 미국의 독립선언서와 미국헌법의 본을 따른 이 문서는 국민의회 의원들의 중요한 목표 중의 하나였기에 그들은 이에 힘을 쏟았다. 다름 아닌 프랑스 시민의 권리였다. 그 선언은 조지 워싱턴의 부하요 양자였던 라파예트에 의하여 제안된 것으로 미국의 여러 문서들과 명백히 관련되어 있음을 보여주는 증거들이 많이 있었다. 독립선언의 경우와 마찬가지로 프랑스인들은 주로 존 로크, 특히 장 자크 루소의 사상을 빌어 왔다.

인권선언은 다음과 같이 시작한다.

> 프랑스 인민의 대표자들은 인권에 관한 무지·망각과 멸시가 오로지 공공의 불행과 정부의 부패의 원인이라는 것에 유의하면서…… 하나의 엄숙한 선언을 통하여 인간의 자연적이고 신성하고 불가양의 권리들을 밝힐 것을 결의하며……[146]

---

145 *Nouvelle législation*, 1, p. 83.

146 「인간과 시민의 권리선언」의 전문은 여러 출전에서 찾아볼 수 있다. 예컨대 J. Imbert, preface de Henry Morel *Les Principes de 1789*(Aix-en-Provence,

루소와 로크는 둘 다 모두 평화롭지만 사고하는 능력이 미개발된 자연상태(a state of nature)를 제시하였다. 이와 같은 생각은 인권선언 제1조 「첫째, 인간은 자유롭고 권리에서 평등한 상태로 태어나 생존한다.」라는 표현 속에 나타나 있다. 루소에 따르면, 정부는 인민들이 상호보호를 위하여 결합하기로 합의한 바의 결과이어야 한다. 이 결합의 결과로 도덕적인 시민의 의무감이 생겨난다.

인권선언은 계속하여 그러한 불가침의 권리들이 「자유, 재산, 안전과 압제에 대한 저항」[147]이라고 기술하고 있다. 전형적인 루소의 방식에 따라, 주권은 국민에 귀속하며 특정한 한 개인에 있지 않다고 기록되어 있다. 이와 같이 프랑스인들은 국가로서 강력함을 이루기 위하여 자신들의 권리를 정부에 양도하기를 미국인보다 더 빨리 했으며 또한 지금도 여전히 빠르다는 것을 보여주었다. 이러한 것은 오랫동안 지속되어온 중앙집권적 국가와 그 경제, 군주제의 전제적 성격, 오랫동안 존재해온 전국적 차원의 세금(인두세, *taille*)과 위계적인 가톨릭교회에 대한 장기간에 걸친 신봉과 일치하는 바이다. 이를 제3조에서 발견할 수 있는데, 동 조항은 「모든 주권의 원천은 근본적으로 국민에 있다. 어떠한 집단이나 개인도 국민으로부터 명시적으로 유래하지 않은 여하한 권력을 행사할 수 없다.」라고 명백히 규정하고 있다. 미국인들과, 그들에게 동기를 주었던 존 로크는 국가보다 개인을 더 우선하면서 재산과 개인의 권리(미국에 특유한 「행복의 추구권」을 포함하여)의 보호에 강조점을 더 두었다.[148]

1989); Dale K. Van Kley, *The French Idea of Freedom: the Old Régime and the Declaration of Rights of 1789*(Stanford University Press, 1994).

147 인간과 시민의 권리선언, 제2조.

148 헌법적으로 볼 때, 이러한 모습은 각 주의 완전한 개성을 보호하였던 미국의 초기연

인권선언에는 다음과 같은 여러 다른 사항들도 포함되었다. 법률은 누구에게나 같아야 한다. 누구도 자의적으로 체포될 수 없다. 기존 법을 위반한 경우에만 처벌받을 수 있다. 또한 인권선언은 언론의 자유·출판의 자유와 예배의 자유를 규정하였으며, 성직자와 귀족의 모든 특권을 폐지하였고, 재산소유권이 불가침하고 신성함을 분명히 하였다.

인권선언의 기초는 정부가 도덕적 성격을 보유하기 위하여 총의(總意, volonté générale)로 알려진 피통치자의 동의를 반드시 가져야 한다는 점이다. 이 새로운 선언이 졸지에 성직자와 귀족의 특권을 단번에 폐지하고 국민의회가 평민을 대표한다는 점을 생각한다면, 그 총의가 하층계급의 방향으로 경도(傾倒)되었음을 알 수 있다. 그해 여름 하층계급은 온통 자기 뜻과 마음대로 할 수 있는 것으로 보였다.

그들은 전국에 걸쳐 성들을 습격하여 불태웠다. 수많은 경우 그들은 귀족 소유자들을 살해하였으며 대저택을 약탈하였다. 프랑스에 있어서 더욱 나쁜 것은 아무도 세금을 내지 않아 국고가 텅 비었다는 사실이다. 장래의 조세체제와 현재의 정부 자체에 대한 불확실성으로 말미암아 많은 사람들이 재무장관 네께르가 발행한 국채를 구입하지 않게 되었다. 더욱 불행한 것은 군인들이 자신의 부대를 탈영함으로써 전국적으로 무정부상태가 확산되는 것을 그 누구도 중단시킬 수 없었다는 사실이다. 이 당시 왕은 아무것도 하지 않았는데, 사실 그가 도대체 무언가를 할 수 있었는지도 의심스러운 일이었다.

새로운 인권선언으로 말미암아 예견하지 못하였던 많은 결과들이 발생하였다. 이로 인하여 전통적으로 질서 있고 비교적 평온하였던

합에서 보다 쉽게 발견할 수 있다. 나중에 이는 국가의 주권에 훨씬 더 가까운 연방적 구조로 재편성되었다.

프랑스 사회가 혼동스럽게 되었다. 출판의 자유로 말미암아 사람들은 처음으로 왕의 검열관에 의한 보복을 받지 않고서 자기들이 원하는 바를 쓸 수 있게 되었다. 검열제도가 없는 상태에서 새로운 신문들이 증가하였다. 파리에서만 해도 1789년 초기의 4개의 신문이 130개의 새로운 정기간행물로 늘어났다.[149] 이들 대다수는 인민에 대한 새로운 의원들의 대변자가 되었다. 병(瓶)에서 갓 풀려나 모든 방향으로 걷잡을 수 없이 뛰어다니는 이 도깨비는 「매우 심한 편견에 따른 모든 조짐들을 나타내면서, 편할 때마다 왜곡하거나 각색하기를 주저하지 않았으며 또한 전체적으로 불안을 크게 증가시켰다.」[150]

장 폴 마라(Jean-Paul Marat)와 같은 의원들이 스스로 발행하기 시작한 신문들은 점차 강력해지는 극좌파 의원 그룹의 입장을 자주 지지하였다. 정치적으로 애매한 입장을 취하였던 마라의 신문은 네께르, 라파예트와 다른 중도주의자들을 공격하는 것으로 나타나더니, 당시 대중매체를 선동하고 조작하는 데 인쇄매체를 활용하였다. 그의 전술적인 공격목표 중의 하나는 당시 제안된 왕의 거부권 문제이었다. 자신의 신문인 『파리민중(*Le Publiciste Parisien*)』에서 그는 「헌법이 완성되기 전에 거부권을 만드는 것은 건물을 지으면서 지붕부터 시작하는 것과 같다. …… 우선 첫째로 법률의 공포는 왕에게 헌법에 반대할 수 있는 권력을 주는 것을 의미하게 될 것이다.」라는 말로써 그 제안을 비웃었다.[151] 이러한 대변자를 사용하면서 그들은 왕이나 국민의회에 굴복하기 원하지 않는 일반대중에게 강한 영향을 주었다. 그들은 자기성취적 예언(self-fulfilling prophecy)을 만들어 의

---

149 *Encyclopedia Britannica*, 1996.

150 Bernier, *Words of Fire*, p. 55.

151 *Le Publiciste Parisien*, No. I(Sept. 12, 1789)

원들로 하여금 자신들의 환심을 사도록 만들었다. 그들은 인민들에게 인기 있으리라고 생각한 논설로써 이 일을 행하였는데, 그 논설들은 차례차례 보다 강한 좌파적 심정(心情)을 형성하여 일반 대중으로 하여금 행동하도록 자극하였다.

왕당파 신문은 프랑스 사회의 커다란 변화에 반대하여 자신의 분개를 나타내었다. 그들은 의회의 행동을 무정부상태에 다를 바 없다고 보아 국민의회의 활동에 대하여 격렬한 반대의 글을 썼다. 왕과 왕비는 그들의 열성을 국민의회를 전복할 수 있을 왕당파 정당의 시작으로 오해하였다. 그러나 사실 그들은 프랑스 사태의 진전에 거의 영향을 미치지 못하였다.

프랑스 정부는 불안정한 토대 위에 서 있었다. 낡은 질서는 폐지되었으나, 아직 그것은 헌법으로 대치되지 아니하였다. 미국체제에 기초한 모델을 제시하였던 바로 그 사람들도 프랑스 국민의회가 사실상 (미국)의회와 헌법제정회의의 조합임을 보여주는 불안스러운 증거들을 발견하게 되었다. 전자는 자신의 한계를 분명히 알면서 그때그때의 국가적 문제를 해결할 수 있는 자유와 권한을 가져야 한다. 후자는 단기간에 걸친 위기의 열기로 흥분되어 요동하는 여론의 격정으로부터 벗어날 수 있는 안정된 정부를 위하여 매개변수를 설정하면서 장기간의 전망을 가져야 한다. 평민들이 상층계급을 통렬히 비난하고 귀족과 성직자는 자신들의 신분상실을 한탄하여 음모를 꾸미거나 탈주하였으며 왕은 침묵을 지키는 동안, 난처하게 된 의회는 갈팡질팡하고 있었다는 점이 프랑스에게는 불행한 사실이었다.

9월 파리는 효과적이며 지속할 수 있는 혁명적 변화를 위한 또 하나의 커다란 조치를 취하였다. 18일에 새로운 시정부의 중앙집권적 기구인 파리꼬뮌(commune de Paris)이 시의 각 구별로 60개의 구의회 및 집행부와 함께 선출되었다. 이러한 구의회들은 자그마한 독립공화국과 같이 되었는데, 이들은 베르사유의 의회보다도 군중들과 더 연결되어 있었으며 그들에게 더 의지하고 있었다. 의회 내에 방청인의 입장이 허용되었는데, 그들은 부르주와지에 속한 자들로서 이러한 그룹들과 꼬뮌은 주로 중산계층에게 혜택을 주는 급진적 정책을 취하도록 강요하였다. 비록 회의를 지켜보도록 허용되지는 않았지만, 군중들은 멀리 떨어져 있지 않은 곳에서 집회를 지배하고 있었다. 이 구의회의 의원들은 자신들의 입장을 강화하는 증폭기와 도구로서 군중들을 사용하면서 부르주와지 방청인과 자신들의 신문을 통하여 자신들의 메시지를 주고받았다. 그들은 프랑스혁명 운동에서 가장 강력하고 급진적인 세력을 함께 형성함으로써 의회에 따라가기보다는 의회를 이끌게 되었다.

또한 그들은 공개적이고 대중적·민주적인 방식으로 이전에 왕의 관료에 의하여 통제되던 기능을 떠맡았다. 각 구는 매우 중요한 빵과 식료품의 분배를 통제하였고 또한 나름대로의 공안위원회(公安委員會)를 조직하였다. 그들은 국민군의 지방부대를 통제하기 위하여 군사위원회를 만들었다. 왕이 없어도 돌아가는 것을 알게 되면서, 그들은 군주가 더 이상 어떠한 정당성을 갖지 않는다고 느끼게 되었다. 원망의 대상이었던 왕과 왕비에 의해 야기된 것으로 여겨진 식료품 및 기타 생필품의 만성적인 부족을 완화시키려 애쓴 까닭에 두 가지의 상반된 정부구조가 하나의 자석(磁石)과 같은 양상을 띠게 되었다. 즉 중산층과 하층 사람들(숫자상으로 가장 많음)로 하여금 군주제 및 그 구조에 대하여 반발하게 하는 반면, 지방위원회와 혁명적인 의원들에 대하여는 달라붙도록 만들었다.

하절기 수확이 시장에 출하되기까지 프랑스는 여름 내내 식량부족으로 시달렸다. 이로 인하여 하층계급 가운데 굶주림이 확산되었다. 불안정과 귀족에 대한 적개심으로 말미암아 생겨난 두려움은 특히 7월 후반기의 대규모 이민으로 이어졌다. 이것은 남아 있는 자들과 파산한 정부의 보다 조심스러운 지출과 맞물려 많은 사람들을 실직상태로 내몰았다. 8월 18일 재봉사들과 이발사들은 국가통제하의 경제가 자신들에 대한 공모(complot)를 의미한다고 믿고서 직업과 임금인상을 요구하며 행진하였다. 9월 22일 푸주한들도 동일한 불평을 내세우며 시위를 벌였다.

10월 5일 그들은 새로운 전략을 사용하였다. 즉 그들은 오뗄 드 빌르(the Hotel de Ville)에서 출발하여 베르사유로 가는 행진에 여자들로 하여금 참여하도록 권장하였다. 왕의 군대가 여자들에게 발포하지 못하리라고 여긴 것이 적중하였다. 15,000명의 국민군들은 자신들의 사령관인 라파예트 장군의 명령을 정면으로 거스리면서 그들과 동참하였고, 다음 날 왕가를 파리로 데려왔다. 그 조처는 여러 가지 이유에서 중요하게 여겨졌다. 첫째, 비록 왕 자신이 이미 절대권위를 상실하였지만, 그의 몸이 존재하고 있다는 것은 파리시민들에게 식량품귀의 문제와 취약한 경제를 해결하는 데 도움을 주리라는 마력을 여전히 가지고 있었다. 둘째, 그가 혁명 중심지인 파리에서 떨어져 있으면 사랑하는 인민들의 표현을 보고 느끼는 것에 방해를 받기 때문에, 그들 가운데로 옮긴 것은 그로 하여금 혁명을 이해하며 받아들일 수 있게 한다고 많은 사람들은 생각하였다. 사실 적의, 산발적인 발포, 왕실거주지에 대한 포위의 시도와 환호성이 묘하게 어우러지는 가운데 왕가는 파리의 뛸르리(Tuileries)에 있는 아파트로 옮기게 되었다.

곧 파리로 뒤따라온 의회는 왕과 그 일가만큼이나 파리시민군중과 그들의 예상할 수 없는 고집에 매이게 되었다. 해고된 군중들이 의회 업무의 관람자로서 연단을 채웠기 때문에 의원들은 언제나 보복을 두려워한 가운데 그들에게 말하지 않으면 안 되었다. 권력의 공백상태로 말미암아 정치클럽의 힘이 더욱 커졌다.

이러한 클럽들은 현행 의회를 통하여 자신들의 의제(議題)들을 추진할 목적으로, 지금까지 혁명을 만들어온 것으로 정당하게 평가되던 대중의 힘을 이용하였다. 그들은 의회 바깥에서 논쟁하고 자기들을 따르는 무리들과 함께 기세를 몰아 자기들의 입장을 지지하는 방청부대를 수반한 채, 하나의 연합조로서 투표하는 의원들과 함께 마치 군대처럼 의회 안으로 행진하여 들어왔다. 당통(Danton)과 로베스삐에르(Robespierre)와 같은 의원들이 영향력과 권력을 얻게 된 것은 바로 이러한 분위기였다.

의원들과 클럽 멤버들 간에 갈등이 커갔다. 의원들은 자신들이 인민에 의하여 정당히 선출되었으므로 「총의」를 대표한다고 주장한 반면에, 클럽의 열성가들은 자신들이 국가를 경영하는 법을 알므로 의회의원을 통제해야 한다고 믿었다. 그들의 야심과 확신의 핵심요소는 군중이었다. 비록 파리의 군중이 국가정책을 부당하게 좌우하고 파리 외부 프랑스인민의 전체의사 대표자가 결코 아니었음에도 불구하고, 그들의 지배는 사실상 프랑스 정치의 중심이 되었다. 이러한 상황은 독재적인 「구원자」로 하여금 민주주의를 한참 나중에야 생각할 것으로 팽개쳐 놓은 채 힘의 지배를 택하도록 만든 유인(誘因)이었다. 나중에 로베스삐에르에 의한 「공포정치」에 관하여 개략적으로 살펴보고자 한다.

국민의회는 스스로를 「헌법제정의회」로 선언하고서 헌법을 만들기 시작하였다. 1791년 9월 30일 완성된 헌법은 공식적으로 왕에게서 절대권력을 제거하고 헌법의 지배를 확립하였다. 프랑스는 선거로 구성되는 각급 의회에 의하여 통치되는 도(department), 구(district), 군(canton)과 꼬뮌(commune)으로 재편성되었다. 입헌군주제가 확립되면서, 입법권이 왕과 입법의회에게 주어졌다. 이로 인하여 국민의회가 공식적으로 대체되었다.

비록 유럽 내의 프랑스 영토에 거주하는 시민들만을 대상으로 하였지만 헌법은 시민의 평등을 확립하였다. 왜냐하면 프랑스 식민지 노예제의 폐지를 의회가 거부하였기 때문이었다. 교회와 성직자들의 재산은 개혁을 이루기 위하여 또한 파산된 국가예산의 수지를 맞추기 위하여 매각되었다. 교회의 자원을 빼앗은 까닭에 정부는 성직자들을 재조직하지 않으면 안 되었는데, 정부는 이를 성직자에 관한 시민헌법으로 처리하였다. 바로 이것으로 인하여 전국적으로 커다란 분열이 생겨났다. 인민들은 인민대로 나누어졌으며, 일부 성직자들 그리고 당연히 교황의 분노가 치솟게 되었다. 지난 수 세기 동안 프랑스교회가 국가경영에 중요한 역할을 담당하였기 때문에 이러한 조치들과 그에 내재된 결과(교회를 지배하는 평신도)는 이 어려운 시기에 권력의 공백상태와 무서운 쓰라림을 남겨놓았다.

이때 좌파가 득세하게 되면 소유와 재산을 상실할 것을 두려워한 특히 국민의회의 부르주와 의원들에 의해서 약간의 타협이 이루어졌다. 결국 헌법은 불과 11개월 동안만 지속되었고, 곧 혁명의 난폭한 행위가 득세하게 되었다. 혹자에게는 통치의 입헌주의적 단계의 종료가 프랑스혁명의 종료였다. 그 이후 전국적으로 권력의 공백상태를 남긴 군중지배에 기인한 전체주의적 또는 프레비시트적인 반동 때문에 과도한 행위가 연속적으로 이어졌다. 그러나 혁명의 열정은 가라앉지 않았고 전 유럽에서 들불처럼 확산되었으며 그 영향력은 대서양

넘어서까지 느껴지게 되었다.

질식할 것같이 살고 있던 감옥에서 필사적으로 도망하여 이전의 권좌에 복위할 것을 기대한 왕 루이 16세는 군의 우두머리로 귀환할 수 있으리라는 목적으로 프랑스에서 탈출하려 하였다. 불행하게도 그는 바렌느(Varennes)에서 발각되어 체포된 후 파리로 송환되었다. 또한 루이 왕이 프랑스로 침입하여 군주 통치를 회복시킬 것을 외국세력과 은밀히 협상하였다는 사실이 알려지게 되었다. 이 때문에 그와 이미 세력을 상실한 귀족들은 전쟁이 자기들의 오점을 제거해주리라 기대하였다. 부유한 프랑스 이민자들(émigrés)은 오스트리아, 이탈리아, 스위스, 프러시아와 벨기에에 살면서 그곳의 왕들과 귀족들이 혁명을 뒤집는 것을 돕기 위하여 막대한 자원을 활용하였다. 전쟁의 처음 징조들이 프랑스에 대항한 유럽연합의 시작으로 해석되는, 오스트리아와 프러시아 간에 제안된 방위연합인 1791년 8월 27일의 필니츠(Pillnitz) 선언과 함께 프러시아와 오스트리아로부터 나타나게 되었다. 이와 동시에 혁명지도자들은 전쟁을 공격적인 국외의 이민자들로부터 위협을 제거하면서 혁명을 견고히 하려는 기회로 삼았다. 라파예트 자신도 이를 정치권력을 얻을 기회로 보았다. 사실 프랑스는 오스트리아에 대한 선전포고와 그 뒤를 이은 프랑스에 대한 프러시아의 선전포고로 시작해서 24년 동안을 전쟁의 준칙에 따라 생활하게 되었다.

초기 패배를 겪은 후 몇 차례의 주요한 사건들로 인하여 프랑스는 혁명의 제2단계, 즉 급진적인 경직성과 공포정치에 이르게 되었다. 먼저 전장에서의 패배소식은 파리의 불안을 야기하였다. 프러시아군을 지휘하며 파리로 진격해오던 브룬스위크(Brunswick) 공작은 군주의 권력을 완전히 회복시킬 계획이며, 만약 파리시민들이 왕에게 무언가를 행한다면 파리에 대하여 「본때를 보여주며, 기억될 만한 보복」을 행하겠다고 선언하였다. 그의 말은 정반대의 결과를 가져왔다. 파리의 혁명정부인 파리꼬뮌은 입법회의에게 왕을 처형할 기한을 정해주었다. 이렇다 할 움직임이 없이 기한이 경과하자 아주 많은 수의 무장한 파리시민들이 9월 21일 왕궁을 급습하여 강제로 군주제를 무너뜨리고 왕을 감옥으로 보냈다. 또한 그들은 입법회의가 위임을 상실하였음을 선언하였다. 그리고 이로 인하여 의원 절반이 파리로부터 도망치게 되었고, 한편 나머지 절반은 남자의 선거권을 인정한 보통선거에 의한 국민공회(national convention)의 새로운 선출을 지시함으로써 군중의 요구에 굴복하였다. 이 위원회는 두 개의 유력한 클럽과 그 구성원들 사이에서 양극화되었다. 즉 산악당(*La Montagne* 또는 *Montagnards*, 입법회의 좌측에 가파르게 쌓여진 좌석 상부에 위치한 그들의 좌석을 본떠 이름붙인 것임)은 불가분의 통일공화국(a united indivisible republic)을 요구하는 국민공회의 좌익을 형성한 반면에, 지롱드당(*Girondistes*)은 연방공화국(a federal republic)을 선호하는 우익을 형성하였다. 이 두 단일암체(monolith) 사이에는 우유부단하게 흔들거리는 평야가 놓여 있었다. 그러한 동안 9월 2일부터 6일까지 파리에서 불만족한 군중들이 성직자에 대한 시민의 감독을 반대하던 성직자 다수와 약간의 범죄자들을 포함한 죄수들의 대량살육에 가담하였다. 중요한 사건으로 간주된 이 학살은 이후 공포정치를 미리 보여주는 「첫 번째 테러」로 종종 불린다.

새 국가기관의 임무는 왕을 기소 · 심판하고 새로운 공화국헌법을 제정하여 (사실상 권력에 대하여 통제를 받지 않은 채) 프랑스를 지배하는 것이었다. 1792년 9월 22일 새로운 프랑스 공화국이 성립되었다.

이번에는 벨기에, 라인란트의 서부, 사보이와 기타 지역에서 프랑스의 승리와 함께 전쟁이 더욱 심화되었다. 루이 왕은 기소되고 사형선고를 받아 1793년 1월 21일 처형되었다. 대부분 유럽은 자기 나라에 불만이 파급될까 두려워한 까닭에 함께 단결하여 프랑스와 전쟁하였다. 국내에서는 여러 반란이 발생하였다. 즉 방데(Vendée)의 왕당파 반란(신병모집의 시도에 대한 반발로서 일어남)과 파리에서 멀리떨어진 곳에서 몇 차례 발생한 「연방주의자」의 반란. 여기서 「연방주의자」는 국가연합(confederacy)과 대조되는 내용을 가진 아메리카의정의와는 전혀 다른 의미를 가지고 있다. 여기서 그것은 문제되는 지역들—프로방스, 리용, 보르도와 노르망디—이 통치와 관련해서 파리시민의 중앙집권적인 지배에 반대하여 좀 더 지방적인 지배를 선호하는 것을 가리킨다. 서로 다른 혁명가 유형 간의 갈등과 「총의(總意)」를 둘러싼 실랑이를 드러내면서, 지롱드당과 산악당은 세계를 향하여격렬한 행동을 취하다가 점차 포위상태에 이르게 된 나라를 통치하려고 주도권 싸움을 하고 있었다. 프랑스 내외의 이런저런 위협 때문에국민공회의 급진적 의원들은 공안위원회(Comité du salut public)를창설하지 않을 수 없었다. 1793년 10월에 공포된 포고에는, 프랑스정부는 「평화가 있기까지는 혁명적」일 것이라고 규정되었다. 이 위원회는 공포정치로 알려진 바를 기획·준비하였다.

제2단계 : 급진주의와 경직성

「바스티유의 날」의 시기는 프랑스 사회를 급진적인 방향으로 내몰아가기 시작하였다. 1789년에 개혁을 원하는 광범위한 요구가 있었어도 처음에는 폭력적인 혁명이 거의 제안되지 않았다. 왕 루이 16세는 인기를 잃게 되고 우유부단한 성격 때문에 비난받았으며, 성적 무능으로 인하여 업신여김을 당하였다. 마리 앙뚜와네뜨에 대한 일반적인 증오는 그의 개인적인 명성에 별로 영향을 주지 않았다. 파리의 정치권력은 점차 더욱 급진적인 애국당(the Patriot Party)으로 옮겨 갔으며, 그리하여 이번에는 군주주의자들(the Monarchiens)이 야당의 입장에 서게 되었다. 바스티유 함락을 되돌아 생각해보면, 여러 일들을 통하여 인민이 위험스러운 무정부상태의 힘이 될 수 있음을 분명하게 알 수 있다. 실제로 새로운 정치계급이 생겨났다. 막스밀리앙 로베스삐에르(Maxmilien Robespierre)와 산악당 등의 급진주의자들이 1792년-1793년 동안에 가장 강력해졌다. 1792년 12월 왕 루이 16세는 국민공회에 의하여 제소되어 국가의 적으로서 반역죄로 확정 판결을 받았다. 지롱드당은 평화가 회복될 때까지 그를 투옥해두기를 원하였다. 그러나 산악당은 그의 처형을 요구하여 근소한 표차로 이기게 되었다. 1793년 1월 21일 루이 16세는 참수형에 처해졌다.

이때 루소의 열렬한 추종자로서 로베스삐에르라는 이름을 가진 지방변호사가 권력을 얻었다. 오랫동안 쟈코뱅 클럽의 영향력 있는 지도자로서 그는 조르쥬 자크 당통(Georges Jacques Danton)의 지원 하에 부르봉 군주제의 타도를 도왔다. 때로는 「사람으로 하여금 자유롭도록 강제할」 필요가 있다는 루소의 확신을 따라, 로베스삐에르와 그의 동료들은 「혁명을 지키는」 명분으로 취한 독재적 조치들을 정당화하기 위하여 「혁명」이라는 용어를 사용하였다. 원래 9명, 나중에는 12명의 위원회로 활동한 이 소규모 위원회는 파리꼬뮌과 더불어 잔인하게 또한 절대적으로 통치하였다. 처음에 그들은 이민 간 귀족의 토지를 매각할 것을 계획하였으며, 국가통화를 안정시키고자 애썼다. 6

월 2일 산악당은 31명의 지롱드당 의원을 체포함으로써 자신의 정적들을 제거하였다. 그 달 후반에 그들은 예비의회들에게 인준을 구하기 위하여 민주적인 헌법을 송부하였으나 실제로는 전혀 시행되지 않았다. 만약 이 헌법이 비준되었다면 이 헌법에 따라 집행부를 선출하게 될 단원제의회가 허용되었을 것이다. 이 헌법은 공적인 생활보호, 교육 그리고 압제에 저항할 수 있는 반란에 대한 권리를 보장하였다. 당시 그들이 처한 군사적 · 정치적 위기와 치열히 싸우느라고 이렇게 탁월한 헌법의 효력을 정지시킨 것은 유감스러운 일이다.

그 대신에 위원회와 꼬뮌은 반혁명적 운동을 진압하기 위하여 각 지방에 일종의 공안경찰인 위원들(représentants en mission)을 파견하였다. 모든 형태의 반대를 진압하기 위한 조치를 재빨리 취하면서 그 독재적인 위원회는 전국적으로 약 300,000명의 사람을 체포해서 투옥하였다. 이러한 위원들은 거의 모든 지역에서 쟈코뱅 클럽 및 혁명위원회들과 밀접히 협력하였다.

연합군이 프랑스군에 대하여 진격해오자 프랑스정부 위원회는 무기를 소지할 수 있는 모든 남자들을 징집하였다. 이 막대한 군대를 지원하기 위해 취해진 또 다른 조치는 경제를 안정시키기 위해 많은 상품들의 최고가격 설정과 임금의 동결이었다. 이것이 사회주의적 실험 같이 보이기는 하지만 사실 그것은 그 원리에 매우 충실하게 따른 것이 아니었고, 오히려 비상시에 국가를 지탱하는 임시조치들의 집합이었다.

혁명재판소는 혁명에 관한 위원회의 의견과 일치하지 않다고 의심되는 자들에 대하여 간이재판을 떠맡게 되었다. 위원 까리에 (Carrier)는 가라앉는 거룻배에 수많은 죄수를 태워서 익사시키는 것 (대량익사형, noyade), 대량처형, 그리고 단두대처형(guillotine)과 같은 잔인한 수법으로 낭뜨에서 불과 3개월 동안에 15,000명을 사형시켰다. 이후 해임된 그는 이러한 난폭한 행위 때문에 그 자신이 단두대에서 처형되고 말았다. 마리 앙뚜와네뜨는 10월 16일 처형되었다. 1793년 10월 31일 지롱드당이 단두대에서 사라졌는데, 혁명의 적으로 혐의 받던 사람들 약 35,000-40,000명이 처형당하거나 옥사하였다.

프랑스에 하나님의 사람 또는 하나님께 대한 신앙이 없음을 보여준 사실이 1793년 11월 10일의 포고인 하나님께 대한 예배의 폐지였다. 반항적인 성직자에 대한 박해, 사직의 압력, 교회의 파괴가 이어졌다. 위원회 멤버인 에베르(Hébert), 쇼메뜨(Chaumette)와 끌루(Cloots)는 이성에 대한 혁명적 숭배를 조장하였다. 그러한 숭배의 공개적인 모임은 노트르담 사원에서 오페라 여자가수가 극으로 표현한 이성(理性)의 여신을 기리는 의식으로 이루어졌다. 이러한 침해, 교회에 대한 신성모독과 같은 행동들은 넓은 의미에서 볼 때 교회의 지나친 권력에서 비롯한 반성직자주의(反聖職者主義, anti-clericalism)와 이전에 언급한 것처럼 계몽주의운동의 멤버들이 가진 반종교적 지적 정서의 표현이었다. 더 나아가 일상생활을 세속화하기 위하여 정부는 프랑스 공화국의 첫날인 1792년 9월 22일부터 시작하는 새로운 혁명력을 택하였다. 각 달은 30일로서 매년 5일의 윤일(sans culottides라고 함)이 있었으며, 10일마다 공휴일이 있었다. 여기에서 중요한 사실은 그 달력이 일요일과, 오늘날 프랑스 달력에 일반적인 구성요소인 성인들의 기념일을 포함한 모든 예배의 성일을 배제하였다는 점이다.

1794년 로베스삐에르는 당통주의자들과 에베르주의자들을 저울질하여 먼저 에베르, 쇼메뜨, 끌루 및 기타 사람들의 처형을 1794년 3월 24일 꾀함으로써 산악당의 다른 정파들을 제거하였다. 그 이후에 그는 당통과 자기 그룹에 있는 다른 지도자들을 적대시하였다. 4월 6일 그는 당통, 데뮬렝(Desmoulins), 에로 드 세쉘르(Hérault de Sechelles) 및 기타 사람들을 처형하였다. 그는 이성에 대한 숭배를 완전히 바꿔서 지고(至高)의 존재(the Supreme Being)에 대한 축제로 대체하였으며, 자기 자신이 최고사제가 되었다.

프랑스 내에서 나타난 이러한 과격한 불관용의 시기와, 1793년에 선명하게 드러난 바와 같은 세계의 나머지 국가에 대한 프랑스의 태도는 서로 일치하였다. 반역죄(*the crime of lèse-patrie*, 조국 또는 국가에 대한 공격 혹은 모독을 의미하는 죄)로 비난받았기 때문에, 그들은 국외의 비난자들에게 똑같이 엄격한 태도를 취하였다. 프랑스인들의 입장을 선명히 이해하기 위해서는 그들이 사용하였던 두 가지 용어를 분명하게 정의하지 않으면 아니 된다. 첫째, 현대 불·영 사전에서 간단하게 「애국자」로 번역되고 있는 *patriote*는 프랑스혁명 시대의 용례에 의하면 훨씬 더 분명하고 강력한 의미를 가지고 있었다. 오브리앙(O'Brien)은 그의 『*The Long Affair*』에서 그 개념을 다음과 같이 정의하고 있다. 「어떠한 나라에서의 애국자는 절대적으로 그리고 모든 상황에서 프랑스혁명의 이익을 우선하는 자이다. 그것은 (연방주의자가 보는 것과 같이) 프랑스의 이익을 자기 나라의 이익에 우선하느냐의 문제가 **아니다**. 실제로는 어떠한 나라도 프랑스혁명의 이익과 구별되는 그 자신의 고유한 정당한 이익을 가지고 있지 않다는 것이다. 무엇이 모든 나라의 정당한 이익인가를 규정하고 또한 그러한 이익이 추구되어야 할 방침을 결정하는 것은 바로 프랑스혁명이다. 어떤 나라에서도 애국자는 이러한 관계를 이해하고 받아들인 자였다.」[152] 그래서 프랑스가 미국의 독립운동에 대하여 우호적인 체하

---

152 O'Brien, *The Long Affair*, p. 187.

는 진짜 이유는 감방의 창살처럼 미국의 자유이상을 폐쇄하려는 것이었다. 대표가 인정되지 않은 식민지에 과세한 영국의 거만함보다 더 표리부동(表裏不同)하게 프랑스인들은 미합중국을 단지 매어두고 굴복시키기 위한 프랑스 방식으로 대중의 지지를 얻고자 하여 미국 국민들에게 거짓말하였던 것이다.

다른 용어인 자매공화국(*république soeur*) 개념은 노예의 관계를 분명히 하면서도 평등과 동료의식을 암시하는 단어를 사용하는 극단에 치우치고 있다. 「이처럼 자매공화국은 언니(*la soeur ainée*)요 위대한 국가(*La grande nation*)인 프랑스혁명에 전적으로 굴복하는 국가였다. 유럽의 모든 자매공화국은 프랑스혁명군에 의하여 해방된 것으로 여겨졌으며, 지역의 애국자에 의하여 통치되었다. …… 지역 애국자에게 가장 소중한 특징은 프랑스인에 대한 감사였다. 왜냐하면 프랑스인들이 자기를 해방시켰기 때문이다. 그래서 프랑스혁명군이 벨기에의 조그마한 마을을 해방시켰을 때, 벨기에의 애국자는 당연히 그들을 환영하러 나왔다. 그때 모든 사람들이 마르세이예즈(Marseillaise)를 불렀는데, 프랑스 군인들은 서서 불렀고 그 지역 애국자는 자신들의 해방자에 대한 겸손의 표시로 무릎을 꿇고서 불렀다. 그러한 것이 자매공화국의 애국자에게서 기대되는 유형의 일이었다.」[153]

이러한 장면은 대규모 프랑스 징집군이 연합국의 초기 승리를 뒤집기 시작하면서 전 유럽에서 연출되기 시작하였다. 프랑스 공화군은 보르도, 쌩과 마르세유를 다시 탈환하였고, 무력으로 벨기에로 치고 들어가 6월의 플레뤼(Fleurus) 전투 이후 코뷔르(Coburg) 공작으로 철수하도록 만들었다. 7월 로베스삐에르와 그의 지지자들은 프랑스

---

153 O'Brien, *The Long Affair*, p. 187.

「도덕공화국(republic of virtue)」을 만들려는 그의 전망(과 방법)에
반대하면서 그의 권력을 질시하던 자들에 의해 체포되었다. 그는 일
시적으로 친구들에 의하여 풀려났으나, 나중에 7월 27일 체포되어 처
형당하였다. 당시의 한 그림에는 로베스삐에르가 그의 공포정치 폭정
이 끝난 이후에 죽이려고 남겨둔 유일한 사형집행자를 처형하는 장면
이 있었다. 비록 그 범죄자들이 테러를 그치려고 의도하지는 않았지
만, 프랑스 국민들은 군사적 승리 덕분에 더 이상 혁명을 지키기 위한
「비상조치」가 필요하지 않음을 알게 되었다. 크롬웰의 모범군과 유사
하게, 프랑스혁명군의 지휘자들은 처음으로 사회신분만으로서가 아
니라 전쟁터에서 세운 공에 따라 충원되었다. 17세기 영국에서 보았
듯이 이 군대는 프랑스 민주화의 계기를 이루는 데 기여하였다.

제3단계 : 혁명력, 제3년(로베스삐에르와 생-쥐스뜨의 역전)

열월당원(熱月黨員, *Thermidoreans*, 혁명력 제2년에 그 당이 형
성된 달의 이름을 따라 붙여졌음)으로 알려진 온건주의자들은 추방으
로부터 살아남아 국민공회에 돌아온 지롱드당을 용납하게 되었다. 흉
작, 극도로 추운 겨울과 점차 가중되는 불안 가운데 1794년 12월 24
일 곡물과 다른 생산품의 최고가격이 폐지되었다. 그다음 해 4월까지
파리에서 빵 폭동이 발생하였고, 이는 공회에 대한 습격의 시도로 이
어졌다. 몇몇 과격주의자들이 추방되면서 이러한 위협이 제거되었다.
일부 이민자들이 귀국함에 따라 일부 지역에서 군주론자들의 동요가
증가하였다. 새로운 혁명정부는 보다 보수적이어서 또는 보수적으로
되어서 사유재산의 신성한 권리를 인정하였다. 계속되는 폭동과 공

회에 대한 난폭한 공격으로 인하여 산악당의 잔여세력이 제거되기에 이르렀다. 프랑스군대는 벨기에를 침략하고 홀란드를 침입하였으며, 오늘날 네덜란드 안에 바타비안 공화국(시저 시대 이전에 살던 네덜란드 원래 거주민의 이름을 따라 지음)을 세웠다. 1795년 여러 조약과 휴전 특히 프랑스-프러시안 간의 바젤조약, 색소니·하노버와 헤셀-카셀에서의 철수가 이루어졌으며, 한편 스페인은 산도밍고를 포기하는 대신 기타 상실지역을 회복하면서 프랑스와 협정을 맺었다.

영국인과 많은 이민자들이 퀴베론의 브리태니에 상륙하여 그 지역의 왕당파를 지원하려 하자 불안정이 지속되었다. 침입자들은 라자르 오쉬(Lazare Hoche) 장군의 지휘를 받는 프랑스군에 굴복하였다. 그 장군은 700명의 이민자들의 처형을 감독하였는데, 이에 대하여 방데의 사령관 프랑스와 드 샤레뜨(Francois de Charette)는 1,000명의 공화주의 죄수의 학살로 보복하였다.

세 번째 혁명헌법이 1795년 그 모습을 드러냈다. 이 문서는 원로원(*les Anciens*)과 500인회(*Conseil des Cinq-Cents*)로 구성된 양원제 의회를 창설하였다. 그러나 처음부터 그 토대는 흠이 있었다. 양원의 구성원의 2/3가 국민공회 출신이어야 한다고 규정함으로써 광범위한 반대로 이어지는 이익의 충돌이 명백하게 나타났다. 선거에서 왕당파의 승리를 두려워한 까닭에 국민공회 이외의 출신자를 새로운 당선자의 1/3로 국한함으로써 왕당파들을 억제하려고 하였던 것이다. 이 최근 헌법은 법의 평등의 지속적인 확대와 재산권과 같은 많은 장점을 가지고 있었으나, 이전에 쟈코뱅당에 의해 지탱되었던 노동권, 공적인 도움을 받을 권리와 초보적인 교육을 받을 권리를 위한 자신의 임무를 포기하였다. 국가보다는 개인의 책임을 더 고려해서, 부정적인 측면으로는 공포정치와 연상된 경제통제를, 또 다른 긍정적인

면으로는 왕 루이 14세 등과 같은 절대군주의 통제로 말미암은 경제
안정을 아울러 그만두었다. 이전 위원회의 독재시기에 존재하지 않았
던 견제와 균형을 약간 가미하기 위하여 집행권을 5인 집정관의 수중
에 두었다. 1795년 2월 21일 종교문제에서 양심의 자유에 관한 포고
를 발하였으나 법의 제약으로 말미암아 그 대부분은 실현이 가능하지
않았다.

　1795년 10월 5일 왕당파 반란은 이전 시기의 좌익 쟈코뱅당의 난
폭한 행위에 항거한 반동의 조짐에 불과하였다. 서부지역에서 반복
되는 반란으로 말미암아 공화주의자 오쉬 장군은 계속 바쁘게 되었
고, 한편 다른 지역에서는 이전의 쟈코뱅당원들이 습격당하고 살해당
하였다. 「귀공자들」(jeunesse dorée, 프랑스혁명 당시 파리 지역에서
테르미도리아 반동에 대하여 길거리 투사의 역할을 한 젊은이 집단
을 가리키는 말로서, 상대적으로 부유한 배경 출신으로 그들의 복장
이 세련되었다는 점에서 붙여진 이름임―역주)은 왕정복고의 떠들썩
한 지지자로 행세하면서 옷을 입고 행동하였다. 1795년은 왕당파의
지속적인 반란과 보복을 찬성하는 백색테러로 유명해졌다. 남부에서
「예수 훈작사(Companions of Jesus)」들은 여러 차례의 학살에서 애
국자들에 대한 보복을 일삼았다. 파리 여러 계층의 폭동 직후에 국민
공회의 군대를 맡게 된 나폴레옹 보나파르트 장군은 가장 중요한 위
치에 천천히 다가가고 있었다. 그는 자신의 군대를 이끌고 거듭 승리
하였으며, 정부가 좌·우익의 중대한 문제들과 싸우는 동안 그는 자
기 자신의 지지자들을 계속 결속(結束)하고 있었다. 보수적인 정부는
균형을 유지하기가 불가능한 역할을 떠맡고 있었는데, 정부는 그것을
제대로 이루어낼 수 없었다. 정부가 우파의 왕당파 반란에 대항하여
싸운 까닭에 좌파의 입장에서 보면 정부가 자신들의 지위를 강화하는

것으로 보였다. 이로 인하여 이번에는 정부의 중도파들이 멀어지게 되었다. 좌파에게 지나치게 의존하는 것은 쟈코뱅 클럽에 대한, 그리고 너무 많은 자유가 주어질 때 그들이 행사하였던 권력에 대한 두려움을 다시 불붙였다. 이러한 약점은 나폴레옹과 같은 군인에게 유리하게 작용하였다. 그는 「구원자」로서 세력을 얻을 때까지 좋은 시기를 기다렸다.

이러한 경향은 왕당파가 9월 선거에서 강세를 보인 1797년까지 지속되었는데, 왕당파는 그들과 잘 어울리는 부유한 유권자들의 지지를 항상 이끌어냈다. 이른바 공화력 제5년 12월 18일의 쿠데타로 인하여 집정내각은 전체 현의 절반 이상에서 선거결과를 무효화시켰으며 행정부를 숙청하였고, 성직자와 이민자들에 대한 혹독한 법률을 다시 제정하였다. 이로 인하여 자의적인 통치와 전제정치로부터 프랑스를 지키기 위한 도구였던 헌법 자체가 깨트려지는 결과가 되고 말았다.

1796년 이래 프랑스의 대규모 군사 행동이 유럽대륙을 지배하였는데, 그 와중에 많은 공화국이 수립되었다. 오스트리아 제국을 물리치기 위한 시도로 세 갈래의 공격이 계획되었다. 즉 주르당(Jourdan)과 그 군대는 라인강 하류에서 이동하여 프랑코니아(Franconia)로, 모로(Moreau)는 라인강 상류에서 바바리아(Bavaria)와 스와비아(Swabia)로, 그리고 보나파르트의 군대는 이태리를 지나 티롤(the Tyrol)을 통과하여 다른 군대와 만나기로 하였다. 위의 두 부대는 찰스(Charles, 황제 프랜시스 2세의 동생) 대공에 의하여 패퇴되었다. 그러나 나폴레옹의 군대는 사보이와 니스로부터 롬바르디, 파르마, 로마냐, 볼로냐와 페라라를 지나는 길에서 모든 지역을 황폐화시켰다. 그는 더 남진하겠다는 위협으로 교황 및 나폴리 왕과 조약을 체결하였다. 프랑스는 1797년 10월 17일 캄포 포르미오(Campo Formio)

조약의 체결로 오스트리아로부터 광대한 영토를 받았다. 오스트리아는 프랑스의 영토 확장에 다음과 같이 합의하였다. 1) 벨기에 지방을 통하여 2) 바젤에서 안티르나흐까지 이르는 라인강 서부 기슭까지 프랑스와 독일은 라인강에서의 운행을 공동 통제한다. 3) 프랑스는 이오니안 제도(諸島)를 계속 보유한다. 협정의 다른 조건 중에는 오스트리아가 잘츠부르크와 바바리아 일부분을 획득하는 것을 프랑스가 돕는 것이 포함되어 있었다. 오스트리아는 베니스 영토의 대부분을 받았으나, 프러시아는 이전의 프랑스 국경에서 라인강 쪽으로 영토를 포기한 것에 대하여 어떠한 보상도 받지 않게 되었다.

1798년 2월에 이르러 프랑스는 로마를 점령하고 로마공화국을 선포하였다. 그들은 교황 비오 6세(Pius VI)를 포로로 데려왔다. 프랑스는 스위스로 쳐들어가 헬베틱(Helvetic) 공화국을 병합하였다. 그때 나폴레옹은 자신의 최대 적이라 할 수 있는 영국을 적대시하게 되었다. 영국 해협을 건너기가 불가능함을 판단하고서, 그는 이집트를 공격함으로써 영국의 인도제국에 손해를 가하려 하였다. 그는 재빨리 몰타와 알렉산드리아를 점령하고 카이로 교외의 피라미드 전투에서 승리하여 카이로를 포획물로 차지하였다. 영국의 호라시오 넬슨 제독이 알렉산드리아 동쪽에 정박 중이었던 나폴레옹의 선박을 발견하고 그의 함대를 파괴시킴으로써 그를 프랑스로부터 차단시켰다. 그는 육상으로 귀국하는 길을 쟁취하려고 시리아에 침공하였으나, 군대 안에서 전염병이 발생하는 바람에 이집트로 철수하지 않으면 안 되었다. 그는 투르크와 성공적으로 협상하여서 프랑스군으로 하여금 철수할 수 있도록 허용하는 엘 아리시(El Arish)협정을 체결하였다. 오스트리아, 나폴리, 포르투갈과 오토만제국이 가입한 영−러 연합은 프랑스로 하여금 네덜란드, 독일, 스위스와 이태리에서 나가지 않으면 안 되게끔 계획을 수립하였다. 나폴레옹은 성공과 실패를 함께 겪은 후에 비밀리에 프랑스 프레쥐로 귀국하였다.

여러 해 동안 지속된 사회의 불안정과 정치의 계속되는 변화로 말미암아 다수 의원들과 프랑스 국민은 안정을 회복하고 정부와 국가 내의 끝없는 소모적 혼란을 중단시킬 강력한 정부를 열망하게 되었다. 많은 의원들은 권력의 중심인 장군들에게서 지원을 받기를 원했다. 1799년 6월 신 쟈코뱅당의 반동이 확 타오르자 이전 10년 동안 그들의 난폭한 행위의 충격에 맞섰던 많은 사람들 가운데 두려움이 일어났다. 아베 시에예즈(Abbé Sieyès)와 탈레이랑(Talleyrand)은 자신들과 지지자들의 권력을 유지하고자 하여 나폴레옹과 함께 정부의 인수를 획책하는 데 그러한 두려움을 이용하였다. 그들은 쟈코뱅의 음모로 인하여 위험에 처해 있다고 주장하면서 파리에서 바로 시교외에 있는 생 끌루(Saint Cloud)의 궁으로 옮김으로써 자신들의 계획을 실행하였다. 대신에 그들은 나폴레옹의 군인들의 보호 아래로 옮김으로써 역사적으로 격해지기 쉬운 파리 군중의 변덕스러운 동요로부터 있을 수 있는 반동에서 벗어나고자 하였다. 나폴레옹의 서투른 연설과 500인회 집정내각의 강경한 항의 이후에 공모자들은 척탄병의 도움으로 위원회를 강제로 해산하였다.

시에예즈, 뒤꼬(Ducos)와 보나파르트로 이루어진 집정정치가 형성되었다. 그러나 이것은 보나파르트의 정부로서 그가 군부에 의해 유지되는 최고 권력을 가지고 있음이 곧 분명해졌다. 그다음 단계는, 전문어로 말하면, 프랑스혁명의 종료요 공화주 혹은 입법부 정치와의 영원한 단절을 알리는 것이었다. 그러나 이 단계는 이후 프랑스 정치체제의 반복과 연결되면서 대의민주주의를 위한 프랑스의 소란스러운 혁명과 진화의 결과를 보여주었다.

제4단계 : 나폴레옹의 독재

혁명력 8년 무월(霧月, Brumaire) 18일의 나폴레옹 쿠데타(1799
년 11월 9일)로 그는 스스로 독재권력을 가진 수석집정(首席執政)의
직위를 차지하였다. 헌법은 문서상으로 공화국을 유지하고 있었으나,
실은 나폴레옹에게만 많은 권력을 주고 있었다. 나폴레옹의 집정시기
에 대한 개략적인 설명은 성실한 지도자, 즉 도덕적 지침을 가지고 조
직을 조정하고 동기부여해주는 하나님의 사람이 없는 혁명의 결과가
어떠한지를 보여줄 것이다. 나폴레옹의 유산(遺産)은 인권선언에서
추구된 바 있는 자유의 대부분을 빼앗았음에도 불구하고 안정을 회복
시키는 일련의 제도들이다. 명목상으로만 정치제도가 공화주의적 자
유를 회복하였지, 그들은 기만으로써 그가 프랑스에서 모든 권력을
차지한 사실을 감추려 하였다.

나폴레옹은 그에 의해 지명되어 단지 자문의 권한을 가진 다른 두
집정(執政)의 도움을 받았다. 3,000,000표 이상의 지지를 얻은 헌법
은 불과 1,567표의 반대를 누르고 압도적인 차이로 국민투표에서 가
결되었다. 이 헌법에 따라 종신직으로 임명된 80명의 대표자로 구성
되는 상원(Senate)은 각 현, 각급의회들과 다른 고위관료들에게서 보
내진 명부에 의하여 구성되었다. 100명의 호민관(tribunate)은 표결
권을 갖지 않은 채 정부에 제출된 의안들을 심의하였다. 300명의 입
법원은 그 의안들을 찬성 또는 거절할 수 있었으나 이에 대하여 토의
할 수는 없었다. 가장 강력한 기구라고 여겨지는 국책회의는 수석집
정에 의해 임명되는데, 이는 그가 가진 입법권의 대들보였다. 꼬뮌의
인민들이 그들의 고관을 선출하며, 그다음에는 그 고관들이 그 수의
1/10을 현의 고관으로 선출하고, 또다시 그 수의 1/10이 프랑스의 고

관으로 선출되는 수리적인 구조가 작동되었다. 상원은 이 수에서 입법의원들을 선출하였다. 확실히 이러한 추출방식으로 말미암아 권력이 소수에게 주어졌다. 그러나 이는 갈팡질팡하는 헌법과 하찮은 말다툼을 해대는 정부 공무원들로는 결코 스스로 해결할 수 없었던 안정을 가져왔다.

집정정부는 현(prefecture)과 군(sub prefecture)을 두었고 점차전 행정을 중앙집권화하였다. 나폴레옹은 각 도(department)에 일반징수관(receveur-général)과 각 군(arrondissement)에 특별징수관(receveur-particulier)을 두어서 세금징수를 효율적으로 만들었다. 이와 같은 구조는 매우 효율적인 것으로 판명되었으며, 이로 인하여 프랑스는 유럽에서 부러움의 대상이 되는 행정을 가지게 됨을 자랑하기에 이르렀다.

종교영역에서 나폴레옹은 프랑스인이 가톨릭교회에서 예배드리는 것을 다시 허용하였다. 프랑스와 교황청 간의 관계를 회복시켰고, 교회를 단호히 자기의 지배하에 두었다. 이것은 1801년 정교조약(政敎條約)의 체제하에서 성취되었다. 교회는 이전에 국가에 의하여 압류되었던 재산의 포기에 동의하였고, 국가는 교구목사들에게 급료를 지급하기로 합의하여 그들로 하여금 피고용자처럼 국가에 책임을 지게 만들었다. 성직자들은 국가공무원과 같은 권위와 보호를 얻게 되었으나 교회는 이제 자기 자신의 대표권을 갖지 않은 채 오히려 국가에 의해 제공되는 공적 서비스와 같았다. 교회의 재산권은 다시 도입되지 않았다. 정부는 주교를 임명하고 교황에 의하여 다시 확정을 받기 시작하였다. 또한 정교조약에 따라 로마교황청은 추방된 이전 주교들의 직을 박탈하지 않을 수 없었다.

가톨릭교회는 더 이상 프랑스의 국교로 간주되지 않았지만, 프랑스인 절대다수의 종교 그리고 집정들의 종교로 인식되었다. 이와 동시에 정교조약은 캘빈교인, 루터교인과 유대인들을 포함한 다른 교파들에게도 이에 상응한 지위를 주었다. 겉으로 보기에는 국가의 모든 제도들이 그러하듯이, 모든 종교들은 보나파르트가 확실히 통제할 수 있는 황제의 위계질서 안으로 통합되었다. 일련의 「기본조항(基本條項)」에서, 나폴레옹은 로마의 인식이나 승인 없이도 다른 교단이나 유대인들을 포함할 수 있다는 규정을 추가하였다. 또한 그는 어떤 권력이라도 교황과 공유할 의도를 전혀 가지지 않았기에, 그는 「나의 주교들, 나의 지사들, 나의 경관들」이라 불렀다. 황제가 되자마자 나폴레옹은 자신을 샤를마뉴와 콘스탄틴과 같은 선조(先祖)들을 뒤따르는 자라고 자칭했다. 자신을 교회와 교황에 대한 주권자로 여긴 그는 영적 및 세속적 왕국에 대한 절대적인 지배를 기대하였다.

처음에 이 통치는 프랑스인과 그들의 종교 간의 조화로운 재결합으로 보였다. 교황 비오 7세가 사회를 본 1804년 나폴레옹의 대관식에서 그러한 상처는 치유되는 듯하였다. 그러나 자칭 새로운 로마 제국의 지배자인 보나파르트는 로마왕의 지위를 자기의 아들에게 물려주려고 계획하였다. 그는 교황이 기독교인들의 로마 지배자로서 자기보다 낮은 지위를 차지한다고 여겼다. 프랑스와 교황 사이의 수많은 논쟁 후에, 나폴레옹은 1808년 군대를 로마로 파병하여 1809년 교황령(敎皇領)을 자기의 제국에 합병하였다. 그는 교황을 체포·억류하여 나중에 특히 교회법에 따른 주교 임명권을 제거하는, 보다 제한적인 정교조약을 1813년 억지로 서명하게 만들었다.

나폴레옹은 「나의 그 어떤 승리보다도」 민법전에 더 자부심을 갖는다고 자랑하였다. 로마법의 일반적 틀에 주입되어 단순성의 모범, 프랑스 전통과 혁명입법의 결합으로 간주되고 있는 이 법전은 오늘날까지도 프랑스 법체계의 기본으로 남아 있다. 그러나 이 사실이 개인의 권리를 수석집정이 회복시켰다고 말하는 것은 아니다. 그는 적극적으로 여성의 권리를 줄였으며, 노사 간의 분쟁에서 고용주를 편들었으며, 식민지에서 노예제도를 다시 만들었다. 그는 미증유의 규모로 자의적인 투옥을 다시 일삼기 시작하였으며, 전국의 모든 반대세력을 차츰 억압하였다.

집정정부는 고등교육을 축소하여 그 이전 상태의 자취만 남게 하였으며, 주로 기술학교를 유지시키고 또한 군대 같은 기율을 가진 프랑스대학교를 설립하였다. 그는 중등학교(*Lycees*)를 재조직하였다.

나폴레옹의 쿠데타가 일어났을 때 프랑스혁명에 대한 외국간섭의 위험성은 사라졌다. 1800년 마렝고(Marengo)에서 프랑스가 오스트리아를 패배시키고 체결한 뤼네빌(Lunéville) 조약으로 말미암아 프랑스는 대륙의 최대강국이 되었다. 여전히 최강의 해군을 가진 대영제국만이 나폴레옹의 군대에 용감히 맞설 수 있었다. 침공함으로써 이 위협을 제거하려는 프랑스의 시도는 트라팔가(Trafalgar)에서의 넬슨의 승리로(1805년 10월 29일) 말미암아 급작스럽게 끝나고 말았다. 프랑스인이 유럽을 독점하는 것에 대하여 그저 수수방관하는 것을 불안해하던 중, 제3차 연합이 1805년 영국 · 러시아 · 오스트리아 사이에 성립되었다. 나폴레옹은 1805년 우름(Ulm)과 아우스터리츠(Austerlitz)에서 대승을 거두었고, 1806년 예나(Jena)와 뤼벡(Lübeck)에서 프러시아에게 승리하였다. 한동안 영국해협에서 러시아 국경선까지 (포르투갈 · 스웨덴과 시칠리를 제외하고서) 모든 유럽이 프랑스제국의 일부이거나, 조약 또는 정복을 통하여 프랑스의 지배하에 있게 되었다. 만족할 수 없었던 나폴레옹의 권력욕은 영국을 무너뜨리고 거대한 러시아 제국을 정복할 것을 시도하게 되었다. 둘다 실패로 끝났으며, 이는 그의 양위(讓位)로 이어졌다. 러시아(오히려 바로 겨울 자체라고 할 수 있을 것이다)에게 패배한 직후, 연합국이 파리로 서서히 침입해왔는데 나폴레옹은 그 주위의 모든 사람이 감지할 수 있었던 것을 보지 못했다. 한 세대 이전에 군중의 편에 섰던 국민군처럼, 프랑스의 아첨꾼들과 군인들은 자기 자신의 멸망의 길가에서 천천히 쓰러졌다.

나폴레옹은 400명의 부하와 함께 엘바섬으로 유배되었다. 그는 마지막 순간에 유배된 섬에서 탈출하여 지지를 얻어 이전 지위를 다시 획득하려고 하였다. 워털루 전투에서(1815년 6월 18일) 나폴레옹은 웰링턴에게 결정적으로 패배하였다. 세인트 헬레나 섬으로 강제로 유배됨으로써 그는 최후의 치욕적인 타격을 입게 되었다.

제3장 혼동의 시대
The World Revolution

　계몽주의 시대를 이어 커다란 변화의 시기가 유럽과 미국을 붙들었
으며 밀물과 썰물처럼 지구를 휩쓸었다. 19세기에 유럽 이주민이 발
휘한 서구의 기술 덕택에 미국의 황무지는 유럽풍의 풍경으로 바뀌
기 시작하였다. 산업주의의 힘으로 가속된 발전의 엔진에 의해서 광
대한 야생(野生)의 지형이 유럽의 지형과 비슷한 모습으로 변용(變容)
하기 시작하였다. 공산품의 가격이 하락하여 모두에게 유익을 주었으
며 다수의 생활수준을 향상시켰다. 역사상 최초로 다른 계급의 사람
들과 정면으로 경쟁하고, 훨씬 평등한 법·재정·사법체제로부터 유
익을 얻을 수 있게 된 사람들은 부의 창조에 있어서 자신들의 기술을
활용하는 이득을 보았다. 이로써 성장의 엔진이 생겨나게 되었다. 이
엔진은 영국인, 프랑스인, 네덜란드인, 스페인인, 포르투갈인과 미국
인 무역업자들로 하여금 일찍이 몰랐던 원료와 이국상품을 찾기 위하
여 전 세계를 돌아 극동, 동인도제도, 아프리카대륙, 남아메리카와 카

리비안에까지 가도록 만들었다. 강력한 프랑스 군대는 유럽을 파괴하면서 스위스에서 폴란드까지, 이태리에서 네덜란드까지 모든 곳에 공화국을 세웠다. 중국은 열악한 무기기술 때문에 점증하는 유럽세력에 노출되었는데, 홍콩을 빼앗기고 해로운 아편의 수입을 금지하지도 못하였다. 유럽인과 미국인은 그 과정에서 자신들의 새로운 서구생활의 장식—공산품과 민주적 이념에 크게 영향 받은 문화—을 남겼다.[1]

상품의 범위는 면포제작에 필요한 면섬유를 깨끗케 하기 위한 효과적인 조면기(繰綿機)로부터 다량의 상품과 사람을 운송하기 위한 빠른 배, 전쟁을 수행하기 위한 더 강력한 무기, 생활방식을 변화시킨 증기기관 및 기타 등등에 이르기까지 넓게 걸쳐 있었다. 영국에서 뉴콤멘(Newcomen) 증기펌프가 채탄속도를 높였는데, 석탄은 급격히 소실해가는 나무를 대신해서 산업혁명의 연료가 되었다. 코크 제련은 기계류에 필요한 강한 철을 대량으로 생산하였다.

이와 같이 놀라운 성장의 엔진을 이끌어간 인류의 엔진은 그 연료를 민주주의 이상에서 이끌어내었다. 그 이상(理想)은 개인의 선천적인 잠재력의 한계를 능가하는 가능성을 제공하여 이전에는 불가피하였던 계급의 한계로부터 사람을 자유롭게 만들었다. 이전에 민주주의가 대규모로 시행된 적이 결코 없었기 때문에 또한 작은 규모로도 실제 성취된 적이 전혀 없었을 것이기 때문에, 그것은 미처 예견할 수 없는 결과를 가져온 세계적 규모의 실험이었다. 사회의 가변성의 증가는 보다 자유로운 언론과 새로운 형태의 실험으로부터 비롯하였다.

---

1 민주체제가 처음 시작된 나라에서와 같이 다른 나라에서도 제대로 실행된 적이 거의 없다는 것은 사실이다. 식민지 확장주의야말로 비민주적 정치와 전제적 통치의 좋은 예가 된다. 그러나 자신의 식민지배국가들로부터 독립을 쟁취하였던 수많은 민주주의국가들이 유럽인들과 그들의 새로운 정치형태와 접촉함이 없이도 과연 존재할 수 있었을지는 의문스럽다.

유명론(唯名論, nonimalism, 중세 후기의 철학으로, 모든 추상적 명사는 명목에 불과하며 거기에 대응하는 실재는 없다고 하는 주장—역주)은 실념론(實念論, realism)을 대신하였는데, 이는 이전에 보편적인 것으로 여겨졌던 이상(ideal)이나 개념(concepts)이 이제는 의심의 대상이 되고 실험의 상황에서 시험받게 되었음을 의미한다. 그 외연(外延)에 따르면 이전에 참된 것으로 당연히 여겨졌던 모든 것들이 누구든지 원하는 자에 의하여 입증을 받게 되었다. 이러한 새로운 이상은 다양한 계층의 사람들 안에서 오랫동안 잠자고 있었던 창의력과 근면이 그 진정한 잠재성을 마침내 실현할 수 있게 되었음을 의미하였다. 민주주의 혁명은 보다 자유로운 사상의 흐름과 기술의 새로운 적용의 길을 열어놓았다. 새로이 발견된 자유로 말미암아 일부는 예측불가능하고 나머지는 예견되었던 많은 다른 부작용이 야기되었다. 언론·출판의 자유는 「계몽된」 언론과 사상뿐 아니라 조작된 언론과 사상 모두를 위한 길을 열어놓았는데, 그 언론과 사상 일부는 서구사회의 일반 계층에게 매우 호소력 있는 것이었다. 여러 목소리가 불거져나온 불협화음 가운데 혼동의 시대가 동터오고 있었다.

종교는 더욱 예측할 수 없는 방향으로 나아가고 있었다. 개신교의 모델로서 회중(會衆, Congregation)이 형성되었는데, 여기에서는 교회지도자와 정책에 관한 결정이 이에 의하여 영향을 받게 된 자들과 밀접한 관계 가운데 이루어졌다. 분권화된 교회나 여러 교회들은 그리스도인들이 더 이상 하나의 위계질서 안에서 지도자들을 따르는 「한 무리(one flock)」가 아님을 의미하였다. 이는 비록 회중의 멤버들에게 부분적인 통제권을 더 많이 부여하였지만, 그와 더불어 가변성과 불확실성을 만들어내었다.

코페르니쿠스의 혁명으로 유럽사회의 면모와 그 자신의 자아상(自

我像)이 새롭게 만들어지면서 과학이 융성하게 되었다. 코페르니쿠스, 뉴턴, 갈릴레오 등은 16세기와 17세기에 비롯한 이 혁명의 선구자였다. 천문학과 물리학의 발견으로 지구는 그 누가 일찍이 생각하였던 것보다 훨씬 더 광대한 우주에서 수백만 별 중의 하나를 따라 도는 수백만 개의 행성(行星)들 중의 하나에 불과하다는 사실이 알려지게 되었다. 바람과 비와 같이 오늘날 자연현상으로 보는 것들이 이전에는 하나님의 손, 즉 우리 인간의 행위에 대한 칭찬이나 비난을 나타내는 하나님의 수단으로 여겨졌다. 처음으로 인간은 운동 및 물질법칙의 매우 복잡한 체계가 그 나름대로의 법칙으로 존속해온 자연체계의 모든 구성부분임을 이해하게 되었다. 그 나름대로의 법칙에 따라 존속해왔던. 이것은 많은 사람들이 자신들의 이미지를 만들기 위하여 단언하였던 하나의 지고(至高)의 존재(supreme being)의 법칙들에 따라 우주가 더 이상 움직이지 않고, 오히려 갓 알려지기 시작한 이 새로운 「자연」 체계에 의하여 움직인다는 것을 의미한다고 어떤 사람들은 설명하였다. 이로 말미암아 미지의 것에 대한 두려움, 그리고 우리의 자연계 환경을 바라보는 전통적 방식을 위협하는 새로운 관점에 대한 두려움이 생겨났다.

또한 이러한 이론들은 과학자들이 장래의 자연현상을 심지어 「예측할」 수 있음을 의미하였다. 조수(潮水)의 운동은 그 주기에 따라 관찰될 수 있었고 그다음 날의 조수가 예보될 수 있었다. 과학자들이 지구와 달의 운동을 이해하게 되자 일찍이 미신적 의미가 가득한 현상으로 두려워하였던 일식과 월식을 예상하고 설명하는 데 필요한 지식을 가지게 되었다. 세계는 아주 특정한 자연법칙들을 따르고 있었다. 따라서 그러한 법칙들에 대한 이해가 많은 사람들이 접근할 수 있는 범위 내에 있게 되었다. 세계가 탈신비화(脫神秘化)하였다.

과학은 더욱 한심스럽고도 폐쇄적인 마음을 지닌 중앙집권적 종교 지도자들과 투쟁을 벌였다. 갈릴레오의 발견이 인간의 개념을 따라, 특히 지구가 우주의 중심이라고 믿었던 당시 바티칸의 소수의 유력한 지도자들의 개념을 따라 하나님을 만들어낸 가톨릭교회의 율법주의적(legalistic) 우주관을 위협하자, 그는 이러한 싸움에 참여한 대가를 치르게 되었다.

일부 과학자들은 기독교 신앙을 중앙집권적 종교의 편협하고 정치권력에 주린 극소수와 연결시킨 까닭에 모든 종교를 배척하였다. 프랑스의 철학파에는 볼테르가 포함되어 있었는데, 그는 세계란 시계 제작자가 없이는 설명될 수 없는 복잡한 시계라고 말하면서 하나님의 존재를 믿는다고 고백하였으나 하나님이 여러 사건의 진전에 관여한다는 것을 믿지 않았다. 그러나 그들은 이것을 섭리에 대한 볼테르의 회의론(懷疑論)을 뛰어넘어 무신론으로까지 확장시켰다. 그들 중 더 유명한 멤버 다수는 프랑스 군주정치와 바티칸의 근친상간적 관계를 더욱 증오하게 되면서 종교란 시대에 뒤떨어진 것으로 보았다. 과학적이라고 보기 힘든 이러한 결론은 쓸모없을 뿐 아니라 비과학적이다. 마치 실험이 예기치 않은 결과를 산출하거나 처음의 가정을 뒷받침하지 않는다는 단순한 이유로 실험이나 그것이 학문에 제공하는 모든 것들을 거부하는 과학자처럼. 그들이 하나님을 전적으로 배척하는 이유는, 자기들이 믿는 신앙원리를 오용하고 오해하는 소수 편협한 사람들의 관습에 대한 배척 때문이었다. 과학적인 방법은 당장 믿음을 배척하기보다 지속적으로 질문을 던지며 시험하고 새로운 가능성에 자신들의 마음을 개방하는 것이다.

서구세계의 과학자들은 모든 학문에서 바로 그런 방식을 계속 취하였다. 물리학, 화학과 생물학의 과학자들은 커다란 진보를 이루었다.

백과전서파(Encyclopédistes), 특히 디드로와 달랑베르는 당시 막대한 발견을 설명하고 기술하는 문헌들을 뒷받침하기 위하여 응용과학과 예술의 많은 실례들을 편집하였다. 이 모든 것들은 이성에 대한 사람들의 신뢰를 촉진하였으며 또한 유한한 인간이 우주를 이해하는 데 한발 다가섰다는 다수의 확신을 키워주었다. 그러나 이 모든 것은 여전히 인간 자체의 외부적인 것으로서 우리를 둘러싼 세계와 우주를 설명하였지, 아직 우리 자신의 근원을 파고 들어간 것은 아니었다. 즉 한 과학자가 자신의 진화론(進化論)을 출판하여 인류의 종(種)의 기원(起源)을 연구실의 객관적인 관점으로 검토하기까지는 그러하였다.

1. 혼동의 다섯 영역

주로 산업화시대에 시작되었거나 가속화되어 심지어 오늘날에도 세계에 대한 우리의 이해를 계속해서 왜곡시키는 다섯 가지 영역의 혼동을 확인하게 되었다. 첫째는 하나님의 차원과 일시적인 인간 영역의 범위 간의 차원적(次元的) 혼동(dimensional-confusion)이다. 둘째는 문맥적(文脈的, contextual)인 것으로 이는 차원적 혼동과 관련되어 있는데, 노동과 노동자의 기본적 정의에 대한 마르크스의 오해를 포함한 여러 실례에서 발견할 수 있다. 셋째, 인식론적(認識論的, epistemological) 오류가 자만심이 강한 주장에서 비롯하였는데, 이는 변증법 이론과 나아가 사회주의·공산주의에 나타난 변증법의 유물론적 확대 적용과 같은 그릇된 가정에 기초하였다. 넷째, 적용상의(applicational) 혼동을 여러 실례에서 발견할 수 있다. 즉 다윈설(Darwinism, 찰스 다윈이 제창한 자연도태와 적자생존을 바탕으로 한 생물진화설—역주)의 사회적 다원설로의 확장, 국민들에게 정보를 제공한다고 주장하는 만큼 조작하고 애매하게 만드는 현재 방식의 매스컴 활용, 그리고 기타 사례들. 다섯째는 모든 것이 허구이며 혼동이므로 그 어떤 것도 이해할 수 없다고 주장하는 「가상(假想, as if)」철학이라 불리우는 인식론적 문제의 극단적인 해석이다. 이들 다섯 가지 혼동은 우리 세계에 장기간 영향을 끼쳤으며 개인 및 국가 간에 불필요한 유혈(流血)과 심각한 오해로 이어졌다. 이 장은 혼동의 여러 예들로 구성되어 있는데, 혼동의 유형에 따른 순서보다는 편의상 다윈으로부터 시작하도록 한다.

2. 찰스 다윈 : 진화 대 창조론

자연사에 대하여 크게 흥미를 가졌던 사람인 찰스 다윈(Charles Darwin)은 그 생애의 대부분을 종의 기원을 찾는 데 보냈다. 외과의사의 아들이요, 손자인 그는 어린 시절의 상당 부분을 자연세계에 대한 흥미 가운데 보냈다. 그는 슈르스버리(Shrewsbury) 학교의 학창시절에 표본을 수집하고 화학실험하는 것을 즐겼다. 16세의 나이에 그는 에딘버러(Edinburgh) 대학에서 의학공부를 시작하였다. 여기서 그는 해양동물과 지구역사의 연구를 소개해준 동물학자 로버트 그랜트(Robert Grant)와 지질학자 로버트 제임슨(Robert Jameson)과 사귀게 되었다. 그러나 그는 의과대학에서 행한 무마취 수술을 지겨워하여 2년 후에 학교를 떠났다. 그때 그의 아버지는 신학을 공부하도록 1827년 그를 케임브리지대학에 등록시켰다. 성직을 준비하는 동안 그는 목사요 식물학자인 존 스티븐스 헨슬로우(John Stevens

Henslow)와 몇 시간에 걸쳐 과학에 대하여 토론하였다. 헨슬로우의 지도하에 그는 자신의 능력에 대한 확신을 갖게 되었고, 헨슬로우의 추천으로 단기간의 현장 탐험에 참여하였다. 졸업 후 몇 달 내에 그는 영국군함 비이글(Beagle)호 선상에서 무보수의 자연과학자로 일자리를 얻어 연대순서에 따른 생물서식지의 연계를 입증하기 위하여 남미의 동서해안과 태평양 군도로 가는 여행길에 나섰다. 그 여행은 2년으로 계획되었으나 거의 5년 동안 지속되었다.

세계의 많은 지역에서 표본을 수집하고 여러 지역의 해안에서 충분한 시간을 보내면서 그는 고립된 지역에서 특이하게 진화하면서 소멸된 동물 등의 화석을 발견하고 이에 관하여 글을 썼다. 아르헨티나에서 그는 소멸된 거대한 포유동물의 화석을 발견하였다. 갈라파고스(Galápagos)에서 그는 그 섬에 특유한 여러 종들을 관찰하였다. 이것으로 그 주제에 관한 관심이 자극된 그는 마침내 1859년 『자연도태에 의한 종의 기원에 관하여(On the Origin of Species by Means of Natural Selection)』를 발행하기에 이르렀다. 이 책은 널리 읽혔고 논쟁의 여지가 있는 서적으로서 논쟁을 자극하고 격론을 불러일으켰다.

나중에 그는 자신의 이론을 『인간의 후손과 성과 관련된 도태(The Descent of Man and Selection in Relation to Sex)』에서 더 궁구하였는데(1871년), 여기에서 그는 인간 자신의 자연도태의 진화에 관한 이론을 전개하였다. 코페르니쿠스 혁명 직후에 찰스 다윈은 인류 자신을 하나의 종(種, species)으로서 현미경 아래로 두고서 바로 우리 자신의 존재를 자연과학적 용어, 즉 자연법칙에 따라 진화하는 것으로 설명하려 하였다. 그는 인간이 진화의 산물이며, 오늘날 존재하는 많은 동물과 우리는 공동조상을 함께 갖고 있으며, 또한 우리 모두는 동일한 진화법칙에 따라 시간을 두고 변화한다는 것을 보여주고자 하였다. 이러한 주장은『인간의 후손과 성과 관련된 도태』(1871년)에 전개되어 있는데, 여기에서는 자연도태 이론을 인간의 진화에 확대적 용하고 있다.

이것은 그의 본래 의도가 아니었다. 그는 성직자로서 또한 19세기의 사람으로서 모든 종의 동물이 그때 관찰된 바와 동일한 형태로 하나님에 의해 창조되어 지구상에 있게 되었음을 의심할 이유가 전혀 없었다. 그러나 그는 곧 그러한 개념을 거부할 만한 많은 무더기의 증거를 발견하였고 진화적 변화에 관한 자신의 이론을 공식화하였다. 그의 진화이론은 다섯 부류의 현상을 토대로 하여 발전하였다.

첫째, 생물의 분류가 수지도 방식(樹枝圖方式, a branching system)에 기초를 두고 있는데, 이는 전혀 독립적인 기원을 가진 종으로서가 아니라 진화로 설명될 수 있다. 둘째, 공통된 외관을 지닌 생물 그룹은 공통조상의 가능성을 보여주는 한편 그들의 차이는 진화를 암시한다. 셋째, 생물 간의 유사성(類似性)은 그들 간의 근접성에 비례함을 보여주는 한편 멀리 떨어져 살고 있는 비슷한 유형 간의 차이는 진화를 가리킨다. 넷째, 계속 이어지는 지질대(地質代)에서 발견되는 화석들은 동족관계를 나타내는 유사성을 보여주는 한편 진화를 암시하는 차이점을 보여준다. 마지막으로, 조상과 후손 간에 현재 관찰될 수 있는 변화는 작은 정도로 진화가 진행 중임을 보여준다. 그는 이러한 현상의 증거들을 아르헨티나의 화석들 등의 발견물에서 찾아내었다. 즉 그곳 멸종동물의 골격구조는 현존 동종 동물의 골격구조와 비슷하지만 북미나 유럽의 비슷한 종과는 달랐다. 섬에 거주하였던 종들은 거기에서 가장 가까운 대륙에 있는 것들과 유사함을 보였는데, 이는 세 번째 현상에 대한 그의 관찰을 뒷받침한다.

영국에 귀국하자마자 그는 자신의 이론을 연구하고 또한 여행에서 쓴 방대한 노트를 정리하기 시작하였다. 자신의 발견을 책으로 출판하기를 주저한 그는 러셀 월러스(Russell Wallace)의 자연도태에 의한 진화이론을 받아들인 후, 1858년 8월 당시 거의 주목받지 않은 낭독회를 제안할 뿐이었다. 다윈 자신의 설명에 의하면, 「원형으로부터 무한히 벗어나는 변종의 경향에 관하여(On the Tendency of Varieties to depart indefinitely from the Original Type)」라는 월러스의 논문이 훨씬 길고 또한 「형편없이 쓰인」 자신의 요약보다도 더욱 잘 쓰였다고 하였다.[2] 그는 다음 달에 자신과 월러스의 논문 공동 낭독회를 준비하였으나 1859년 11월 24일 『종의 기원(The Origin of Species)』을 출간하기까지는 별로 주목받지 못하였다. 그는 자신의 진화이론을 『종의 기원』에서 다음과 같이 자신의 말로 요약하였다.

　　생존가능한 수 이상으로 많고 많은 개체들이 출생하므로, 모든 경우에, 즉 한 개체와 동일한 종의 다른 개체 간에, 다른 종의 개체들 또는 자연적인 생존조건 간에 생존경쟁이 반드시 있게 마련이다. …… 그렇다면 인간에게 유익한 변종(變種)이 의심의 여지없이 발생한 것을 생각한다면, 거대하고도 복잡한 생존투쟁(生存鬪爭)에서 어떻게든 해서 서로에게 유익한 다른 변종들이 수천 세대를 지나는 동안 때때로 발생하리라고 생각될 법하지 않겠는가? 그러한 일이 정말 발생한다면, (생존가능한 정도 이상으로 많고 많은

---

2 그의 증손녀 노라 발로우(Nora Barlow)가 편집한 *The Autobiography of Charles Darwin 1809-1882: With Original Omissions Restored*(New York: W. W. Norton and Co. Inc., 1958), p. 122.

개체들이 태어남을 기억해볼 때) 비록 근소할지라도 다른 것에 비해서 약간 유리한 점을 가진 개체들이 생존하고 자기와 동일한 종류를 낳을 가능성을 가장 많이 가지리라는 것을 의심할 수 있겠는가? 반면 가장 적게 해로운 변종이라도 엄격하게 멸망하리라는 것을 확신할 수 있을 듯하다. 이와 같이 유리한 변종들의 보존(保存)과 해로운 변종들의 배제(排除)를 가리켜 나는 자연도태(Natural Selection)라고 부른다.

자연도태이론의 가장 큰 난점은 그것이 신적(神的)인 창조자의 「미시적 관리(micro-management)」가 없이 작동하는 자동적인 과정이라는 점이었다. 그의 이론은 영국에서 혼합된 논평을 받았다. 종의 기원에 관한 전통적인 초자연적 설명을 포기하지 않으려 하는 자들에게는 경악을 금치 못하게 했으며, 또한 이러한 생각에 있는 부적절함을 보았으나 진화가 인간의 조상에 관하여 내포하는 바를 싫어하는 자들에게는 혼동을 가져왔다.

그 갈등의 핵심은 다음과 같다. 인간은 구약성서 창세기의 창조 이야기에서 설명되는 것처럼 지각력 있는 존재로 하나님에 의하여 창조되었는가, 아니면 수십억 년 전에 처음 나타난 조그마한 단세포의 동물로부터 진화하여 영장류와 조상을 공유하고 있는 수많은 동물 중의 하나에 불과한가? 「특별한 창조(special creation)」의 관념이 논쟁의 대상이 되었다. 이는 「하나님은 각 새로운 종을 만들기 위하여 자연질서에 어떠한 방식으로든 직접 관여하신다.」는 것을 의미한다.[3] 「특별한 창조」의 관념은 과학공동체에서 두 가지 형태를 취하였다. 첫 번

---

[3] Neil C. Gillespie, *Charles Darwin and the Problem of Creation*(Chicago and London: The University of Chicago Press, 1979), pp. 20-21.

째는 하나님께서 자연법칙으로부터 완전히 독립적인 초자연적 능력
으로 원자들로 하여금 생명조직이 되도록 갑자기 명령하셨다고 표현
한다. 반면 두 번째는 뉴턴 등에 의하여 제시된 것으로, 자연법칙들
이 창조자가 자신의 뜻을 이루는 도구라고 설명한다. 이러한 두 관점
은 찰스 다윈의 진화이론이 인간과 관계될 때는 이에 반대하였으며,
하나님의 직접적이고도 의도적인 관여라는 관념을 공통으로 가지고
있었다. 이러한 논쟁은 적어도 갈릴레오를 둘러쌌던 논쟁과 같이 격
렬하였다. 왜냐하면 이것은 우주의 성격보다도 더 직접적으로 우리가
누구이며 또는 어떠한 종류의 존재인지에 관한 우리의 믿음의 핵심을
다루기 때문이며, 그리고 바로 우리의 기원문제와 씨름하려 하기 때
문이었다. 이 두 그룹은 공히 다윈의 진화이론에 반대하였지만 각자
분명한 차이점을 가지고 있었다.

　미국 지질학자 에드워드 히치콕(Edward Hitchcock)은 뉴턴 학파
의 관념을 무신론과 같은 것으로 보았으며 모든 자연과학적 또는 유
물론적 이론을 강력하게 비난하였다. 그는 창조를 하나님에 의한 창
조가 아니라 법칙들의 작품으로 간주하는 것은 「기적적이며 특별한
섭리와 기도의 교리」를 사실상 무효화한다고 주장하였다.[4] 다른 지
질학자인 영국의 애덤 세지윅(Adam Sedgwick)은 「생명, 감각과 의
지의 시작을 설명할 수 있는 물질법칙이 전혀 없다.」고 주장하였으
며, 나중에 생명체는 오직 이상적인 원형에서만 시작될 수 있고 「궁
극원인(final cause), 바꾸어 말하면 지적인 원인작용(intelligent

----

4 Neil Gillespie은 Charles Darwin and the Problem of Creation, p. 22에서 Edward
　Hitchcock, Elementary Geology, 13th ed.(New York: Ivision and Phinney, 1859), p.
　334를 재인용하였다.

causation), 즉 창조」의 산물이라고 하였다.[5]

첫 모델은 인간이 다른 모든 동물보다 우월하며 지구상 모든 짐승들의 장(長)으로 만들어졌다고 말한다. 우리 각자에게는 영원한 측면, 사고와 의지작용이 속한다고 보는 정신(soul), 그리고 도덕적·감정적 본성이 주어져 있다. 또한 우리에게는 우리 자신의 경험을 초월하여 추론하고 상상할 수 있는 능력이 주어져 있다. 인류는 그 우월성을 입증하는 데 사용되는 증거의 일부인 언어능력을 지닌 지구상에서 유일한 생명체이다. 발명, 산업화의 엔진, 그리고 우리의 환경에 있는 커다란 장애물을 극복할 수 있는 능력이 우리의 내재적인 우월성에 대한 증거를 더해준다. 농업과 수자원의 관리, 비바람이 통과할 수 없는 건물의 건설 등과 같은 환경의 지배는 이러한 관찰들이 모두 이에 대한 증거가 되고 있음을 뒷받침하고 있다.

이러한 논쟁은 오늘날까지도 결코 끝나지 않았다. 미국 전역의 교육위원회에서 창조론자들은 그들이 불경건한 진화이론으로 여기는 바를 언급하고 있는 책들을 근절하기 위하여 학교도서선택의 통제권을 빼앗으려고 한다. 창조론(creationism) 자체가 다윈 진화론의 직접적인 산물로 출발한 것에 불과하다는 점을 이해하는 게 지극히 중요하다. 그 당시 종교지도자들은 대부분 학자들이 그 개념을 어떤 형태로든 수용한 것을 보면서, 그것이 신앙의 파멸을 초래할 것을 두려워하여 성경의 창조 이야기에 대한 문자적 이해를 장려하였다. 윌리엄 제닝스 브라이언(William Jennings Bryan)과 이러한 해석의 다른 지지자들은 도덕적 타락, 전쟁 및 기타 증상들이 사회에 해악을 끼치는 진화의 악한 불경건함의 증거라고 보았다. 스코프스 재판

---

5 위 책의 같은 면에서 Adam Sedgwick, *Discourse on the Studies of the University of Cambridge, 5th ed.*(London: Parker, 1850), pp. xvii-xxii, ccxiv를 재인용.

(Scopes Trial, 1925)과, 그 의도가 개종시키거나 종교적 신앙을 권장하기 위한 것이라면 주(州)는 공립학교로 하여금 진화와 함께 인간 기원의 창조론을 가르치도록 요구할 수 없다고 한 1987년의 미국 대법원 판결과 같은 미국의 재판이 있다.[6] 또한 위 판결은「진화론에 적대적인 종교적 관점의 지지를 반영하기 위하여 과학 교과과정을 변경하는」주는 국교설립을 금지한 수정 제1조에 위반하는 것이라고 판단하였다. 1951년 교황 비오 7세가 회칙(回勅)「인간에 관하여(*Humani generis*)」를 발하였는데, 여기에서 그는 인간의 몸은 진화를 통하여 형성되나 영혼은 하나님에 의하여 창조되고 불어넣어졌음을 가톨릭이 믿을 수 있음을 허용하였다. 한편 기독교 근본주의자의 문자적 해석은 진화가 인간과 지구의 창조를 설명하는 성경의 방식이 아니라는 이유로 그들로 하여금 진화를 완전히 거부하게 만들었다.

그렇다면 과학자들과 신학자들, 교육위원회와 대법원을 혼란스럽게 한 이 딜레마에 대한 해답은 무엇인가? 인간은 원숭이 같은 동물에서 오늘날 사람들을 우주로 내보내고 동물들을 복제하는 존재로까지 진화하였는가? 인간은 몇 가지 발견된 사실, 오늘날 영장류와 돌고래에게 가르칠 수 있는 좀 더 복잡한 언어를 제외하면 자신과 나머지 동물들을 구별할 게 별로 없는 여러 동물 중의 하나에 불과한가? 인간과 지구의 기원에 관하여 성경은 올바른 것인가, 틀린 것인가?

그 해답은, 우리가 결론의 비교를 시작하기 전에 분석의 범위를 넓힐 필요가 있다는 것이다. 성경은 하나님의 말씀이요, 유대인이나(토라, the Torah) 회교도나(신구약 모두「하늘의 책(Heavenly Books)」으로 간주됨[7]) 기독교인을 위한 계시로 간주되고 있다. 성경은 한껏

6 자세히는 법률색인 파일을 볼 것.

7 Maulana Mukhtar Ahmad Nadvi, *Teachings of Islam*(Al-Darussalafiah: Bombay,

번에 기록되지 않았고, 또한 하나님의 말씀을 문서에 옮겨 적은 한 사람에 의하여 처음부터 끝까지 기록된 것도 아니었다. 여러 일에 관한 성경의 설명을 충분히 이해하려면 종종 수 세기 또는 수천 년이 걸리기도 하였으며, 또한 특정한 사건이나 개념을 이해하고 난 후에야 비로소 이해할 수도 있었다. 이 사실의 예를 몇 세기에 걸쳐 여러 선지자들에 의하여 부분적으로 예언되었던 예수님의 생애, 죽음과 부활에 대한 설명에서 발견할 수 있다. 세례 요한은 자신이 예수님을 보고 이해하고 예언에 따라 세례를 주기까지는 누가 구세주인지 몰랐다. 예수님의 가르침은 종종 오해되었다. 또한 그가 종종 비교나 유추를 의미하는 비유로 얘기하였음이 기록되어 있다. 예수님 자신이 이를 마태복음 13장 13절에서 다음과 같이 설명하였다. 「내가 저희에게 비유로 말하기는, 저희가 보아도 보지 못하며 들어도 듣지 못하며 깨닫지 못함이니라.」 요한복음 12장 31-34절에서 예수님은 자신의 죽음과 부활을 매우 평이하게 얘기하였으나 듣는 자들은 여전히 이해하지 못하였다. 예수님과 그의 가르침을 듣던 자들 간에 주고받는 대화를 읽어보면 이 사실이 분명해진다. 「이제 이 세상의 심판이 이르렀으니 이 세상 임금이 쫓겨나리라. 내가 땅에서 들리면 모든 사람을 내게로 이끌겠노라.」 그는 자신이 겪게 될 죽음의 종류와 부활을 보여주기 위하여 이렇게 말하였다. 무리들이 묻기를 「우리는 율법에서 그리스도가 영원히 계신다 함을 들었거늘, 너는 어찌하여 '인자(人子, Son of Man)가 들려야 하리라' 하느냐? 이 '인자'는 누구냐?」 예수님이 기적같이 나사로를 죽음에서 살려낸 일 직후에 이 가르침이 이루어졌음을 기억해보라. 예수님이 십자가에 못 박혀 죽고 장사된 후 부활하여 그들에게 보이기까지 그들은 이해하지 못하였다. 요점은, 하나님의 말

India, 1991), p. 32.

씀·메시지가 언제나 그곳에 있었지만 사람들이 아직 그것을 이해할 준비가 되어 있지 않았기 때문에 그 메시지의 오직 부분적인 의미만이 일정한 때에 그들에게 알려졌거나 또는 전혀 알려지지 않았다는 것이다.[8]

창세기는 지구, 그 피조물과 인류 자신의 창조를 매우 단순한 용어로 표현하고 있다. 문자적으로 받아들이면, 즉 기록된 시간의 길이나 창조의 방법을 문자 그대로 이해하는 것으로 한다면, 그것은 진화론에 정면으로 반하는 것임에 틀림없다. 그러나 이 점에 관하여 혼동해서는 아니 된다. 창조에 관한 성경의 이야기는 하나님에 의하여 표현된 사실이다. 우리는 이를 믿고 있다.

아마도 더욱 중요한 것은 하나님의 실체(實體, reality)와 인간의 실체 간의 유사하지만 구별된 영역의 문제라고 본다. 우리는 성장하고 늙어 죽어가면서 시간의 제약을 받고 있으며 시간의 영향을 받는 가운데 우리 육체의 생명을 살아가고 있다. 이 세상에서 우리는 어떤 방식으로든 모든 일들을 시간의 진행의 관점에서 측정한다. 그것이 우리의 현실이며 또한 불가피한 것이다. 하나님은 시간의 영역 밖에 계시며 시간에 의해 지배받지 않으신다. 하나님은 우주의 전체 존재를 그 창조로부터 최종적인 멸망에 이르기까지 보시기 때문에 모든 것이 영원한 존재에게는 언제나 현재로 나타난다. 우리는 단지 과거와 현재만을 보면서 장래에 대하여는 무지의 상태에 있다. 그러나 하나님은 마치 우리가 현재의 순간이나 아주 생생한 추억을 쉽게 알 수 있듯이 우리가 미래라고 부르는 것을 보고 계신다. 이러한 사실은, 인

---

8 그 예는 많다. 일례로 들 수 있는 것은, 「건축자들의 버린 돌이 모퉁이의 머릿돌이 되고」라는 구절인데, 그 의미는 십자가에 못 박히고 비천하게 된(버린 바 된) 예수께서 교회(기독교, 새로운 신앙과 교회)의 기초가 된다는 뜻이다.

간의 「창조」가 드디어 오늘날 우리의 모습과 같은 존재로 이르기까지 수십억 년이 걸린 하나의 과정일 수도 있고, 또한 창조자에게는 하루 또는 순간일 수도 있음을 의미한다. 우리가 다양한 반복을 통하여 느릿느릿 「진화하였는지」, 아니면 현재의 우리 모습으로 여기에 있게 되었는지는 중요한 일이 아니다. 그 두 실체는 서로 교차하지 않으므로 사실 그 논쟁은 무의미하다. 왜냐하면 그것은 「사과와 오렌지」에 관한 것이었기 때문이다. 우리의 일시적인 실체는 창세기에서 발견되는 표현으로나 진화론적인 수정으로나 또는 다른 수많은 이론들로도 설명될 수 있으나, 영원한 창조자인 하나님의 실체와는 교차하지 않는다.

찰스 다윈과 그가 제안한 이론과 그가 보급시킨 다른 이론들로 말하자면, 그는 진화에 관한 자신의 이론이 (또는 그 점에 관하여는 다른 것들도) 완전히 옳다고 확신하지 않았다. 한때 그는 자신이 20년만 좀 더 살아 활동할 수 있다면, 일찍이 자신이 썼던 모든 것들에 의심을 품어야만 할 것이라고 기록한 적이 있다. 그러나 비록 자기 이론의 모든 면의 진실성에 대해 조금도 의심하지 않았다고 하더라도, 그것이 성경에 나타난 창조나 지구상 인류 및 동물의 실제 발달과 양립할 수 없는 것은 아니다. 전술한 바와 같이, 창조론자들의 이론의 등장은 지적인 또는 종교적인 순수성보다는 오히려 무지와 변화에 대한 두려움의 결과였다. 보다 핵심적으로 말하자면, 창조와 진화 문제를 동일한 수준에서 주장하는 자는 완전히 차원적으로 혼동하고 있다는 점을 분명히 하지 않으면 안 된다. 하나님에 의한 인간의 창조는 하나님의 차원인 반면에, 진화론은 인간 차원이다. 혼동을 피하기 위해서는 그것들을 분리해서 고려하여야 한다.

3. 칼 마르크스 : 변증법 이론

19세기가 혼동의 시대가 된 두 번째 영역은 마르크시즘 이론의 이해와, 훗날 사회정책 · 정치와 경제에서의 마르크시즘/레닌이즘의 적용에서 발견할 수 있다. 가치, 특히 잉여가치(surplus value)와 같은 개념에 대한 그의 이해와 그의 이론의 적용으로 말미암아 그의 설득력 있는 문장력으로 인해 촉진되었을 수도 있는 계몽운동이 정상궤도에서 벗어나게 되었다.[9]

칼 마르크스(Karl Marx)는 1818년 5월 5일 독일 트리에르(Trier)의 유복한 중산계급의 가정에서 태어나 성장하였다. 독일의 가장 오래된 도시인 트리에르는 그에게 과거의 살아 있는 연구실과 과거가 제공하기 마련인 교훈들을 주었다. 로마제국 시대에「북부의 로마」로 불렸고 나폴레옹 치하의 프랑스에게 합병되었으며 1814년에 프러시아에게 편입된 까닭에 15,000명의 인구를 가진 이 도시의 정치와 문화는 전국적으로 선도적 지위를 차지하였다. 4세기의 거대한 바실리카는 그 도시가 가진 이전 제국의 권위를 언제나 생각나게 해주었고, 한편 프랑스 언론의 자유사상은 그 도시의 작가들과 강연자들로 하여금 독일의 다른 지역에 있는 동료들보다 더 힘 있게 거리낌 없이 말할 수 있게 해주었다. 악화되는 경제여건은 그 지역에서 가속화되어서 실업 · 이민 · 범죄와 매춘으로 이어졌다—이곳은 프랑스 공상주의적 사회주의(utopian socialism)의 번식지였다.

....

9 그의 누이들은 칼이 어린 시절에 폭군같이 자기들을 트리에르의 마르쿠스베르크 (Markusberg) 아래에 있는 말같이「몰아댔고」, 더러운 손과 밀가루반죽으로 자기들을 케이크로 만들었다고 말하였다. 그러나 그의 선천적인 능력을 입증이라도 하듯이, 그들은 그가 들려줄 수 있었던 얘기에 대한 대가로 그러한 더러움과 우악스러움을 기꺼이 참아내었다.

인종적으로 유대인으로서 오랜 계보를 가진 랍비의 후손으로서 칼 마르크스는 사회의 주변부에서 살았는데, 이 때문에 그는 경제 · 정치적으로 힘 있는 자의 불의에 대하여 쉽게 비판적으로 될 수 있었다. 나폴레옹의 법률들은 유대인의 거래에 엄격한 제한을 가하였고, 한편 프러시아의 법률들은 왕의 면제가 주어지지 않으면 유대인들의 공직 취임을 금지하였다. 헤쉘(Heschel)로 알려진 변호사인 그의 아버지는 1817년 개신교로 개종하면서 그 이름을 하인리히(Heinrich)로 바꿨다. 이로 인하여 그는 고등법원 변호사(counsellor-at-law)의 지위를 얻게 되었고 또한 트리에르 군법원에서도 변호사 일을 하였다. 그의 어머니 헨리에타(Henrietta)에 관하여는 별로 알려진 바가 없다. 단지 그녀가 자기 아버지의 집에서 이디시어(Yiddish, 중세고지 독일어 방언에 러시아어 · 폴란드어 · 히브리어가 섞여서 생긴 언어로 히브리 문자를 씀. 널리 유럽과 미국의 유대인 사회에서 사용되고 있음—역주)로 말하였고, 정식교육을 제대로 받지 못하였으며, 거의 대부분 자신의 가족과 집안일에 전념하였음을 보여주는 몇 개의 편지가 있을 따름이다. 가족들의 유대 전래문화와 전통을 지키는 데 그녀가 중요한 역할을 하였으리라 생각된다. 그리고 그녀는 유대인 부모의 소원을 존중하여 그들의 사망 시까지 세례받기를 거절하였다. 칼 마르크스가 반유대주의적(anti-semitic) 신념을 품거나 적어도 표현한 것으로 보이는「유대인 문제에 관하여(*On the Jewish Question*)」를 읽어본다면 그의 유대적 배경과 자신의 유산에 대한 개인적 감정에 대해 의구심을 갖게 된다.

그의 중등학교 말엽에 쓰인 소논문 졸업시험(*Abitur*) 중의 하나에서 후기 이론과 작품의 단서를 발견할 수 있다. 자신의 종교 · 독일어 소논문에서 그는 권력과 명예를 피하고 인류의 이익을 위하여 개인의 목표를 희생하는 것의 중요성을 열정적으로 기술하였다. 또한 그는 태고적부터 인간의 본성은 언제나 자신을 보다 높은 도덕성으로 향상 시키려고 노력해왔음을 「인류의 위대한 스승」인 역사가 우리에게 보여주고 있다고 기술하였다. 「그리하여 인류의 역사는 우리에게 그리스도와의 연합이 필요함을 가르쳐준다. 또한 개인들의 역사와 인간의 본성을 고려하게 될 때 우리는 그의 가슴에 있는 신성의 광채, 신을 위한 열정, 지식을 추구하는 노력, 진리에 대한 열망을 즉시 보게 된다.」 이어서 그는 오직 신자의 그리스도와의 연합만이 인간의 죄된 본성을 극복하며 「더 훌륭하고 고귀한 생애」를 만들게 된다고 하였다.[10]

그러나 일찍이 베를린대학교의 대학시절에 그는 인류에 대한 자신의 사심없는 헌신을 포기하고 오히려 자신의 개성을 발전시키는 데 주력한 것으로 보인다. 당시 많은 사람들을 따라 그는 매우 우쭐대고 교만하였으며, 자기의 사상을 추구하는 것을 내면화하며 개인화하였다. 칼 슈르츠(Karl Schurz)라는 미국 상원의원은 「그는 자기의 말에 반박하는 모든 자를 비열한 모욕으로 대하였다. …… 그는 자기의 의견에 감히 반대하는 모든 자를 헐뜯었다.」고 개탄하였다.[11] M. 바쿠닌(Bakunin)이라는 무정부주의자는 그가 「우쭐대고 신뢰할 수 없으며 시무룩」하다고 생각했다.[12] 베를린대학의 진지한 성격과 함께 그는 낭만주의를 일축하고 헤겔의 변증법적 추론과 자유민주주의 정치철

---

10 여기에 인용된 마르크스의 논문의 원문은 K. Marx and F. Engels, *Gesamtausgabe* I i(Frankfurt, 1927 ff.), pp. 171 ff.에 있다. 여기서는 David McLellan, *Karl Marx: His Life and Thoughts*(New York: Harper and Row, 1973), pp. 10-11을 인용하고 바꾸었다.

11 Ibid., p. 453.

12 Ibid., p. 455.

학으로 이어지는 무신론을 받아들였다.[13] 이후 전체주의적 공산주의 체제의 정견발표를 비추어 볼 때, 「윤리적인 국가는 그 구성원들의 관점이 설사 국가기관 중의 하나 또는 정부 그 자체에 반대할지라도 그 관점을 반영하는」[14] 데 반하여 국가의 검열은 국가 자신을 이성과 도덕의 유일한 소유자와 판단자로 여기는 사회를 만든다는 이유로 그가 그것을 반대하였다는 점은 흥미로운 사실이다.

　헤겔철학, 특히 그의 변증법적 추론의 다른 측면들이 바로 마르크시즘의 엔진이라고 볼 수 있다. 그러한 것들이 없었다면 그의 이론이 그렇게 커다란 운동으로 빨리 성장하지 못하였을 것이며, 또한 마르크스 자신도 자신의 사상이 옳다고 개인적으로 확신하지 못하였을 것이다. 헤겔은 지식과 이성에 대한 칸트의 분석을 여러 중요한 방식으로 그 자신의 이념론으로 바꾸었다. 먼저 헤겔은 칸트가 묘사한 것과 같은 「접근할 수 없는 것들(inaccesible things)」이란 존재하지 않으며, 단지 이성의 세계는 세계 그 자체이며 이성(理性)의 신비의 발견은 우주의 신비를 발견하는 것이라고 믿었다. 그는 자아(the self)가 「우리의 경험으로 표현되는 원리」를 파악할 수 있으며, 또한 세계는 절대진리의 하나라고 보았다. 알 수는 없으나 그 존재를 믿어야 하는 칸트의 윤리적 세계는 단지 우리 능력의 자기 개발의 역사적 단계의 결과일 따름이며 초월(超越)할 수 있는 것이다. 그는 믿음이 선명한 자아의식으로 소생된다면 그것은 사실 절대자아와 그것이 결정하는 바에 대한 지식이 된다고 주장하였다. 즉, 절대지식은 가능하며 그리

13 마르크스의 「최근 프러시아의 검열지침에 관한 비평」은 기독교에 대한 공격과 「기율, 도덕과 공공연한 충성」을 떨어뜨리는 행동 및 의도를 금지하는 프레데릭 빌리엄 4세의 검열규칙을 비판한 것이다.

14 L. Easton and K. Guddat, *Writings of the Young Marx on Philosophy and Sociology*(New York, 1967), p. 80.

고 관념의 세계가 바로 현실세계라는 것이다. 그는 이러한 사상을 자신의 역사 개념에 적용하여 인간의 정신은 하급의 「순진한 감각의존단계에서부터 철학적 반성단계에까지」 점진적으로 이르게 되는 여러단계들을 지나가게 된다고 말하였다.[15] 인간역사는 언제나 우리 경험의 분석에 기초하여 절대지식을 더 높이 이해하는 것을 지향하는 자연스러운 발전과정이다.

이러한 역사발전을 이해하는 그의 방법은 그 자신의 변증법 이론이었다. 이를 간단히 말하면, **인식의 불완전한 단계에 대한 부정(否定) 또는 지양(止揚)은 완전한 단계가 명쾌히 드러날 수 있는 유일한 방법**이라고 할 수 있다. 즉, 현재의 상태와 그것이 장차 될 것과는 언제나 긴장관계(緊張關係)에 있다고 말할 수 있다. 왜냐하면 그것은 그다음 단계에 도움을 주는 만큼 부정되는 과정에 있기 때문이다. 헤겔과 이후에 마르크스가 사회과정에 적용한 그 말의 어원은 논쟁(argument)을 의미하는 그리스어이다. 하나의 주어진 상황, 즉 정(正, thesis)은 반(反, antithesis)이라는 반대세력을 불러일으키는데, 이것은 원래의 상황을 무너뜨리고 합(合, synthesis)이라는 새로운 상황으로 하여금 원래의 것을 대신하게 한다. 그리고 합(合)은 이제 그다음 발전단계를 위한 정(正)이 된다. 마르크스와 엥겔스는 물질 또는 경제적 요인들을 사상 또는 종교 이상으로 높임으로써 자신의 이론을 변증법적 유물론(dialectical materialism)이라고 표현하였다.

마르크시즘은 사회진화의 과정에서 좀 더 높은 의식수준에 이르는 방법으로서 혁명을 정당화하고 예증하며 권장하고 요구하는 데 이 부정의 이론을 사용하였다. 이후에 살펴보듯이, 대부분 유럽사회주의자와 함께 마르크스와 엥겔스는 새로운 합을 창조하기 위한 격동적인

---

15 *Encyclopedia Americana*, 1969, 14, pp. 65–66.

혁명에 관한 급진적 이론에서 바뀌었으나, 러시아/소비에트의 주요
지도자들은 초기 마르크스 사상에 대한 자신들의 신념을 계속 견지하
였다. 여하튼 국가를 윤리적 이상의 구체화로 영광스럽게 만든 헤겔
의 이론과 결합된 이 이론은 공산주의와 파시스트 국가 양자의 전체
주의에 문을 열어주었다.

과학 · 경제와 정치의 코페르쿠스적 혁명을 배경으로 하여 사람들
은 커다란 변화를 받아들이게 되었고 삶의 양식과 개인의 자유에서
놀라운 진보를 경험하게 되었다. 그래서 그들은 혁명을 더 위대한 계
몽과 진보를 위한 **자연스러운**(*natural*) 과정으로 더욱 받아들이게 되
었다. 헤겔 철학이 사회혁명가들에게 미친 영향은 종교개혁이 그리스
도교 개혁자들에게 미친 것과 같다. 그러나 마르크스와 엥겔스가 헤
겔의 시스템에 유물론적 목적을 혼입(混入)하고 나서야 그들은 전 지
구상에 걸쳐 변화를 가속화하는 힘을 얻게 되었다.

마르크스의 사상은 그를 더욱 사회의 주변부로 밀어붙였다. 왜냐하
면 그는 기독교, 사유재산과 규범적인 경제행위의 기본 교의를 배척
하였기 때문이었다. 그는 자본가들의 도덕과 동기를 파괴적이라고 보
면서, 아담 스미스와 데이비드 리카르도와 같은 고전주의 경제학자들
의 주장을 공격하였다—비록 그들의 일부 주장을 잘못 적용하였지만.
게다가 그는 「사회의 외부에서 고립된 개인들에 의한 생산은 …… 함
께 생활하고 서로 얘기할 수 있는 개개인들이 없이 언어의 발달을 생
각하는 것처럼 매우 어처구니없는 것이다.」[16]라고 언급하면서 사회 외
부에서 생존하는 「자연인(natural man)」에 관한 리카르도, 스미스와
루소의 초기 관념을 불합리한 것으로 배척하였다. 경제학과 물질적
복지에 초점을 다시 맞춘 그는 「사유재산, 이기심, 노동 · 자본 · 토지

---

16 Karl Marx, Grundrisse, ed. by D. McLellan(London and New York, 1971), p. 18.

재산의 분리, 교환과 경쟁, 인간의 가치와 타락, 독점과 경쟁 등의 관계 그리고 이 모든 소외와 화폐제도의 관계」[17]를 설명하려고 애썼다. 사람을 다루어 움직이는 것은 그의 생산의 대상 내지 그의 운명을 지배하는 사람이라기보다는 바로 화폐(money) 또는 현금거래관계(the cash-nexus)라고 주장하였다. 자기 노동의 산물과 자기 동료로부터의 인간소외(人間疎外)에 관한 이론을 발전시키기 위하여, 그는 노동과 그 산물에 대하여 자본소유자가 지배권을 가진 까닭에 화폐제도와 자본경제의 결과로서 자기 운명의 통제권을 상실한 빈곤노동자의 문제에 관한 경험적 기초로부터 출발하였다. 마르크스는 자신의 분석이 경제학자들의 분석보다 더 근본적이라고 보았다. 또한 그들은 원시국가로부터 시작하여 그것을 다루는 경제이론을 발전시켰다고 보았다. 반면 그는 자신의 경험적 기초가 자신을 둘러싼 세계를 다루고 있으며 그릇된 가정의 오류를 피하고 있다고 보았다. 이렇게 해서 마르크스는 자신이 사실에 굳게 기초를 두고 있으며, 칸트가 얘기한 바 있는, 즉 철학에 내재된 진정한 실체에 관하여 접근할 수 없는 것들과는 반대된다고 보았다. 자신의 『정치경제비판(*Critique of Political Economy*)』 서문에서 마르크스는 사회에 대한 헤겔의 기초를 다음과 같이 비판하였다.

> 나의 연구는 다음과 같은 결론에 도달하게 되었다. 첫째, 국가형태뿐 아니라 법률관계는 그 자체로서 또는 이른바 인간이성의 보편적 발달의 관점으로부터 이해될 수가 없다. 오히려 그 뿌리를 물질적인 생활조건(18세기 영국인과 프랑스인의 본을 따라 헤겔이 「시민사회」의 이름으로 결합한 것의 총합)에 두고 있다. 둘째, 그러

---

17 Karl Marx, *Early Texts*, p. 134.

나 시민사회의 분석은 정치경제에서 찾아야 한다.[18]

1848년 칼 마르크스는 프리드리히 엥겔스와 함께 「공산당 선언
(*The Communist Manifesto*)」을 작성하였다. 여기서 그들은 계급투
쟁(class struggle)을 계급 없는 사회를 만들기 위한 수단으로 규정하
였다. 사실 그들은 이러한 이상향(理想鄕)에 이를 수 있는 방법을 자
세히 설명하고 있었다. 그들의 역사적 유물론은 그 유명한 첫 줄에 표
현되어 있다. 「지금까지 존재해온 모든 사회의 역사는 계급투쟁의 역
사였다.」 모든 역사를 착취계급과 피착취계급 간의 오랜 투쟁으로 만
들면서, 그들은 모든 계급차별과 모든 부르주와지·귀족의 특권을 폐
지하는 단계를 설정하였다. 나중에 마르크시즘·레닌이즘이 러시아
에서 득세하게 되자 이러한 사상은 불행하게도 짜르(czar)의 절대적
지배의 특징과 연합하여 프롤레타리아트 옹호자의 깃발 아래 전체주
의 체제를 만들었다. 레닌주의적 마르크시즘의 전개와 러시아 마르크
시즘의 행로는 약간이나마 논의할 가치가 있다.

19세기 후반부 전 유럽에 걸쳐 마르크시즘은 영국을 제외한 모든
나라에서 사회민주주의 정당들로 나타났다. 그리함으로써 그곳에서
노동자·사회주의자 운동이 점증하게 되었다. 1848년 혁명의 실패는
그들의 이론으로 제대로 설명되지 않는 복잡해진 사회구조와 관련되
어 있었다. 마르크스와 엥겔스의 저작 내용은 급진적인 폭력혁명의
선동으로부터 보다 평화적이고 진보적인 정치적 변화로 변화되었다.
어느 정도 사회민주주의 정당의 공적 목소리라 할 수 있는 노동자·
사회주의자 인터내셔널(the Labor and Socialist International)은

---

18 Karl Marx, preface to *Critique of Political Economy*, Marx and Engels, *Selected Works*, vol. I(Moscow, 1935, 몇 차례 발행), p. 362.

사회주의를 향한 변화의 점진적인 노선을 받아들이는 이러한 전환을 공유하였다.

짜르에 대항한 18세기 러시아혁명운동은 1825년 일단의 장교들과 귀족 호위병들이 이끄는 12월당원들(the Decembrists)이 그의 형 알렉산더 1세의 사망 시에 니콜라스 1세를 쓰러뜨리려고 시도하였을 때에 약간의 기세를 얻었다. 30년간의 가혹한 검열과 경찰의 억압으로 그 운동에 대한 통제가 유지되었으나, 그 그룹은 계속 커졌으며 마침내 1881년 알렉산더 2세를 암살하는 데 성공하였다. 프랑스와 다른 외국의 투자자본이 러시아의 막대한 자연 및 인적 자원과 결합되면서 산업화가 급속히 진전되었고, 이에 따라 프롤레타리아트 공장 노동자를 동원하려는 마르크스의 외침은 점차 지지를 받게 되었다. 그 증거로 1881년에서 1896년까지의 기간 동안 770,000명에서 1,742,000명으로 두 배 이상 증가한 러시아 공장노동자의 수를 들 수 있다.[19] 그러나 초기 산업화에도 불구하고 러시아는 여전히 전제주의적 지배하에서 생활하는 국가였기에 자본주의 경제를 충분히 발전시킬 수는 없었다.

1898년 「러시아 프롤레타리아트는 사회주의의 최후 승리의 때까지 더 큰 에너지로 자본주의와 부르주와지에 대한 투쟁을 계속하기 위하여 자신의 전제의 멍에를 내팽개칠 것이다.」라고 선언하면서 러시아 사회민주당이 결성되었다. 그 정당은 위의 투쟁을 수행하는 과정에서 상반된 견해를 가진 볼셰비키(the Bolsheviks)와 멘셰비키(the Mensheviks) 두 분파로 나뉘었다. G. 플렉하노프(Georgi Plekhanov)와 율리우스 O. 마르토프(Julius O. Martov)를 우두머리로 한 멘셰비키는 러시아에서 아직 사회주의 경제혁명의 준비가 제

19 *Encyclopedia Americana*, 1969, 27, p. 415.

대로 되지 않았기에 프롤레타리아 혁명이 발생하기 이전에 먼저 자본
주의 국가가 되어야만 한다고 주장하였다. 그들은 시민적 · 정치적 자
유를 증진시키기 위하여 오히려 부르주와지 혁명에 기여할 것을 지지
하였다. 그 자유는 사회주의 혁명을 위한 단계를 설정하는 데 필요한
러시아 사회의 성숙을 촉진할 수 있었다. 블라디미르 I. 울리야노프
[Vladimir I. Ulyanov, 그의 가명 레닌(Lenin)으로 더 잘 알려짐]를
우두머리로 한 볼셰비키는 열망의 대상이 되는 노동자 혁명을 일으키
기 위하여 러시아혁명운동에서 배웠던 음모와 조직적 전술을 사용하
는 전문적 혁명가 집단으로 만든 러시아 사회주의 노동자당을 결성하
였다. 1902년 팸플릿 「무엇을 할 것인가?」(What is to be Done?)에
서 레닌은 서구의 전형적인 정당보다는 크롬웰의 신도의 군대와 더
유사한 자신의 정당이 노동계급의 이름으로 어떻게 정권을 이어받
을 것인지를 설명하였다. 바람직한 결과를 「프롤레타리아트와 농민
의 민주적 독재(democratic dictatorship of the proletariat and
peasantry)」라고 주장한 그는 러시아에서 전체주의체제를 추구하였
다. 그런데 이는 그 자신도 인정하는 바와 같이, 자본주의의 족쇄로부
터 자유로운 최종 단계에서 국가가 점차 소멸될 것이라는 그의 목표
와 모순된 것이었다. 그럼에도 불구하고 그는 훗날 스탈린이 자신의
국가권력을 공고히 하기 위하여 필요하다고 생각할 때마다 자신의 비
판자들을 제거하면서 계속 걸었던 길에 들어서게 되었다.

그리하여 소비에트 공산주의는 초기 마르크시즘의 급진적 요소를
취한 마르크시즘의 유례없는 형태로서 헤겔의 국가미화(國家美化)와
결합하여 그 창시자에게 혐오감을 갖게 했을 마르크시즘의 한 형태가
되었다. 사실 마르크스는 1881년 두 명의 초기 러시아 공산주의자 망
명자인 플렉하노프(Plekhanov)와 악셀로드(Axelrod)에게 격노하였

다. 그들이 스위스에서의 선동으로 러시아를 전복시킬 수 있다는 생각으로 미혹되었다고 그는 믿었다. 그는 먼저 자본주의가 성장해서 과도함과 불완전성을 일으킬 잠재력이 충분한 수준에 이르게 되어야만 공산주의가 비로소 살아남을 수 있다고 확신하였다. 그 당시 러시아는 아직까지 실질적으로 자본주의가 존재하지 않은 봉건국가였다. 엥겔스는 먼저 자본주의 체제의 적절한 발전이 없이는 러시아가 결코 공산주의국가가 될 수 없으리라는 입장을 더 확고하게 가지고 있었다.

그러나 이후에 스탈린은 다른 나라들을 계획적으로 요동케 함으로써 이들을 공산주의 위성국가로 바꾸기 위하여 변증론의 힘을 약삭빠르게 행사하였다. 나중에 제4장(민주주의의 완성)에서 여러 예들을 살펴보고자 한다. 마르크스의 후기 이론으로 돌아와서 잉여가치에 관한 그의 설명을 살펴보고자 한다. 여기서 그는 자신의 노동력으로 상품을 생산한 노동자에게 「도난당한」 가치를 돌려주는 체제를 형성하기를 원하였다.

마르크스는 『자본론(Das Kapital)』에서 그의 유명한 잉여가치론(Mehrwert Theorie)을 전개하였다.[20] 「가치는 노동에 의하여 산출된다」고 주장한 그의 생각은 사실 그의 스승인 데이비드 리카르도의 『정치경제와 조세의 원리에 관하여(On the Principle of Political Economy and Taxation)』에서 비롯한다.[21] 마르크스는 『개요

---

20 Karl Marx, *Das Kapital*(Berlin: Gustav Kiepenheuer Verlag A. G., 1952), Abs. 3, Kap. 7(잉여가치비율), SS. 210-27. 1864년 라이프치히에서 처음 발행되었다.

21 David Ricardo, *On Principles of the Political Economy and Taxation*(Hildesheim, N. Y.: Georg Olms Verlag, 1977), Chapter I, pp. 1-48. 1817년 독일에서 처음으로 발행되었으며 같은 해에 런던에서 다시 인쇄되었다.

(*Grundrisse*)』[22]에서 자신의 원숙한 이론을 개설하고 전개하기 시작하면서 잉여가치 이론을 만들었다. 이 이론은 두 가지 사상에 기초하고 있다. 첫째, 그는 초기에 시장의 교환 메커니즘에 강조점을 두었던 것과는 반대로 생산을 고려한 데서 시작하였다. 둘째, 그는 노동자가 파는 것은 그의 노동이 아니라 그의 노동력(labor-power)이라고 말하였다. 잉여가치란 실업노동자로 구성된 「산업예비군」에 의해 낮게 책정된 노동자의 임금수준과 생산물의 가치 간의 차이를 의미한다. 그래서 마르크스는 실제로 생산물을 생산한 노동자로부터 자본가가 잉여가치를 빼앗아간다고 언급하였다.

그러나 마르크스의 이론과 그것을 반복한 레닌주의자의 기초에는 하나의 본질적인 혼동이 있다. 그들은 데이비드 리카르도가 『정치경제와 조세의 원리에 관하여』에서 기술한 바와 같은 「노동」의 가치 관념과 희생당하는 산업 「노동자」의 가치 관념을 혼동하고 있다. 리카르도는 상품을 생산하는 데 드는 노동의 양의 관점으로 상품의 「가치」를 정의하는 데에 완전히 한 장(章)을 할애하면서 그 책을 시작하고 있다.[23] 그는 하나의 생산물을 생산하는 데 더 많은 노동이 요구된다면 그것은 더 큰 가치를 가지고 있다고 말할 수 있다고 설명한다. 이와 같이 노동 그 자체는 가치를 가지고 있으며 계량화될 수 있고, 생산비용, 판매가격의 평가 그리고 경제에 대한 다른 분석을 위하여 계산될 수 있다. 그러나 리카르도가 선택한 예들은 어부, 광부와 사냥꾼으로서 이들 각자는 자신의 목적을 달성하는 데 창의력을 사용하며 독립

---

22 *Grundrisse*은 단순히 「개요」를 의미하는 독일어이다. 비록 그것이 「자본론」의 개요로 이해될 수도 있으나, 실은 훨씬 그 이상이었다.

23 처음에 그는, 금이나 다른 귀금속 그리고 우리가 흡입하는 공기와 같이, 이들을 산출하는 데 드는 노동이나 가용(可用)한 수량에도 불구하고 가치를 가지고 있는 비교적 소수의 물건들을 고려하지 않았다.

적으로 활동한다. 요컨대 노동자의 목적을 달성하는 데 노동이 의식적으로 사용될 때 노동은 그 최종산물의 가치와 동등한 것으로 간주될 수 있다. 그런데 마르크스는 적용의 혼동을 범하였다.

마르크스는 가치를 계산함에 있어서 노동에 대한 리카르도의 정의(定義)를 취하였고 자본주의가 착취당하는 노동자로부터 잉여가치를 빼앗고 있다는 결론으로 자본주의에 대한 자신의 판단을 덧붙였다. 마르크스의 예에 나오는 노동자들은 창의성을 사용하지 않고, 또한 그들이 수행하는 업무에서 다른 선택을 하지 않기 때문에 리카르도의 예에 나오는 사냥꾼·광부와 어부와는 질적으로 매우 달랐다. 그러므로 그 결과로 나타난 리카르도의 결론이 마르크스의 모델에 제대로 적용될 리가 없다. 마르크스는 리카르도의 「노동」가치의 핵심을 보는 안목이 없었고 오히려 「노동자의 가치」를 미화하는 정치적으로 성공적인 선동의 미사여구를 받아들였다. 이런 식으로 그는 종종 학대받고 혹사당하는 것이 분명히 인정되는 노동자들의 필요를 지나치게 단순화하고, 보다 많은 노동·나은 임금·향상된 생활의 결과를 가져올 수 있는 경제적 수단들을 적절히 언급하지 않은 채 그들의 필요를 해결하고자 노력하였다. 그가 거리에서 굶주린 아이들의 고통을 느끼고 그들을 돕고자 한 것에 대하여 그 누구도 그를 비난할 수는 없다. 그러나 그의 해결책은 막상 적용되었을 때에 생활수준을 진정으로 장기적으로 향상시키는 결과를 가져오지 못하는 근시안적인 응급책이었다. 그의 가난한 재산 관리로 인하여 그의 자녀 중 하나가 빵집에서 빵을 훔치게 된 것을 볼 때 그의 그릇된 적용을 어찌 보면 이해할 수도 있으리라고 생각된다.[24]

----

24 David McLellan, *Karl Marx: His Life and Thoughts*(New York: Harper and Row, 1973).

4. 미국체제 : 언론매체의 영향력

혼동의 세 번째 유형은 미국사회 자체에서 찾을 수 있다. 저명한 경제학자요 다작가인 존 케네스 갈브레이스(John Kenneth Galbraith)는 『불확실성의 시대(*The Age of Uncertainty*)』라는 책을 출판하였다. 그의 책은 경제적 문제들에 초점을 맞추었다. 그러나 정치적 문제에 관해서는 미국인들이 이 나라에 무슨 일이 일어나고 있는지, 또한 자신들의 행동의 결과가 무엇인지도 모르고 있다고 말할 수 있다. 미국의 언론재벌들의 힘은 가공할 만하며 그들의 행위는 종종 역사의 흐름에 직접 영향을 미치며 또한 이를 타락시키기도 한다. 미국 대통령선거는 하나의 예에 불과하다.

예컨대 1996년의 선거결과는 과반수 미국인들이 적절한 문제점에 대하여 심사숙고한 데서 나온 것이 아니라 모든 실제적인 분석을 호도(糊塗)하는 데 매우 효과적인 인터뷰(sound-bite, TV나 라디오를 통해 방송되는 정치가 등의 짧은 인상적인 발언을 담은 인터뷰— 역주) 보도에 따른 것이었다. 한편 백악관은 자신들의 이익을 취하기 위하여 정치과정을 왜곡시키는 불법적인 원천으로부터 불법자금을 모금하였다. 그 자금과 그로 인하여 얻게된 영향력은 국제정치일정에 누를 끼쳤을 뿐 아니라 백악관의 안전을 체계적으로 무너뜨리게 되고, 나아가 이는 범죄자들과 외국정부기관원들에게 돈을 써서 접근할 수 있게 함으로써 나중에 공직에서 물러나게 된 대통령을 공격하는 데 필요한 정보를 그들에게 제공해주었다. 게다가 동시에 도처에서 실시된 여론조사는 클린턴이 20% 앞선다고 하여 미국시민으로 하여금 오직 클린턴만이 승리할 수 있다고 믿게 만들었다. 이와 같이 언론은 선거의 결과에 중요한 역할을 담당하였다. 요즈음 클린턴 정부가 불법선거자금 모금 때문에 점차 비난을 받게 되자 언론들은 워터게이트시절에 관한 기사를 대대적으로 다루기 시작하고 있다. 이는 민주당의 비행으로부터 관심을 분산시키려는 뻔뻔스러운 시도이다. 3류 소설에나 나올 법한 개인 건물에 대한 침입을 내용으로 하면서 여타의 비난들에는 근거가 없음에도 불구하고 그동안 오해를 받아왔던 사건인 워터게이트에 대하여 이제 사람들은 이것이 바로 「미국체제(American System)」가 작동되고 있다는 증거라고 얘기하고 있다.[25] 언론매체가 행사하는 중요한 영향력과 관련하여 그 사회적 기능을 전반적으로 살펴보지 않으면 안 된다.

민주국가의 생활에서 정보는 본질적인 것이기 때문에 언론매체의 가치는 살아 있는 사회의 혈액과 유사하다고 생각된다. 만약 혈액이 부패에 의하여 오염된다면 생물은 병들어 죽게 된다. 미국은 이러한 질병에 걸려 있으며 그 지속적이고도 만성적인 영향으로 점차 죽게 되리라고 믿는다. 이에 관하여는 다음 장에서 좀 더 자세히 다루도록 한다.

지금까지 살펴본 이러한 모든 잘못된 개념들 즉 다윈의 진화론에 대한 창조론자의 반발, 하나님에 대한 마르크스주의자들의 배척과 노동자 및 기타 완전한 유물론적 주장에 관한 편협한 관점 그리고 미국 언론매체에 의해 야기된 사실의 의도적인 혼란으로 말미암아, 피치자에 대한 정부의 책임과 더불어 인민에 대한 개인적·정치적 자유의 제공이라는 민주주의의 명백한 이상에 민주주의가 갖는 잠재력이 제

25 KGB의 우두머리였던 유리 안드로포프(Yuri Andropov)가 미국 대통령 리쳐드 닉슨에 대한 탄핵청문회가 시작된 지 불과 한 달 만인 1974년 6월 24일 그 나라 최고 훈장인 사회주의노동영웅황금메달과 레닌훈장을 수상한 것은 흥미로운 일이다. Vladimir Solovyov and Elena Klepikova, *Andropov: A Secret Passage into the Kremlin*(New York: Macmillan Publishing Company, 1983), p. 122 참조.

대로 기여하지 못하게 되었다. 과거 잘못의 교정이라는 명분으로 옛
소련의 독재적인 공산주의 체제는 이전의 신분과 부를 대신한 정당
친밀성(政黨親密性, party affiliation)이라는 토대에 기초하여 영향
력과 지배력을 가진 신(新)전제주의적(neo-autocratic) 세력이 되고
말았다. 민주주의의 위대한 약속은 개인과 사회전체의 창의성과 성장
의 한계를 풀어줌으로써 모든 사람의 삶의 질을 높여준다는 것이다.
그런데 창조론은 지금도 계시되리라 생각되는 하나님의 메시지를 더
욱 잘 이해할 수 있는 모든 가능성을 그저 억누를 따름이다. 공산주의
는 간악한 국가기구를 통해 삶의 모든 영역을 지시 · 통제하에 둠으로
써 자기 자신의 운명과 살림을 선택할 수 있는 능력을 없애버린다.

제4장 민주주의의 완성

The World Revolution

일찍이 마르크스주의자와 레닌주의자의 사고방식이 여러 나라의 이념들을 변화시키는 데 매우 효과적인 방법임을 알게 되었다. 이 때문에 이러한 변화의 배후에 있는 지도이념이 바로 변증법의 강력한 활용임을 아는 것이 중요하다. 원래 그리스 사상가들은 변증법을 토론에서 논박하는 기술로 사용하였다. 그런데 마르크스와 엥겔스의 변증법 개념은 헤겔의 변증법적 방법에서 기인한 것으로서, 헤겔의 관념론(觀念論, idealism)을 그들의 유물론(唯物論, materialism)으로 변화시킨 것이다.[1] 이를 토대로 스탈린은 처음부터 소련의 국내외에서 변증법적 방법을 교묘하게 사용하여 자신의 입지를 강화하였다.

레닌으로부터 시작해서, 스탈린은 자신이 권력을 공고히 만든 하

---

1 헤겔의 변증법적 관점은 주로 그의 *Enzyklopaedie der Philosophischen Wissenschften I, G. W. F. Hegel Werke in 20 Bänden*(Frankfurt am Main: Suhrkamp Verlag, 1970), SS. 39–392에 설명되어 있다.

나의 나라에서도 사회주의가 유지될 수 있다고 설득하였다. 그다음, 그는 히틀러를 대적하는 자들의 단결을 파괴시킴으로써 히틀러와 나치당(국가사회주의당)을 실제로 강화하려고 애썼다. 1932년 국가사회주의당이 오직 37%의 득표율만을 얻어서 독일국민 2/3의 반대에 직면하였음을 기억하는 것이 중요하다. 그러나 그들의 반대가 분쇄되자, 스탈린은 히틀러 지배하의 나치당 시대를 열기 위하여 이러한 반대를 영속적으로 약화시키기로 결심하였다. 『제3제국의 흥망 (*The Rise and Fall of the Third Reich*)』에서 저자인 윌리엄 쉬러 (William Shirer)는 이 일이 어떻게 이루어졌는지를 정확히 지적하고 있다.

> 모스크바의 명령에 따라, 공산당원들은 비록 이로 인하여 나치 체제가 이어지더라도 그것은 단지 일시적일 따름이며 또한 불가피하게 자본주의의 몰락을 가져올 것이므로, 그 이후에는 공산당이 세력을 얻어 프롤레타리아트 독재를 수립하리라는 애매한 이론에 근거하여, 사회민주당·사회주의 노동조합과 중산계층 민주주의 세력이라 할 수 있는 자들을 먼저 무너뜨리겠다는 어리석은 생각을 끝까지 붙들고 있었다. 볼셰비키 마르크스주의자의 견해에 의하면, 파시즘은 죽어가는 자본주의의 마지막 단계를 나타내는 것이며 그 이후에는 공산주의의 물결이 가득하리라는 것이었다.[2]

공산당원들은 집권정당들의 필연적인 전도(顚倒)라고 믿는 바를 이룰 목적으로 변증법적 사고를 활용하여 자신들의 적인 나치당을 효과

---

2 William L. Shirer, *The Rise and Fall of the Third Reich: A History of Nazi Germany* (New York: Simon and Schuster, 1960), p. 185.

적으로 지지하였다. 변증법적 방법의 활용으로 히틀러를 지원하는 정
책에 대한 토론에서 스탈린은 공산주의의 불구대천(不俱戴天)의 원수
를 지원하는 것 때문에 정치국의 다른 멤버들에게서 집중적인 비난을
받았다. 부하린(Bukharin)이 특히 혹독한 비판자였다. 그러나 부하
린과 다른 사람들은 마르크스와 엥겔스의 변증법적 추론을 참조하여
좀 더 주의 깊게 마르크시즘을 이해해야 할 것이라는 게 스탈린의 반
응이었다. 이러한 논리에 따른다면, 히틀러가 독일의 모든 권력을 장
악함으로써 나치당의 몰락 이후에 국가의 통제권이 보다 더 쉽게 조
종될 수 있는 것이 스탈린에게는 지극히 중요하였다.[3] 하나의 정치적
존재를 지지하여 그것으로 하여금 절대권력을 얻도록 돕는 것의 또
다른 이유는, 속담에도 있듯이, 「절대권력은 절대 부패한다.」는 것이
었다. 그러므로 점점 부패할수록 그것은 더욱 조종하기 쉽게 되고, 따
라서 그것의 전도(顚倒)는 더욱 쉽게 이루어질 수 있다. 소련이 정복
의 목표로 삼은 여러 많은 나라들에서 이러한 유형이 반복되는 모습
을 보게 될 것이다. 이러한 계획과 히틀러의 절대권력으로의 상승에
대한 그의 지지가 없었다면 제2차 세계대전 자체가 발발하지 않았거
나 훨씬 작은 사건으로 되었을 것이다.

....

3 1933년 1월 30일 노령의 대통령 힌덴부르크(Hindenburg)에 의하여 수상으로 임명되
  자마자, 히틀러는 연방의회에 불을 지르려는 자신의 계획을 실행하기 시작하였다. 바로
  다음 날 이를 실제로 성취하였다! 그때 의회는 1933년 3월 23일 베를린의 크롤 오페라
  극장에서 소집되었다. 여기서 히틀러는 이른바 수권법(授權法, 인민과 국가의 비상사태
  의 제거를 위한 수권법, Ermächtigungsgesetz zur Behebung der Not von Volk and
  Reich)의 통과에 주도적인 역할을 담당하였다. 이는 그 자신이 절대권력(입법·사법·집
  행권)을 확보하였음을 의미한다. 의회가 스스로 자신의 존재를 포기하기로 의결한 아주
  위험스러운 과정에 공산주의자 의원 81명이 명백히 결석하였던 것이다! 확실히 그 배후
  에 조작이 있었던 것이다. …… 막후에서 스탈린은 자신의 권력을 집중하려는 히틀러의
  노력을 계속 조종하고 있었다.

히틀러는 더욱 강해질수록 자신의 뒤쪽, 즉 소련과 인접한 광대한 국경선의 방어를 염려하였다. 왜냐하면 소련은 히틀러가 재빨리 침입한 소규모 동구국가들만을 사이에 두고 독일과 경계하고 있기 때문이다. 히틀러가 스탈린과 함께 각자 유럽에서 강탈한 토지를 나눠 갖고 상호부전(相互不戰)의 지위를 유지하는 협정을 조인하였다는 사실은 잘 알려진 바이다. 동북의 국경을 확보하였다고 믿은 히틀러는 유럽의 남은 지역으로 진격해서 한 나라씩 차례로 정복하였다. 그가 그렇게 점령하는 동안, 스탈린은 국경선을 따라 발트해로부터 흑해에 이르기까지 병력을 동원하였다. 이러한 움직임을 간과하지 않은 나치당은 『나의 투쟁(Mein Kampf)』에 설명된 계획에 따라 러시아를 즉시 공격하였다.

그래서 우리 국가사회주의자들은 600년 전에 그만두었던 곳에서 다시 시작한다. 유럽의 남부와 서부를 향한 게르만 민족의 끊임없는 진행을 멈추고서 유럽의 동쪽 땅으로 우리의 시야를 돌린다 …… 오늘날 유럽에서 새 땅을 얘기한다면, 무엇보다도 러시아와 그에 인접한 속국들을 생각하지 않을 수 없다. 운명 그 자체가 이곳에서 우리에게 길을 지시하기 원하는 것 같다 …… 동부의 이 거대한 제국은 해체의 기회를 맞이하고 있다. 그리고 러시아에서 유대인 지배의 종말은 또한 국가로서의 러시아의 종말이 될 것이다.

히틀러가 러시아에 대해 나름대로의 계획을 가졌으나, 사실은 스탈린이 한 수 위였다. 왜냐하면 독일의 공격으로 말미암아 러시아로 하여금 흥분하도록 방치한 미국으로부터 그는 막대한 양의 군대중장비를 지혜롭게 확보하였기 때문이다. 스탈린은 제2차 세계대전 동안 강대국의 중추에 있음을 과시하였다. 그는 히틀러와 협상하여 자신의 국경을 방어할 수 있는 시간을 얻어냈으며, 또한 미국과 연합하여 수십억 달러의 군용기 · 탱크와 다른 군대 중장비를 공짜로 받았다. 그토록 막대한 양의 물자를 소련으로 보내는 것에 대하여 미국 의회가 점차 걱정하게 되자, 스탈린은 히틀러와 싸우는 동안 입게 될 인명의 손실을 강조함으로써 미국인들을 부끄럽게 하였다. 일부 미국인들은 이것이 소련으로 하여금 독일의 화력과 싸우게 하는 하나의 방법이라고 보았다. 하지만 스탈린은 정복이라는 자신의 목적을 위하여 자기의 수많은 국민을 희생하는 데 주저한 적이 없었으니, 그의 주장은 순전히 약삭빠른 정략이었던 것이다.

제2차 세계대전의 나머지는 부분적으로는 찬스를 기다리는 작전(a waiting game)이었다. 그는 서구연합국이 경제적 · 군사적 힘으로 독일에 대항하여 계속 싸우는 것을 지켜보면서 히틀러의 권력이 허물어지기를 기다렸다.[4] 독일의 패전이 가까워지자 루즈벨트는 얄타회담에서 아시아에 참전하도록 스탈린을 「설득시키려」 아주 애썼다. 스탈린은 동양에서 더 큰 제국주의적 정복의 가능성을 보고서 마침내 합의하였다.

아마도 변증법적 논리에 의하여 희생된 국가의 전형적인 예가 중국일 것이다. 미국은 1919년 처음부터 장개석(蔣介石)의 국민당 정부

---

4 독일에 대한 스탈린의 계획을 성취하는 데 또 다른 핵심인물은 마르틴 보르만(Martin Bormann)이었다. 나치당의 열렬한 지지자인 그는 즉시 히틀러의 신임을 획득하고서 당 사무국장이라는 강력한 지위에 올랐는데, 거기서 그는 히틀러 바로 다음의 제2인자 권력을 행사하였다. 히틀러의 자살 후 그는 사라졌다. 그러나 1973년 독일 법정전문가에 의하여 그의 해골이 베를린에 매장된 것이 확인되었다. 보르만이 베를린을 떠나기를 시도한 후에 불가사의하게 죽었기 때문에 과연 그가 스탈린의 스파이였을 가능성이 있는지는 약간 의심스럽다. 그가 스탈린과 히틀러 사이의 연결자였음은 사실이다. 그러나 그의 역할을 아는 자는 서방세계에서는 거의 없다.

를 지원하였는데, 이러한 사실은 한국전쟁(1950-1953) 이후에도 여전하였다. 중국지도자 손문(孫文)이 자신의 정당을 재편하여 국민당으로 만들었고, 불과 그 몇 년 후에 모택동(毛澤東)은 1920-1921년에 걸쳐 중국공산당을 만들었다. 손문은 북방군벌들을 지원하는 서구열강에 대하여 점차 환멸을 느끼게 되면서 어디에서든 도움을 받고자하였다. 결국 손문은 소련으로부터 도움을 얻었다. 1923년 소련 기관원 미하엘 보로딘(Michael Borodin)이 국민당 정부에게 조언하기 위하여 중국으로 왔다. 거기에서 그는 국민당이 절대권력을 정당지도부에게 둔 1당체제를 만드는 것을 돕겠다고 제안하였다. 비록 대다수 서구사람들은 장개석 정부가 왜 그리 부패해져서 1949년 모택동 군대에게 비참한 패배를 당하게 되었는지를 이해하지 못하고 있지만, 그것은 일찍이 23년 전에 보로딘에 의하여 작성된 소련의 변증법계획에 따른 분명한 결과였다.

1926년 모로코 반란을 진압한 후 처음에는 국가적 영웅이었던 스페인 장군 프란시스코 프랑코(Francisco Franco)의 얘기는 잘 알려져 있다. 1935년 5월 그는 스페인군 참모총장으로 임명되었다. 그러나 1936년 7월 18일 카나리아 군도에서 군사반란을 일으킨 그는 스페인에 상륙하여 마드리드로 진군하였다. 히틀러와 무솔리니가 재빨리 그에게 도움의 손을 뻗쳤다. 1937년 4월 19일 그는 팔랑헤당(the Falange)이라는 스페인 파시스트 정당을 재조직하여 자신의 정파를 만들었다. 그가 이 특정한 날을 선택한 까닭은, 미국혁명에서 적대감이 이때 시작하였던 것처럼 이날이 기존질서에 대항한 조직적 반란의 성공을 예고하는 의미를 가지기 때문이었으리라고 믿는다. 히틀러가 폴란드를 침공하기 시작하자, 열렬한 가톨릭교도인 프랑코는 가톨릭국가가 공격당하는 것을 보면서 기뻐하지 않았다. 그러나 그는 추축

국(樞軸國, the Axis Powers, 제2차 세계대전 당시 처음에는 독일·
이탈리아 간에 결성되어 로마-베를린 축이라고 불리었으나 나중에는
일본도 참가하여 로마-베를린-동경 축이라고도 불리었음—역주)에
동조하였다. 그는 전쟁동안 거의 중립을 유지하면서 전후의 스페인
군주제를 준비하였으며, 자신의 권력을 일종의 종신섭정(終身攝政)
으로서 승인하였다. 그리하여 그의 체제는 제도화된 전제주의 정치체
제, 즉 일당제가 되었다.

멕시코혁명의 과정은 대략 두 단계로 전개되었다. 첫 단계는 『혁신
(Regeneration)』이라는 정기간행물을 발행하였던 멕시코의 급진그
룹을 중심으로 맴돌았다. 그 멤버들은 대부분 무정부주의자들로서 러
시아인 고문이었던 미하일 바쿠닌(Mikhail Bakunin, 1814-1876)에
게서 자신들의 교조를 채택하였다. 바쿠닌은 카리닌(Kalinin) 근처의
소지주의 아들로 태어났다. 그는 낭만적으로 자랐으며 그의 감정은
쉽게 흔들렸다. 세인트 페테스부르크의 포병학교에 가게 되어 그 후
1835년 군부대로 배치되었을 때 그는 허가 없이 파리로 도망쳐 사직
하였다. 그는 탈영으로 체포당할 수도 있었다. 파리에 머무는 동안 그
는 삐에르-죠세프 프루동(Pierre-Joseph Proudhon)과 칼 마르크
스를 포함한 프랑스와 독일의 사회주의자들을 만났으나 마르크스의
사상에 동의하지 않았다. 그러나 파리의 1848년 2월 혁명을 보면서
그들의 가두투쟁에 참여하였다. 그는 자기를 혁명가로 생각하였다.
이와 같이 급진적인 성향을 가진 자가 금세기 초 멕시코 땅에 상륙하
였다.

19세기 말엽 멕시코의 분위기를 언급할 필요가 있다. 강력한 독재
자 포르피리오 디아즈(Porfirio Díaz)가 가혹하게 통치한 까닭에 증
오심이 보편화되었다. 그래서 1906년 혁신그룹은, 멕시코에서 널리

퍼지면서 전반적으로 호소력을 지닌 무정부적 요소를 부분적으로 담고 있는 가르침을 공공연히 퍼뜨리기 시작하였다. 지난 2세기의 멕시코 역사는 독재에서 무정부주의로 기울면서 정치적 암살과 폭력적인 격동으로 얼룩졌다. 무정부주의의 본질적 요소는 모든 법률과 정부를 침해하는 것으로, 모든 사회악의 원천으로 보는 극단적이고도 단순한 형태의 개인주의를 포함하고 있다는 점이다. 그러므로 그것은 자발적인 협동에서 기인한 정부를 제외한 모든 형태의 정부의 제거를 옹호한다. 이는 19세기 마지막 사반세기 동안 마르크스와 나란히 투쟁하였던 러시아 출신 망명자요 혁명가인 미하일 바쿠닌에게서 비롯한다. 혁신그룹의 지도자요 그 기관지의 편집자인 리카르도 플로레스 마곤(Ricardo Flores Magón)은 다수의 다른 젊은 급진주의자들과 함께 미국과 캐나다로 도망쳐서 미주리 주의 세인트루이스에 잠시 정주하며 그곳에서 멕시코 자유당(the Mexican Liberal Party)을 조직하였다. 이 그룹은 무정부-조합주의자(anarcho-syndicalist, syndicalism은 19세기 말부터 20세기 초엽 무렵 프랑스와 이태리 등에서 일어났던 전투적인 노동조합운동을 가리킴—역주)로서 멕시코 정부의 전복에 헌신하였다. 결국 1928년 멕시코 단일정당제가 이루어졌다. 칼레스(Calles)는 국민혁명당(the National Revolutionary Party)을 결성하였다. 칼레스를 집행부의 수반으로 한 그 공적인 정당은 혁명의 이름으로 통치하였다.

멕시코혁명의 두 번째 단계는 2차 세계대전 이후에 시작하였다. 멕시코 혁명당의 이름이 제도혁명당(*Partido Revolucionario Institutional*; PRI)으로 변경되었다. 그 변화의 본질은 무엇인가? 이는 혁명당 체제가 제도화되었음을 의미한다. 또다시 스탈린은 멕시코 정당체제(일당제)가 영속화되고 나아가 그러한 체제로 말미암아 변증법적 결과가 발전하기를 원하였을 것이다. 다른 여러 나라 중에서 멕시코, 쿠바와 니카라과에게 소련이 지속적으로 도움을 준 것은 혁명을 미국으로 유입하려는 의도가 있었음을 보여주는 증거라 하겠다.

그러나 스탈린은 자신의 사후에 일어난 예상치 못한 발전을 고려하지 않았다. 전후시기는 멕시코 역사에 일찍이 없었던 훨씬 민주적인 성격의 기본정책이 나타난 것이 특징이었다. 이와 같이 정당의 조작에서 새로이 벗어나게 된 것의 최고 설계자는 알레만(Alémán) 대통령이었다. 그 정당의 전통적인 이름이 멕시코 혁명당에서 제도혁명당으로 바뀌었다. 이러한 변화와 함께 여성참정권운동이 일어나자, 1958년 여성의 투표권이 드디어 인정되었고 나중에 보수적인 자율국민당(*Partido Autonoma Nacional*; PAN)이 창설되었다. 자율국민당은 그 세력과 영향력이 멕시코 전국적 지방선거에서 제도혁명당에 도전할 정도로 성장하였다. 비록 이 정당이 아직 제도혁명당을 위협할 정도로 커지지는 않았으나, 그것은 스탈린에 의하여 조장되었던 부패한 일당제로 가는 길에서 벗어나게 됨을 의미한다.[5] 아주 최근 1980년대 말 고르바초프(Gorbachev) 현상으로 말미암아 소련 자체가 결국 무너지게 되었고, 이에 따라 미국에 대한 쐐기꼴 전략대형(wedge)으로서 멕시코를 동요케 하려는 응집된 노력이 중단되었다.

위에서 보았듯이, 전 세계(소련, 독일, 중국, 스페인, 멕시코와 기타 다른 많은 소국들)에 걸쳐 좌익혁명을 일으키는 방법은 변증법이

---

5 멕시코 부패정권의 증거를 찾기란 그리 어려운 일이 아니다. 지난 세 명의 대통령은 자신들의 개인 금고에 수백만 페소를 부어넣은 부패한 정치친구들로 말미암아 그 관직을 돈 버는 것으로 만들었다. 이러한 일이 호세 로페즈 포르틸로(José López Portillo, 1976-1982), 미구엘 데 라 마드리드(Miguel de la Madrid, 1982-1988), 그리고 카를로스 살리나스 데 고르타리(Carlos Salinas de Gortari, 1988-1994)에게 일어났다.

었다. 비록 그것이 하나의 법칙이 아니고 매우 그럴듯한 하나의 사회과정이지만 아시아 사회에서는 그것이 마치 법칙인 양 믿고 따랐다. 중국문자 「辨證法」은 이 정의(定義)를 하나의 법칙으로 확증하게 만드는 듯하다. 아시아의 많은 나라가 중국문자를 이해하기 때문에 이 표현에 대한 대중의 느낌과 일반적인 해석으로는 그것이 하나의 사회법칙일 것이라는 점이다. 세계역사가 보여주듯이, 이념적 혁명의 변화과정은 프레데릭 엥겔스가 믿은 것처럼[6] 자연법의 효력으로 이루어지지 않았다.[7] 그럼에도 불구하고 금세기에 걸쳐 사회를 공산주의로 바꾸었던 이 방법론은 아주 효과적이어서 미숙하면서도 아는 체하는 많은 지식인들로 하여금 자신들이 다가오는 21세기의 이상사회, 즉 무주택자·빈곤자의 아사·경제적 부의 불평등한 분배 등과 같은 자본주의 사회의 찌꺼기가 전혀 없는 사회의 전위대인 것처럼 믿고 행동하도록 만들었다. 이미 살펴본 것처럼, 공산주의(마르크스-레닌주의)는 금세기의 약 3/4 동안 (1917-1991, 74년간) 변증법적 방법을 사용함으로써 번성하였다. 그러나 이미 분석한 바와 같이, 마르크스주의의 이념은 혼동에 기초를 둔 거짓 그 자체이며 따라서 결국 해소될 운명을 가지고 있었다. 사실 소련의 두더지였던 크리스토퍼 앤드류(Christopher Andrew)와 오레그 골디에프스키(Oleg

---

6 Frederick Engels, *Dialectics of Nature*, trans. & ed. by Cllemens Dutt(New York: International Publishers, 1940. Part of the collection of the *Marxist Library, Works of Marxism-Leninism*, vol. XXVII), Section C. Die Wechselwirkung, pp. 300-310.

7 엥겔스는 마르크스와 함께 자신들의 변증법이론에 자연법을 불어넣었다. 이는 제4계급 (프롤레타리아트 즉 어떤 사회에서든 가장 낮은 신분의 노동계급)의 혁명을 위한 「역사적 필연」을 만들 필요가 있다는 하나의 매우 중요한 이유 때문이었다. 일찍이 살펴보았던 것처럼, 그러한 방법론은 극소수의 예외를 제외하고서는 특히 스페인과 멕시코에서 사실 아주 효과적으로 작용하였다.

Goldievsky)[8]는 당시 소련 공산당 서기장으로 새로이 선출된 미하일 고르바쵸프에게 소련체제는 거짓에 기초하고 있으며 그 결과로 멸망하게 되어 있다고 믿는다고 비밀리에 보고하였다.[9] 그래서 소련은 1991년 해체되었다. 그러나 변증법이론의 용어를 사용한다면 세계역사에서 이른바 러시아혁명이라는 존재는 장차 올 시대의 역사적 합(合)을 위한 반(反)의 역할을 수행하게 될 것이다. 크롬웰혁명, 미국혁명과 프랑스의 혁명은 다가올 시대에 민주주의의 완성을 가져올 것이다.

완성되어야 할 「민주주의」의 첫 번째 핵심은 대중 언론매체(the mass-media)이다. 크롬웰혁명은 출판의 자유라는 개념을 받아들일 준비가 되어 있지 않았다. 비록 그 출중한 각료인 존 밀턴이 이를 강하게 옹호하였지만. 그것은 점차 자본주의의 진보와 함께 자라났다. 그래서 제4계급(the fourth estate)[10]이라고 하는 대중매체의 현재 단계의 기능은 전환되어야 한다. 일찍이 지적한 바와 같이 미국사회는 곤경에 처해 있다.[11] 예컨대 이론상으로 국민들은 자신들의 대통령

---

8 Christopher Andrew and Oleg Goldievsky, *KGB: the Inside Story of its Foreign Operations from Lenin to Gorbachev*(Faber & Faber Ltd., 1991).

9 앞 주의 책에서 설명된 이 모임은 고르바쵸프의 개방(*Glasnost*)정책을 주로 담당하고 있었다. 결국 이 정책은 소련정부가 지지하였던 모든 것의 표리부동을 폭로하는 데 기여하는 셈이 되었다. 고르바쵸프는 1985년부터 1991년까지 서기장이었다.

10 봉건시대에 계급(신분)은 각자 특정한 정치세력을 가진 세 부류의 사회계급으로 구성되었다. 제1계급은 성직귀족(성직, clergy), 제2계급은 세속귀족(귀족, nobility), 제3계급은 평민(부르주와지, bourgeoisie)이었다. 칼 마르크스는 프롤레타리아트에게 제4계급이라는 이름을 붙였으나, 언론매체는 자신을 제4계급이라고 오랫동안 불러왔다.

11 Robert H. Bork, *Slouching towards Gomorrah*(Regan Book). 이 책은 그 자체로서도 좋은 책이다. 그러나 이 문제의 원인이 되는 국제적 영향을 고려하기 위하여 장 이론(field theory)을 적용하였더라면 훨씬 더 좋았을 것이다.

의 선출에 참여할 권리를 가지고 있다. 그러나 현실적으로 그들은 매체의 조작에 의하여 완전히 무시당하고 있다. 지난 해의 대통령 선거에서 여론조사는 선거과정 초기부터 클린턴이 봅 돌(Bob Dole)에게 20% 이상으로 이기고 있다고 공표하였음을 알 수 있다. 봅 돌이 제아무리 무엇을 해도 20%의 승리는 결코 뒤집어지지 않았다. 부패가 틀림없다.

1996년 민주당 대통령 선거자금의 불법성이 선명하게 드러난 까닭에 상원의 선거자금 불법조사 위원회가 공화당 상원의원 프레드 톰슨(Fred Thompson)을 위원장으로, 민주당 상원의원 존 글렌(John Glenn)을 부위원장으로 하여 구성되었다. 그러나 또다시 언론의 공격이 시작되는 듯하다.[12]

민주주의는 그 정의상 자유롭고 경쟁적인 「자기 취소의 책무(self-cancelling business)」[13]라는 기초 위에서 이루어지는 정치과정이라고 필자는 믿는다. 그렇다면 미국인들은 무엇을 하고 있는가? 혼동되어 있으며 속고 속이는 가운데, 대부분은 여전히 모르고 있으면서도 자신들은 안다고 믿고 있다. 그러한 불행은 주로 언론의 영향에 기인한다. 민주주의의 근본적인 기둥 중의 하나는 민주주의의 존재가 자유로이 획득된 정확한 정보에 근거하고 있다는 점이다. 이러한 정확한 정보는 인체의 깨끗하고 건강한 혈액과 비교할 수 있을 것이다. 혈액이 심각히 오염되면 또는 혈액을 점차 잃게 되면 사람은 마침내 죽을 것이다. 마치 인간의 혈액을 빨아 먹는 흡혈귀와 같이 그 결과는 가혹한 것이다. 흡혈귀와 사악한 언론과의 차이는 질의 문제라기보

---

12 Andrew Ferguson, "Faulty Hearing," *The Weekly Standard*, vol. 2, No. 44, July 21, 1997, pp. 17-20 참조.

13 이는 토마스 카알라일(Thomas Carlyle)의 말이다.

다는 양의 문제일 것이다. 그 외에도 언론매체의 부는 여러 문제점들을 제기한다. 언론매체는 정보 즉 그 날의 뉴스를 먹고 산다. 그러나 정보는 사사로운 개인에 의해 소유될 수 없는 공공영역이다. 정보로부터 돈을 얻는다는 것은 생각할 수도 없다. 앤소니 루이스(Anthony Lewis)는 영리를 추구하는 언론매체의 결과를 곰곰이 생각해보면서 「머독씨의 어두운 그림자(Mr. Murdoch's Shadow)」[14]를 염려하였다.

필자의 비견(鄙見)은 다음과 같다. 몽테스키외의 권력분립론은 정치권력에 관한 것인데, 이는 세 개보다는 두 개의 분리로 성취될 수 있을 것이다. 반면에 필자는 국가권력이 정치적 부문, 사법부와 언론매체의 세 부문으로 분리되어야 한다고 주장하였다. 사법부의 경우와 같이 언론매체도 정치부문에서 독립하여야 한다. 미국헌법에서 사법부와 언론매체는 완전하지 않은 제한적인 자유를 향유하고 있다. 그러한 새로운 아이디어는 오직 상대적으로 규모가 작은 신생국가가 탄생할 경우에나 실현될 것이다.

두 번째로 해결되어야 할 문제는 정치에서 돈의 역할이다. 물론 돈은 선한 목적을 위하여, 예를 들면 가난한 자들에게 주거나, 자선사업으로, 박애적으로 또는 창의적인 사업 등을 위하여 사용될 수 있다. 그러나 돈과 정치의 결합은 부패를 일으키기 쉽상이다. 자본주의 사회에서 운송 · 식사 · 숙박 기타 일상적인 경비를 위하여 돈이 쓰이는 것은 필요악일지도 모른다. 그러나 선거의 목적을 망각해서는 아니된다. 민주주의 사회에서 선거의 목적은 시민으로 하여금 후보자들이 어떠한지, 즉 그들의 인품 · 정직성 · 지적 능력의 수준 · 도덕적 인격 · 확신에 따른 용기 등이 어떠한지를 볼 수 있는 기회를 갖게 하는 것이다. 후보자들은 보통 선거운동에 참여해서 선거권자와 접촉할 수

14 Anthony Lewis, "At Home Abroad," *The New York Times*, Nov. 5, 1987, p. 27.

있게 된다. 그들은 선거유세를 할 수 있는 공간을 빌리고, 연단을 설치하기 위하여 지불하고 텔레비전과 라디오에서 정치광고를 제작하거나 할 필요가 있다. 이 모든 것에 돈이 든다. 또한 사람들이 당선되기를 원하는 자들에게 돈을 기부하는 것이 일반적이다.

그러나 오늘날에는 자유에 비하여 평등의 중요성에 대한 의식이 향상되고 각성되어야 할 필요가 시급하다. 버클리 대 발레오 판결[Buckley v. Valeo, 424 U.S. 1; 96 S. Ct. 612; 46 L. Ed. 2d 659(1976)]에 따르면, 정치상 목적을 위한 돈의 지출은 수정 제1조에서 보호되는 언론의 자유에 기여한다. 이러한 지출이 부패정화와 같은 압도적인 공익과 충돌하지 않는다면 이를 삭감하는 것은 위헌이다. 버클리 판결은 나아가 다른 사람의 정치운동에 「기부(contributing)」하는 것과 선거운동의 촉진을 위한 경비의 「지출(expenditures)」을 구별하였다. 기부금은 부패의 위험을 가지고 있는데, 그 이유는 그에게 도움을 받은 후보자로부터 대가를 이끌어내기 때문이다. 반면에 경비의 지출은 그러한 것과 연관되지 아니한다.

길게 상설(詳說)하기보다는 이 판결에 대한 사견(私見)을 아주 간략히 언급하고자 한다. 연방대법원의 주장은 설득력이 아주 적어 보인다. 「경비지출」은 언론 그 자체(simple speech)와 동일시될 수 없다. 미국헌법이 보장하는 것은 언론 그 자체이지, 파생된 언론(derivative speech)은 아니다. 「경비지출」이 언론으로 간주된다면 절도·강도와 사회적으로 파괴적이고 매우 바람직하지 않은 다른 많은 행동들을 포함한 어떠한 인간의 행위도 언론으로 간주될 수 있을 것이다. 그러므로 「경비지출」과 「기부금」 둘 다 제한될 수 있는 것이다.

결 론

The World Revolution

역사는 위대한 스승이라는 지혜로운 격언이 있다. 이러한 까닭에 우리 모두는 다른 국가와 민족 그리고 환경의 영향을 포함하여 우리의 역사를 이해하려고 노력해야 한다. 이 책에서 필자는 우리 생활의 현실적인 피륙으로 서로 엮어진 역사의 수많은 다양한 실마리들을 한데 모으려고 노력하였다. 어떠한 일들이 어떠한 배경 속에서 발생하였는지를 알아가면 알아갈수록, 우리는 현재를 더 잘 이해하고 장래의 전조(前兆)를 보다 잘 볼 수 있게 된다. 자칫하면 대다수 사람에게는 그냥 지나쳐버리기 쉬운 몇 가지 사실들을 지적해낸 것은 바로 이러한 지식에 대한 탐구의 관점에서이다.

제2장 B절에서 여러 차례 언급하였듯이, 역사를 통해서 강력한 사건들이 4월 19일 반복해서 발생하였다. 1775년 렉싱턴과 콩코드에서 세계에 울려 퍼진 총성은 아메리카 식민지인들과 막강한 영국 육군·해군 간의 전쟁으로 이어진 무장충돌의 시작이었는데, 이 전쟁은 세

계의 관심을 끌게 되었으며 전 세계적으로 정의(正義)를 추구하는 항거를 고취시켰고 또한 프랑스 및 기타 지역의 혁명가들을 훈련시키기까지 하였다. 이와 같은 사건의 성공을 되풀이하고자 하는 기대 속에 스페인의 프란시스코 프랑코 총통은 팔랑헤당의 도움으로 자신의 체제를 확립하기 위하여 1937년의 이 날을 선택하였다. 1960년 4월 19일 한국 학생들은 이승만 독재정치에 항의하여 이 정부에 정면대결하기 시작한 지 불과 8일 후인 4월 27일 마침내 그의 하야(下野)를 이끌어내었다. 그러나 그다음의 세 가지 사건은 클린턴 행정부 초기 몇 년간에 발생한 것으로 장차 해명해야 할 미스터리이다.

1992년 4월 19일, 백인분리주의자인 랜덜 위버(Randall Weaver)의 아내와 아들이 아이다호주 루비 리지(Ruby Ridge)의 오두막집에서 미국 기관원들과의 대결에서 죽게 되었다. 그들은 미국 정부의 정책에 항의하였었다. 1년 후에 브랜치 데이비디안(the Branch Davidian) 분파의 무장거주인들이 텍사스주 웨이코(Waco)에서 포위되었다. 이 사건에서 이상한 점은 법무장관 자넷 리노(Janet Reno)가 별다른 일없이 근 50일 동안 자신의 기관원들을 그 저택 둘레에 배치한 사실이다. 그런데 4월 19일 그녀는 그 저택을 급습하도록 지시하였는데, 이로 인하여 여러 저택거주민과 기관원 사망자가 속출하였다. 이 두 사건으로 말미암아 전국적으로 항의그룹이 홍분하는 결과가 나타났고, 연방기관원들은 「군용장화를 신은 악한(Jack-booted thugs)」이라는 이름으로 비난받게 되었다.

1995년 4월 19일은 오클라호마시 연방건물이 폭발·붕괴하여 168명이 사망하고 그 이상이 다침으로써 미국역사상 최악의 테러행위가 발생한 날이 되었다. 범행자들은 미국정치의 도덕적·사회적 성격에 나타난 부패를 알고서 불평을 품게 된 더 많은 수의 미국인들로 추정된다. 이에 대응하여 의회는 거의 즉각적으로 정부공무원에게 국내외의 테러분자 용의자들을 순향적으로(proactively) 찾아낼 수 있는 광범위한 권한을 허용하는 강경한 반테러입법을 요구하였다. 또한 건물 내부의 두 번째 폭탄, 일단 구조가 완료된 이후 건물에 대하여 미국연방수사국이 취한 거의 완전한 접근통제, 그리고 폭발 직후의 완전한 건물붕괴와 같은 문제가 끊임없이 제기되고 있다. 실로 여러 가지 문제점들이 제기된다. 피고인들만 범행자인가? 그 배후에 다른 사람들이 있는가? 이 세 가지 사건들과 관련하여 어떤 다른 의제(議題)들을 발견할 수 있는가? 간단히 말해서, 보통 피상적으로 보이는 것이 전부는 아니므로 가능한 한 많은 것을 우리 스스로 알아내야 한다는 것이 나의 요지이다.

두 번째 논점은 일부 사람들이 하나님과 우리의 일상생활 간의 관련성을 없애버리려 애써왔을지라도 하나님은 여전히 개인적 · 국가적 및 세계적 수준으로 인간 역사를 형성하는 데 함께하신다는 점이다. 올리버 크롬웰과 조지 워싱턴은 자신들의 생애에서 하나님의 손길을 볼 수 있었다. 대륙회의도 하나님의 인도를 찬양하였으며 그것을 위하여 계속 기도하였다. 그들은 섭리를 경험하였다. 그런데 오늘날 많은 사람들은 어떠한가? 내 자신의 경우, 나는 네 번이나 죽음에서 건짐을 받았다. 이를 우연이나 행운으로 돌릴 수가 없다. 하나님이 어떤 목적이 있어 나를 구해주신 것으로 나는 믿고 있으며, 그래서 이 세상에서 나에 대한 그의 뜻을 이루며 살아가기를 매일 기도하고 있다. 그 네 가지 경우는 다음과 같다.

나는 제2차 세계대전 직전과 전쟁 동안에 일본에서 고교시절과 대학시절을 보냈다. 동경대 법대에서 학위를 받은 후 대학원교육을 받기 위하여 센다이의 동북대학으로 갔다. 내가 살던 건물인 기독학생

회관은 크고 안락하며 편리하였다. 그러나 어느 날 양치질하던 중 「나가야 한다. 여기서 무얼 하고 있는가?」라는 내용의 메시지를 주는 이상하고도 매우 강한 느낌이 내게 밀려오는 것을 느꼈다. 즉시 그 건물에서 이사하는 것에 대하여 문의하였고 며칠 후에 옮기게 되었다. 이런 느낌을 가진 지 대략 10일 정도 후 그 도시에 대규모 폭격이 이루어졌다. 그 소리를 듣고 잠에서 깨어났다(당시 제2차 세계대전이 끝나가고 있었으며, 미국이 일본 전역에 대규모 폭격을 감행하였음을 기억해 보라). 네댓 시간 동안의 폭발로 말미암아 건물이 마구 흔들렸는데 폭발은 동트기 직전에야 끝났다. 안전하다는 것을 느끼자마자, 나는 이전의 거주지가 공습에 어떻게 살아남았는지를 보고자 하여 걸어 나왔다. 그 건물은 온데간데없었다. 그때 거기서 나는 하나님이 자신의 경고로써 나를 건져내었음을 알게 되었다 .

　그 후 얼마 되지 않아 종전(終戰) 후에 일본정부는 전쟁에 참가한 일본인을 위하여 노동자와 농부로 끌려온 한국인들을 곤경에 빠뜨렸다. 나는 고급학위와 한국어 · 일본어 · 영어를 구사할 수 있는 능력 때문에 한국인 집단의 지도자가 되어줄 것을 요청받았다. 한국인 노동자들을 쫓아낼 구실을 찾고자 하여, 일본인들은 전쟁 중 몇 년간 일본인 가족의 농장을 경영하였던 한국인들을 농장에서 곡물을 절취하였다는 이유로 고소하기로 결정하였다. 이런 불의를 보고서 나는 비록 사실상 자격을 갖추지는 못하였어도 법정에서 그들의 대리인이 될 것을 제안하였다. 심리 첫날 저녁에 나는 차에 치여 15시간 동안 의식을 회복하지 못하였다. 크게 다친 상태에서 나는 내가 미점령군의 트럭에 치여 그들에 의하여 즉시 병원으로 이송되었음을 알게 되었다. 이것은 사실 매우 이례적이었다. 왜냐하면 전쟁 후인지라 다른 사람들에게 치였다면 나는 방치되어 죽음에 이르게 되었을 것이며 또한 업무가 밀린 병원에서 나를 받아주려 하지 않았을 것이기 때문이다. 여하튼 회복기가 지난 후 나의 유일한 희망은 한국으로의 귀국이었다. 불행하게도 한일노선에 취항한 연락선은 오직 한 척뿐이었다. 일본에 사는 자로서 가능한 신속히 귀국하기 원하는 대부분 재일한국인의 수와 그 배의 수송능력을 계산해보니 내가 귀국하려면 약 5년이 소요될 것으로 추정되었다. 그러나 내가 한국인집단의 지도자였다는 사실 때문에 「정부관리」로서 제1등급으로 분류되어 원하는 대로 일찍 떠나는 것이 허락되었다. 또한 재판을 받았던 많은 피고인의 가족과 친구들이 자신들을 대리한 나의 도움에 돈을 주면서 사의를 표하였다. 그렇지 않았다면 당분간 달리 방법이 없었을 그때, 나는 이 돈을 가지고 한국으로 귀국할 수 있었다.

머리말에서 기술하였듯이, 또한 나는 박정희 대통령과의 의견충돌과, 자신의 신분을 속이고 내 집에 찾아온 (나를 붙잡을 것을 기대하고 거기서 밤을 지샌) 기관원들과 관련된 두 상황에서 투옥과 자칫 당할 뻔한 죽음으로부터 벗어나게 되었다. 결국 내가 체포되었을 때 라이샤워 박사의 편지가 박 대통령에게 발송되었었다.

나는 하나님을 믿고 있는 바, 나의 생애는 내 삶 가운데 역사하시는 하나님의 능력에 대한 증거가 되고 있다.

부　　　　　　　록

supplement

유기천 선생님의 영전에 *

The World Revolution

裵 載 湜 **

선생님, 배재식이올시다. 지금은 헬렌 실빙 부인과 함께 천당에 가계시는 선생님을 추모하는 글을 올리게 됐습니다.

지난 연말 서울 적십자병원에 입원해 계시던 선생님을 뵌 것이 마지막의 기회이었다니 너무나 아쉬워 가슴이 뭉클할 따름입니다. 병석에서 다소 쇠약한 모습이기는 하셨지만 말씀─약 한 시간 이상 계속된─은 전과 다름없는 톤과 특유의 화법을 유지하시면서 나라의 현실과 장래, 그리고 대학의 문제들을 걱정하셨습니다.

선생님, 이 나라의 몇 안 되는 거목(巨木)이시며 천재적인 최고의 지성이신 선생님을 잃고 저희 제자들은 슬픔과 애통에 잠겨 있습니다. 그러나 선생님께서 사랑하시고 길러주신 기라성 같은 제자들이

---

* 낙산회보(서울대 법대 동창회보), 59호(1998. 7. 25)에 실렸던 내용임.

** 서울대학교 명예교수, 통일정책연구회 회장, 전 서울대학교 법과대학 교수.

이 나라와 대학의 주역을 맡고 있습니다. 그것만으로도 선생님은 이 세상에 가장 보람 있는 업적을 남기셨습니다.

선생님은 해방 이후 황무지와 같은 이 나라의 대학을 개척하는 데에 앞장서 헌신하시며 한국 법학의 초석을 쌓아올리신 분들의 으뜸이 셨고 특히 형사법학의 대부로서 널리 추앙되고 있음은 다 아는 바와 같습니다.

제가 알기로는 선생님께서는 누구보다도 이 나라의 민주주의 즉 법치주의의 실현을 위해서 무엇보다도 법학교육을 개선, 강화해야 한다는 신념을 지니시고 그것을 위한 방법론으로서 법학교육의 제도, 내용 그리고 방법에 이르기까지 종합적인 개혁구상을 다듬고 계셨던 것으로 알고 있습니다.

그러한 선생님의 법학교육 개혁구상의 일환으로서 먼저 실현을 본 것이 1962년의 「서울대학교 사법대학원」의 발족이었습니다. 그것은 한국적 로-스쿨(Law School)의 시작이었으나 불행히도 선생님의 운수와 함께 오래가지는 못했습니다. 그러나 사법대학원제도는 이 나라의 법학교육 및 사법제도의 역사의 한 페이지를 장식하고 있으며, 앞으로 그러한 제도의 부활이 이루어져야 하며 또한 이루어질 것으로 저는 믿고 있습니다.

선생님은 평소 학문의 자유, 대학의 독립, 학문하는 대학, 학자로서의 교수상을 역설하셨습니다. 이러한 구상의 일환으로서 서울법대에 「비교법연구소」를 설치하시고, 뒤에 그것을 「법학연구소」로 개편, 다시 그것을 서울대학교 부설 「한국법학연구소」로 확대하는 계획을 추진하시어 현재의 「법학연구소」로 정착되게 되었던 것입니다.

선생님은 언제나 "강의하는 시간이 가장 즐거워." 하시면서 학장 재임기간에도 책임 시간을 초과했을 뿐만 아니라 제한 시간수를 초과 담당하셔서 교무처와 함께 법대 교무 행정을 담당했던 이 사람이 많은 고역을 치렀던 일을 기억하시는지요? 총장 재임 중에도 강의(서울대 대강당에서)를 빠짐없이 계속하신 것도 교수, 학생들 간의 화제였습니다. 또한 총장재임 중 「학문의 자유」라는 논문을 대학신문에 연재하여 정부 관계자들의 주목을 끌었던 일도 생생하게 기억하고 있습니다.

또 선생님께서는 일찍부터 한국의 법조일원화를 염두에 두시고 「한국법학원」의 창설을 주도하셨으며, 그 운영이 부실함을 누누이 지적하시면서 서울법대가 그 운영을 담당하는 방안을 연구해보라고 하신 일이 있습니다. 그것도 후진들이 추진해야할 과제라고 생각하고 있습니다.

선생님을 추모하는 글을 쓰라면 한량이 없겠습니다만, 제한된 시간에 선생님의 특징을 50년 가까이 선생님을 모신 제자의 한 사람으로서 제 나름대로 외람되이 요약해봅니다. 천재적인 재능으로 독특한 아이디어를 창출하시는 분, 강인한 의지와 강직한 성품, 항상 신념과 자신에 찬 인품, 용기와 박력으로 매사를 추진하시는 역량 등 거목(巨木)다운 자질을 두루 갖춘 유기천 선생님. 선생님의 그러한 자질을 보여주신 구체적인 사례를 들자면 한이 없습니다만, 특히 63년의 국가최고회의 시절에 있었던 서울법대와 인접한 상공부 중앙공업연구소와의 분쟁을 처리하는 과정에서 선생님이 취하신 단호하고도 과감한 내용조치 등은 결국 사태해결을 위한 최고회의 의장의 지시가 내려지는 성과를 만들어내셨습니다. 선생님이 총장임기를 다 채우셨다면 서울대학교는 지금 동숭동 일대에 새로운 자리를 잡았을 것이 틀림없습니다.

선생님은 교육(학점관리, 징계 등)에 엄격하시면서도 사제 간의 인간관계에 있어서는 매우 자상하시고 많은 학생들을 따르게 하시는 마력과 같은 지도력을 지니신 분입니다. IRIS회(현 형사법학회)는 바로 그것을 상징하는 것으로서 저도 그 회원의 한 사람으로 선생님의 학은을 입어 대학에 뜻을 두게 되었던 것이지요.

　선생님, 다른 기회에 선생님을 추모하는 글을 더 많이 쓰겠습니다. 여기서는 이만 줄이겠습니다. 선생님, 고이고이 잠드소서.

(1998. 7. 15. 영결식에서)

자유사회의 신봉자[*]

The World Revolution

金 贊 鎭[**]

　오늘 이 자리에 나와주신 모든 분이 충심으로 존경하는 유기천 교수님의 세 번째 기일을 맞이하여, 교수님의 숭고한 애국애족 정신과 제자를 사랑하시던 무한한 학덕을 기리기 위하여 거행하는 추모식에서 추도의 말씀을 드리게 된 김찬진입니다.

　교수님과의 친분이나 인간적 관계에 비추어 보아 추도사를 해주실 분이 많이 계시는데도 불구하고 그 소임을 저에게 맡겨주신 주최 측의 결정은 최선의 선택이라고는 믿어지지가 않습니다. 그러나 이 기회를 빌어 저의 영혼 속에 깊이 각인되어 있는 유교수님의 면면을 다시 그려보면서, 특히 오늘을 사는 저희에게 교수님께서 간절하게 전하시고자 하는 말씀이 무엇인가를 묵상해보는 일도 의의가 크다고 보

----

[*] 이 글은 2001. 6. 27. 경기도 고양시에서 가진 고(故) 유기천 교수 3주기 추도식에서 행한 추도사임.

[**] 법무법인 바른 고문변호사, 전 국회의원(제15대).

아 감히 이 자리에 섰습니다.

1. 먼저 유교수님께서는 훌륭한 학자이셨습니다. 일제하의 압정과 해방 후의 혼란, 민주주의를 확립하는 과정에서 나타난 여러 역사적 사건의 소용돌이 속에서도 교수님은 오로지 학문연구와 저술활동, 그리고 정열적인 강의를 통하여 학자의 길이 어떤 것인가를 극명하게 보여주셨습니다.

지금은 고인이 되신 배재식 교수님께서도 3년 전의 영결식에서 행한 추도사를 통하여 교수님에게 "해방 이후 황무지와 같은 이 나라의 대학을 개척하는 데에 앞장서 헌신하시며 한국 법학의 초석을 쌓아 올리신 분들의 으뜸"이라는 칭송의 말씀과 아울러, "선생님은 평소 학문의 자유, 대학의 독립, 학문하는 대학, 학자로서의 교수상을 역설하셨습니다."라는 말씀을 남기셨습니다. 이 모두가 조금도 과장 없는, 저희 모두가 기억하는 교수님의 영상 그대로입니다. 학문적 불모지를 개간하여 밭을 일구는 일에 정진하신 교수님이기에 오늘 저희 모두가 이렇게 모여 당신을 그리워하고 있는 것입니다.

지난 1988년 6월 24일 신라호텔에서 뒤늦게나마 교수님의 고희를 기념하는 논문집 「법률학의 제문제」가 봉헌되었습니다. 그 간행사는 교수님의 학문적 업적을 요약하여 "미국법학의 전수에 있어서의 선구자", "후학들에게 해외유학의 길을 열어준 은사", 그리고 "한국형법학의 정상"이라고 적고 있습니다.

솔직히 말씀드린다면 유교수님의 노력으로 인하여 오늘 한국의 법학이 그나마 수준을 유지하게 되었고, 선생님의 제자들이 사회 각 분야에서 조국 근대화를 위하여 상당한 역할을 해왔으며, 법학 연찬을 위해 미국에서 유학하는 전통이 깊이 뿌리를 내리고 있습니다. 선생님께서 드리운 그림자가 이렇게 깊고 큰 것을 저희는 이제야 겨우 그

편린을 느끼고 있습니다.

2. 선생님은 이데올로기적 혼돈으로 점철된 조국의 현실 속에서도 굳건한 신앙과 민주적 신념을 굽히지 않으신 지사이십니다. 바로 이러한 단면을 앞의 배재식 교수님은 "강인한 의지와 강직한 성품, 항상 신념과 자신에 찬 언동, 용기와 박력으로 매사를 추진하시는 역량 등 거목다운 자질을 두루 갖춘 유기천 선생님"이라고 기록하고 계십니다.

교수님은 독실한 기독교 신앙을 바탕으로 항일과 반공의 정신으로 일생을 살아오신 선장(先丈) 유계준 선생의 영향을 많이 받으셨습니다. 그 분의 엄격한 신앙생활과 순교자적 희생을 통하여 교수님은 스스로의 지사적 삶을 다듬어오셨습니다. 목적가치의 추구와 신념의 실천을 위해 노력해오신 교수님께 한층 더 높은 확신과 논리적 근거를 제공해주신 분이 계시는데, 그분은 지금도 교수님 곁에 계시는 헬렌 실빙(Helen Silving) 박사입니다. 구미의 학계에서 "미국 형법학의 여왕(The Queen of American Criminal Law)"이라는 칭송을 받은 실빙 박사님은 교수님과의 만남을 하느님의 섭리에 따른 운명적인 것으로 받아들이시고, 교수님의 부모님에 대한 공경심과 선생님에 대한 사랑이 지극하셨습니다. 심지어 한민족은 성서에 나오는 유대민족의 12부족 중 잃어버린 부족의 하나임에 틀림없다고 생각하셨습니다. 유 교수님께서 핍박을 받던 어려운 시기에는 미국정부를 통한 구명활동에 전력을 다하셨으며, 망명 이후에는 샌디에고에서 노년의 생을 나누면서 저작생활을 함께하셨습니다.

교수님은 남한 내에도 우리 사회의 공산화를 기도하는 세력이 있음을 직시하시고 이를 경계해야 한다고 가르쳐주셨습니다. 군사독재정권이야말로 민주적 발전을 저해하고 국민의 단결을 와해시킴으로써 결과적으로는 공산적화의 기도에 협력하는 것이라고 말씀해주셨습니다. 민주사회의 기본질서를 깨뜨리는 세력에 대해서는, 그것이 누구이든, 그 부당성을 지적하고 그 잘못을 바로잡으려는 일에 조금도 굴하지 않으셨습니다. 3선 개헌을 통하여 절대권력을 행사하던 박정희 대통령 정권이 대학의 자유를 침해한 데 대하여는 당신의 안위마저 위험하게 될 것을 아시면서도 분연히 일어나 그 잘못을 깨우쳐주신 "항거자"가 되셨습니다.

유교수님은 원칙을 사랑하셨고 책임을 묻기 위해서는 반드시 적법절차를 지키지 않으면 아니 된다는 절차적 정의의 실현에 특별한 의미를 부여하셨습니다. 일례로, 1964년 6월의 한·일평화조약체결 반대를 위한 학생데모사태와 관련, 계엄사령부는 반정부데모를 주도한 학생명부를 작성하여 각 대학으로 하여금 이들을 제적하라는 지시를 내렸습니다. 당시 서울법대 학장으로 계시던 유교수님은 학생을 제적하기 위해서는 학칙에 의한 징계절차에 따라야 하는데, 학생 대부분이 이미 구속되어 있어서 이러한 징계절차를 진행할 수 없다는 논리로 이를 거절하셨습니다. 결국 전국적으로 800명 이상의 학생이 제적처분을 받았음에도 불구하고 오직 서울대 법대만이 학생을 제적하지 않았던 일은 유교수님의 용기 있는 결단을 잘 보여주는 일화 가운데 하나라고 할 것입니다.

또한 1971년 4월 12일, 유교수님은 형법강의시간을 통하여 그 유명한 '학문의 자유의 역사와 철학'에 관한 강론을 시작하셨습니다. 특히 민주사회에 있어서 학문의 자유의 중요성을 강조하면서 학생들에게는 어떤 경우에도 폭력에 의존하지 말도록 경고하셨습니다. 학문의 자유를 지키기 위한다는 명분으로 폭력을 정당화할 수는 없다는 것이었습니다. 그 주체가 정권이든 학생이든 문제해결의 수단으로 폭력을 행사해서는 아니 된다고 강조하셨으나 세상은 선생님의 말씀을 따르지 않았습니다. 폭력을 행사하는 학생들의 데모는 계속되었고, 정부는 바로 그다음 날, 데모가 일어난 대학을 폐쇄하는 악순환을 반복하였습니다.

1971년 11월 2일은 운명의 날이 되고 말았습니다. 유교수님이 독일에 가 계시는 여름 동안에 서울법대교수회의가 10여 명의 법대학생을 제적시킨 사건이 발생하였습니다. 이에 유교수님은 교수회의에서 학생들을 제적키로 결정한 법적 근거가 무엇인지 따져 묻기 시작하셨습니다. 이에 대하여 당시 법대학장은 제적대상 학생을 적어 보낸 정부의 지시를 달리 거역할 수 없어서 그렇게 했던 것이라고 답변하였습니다. 유교수님은 학생의 제적을 포함한 징계권의 행사는 교수회의의 고유권한인데 정부가 선별하여 통고한 학생들을 제적토록 대학에 지시한 행위는 형법의 강요죄(제324조)를 구성하는 것이며, 정부의 위법한 지시대로 학생들을 징계한 교수회의의 행위 또한 그러한 범죄행위에 가담한 공범으로 보아야 한다고 역설하셨습니다. 이 사건으로 인하여 유교수님은 검찰의 수배를 받고 쫓기는 몸이 되셨고, 결국 1972년 1월 31일 미국으로의 망명길에 오르셨습니다.

이러한 일련의 사건과 고비마다 교수님께서는 일관되게 원칙으로의 회귀를 강조하시고 부정과의 타협 또한 부정이라는 단순한 진리를 드러내 보여주셨습니다. 부정을 보시면 침묵하는 일이 없었고, 다가올 핍박을 예견하면서도 분연히 일어나 의로운 목소리를 내는 선지자적 삶을 사셨습니다. 민주주의를 표방하면서도 독선과 아집을 내세우는 집권층과 유익하다면 언제든지 타협하고 편을 같이하는 세간의 풍조에 비추어 볼 때 저희 모두는 교수님의 부재를 안타까워할 뿐입니다.

3. 선생님은 학문에서뿐만 아니라 인생에 있어서 무엇이 가장 중요한 것인가를 몸소 보여주신 선각자이십니다. 작은 약속이라도 철저히 지키셨고, 하늘이 무너져도 정의를 세우라는 법대의 교훈을 그대로 실천하시는 모범을 보여주셨습니다. 교수님께서 결강하시는 일없이, 110분간의 긴 시간 동안 정력적으로 열강하시던 모습을 저희 모두는 지금도 생생히 기억합니다. 선생님은 저희들에게 좋은 표양을 보여주셨고, 약속을 지키고 정의를 세우는 일을 저희가 이어가도록 바라고 계십니다.

평가의 기준에 따라 결론이 달라질 수도 있겠으나 저의 소견으로는 선생님의 가르침을 받은 제자들이 그동안 입법·사법·행정의 각 분야와 학계에서, 그리고 기업경영의 일선에서 크게 기여해왔습니다. 선생님의 지도를 받아 해외유학의 길에 올랐던 사람들 중 일부는 국제거래가 일반화된 경제구조 속에서 전문성을 바탕으로 하여 국제적 법률서비스에 대한 수요를 충족시키는 데 상당한 역할을 수행하였습니다.

또한 외국에서 수학하거나 법조경험을 갖춘 우수인력이 법학계에 진출하여 괄목할 만한 발전을 이루고 있습니다. 비교법의 연구와 외국학계와의 교류가 활성화되고 외국어법학논문집도 상당한 수준에 이르고 있습니다. 한마디로 학문에 대한 애정을 지닌 우수한 법률가들이 학계에 진출하여 훌륭한 업적을 이루어가고 있습니다.

마지막으로 선생님은 법에 의한 지배의 원칙을 우리 사회에 깊이 뿌리내리기 위해서는 제도적 장치가 필요하다고 보셨습니다. 이를 위하여 1962년 3월에 서울대학교 사법대학원을 설립하셨습니다. 장래의 민주주의 역군을 길러내시고, 제자들이 사회발전의 기관차 역할을 해주기를 바라셨던 것입니다. 그러나 사법대학원은 얼마 지나지 않아 법관양성에 역점을 두는 사법연수원으로 변모되어 대법원 소속으로 바뀌고 말았습니다.

저는 선생님께서 그처럼 정열을 다 바쳐 봉사하신 서울법대의 재건에 후학들이 나서야 한다고 믿습니다. 300명이던 학생정원이 늘어나는 대신 256명으로 줄어들었습니다. 40년 전에 비하여 경제규모가 100배 가까이 늘어나고 그에 따른 우수인력에 대한 수요가 기하급수적으로 늘어나는데도 불구하고 서울법대의 학생 수는 오히려 그 절대수가 줄어들고 말았습니다. 그만큼 서울법대가 우리 사회에서 차지하는 비중이 왜소해졌고 그 존재의의를 제대로 평가받지 못하고 있는 것입니다. 심지어는 서울법대를 대학원 중심의 학교로 전환시켜야 한다는 주장도 나오고 있습니다. 삼가 저의 소견으로는 서울법대의 학생 수를 1,000명 정도로 늘려야 한다고 믿습니다. 그 우수한 졸업생들이 사법 분야 이외에도 금융, 언론, 기업 등 여러 분야에 진출하여 통일조국을 이끌어갈 중심세력으로 자리 잡도록 준비해나가야 할 것입니다.

4. 이제 저의 말씀을 맺을 때가 되었습니다. 유교수님께서 최고의 가치로 믿고 가르치신 자유사회가 우리나라에서 깊이 뿌리내리도록 하는 일에 저희 모두가 정진하는 것이야말로 교수님의 웅지가 역사 속에서 살아 숨 쉬도록 하는 길입니다. 지금도 샌디에고의 사저에 남겨져 있는 교수님의 장서와 유물을 수습, 모교에 보존하는 일을 포함하여 오늘을 살고 있는 저희들이 교수님의 유지를 받들고 키워나가는 일에 더욱 분발해야 한다고 믿습니다.

교수님, 부디 하느님의 자비 속에서 실빙 박사님과 함께 영생을 누리시기를 기도드립니다. 안녕히 계십시오.

(2001. 6. 27. 3주기 추도식에서)

한국의 재통일을 위해 [*]

The World Revolution

金 哲 洙 [**]

1. 저자의 약력

유기천 교수는 1915년 평양에서 출생한 독실한 기독교 신자다. 아버지 유계준(劉啓俊) 장로는 평양 산정현(山亭峴)교회에서 조만식 장로 등과 함께 포교한 유명한 무역상이었다. 어려서부터 신앙생활을 해왔으며, 반일적인 가정은 애국독립 운동을 하기도 했다. 동경제국대학 법학부를 졸업한 뒤 가츠모도 교수 연구실에서 연구하고 있을 때, 해방을 맞아 재일교포의 대표자격으로 미군정과 담판하여 한국에 일찍 돌아와 서울대학교 법과대학의 설립멤버로서 형법학과 영미법을 강의했다. 부산 피난시절에는 법과대학장을 지냈고 미국으로 유학을 떠나 하버드대학 법과대학원과 예일대학 법과대학원에서 연구를

---

[*] 이는 기독교사상 468(1997. 12), 181–85면에 실렸던 내용임.

[**] 서울대학교 명예교수, 탐라대학교 총장, 전 서울대학교 법과대학 교수.

했고, 한국 법문화에 관한 저술로 예일대학에서 법학박사(S.J.D.)학위를 취득했다.

하버드 대학에서 같이 연구하던 헬렌 실빙(Helen Silving) 박사를 만나 결혼했다.

한국에 돌아와 1958년 서울대학교 교무처장을, 1961년에는 서울대학교 법과대학장을, 1962년에는 서울대학교 사법대학원장을 겸임했고, 1965년에는 서울대학교 총장에 취임했다. 유 총장은 한·일국교 정상화에 대한 학생들의 반대시위에 대한 처벌과 학사행정을 둘러싸고 박정희 정권과 싸우다 1966년에는 총장직을 물러났다. 총장 재직시에도 계속 형법강의를 했고 민주화 운동을 했는데, 1971년에는 박 정부가 총통제개헌을 한다는 음모를 폭로하고 대학의 자유를 위하여 투쟁하다 중앙정보부의 체포압력 때문에 미국으로 망명했다. 박 정권 몰락 후 서울의 봄이 왔을 때 다시 강단에 섰으나 5·18쿠데타 후 다시 미국으로 망명했다.

2.『세계혁명』의 집필이념

저자는 이 책의 집필동기를 민주정치의 발전과정을 밝힘으로써 민주정치의 완성을 기하려는 것이라고 한다. 그는 과거의 여러 혁명이 단절적인 현상이 아니고 민주정치의 발전을 위한 시간과 장소의 차이에서 나온, 하나의 혁명의 다른 표현이라고 본다. 그는 청교도혁명(Cromwell Revolution)이 미국독립혁명의 전주곡이었다고 보고 미국독립혁명은 청교도혁명의 완성이라고 본다. 그는 이러한 크롬웰혁명의 민주사상이 한국의 4·19혁명에도 연결되어 있다는 암시를 하고 있다. 반면에 러시아혁명은 혼돈의 시대의 것으로 진정한 혁명은 아니라고 본다.

그의 역사인식은 성서(Bible)적인 것으로 하나님의 뜻에 따라서 역사가 창조되고 있다고 본다. 그는 성서에 나타난 하나님의 뜻으로의 귀의(歸依)가 곧 혁명이란 입장에서, 혁명은 하나님의 사람이 이룬 것으로 보고 있다. 그는 크롬웰과 워싱턴은 하나님의 사람(men of God)이었기에 혁명에 성공할 수 있었으나 프랑스에서는 이러한 하나님의 사람이 없었기 때문에 혁명이 성공하지 못했고 반전에 반전을 거듭한 것으로 보고 있다. 그는 루터, 칼빈, 크롬웰, 워싱턴과 같은 사람을 하나님의 사람으로 보고 있으며, 모세, 여호수아, 유다를 제외한 열한 명의 제자 등을 하나님의 사람(神人)으로 보고 있다. 하나님의 사람들이 역사의 주인공으로 하나님의 세계를 실현한다는 것이다.

그는 반기독교적인 버트란드 러셀이나 마르크스 · 엥겔스의 기독교 비판에 대하여 적절하게 재비판하고 있다. 그는 칸트의 정언명령과 같은 도덕률도 하나님의 말씀을 재해석한 것이며 루소의 사회계약설도 구약성서에 있는 하나님과의 계약원리에서 나온 것이라고 한다. 아울러 근대 민주정치 사상이 대개 성서의 해석에 의한 것임을 명쾌하게 설명하고 있다.

저자는 세계역사를 한국 민족주의 내지 애국주의적 관점에서 파악하고 있다. 우리 고구려가 만주와 중국의 일부까지 지배하였으며 일본의 문화는 한국의 모방이라는 것을 역설하고 있다. 그는 일본의 신도(神道)를 한국의 무속(샤머니즘)의 유형으로 파악한다. 그는 한국민이 이스라엘의 잃어버린 종족 중의 하나가 아닌가 생각한다며 성서의 언어와 한국의 언어, 성서풍속과 한국풍속 등 많은 유사성을 그 근거로 든다. 이는 저자가 한국민이 하나님이 선택한 사람이요, 21세기에는 한국민이 세계를 지배할 수 있다는 믿음에 기인한 것으로 보인다. 21세기는 한국이 세계의 중심이 된다는 믿음에서 우선 한국이 통일되어야 한다는 것을 강조하고 있다. 그래서 이 책을 "한국 통일을 기도하면서" 동포에게 헌정한다고 하고 있다.

3. 『세계혁명』의 내용

이 책은 서론에서 이 책을 쓴 동기와 저자의 생활, 민주화운동, 대학독립 투쟁에 관해서 설명하고 있다. 서문에서 이론적 근거로서 자신의 이데올로기적인 세계관에 따라 최근 몇 세기의 세계사적 발전의 의의를 명확히 보여주고 있다. 그는 러셀을 비판하면서 성서에서 칸트철학과 프래그머티즘이 도출되었다고 보고 나아가 로크(Locke)의 민주주의 사상을 다루고 있다.

제1장은 개관인데 하나님의 메신저, 예언자 등에 의한 세계계획을 살피고, 나아가 세계 각국의 역사를 간략히 언급했는데 중국과 일본, 한국의 역사가 간략하게 언급되어 있다.

여기서 특히 한국의 역사, 민족, 언어 등에 관하여 고찰하고 있다. 저자는 한국어와 성서언어와의 유사성을 들고 있어 흥미롭다. 또 풍습에도 많은 유사점이 있음을 강조하고 있다.

제2장은 계몽시기를 다루고 있다. 그는 크롬웰혁명에 비롯된 민주정부 체계의 발전을 위한 목적으로 여러 혁명이 일어났음을 밝히고 있다. 이러한 계몽시대에 크롬웰혁명과 미국혁명, 프랑스혁명이 일어났다고 보고 이에 관한 이념적, 역사적, 정치적 고찰을 하고 있다.

크롬웰혁명을 미국혁명의 전주곡으로 보면서 크롬웰혁명이 대표의회에 의하여 통치되는 항구적인 정부로 영국을 이끌었으며 처음으로 산업화된 제국을 만들게 했다고 보고 있다. 크롬웰혁명시의 상황, 내전의 경과, 혁명으로 인한 통치기구(Instrument of Government=세계최초의 성문헌법)의 제정과 운용에 관해서 살펴보고 있다. 크롬웰의 병사 후 왕정이 복고되었으나 크롬웰혁명의 성과인 대의정치는 오늘까지 살아 있다고 기술하고 있다.

다음에는 미국혁명을 다루고 있는데, 미국혁명의 성격이 크롬웰혁명의 완성이라 보았다. 하나님의 섭리에 따라 크롬웰이 미국에 이주하지 않았기 때문에 미국독립이 가능했다고 보고 있다.

그는 미국독립혁명을 세 단계로 나누어 처음 단계에서는 미국독립을 가져온 인사들, 오티스(James Otis), 헨리(Patrick Henry), 토마스 페인(Thomas Pain)과 제퍼슨(Thomas Jefferson) 등에 관하여 언급하고 있다. 그러고는 식민지 미국의 정치상황을 설명하고 있다. 다음 단계에서는 미국의 독립전쟁의 경과를 설명하고 있으며, 제3단계에서는 미국의 헌정제도를 설명하고 있다.

세 번째로 프랑스혁명을 다루고 있다. 프랑스혁명은 크롬웰혁명이나 미국혁명과는 달리 하나님의 사람이 지도하지 않은 혁명이라는 점을 강조하고 있다. 프랑스혁명은 다른 이데올로기와 다른 지도자가 지배한 4단계를 거쳤음을 명확히 하고 있다.

제1단계는 앙시앙 레짐의 종말이고, 제2단계는 급진주의와 경직성 시기이고, 제3단계는 혁명력기이고, 제4단계는 나폴레옹의 독재시기라고 분류하고 있다. 저자는 이 단계마다의 상황을 설명하고 그 주역들에 관하여 고찰하고 있다. 특히 프랑스혁명의 사상가와 그들의 이념의 실현형태를 잘 설명하고 있다.

제3장에서는 혼동의 시대를 다루고 있다. 저자는 19세기를 혼동의 시대로 보면서 오늘날까지 세계에 대한 이해를 왜곡시키고 있는 다섯 가지 혼동을 지적한다. ① 다윈의 진화론에 대한 창조론자들의 반발에서 발견되는 신의 차원과 인간의 차원 간의 혼동 ② 노동과 노동자에 대한 마르크스의 오해에서 찾아볼 수 있는 문맥적 오류 ③ 변증법

이론과 이것의 유물론적 확대적용 등 잘못된 가정에 기반한 확신에서 비롯되는 인식론적 오류 ④ 다원주의의 사회다원주의로의 확장, 매스컴의 횡포 등 운용상의 오류 ⑤ 인식론적 문제를 극단적으로 해석하여 모든 것은 허구이고 혼돈이며 아무것도 이해할 수 없다는 회의적 철학.

이러한 여러 가지 혼동 때문에 민주주의는 왜곡되고 러시아혁명이라든가 나치·중국·프랑코 등의 독재를 가져왔다고 본다. 나치독재나 중국독재, 남미의 독재들이 소련의 책략에 의해 행해졌는데 공산주의가 74년 만에 붕괴함으로써 민주주의의 완성시대가 도래하고 있다고 한다.

아직도 민주정치가 완성되지 못한 이유를 언론의 횡포와 금권정치에서 찾고 있다. 저자는 오늘날의 권력분립은 국가권력 간의 3권분립이 아니라 국가권력 대 언론간의 2권분립이어야 한다고 주장하고 있다. 국가권력에 대한 적정한 견제를 할 수 있는 언론은 민주정치에 있어 필수적이나 이익추구 언론 때문에 민주정치가 왜곡되고 있다고 하면서 언론을 일종의 공공기관으로 하고 국민에게 바른 정보를 제공하고 국가권력을 견제하는 공기능을 부여할 것을 제창한다.

저자는 민주정치가 금권에 의하여 왜곡되고 있다고 하면서, 정치헌금이나 선거비용도 언론이라고 한 미국대법원의 판결을 비판하고 민주정치 완성을 위해서는 정치헌금과 선거비용을 최소화해야 한다고 주장하고 있다.

결론에서는 하나님이 역사를 창조하고 있으며 자신의 생명이 바로 자기 속에 작용하고 있는 하나님의 능력의 증거라고 하면서 하나님에의 믿음을 강조하고 있다.

4. 『세계혁명』에 대한 독후감

이 책을 읽으면서 우선 저자의 신앙심에 놀랐다. 세계에서 일어난 여러 혁명적 상황을 하나님의 뜻으로, 하나님이 경영한 것으로 본 것은 새로운 착상이다. 또 세계혁명에 여러 종류가 있으나 모두가 민주정치를 위한 과정이라고 본 점이 독창적이다.

이 책은 계몽시대 이후의 세계사에 대한 해박한 지식을 성서에 있는 말씀을 통하여 비교분석하고 있어 기독교인이면 꼭 읽어보아야 할 책이다. 기독교인이 아니더라도 세계의 헌정사를 알기 위해서 읽어볼 가치가 있다. 이 책이 한국말로 번역되어 독자들에게 쉽게 접근할 수 있게 되기를 바란다.

노학자가 혼신의 힘을 기울여 쓴 이 책은 노학자의 한국 민주주의 정착과 조국통일에 대한 정열 때문에 가능한 것이었다. 모쪼록 저자가 주장한 바와 같이 돈 안 드는 선거와 공정한 여론창달로 한국의 민주정치가 발전하여 하루 속히 통일이 올 날을 기다려본다.

자유주의자 시각으로 본 세계혁명[*]

The World Revolution

黃 迪 仁[**]

국제적으로 'Paul K. Ryu'라는 이름으로 알려진 유기천 전 서울대 총장의 마지막 영문저서『*The World Revolution*』이 음선필 박사에 의하여 번역 · 출간되었다.

서울대 법대학장과 서울대 총장을 역임한 유기천 교수는 오랫동안 민주주의에 커다란 관심을 가져왔다. 『세계혁명』은 민주주의에 관한 유교수의 오랜 성찰의 산물이다. 유교수는 지난 3백 50년 동안에 발생한 네 개의 혁명인 크롬웰혁명, 미국혁명, 프랑스혁명, 러시아혁명의 의미를 자신의 이념적 세계관을 거울로 하여 분석해보려고 노력하였다. 통상적으로 상이한 장소와 시대에 일어난 별개의 격렬한 사회 변화라고 여겨지고 있는 이 네 가지 혁명은 상호 간에 밀접히 관련되

---

[*] 이 글은 법률신문 1999년 8월 19일자 및 서울대학교 대학신문 1999년 10월 4일자에 실린 글이다.

[**] 대한민국 학술원 회원, 서울대학교 명예교수.

어 있을 뿐만 아니라 사실은 하나의 세계혁명에 이르는 일련의 단계라고 그는 보고 있다(p. 33).

유교수는 민주주의가 크롬웰혁명, 미국혁명, 프랑스혁명이 발생한 계몽의 시대와, 그 뒤를 이은 혼동의 시대를 거쳐 오늘날에게는 완성의 단계에 들어섰다고 본다. "세계적으로 민주주의의 발전은 서로 다른 나라와 시대에서 민주적 통치체제의 발전이라는 동일한 목적을 갖고 이뤄졌다"(p. 73). 이러한 주장을 뒷받침하기 위해 유교수는 각 혁명의 배경과 혁명주체들의 사상을 살펴보고 혁명의 구체적인 전개과정을 추적하고 있다.

크롬웰혁명(1645년)이 영국을 대의제에 의하여 통치되는 국가로 만들었으며, 미국혁명(1776년)은 크롬웰혁명의 완성에 해당한다고 본다. 프랑스혁명(1789년)은 크롬웰혁명 및 미국혁명 과정의 또 다른 발전의 장이지만, 계몽주의 지식인의 무신론에 따라 전개된 과정에서 길을 잃어버렸다고 평가된다. 한편 유교수에게 러시아혁명(1917년)은 그 기초가 되는 마르크스주의의 오류로 말미암아 그 자체가 혼돈스러운 것이었다. 변증법의 용어법에 따라, 러시아혁명은 장차 다가올 미래의 세계사의 合을 위한 反의 역할을 수행한 것으로 설명된다(p. 341).

유교수는 민주주의의 완성을 위하여 언론의 정치적 중립성과 정치비용 특히 선거비용의 제한을 제시하는 것으로 자신의 논의를 마무리하였다. 이러한 주장은 언론이나 불공정한 선거운동으로 말미암아 국민의 의사가 조작·왜곡되기 쉬운 한국의 현실에 적절한 지적이라고 본다. 유교수는 1997년 11월 11일에 개최된 「밝고 힘찬 나라운동」의 창립 초청강연에서 "언론이 사기업에 의하여 운영되기 때문에 공정하게 되기가 어렵다"고 하였다.

저자 자신이 언급한 바와 같이, 이 책에 내용상으로나 체제상으로 보다 보완되어야 할 부분이 있는 것은 사실이다. 그러나 근대 이래의 네 혁명이 민주주의의 발전사에서 갖는 의미를 밝히고 나아가 민주주의가 발전하려면 언론이 바로 서야 한다는 것을 논증한 점에서 이 책이 한국 민주주의의 발전에 시사하는 바가 크다고 본다. 또한 유교수가 많은 관심으로 다뤘던 혁명주체의 인물됨과 사상은 오늘날 한국에서 민주주의 정치체제의 확립에 필요한 지도자의 자질의 유형을 제시해준다.

독실한 기독교 신앙의 바탕 위에서 평생 동안 민주주의의 발전에 헌신한 경험을 토대로 하여 혁명과 민주주의의 발전사를 서술한 이 저서가 한국 민주주의의 발전에 시사하는 바가 대단히 많은 역작이라는 점을 다시 한 번 강조하고 싶다.

유기천의 삶과 생각
-한국법사상사의 연구과제-

The World Revolution

崔 鍾 庫[*]

I

필자는 「유기천의 생애와 법사상」이란 제목으로 논문을 한편 쓰면서 2개월가량 작업을 하다 보니 점점 할 얘기가 많고 분량이 늘어나서 결국 생애 부분과 법사상 부분을 따로 발표할 수밖에 없었다(졸고, 월송 유기천, 『인권과 정의』, 1999년 6월호; 유기천의 법사상, 『법학』, 40권 2호, 1999). 필자는 법사상사가로서 지금까지 여러 법률가들의 생애와 법사상을 정리해보았지만 유기천(1915-98)처럼 생애와 사상이 풍부하고 복잡한 인물도 드물다고 느껴졌다. 원고지 600면에 이르는 위의 두 논문은 언젠가 어떤 형식으로 출간되리라 생각하지만 그것을 여기에서 반복하거나 요약하기도 부적절하고, 오히려 이 작업

* 서울대학교 법과대학 교수.

을 하면서 느낀 소감을 자유롭게 몇 자 적어 음선필 박사의 번역서 출
판을 축하하고자 한다.

II

우선 유기천의 생애를 기록할 자료에 관하여 말한다면, 그는 스스
로 자서전이나 회고록을 쓰지는 아니하였다. 만년에 주위에서 그것을
권하였지만 아직도 다른 할 일이 많이 있다고 거절하였다. 그럼에도
만년에 국민대 김문환 교수, 서울법대 안경환 교수와 필자에게 구술
로 회고형식으로 증언하여 기록으로 남기려 하였다. 『시민과 변호사』
(1994년 4월호)에 발표된 「나의 초학시절」이라는 자서적 회고는 안경
환 교수가 구술로 받아 적은 것을 유박사 자신이 직접 몇 번 수정하여
발표한 것이다. 부인 헬렌 실빙 여사가 쓴 『헬렌 실빙 회고록』(Helen
Silving Memoir, 1993)에는 한 장이 유박사가 직접 쓴 부분이 들어
있고, 이것은 『신동아』잡지에 「나와 박정희와 학문의 자유」라는 제목
으로 발표되기도 하였다. 실빙 회고록은 그 외에도 군데군데에서 유
박사에 관한 언급을 하고 있어 중요한 연구자료가 된다. 유박사는 신
변잡기 같은 글들을 쓰지 아니하였지만 다행히 그의 인생의 중요한
국면들에 관하여 스스로 쓴 증언이 있어 중요한 참고자료가 된다. 그
의 『형법학』 저서 3권과 학술논문들에도 가끔은 그의 삶의 측면들이
반영되어 있고, 70세를 맞이하여 제자들이 발간한 기념논문집 『법률
학의 제문제』(1988)도 참고자료가 된다. 아직까지 유기천의 완전한
논저목록도 이루어지지 못한 상태라 무엇보다 이것을 정리하는 일
이 시급하다 하겠다.

III

유기천의 생애는 흔히 하는 표현대로 파란만장했다고 하기에는 약
간 뉘앙스가 다른 풍부하고 다면적인 삶이었다고 할 수 있다. 비교적
유복한 기독교 가정에서 태어나 일찍이 동경제대에서 법학을 공부한
엘리트였다. 해방 후 한국사회에서 여러 가능성이 있었지만 대학에서
형법학을 가르치며 평생을 학문을 위해 살기로 설계하였다. 결혼마저
미루다가 미국에 교환교수로 있는 동안 외국여성 법학자와 만혼을 하
게 된다. 실빙 박사와의 결혼은 그의 학문과 사상에도 깊은 영향을 주
었다. 1950년대에 학자로서 세계적 무대에서 왕성히 발표하고『형법
학』저서를 내어 한국법학계에 참신한 충격을 주었다. 그러나 60년대
에 들어서면서 박정희군사정부에 의해 서울대 총장직을 수락하면서
자의든 타의든 '정치화'의 길로 들어서게 되었다. 박대통령과의 애증
관계는 급기야 유신체제를 사전에 고발함으로써 극도의 갈등에로 치
달았고 미국으로 망명을 떠나야 했다. 그 후 26년간이란 긴 세월을
조국을 떠나 있으면서 민주한국과 조국통일에 대한 염원으로 노경에
이르렀다. 국내정치가 정권을 바꾸면서 변화했지만 그는 끝내 영구귀
국하지 아니하였다. 결국 미국에서 마지막 삶을 종언하여 유해로 돌
아왔다. 한마디로 오로지 학문만 하려던 전형적인 학자의 삶이 역설
적으로 정치적 망명객으로 끝난 것이다.

한 학자의 성공조건을 지성(知性)과 건강과 지위로 본다면, 유기천
은 가장 주지주의적(主知主義的)이고 신체적으로 단련되었으며 서울
대 총장의 지위까지 오른 이 시대 한국의 가장 가능성이 큰 학자였다.
그는 한국인으로 일본, 미국, 독일학계에 정통했고, 어학(語學)만 보
아도 3개국어를 자유자재로 구사하며 국제적으로 학술활동을 할 수

있었다. 그에게는 정열도 있었고 용기도 있었다. 그러나 그의 생애는 그의 기대대로 전개되지는 않았다. 서울대 총장, 학술원 회원이면 더 없는 성공이랄 수 있지만, 어쩐지 그의 삶은 무엇엔가 여지없이 짓밟힌 생애같이 보인다. 그는 동경대의 야나이하라(矢內原) 총장같이 되고 싶었으나 학생들이 이해하지 못했다. 나무 그늘이 크면 잔나무가 자랄 수 없듯이 형법학자로서 그의 형법학은 거의 계승되지 않고 있다. 60, 70년대에 바이블처럼 읽히던『형법학』교과서도 점점 수험법학화 되어가는 풍토에서 오늘의 학생들은 '너무 어렵다'고 '안 읽어도 괜찮은 책'으로 외면하고 있다. 그의 사법대학원 실험도 실패로 돌아갔다. 해방후 한국법학의 건설의 주인공의 한 사람이었던 그의 꿈은 적어도 가시적인 면에서는 철저히 좌절되었다고 아니할 수 없다. 유기천은 "인생은 싸움이다"고 말한 바 있는데, 그는 불의한 한국사회와 선한 싸움을 싸우다 좌초한 인물이었을까? 그는 학문과 현실을 다 잡으려다 그 욕심으로 실패한 인물일까? 이것은 누구의 책임일까? 물론 유기천 자신이 안고 있는 너무나 학문과 원칙만 아는 강직한 성격, 26년이라는 외국에서의 너무 오랜 체류 등도 지적할 수 있겠지만, 60년대에서 80년대, 그리고 그 후에도 계속되어 오늘에 이르는 정치적 불안정이 가장 큰 원인이다. 권력이 문화와 학문의 자율성마저 송두리째 '정치화'하는 한국적 비극을 시대의 거목(巨木)학자로서 온몸으로 감당했던 것이라 할 수 있다. 그의 학자로서의 꿈과 좌절은 바로 한국 법학계 전체의 꿈과 좌절이다. 그의 좌절로 인하여 한국 법학계는 얼마나 많은 후퇴와 진통을 아직도 겪고 있는가? 유기천은 최종길(崔鍾吉)과 함께 실로 '한국 법학의 순교자 내지 희생자'라 할 수 있다. '인간 유기천'은 좀 모질고 예외적인 인간형이었지만, 학자로서 그가 설계한 학문적 꿈은 실로 원대하였다. 그의 꿈과 설계가 실현되었으면 우리사회는, 적어도 우리의 대학은 많이 달라져 있을 것이다.

IV

유기천은 흔히 알려진 대로 형법학자만이었던가? 그의 형법학과 법이론을 배경으로 하는 정신적 지주(支柱)는 무엇이었던가? 초기의 유기천과 만년의 유기천 사이에는 어떠한 사상적 연속과 변화가 있었던가? 유기천의 형법학 내지 법사상을 계승할 가능성과 한계성은 무엇인가? 유기천에 대한 이해는 한국법학 전체의 번지수를 자리매김하고 미래를 가늠해보는 중요한 시각이 될 수도 있을 것이다.

충실한 제자였던 김찬진(金贊鎭)은 유기천을 가리켜 "한국에 있어서 미국법학 수용의 선구자(Pioneer in the reception of American jurisprudence in Korea), 유능한 한국법률가들의 해외연구의 후견인(Mentor of overseas studies by many promising Korean lawyers), 한국형사법의 왕(King of Korean criminal law)"이라고 불렀다. 곽윤직(郭潤直)은 "유기천의 수많은 공헌 가운데서 가장 중요한 것은 서울법대의 교수로서 한국법학교육을 향상시키고 법학연구를 증진시킨 업적"이라고 하였다. 이러한 각도에서 유기천의 활동 내지 정신세계를 분석할 수도 있겠으나, 유기천의 학문세계 내지 법사상은 한국법문화론, 형법학, 학문자유론, 법학교육론, 법철학으로 크게 나누어볼 수 있다.

유기천의 한국법문화론에서는 한국법학이 역사학, 인류학, 심리학, 언어학과 어떻게 대화해야 하는가를 보여주며, 동시에 인문사회과학과 대화할 수 있는 법학의 학문성이 얼마나 중요하고도 어려운가를 시사해준다. 형법론에서는 새로운 인간상에 입각한 상징주의 형법론이란 독창적 이론의 수립이 유기천 형법학의 공적인 동시에 미완성이었음도 지적된다. 학문자유론에서는 대학의 자유가 민주국가의 초석(礎石)임을 확인하였고, 법학교육론에서는 사법대학원의 개설에서 보여주듯 법과대학의 존치를 전제로 심도 있는 법조양성제도의 방향을 시사해준다. 법철학에서는 자유사회의 이념 내지 가설을 내세우며 켈젠(H. Kelsen)에 가까운 법실증주의에서 만년에는 칸트의 도덕법에로의 관심에로, 라드브루흐(G. Radbruch)처럼 자연법론자같이 변화한 모습을 보여준다. 크게 보아 형법학자로 시작하여 역사철학자 내지 그리스도교 사상가처럼 마친 유기천의 정신세계를 우리는 연속과 단절의 여러 측면에서 더욱 논의할 수 있을 것이다. 그렇게 '과학적 방법'을 강조하던 학자도 결국 신앙에로의 '고백'으로 끝나고 마는 것이 인생인가를 숙연히 생각하게 한다.

V

마지막으로 유기천의 만년의 사상에 대하여 좀 자세히 언급하려 한다. 유기천의 법사상에는 근본적으로 기독교적 사상이 밑바탕을 이루고 있다고 말할 수 있다. 유기천은 독실한 기독교 가정에서 출생한 이후 죽음에 이르기까지 기독교 신앙으로 일관하였다. 일본 동경대학 유학시절에 무교회주의자 야나이하라 다다오(矢內原忠雄) 교수의 사상에 깊은 감명을 받았고, 1968년에는 기독교인 법조인회(法曹人會)의 모임인 「애중회(愛重會)」의 회장직을 맡기도 하였다. 무엇보다 그에게 기독교신앙의 힘을 준 것은 부모로부터의 정신적 유산이었지만 부인 실빙과의 결혼을 통하여 유대교 사상과의 접목(接木)이 또한 중요한 요인이 되었다. 1959년 하와이에서의 「동서철학자대회」 발표에

서도 마지막을 그리스도의 "진리가 너희를 자유케 하리라"는 성서구
절을 인용하면서, "자유란 선택할 자유와 합리적이라고 생각되는 행
동의 코스를 따를 자유"라고 결론지었다. 그는 실빙과 함께 서양의 민
주주의와 법치주의가 유대교적—그리스도교적 기초 위에서 가능했다
는 것을 논문을 통해 강조하였다.

　그는 만년에 이를수록 한국민족과 문화가 또 하나의 선민사상(選民
思想)으로 유대민족의 그것과 매우 유사하다는 데에 깊은 관심을 기
울였다. 그의 최후의 저서 『세계혁명』(The World Revolution, 1997)
에서도 역사상 중요한 혁명들, 즉 영국의 크롬웰혁명과 미국혁명 등
을 통하여 '신의 사람들'(Men of God)은 인간역사에서 섭리를 실현
한다고 설명하였다. 그러나 러시아혁명은 그런 성격이 아니었다고 설
명하고 있다. 북한출신의 실향민이었기 때문인지 모르나 공산주의에
대하여는 매우 비판적인 견해를 가졌다. 진정한 민주주의는 그 본질
을 독일헌법같이 명문화하지 않고 있는 예(미국)도 있으나 이는 어디
까지나 '인간존엄'(human dignity)을 최고가치로 한 '자유사회'(Free
Society)임을 의미한다고 한다.

　그는 점점 세계사(Weltgeschichte) 속에서 신(神)의 구속사(救贖
史, Heilsgeschichte)의 현존을 강하게 느끼고 있었다. 이런 관점에
서 볼 때 한국민족은 분명히 이스라엘의 열두 지파(支派) 중 잃어버린
한 지파(a lost tribe)이며, 이런 점에서 한국민과 유대민족의 동일기
원(同一起源)임을 밝히는 것이 남은 필생의 과제라고 되풀이하여 말
하였다.

　이렇게 본다면 유기천은 한국법문화에 관심을 두면서도 궁극적으
로 그리스도교사상에 입각하여 초월(超越) 내지 구원(救援)에 이르려
는 신심(信心)있는 법학자 내지 법사상가였다고 하겠다. 『세계혁명』

에서 그는 칸트의 정언명제(定言命題, kategorischer Imperativ) 를 높이 찬양하면서 칸트는 그리스도교의 도덕법(Moral Law)을 해 석한 자로서 평가하고 있다. 여기에서 도덕법이란 개념과 보편법 (Universal Law)이라는 개념을 사용하면서 인간이 이러한 그리스도 적 복음을 이해하기에는 18세기 동안의 세월이 흘러서야 가능했다고 스스로 감탄하고 있다.

유기천의 마지막 모습은 다분히 성서중심의 역사관을 가진 역사 철학자의 모습을 보여준다. 『세계혁명』은 그의 역사관을 함축한 최 후저서인데, 그는 본서를 이데올로기적 세계관(ideological world view)에 따라 세계가 하나의 세계혁명으로 인도하는 단계들의 연 속(a series of steps leading to one World Revolution)을 서술 하는 책이라 밝히고 있다. 막스 베버가 사회학에서 몰가치적 방법 (value-free methodology)을 사용하고 있지만 자신은 가치 지향 적 판단(value-oriented judgement)을 사용한다고 하면서 우리는 과학적일 뿐만 아니라 철학적이어야 하고 지식과 결론은 넓고도 깊 어야 한다고 말한다. 무엇보다 위대한 학자는 양심적이고 겸손하려 고 노력해야 한다고 말한다. 흥미 있게도 그는 괴테가 『파우스트』에 서 성서를 해석하면서 '태초에 말씀이 있었다'고 하지 아니하고 '태 초에 행동이 있었다'고 한 것은 잘못이었다고 지적하면서 성서에 관 한 한 칼빈(John Calvin)과 비교할 수 없는 부끄러운 잘못된 해석이 라고 지적한다. 또한 『나는 왜 크리스챤이 아닌가』(Why I am not a Christian)를 쓴 러셀(Bertrand Russell)은 과학적 추론을 직접 종 교의 분석에 적용할 수 있다고 무비판적으로 상정한 '얄팍한 철학자' 에 불과하다고 비판한다. 유기천은 성서가 세계역사를 이해하는 데 어떠한 영향을 미치는가에 대하여 특히 '신(神)의 사람들'이란 시각에서 역사 속에 선하고 위대한 일을 한 사람들의 이름을 거론하면서 설명하는 방식을 취한다. 그러면서 궁극적으로는 역사에서 자유가 발전하여 진정한 민주주의를 수립하는 방향으로 나아가는 것이 세계혁명의 방향이라고 보고 있다. 그는 민주주의의 진정한 기초는 성서에 있다고 확신한다. 민주주의의 발전과 인간역사의 진행에 신이 어떤 방법으로 역할하는가를 이해하는 것이 가장 중요하다고 한다. 아담이 타락한 순간 전능하신 신은 아담이 선과 악을 선택할 수 있었다는 것을 알고 에덴동산에서 추방하였다. 이것은 인간이 도덕적 생활을 영위해야 할 의무를 지고 있으며 선과 악을 선택하도록 열심히 노력해야 한다는 것을 의미한다. 이러한 고차원적 원리 아래서 신은 정의로운 사람들이 구약과 신약의 가르침에 포함된 도덕법을 수행하도록 도와준다고 설명한다. 이것이 유기천이 동서양의 역사를 통틀어 바라보는 성서중심의 역사관이다.

유기천의 이상과 같은 법철학 내지 법사상의 '코페루니쿠스적 전환'을 보면서, 마치 에릭 볼프(Erik Wolf)의 '법철학은 법신학에서 기초되고 성숙된다'(Rechtsphilosophie ist begründet und mündet in Rechtstheologie)는 사상을 연상시킨다. 인생과 역사의 바다 속에서 형법이니 법이론이니 법철학이 얼마나 한 쪽박의 물에 불과한 것인가? 어떻게 보면 유기천은 지적(知的)으로 가야 할 길을 마지막까지 갔다고 볼 수 있다.

이러한 학자 내지 사상가인 유기천의 정신세계는 앞으로도 후배학자들에 의하여 더욱 깊이 분석·소화되고, 그가 남긴 문제의식과 지혜에서 출발하여 한국법사상과 법이론을 더욱 높고 튼튼하게 구축해 나가야 할 것이다.

인 간 유 기 천[*]

The World Revolution

安 京 煥[**]

누군가를 보고 유기천 교수를 닮았다고 한다면 선뜻 기뻐할지 의문이다. 학자로서의 수준이나 자세를 두고 그에 비긴다면 누구에게나 더할 수 없는 영광일 것이다. 그러나 이른바 '인간됨'이나 성격을 두고 유교수에 비한다면 그만큼 영광스러워하지는 않을지 모른다. '인간 유기천'은 신화가 많은 사람이다. 그 많은 신화의 곁가지는 모든 신화가 그러하듯이 사람과 사람의 입을 통해 전해지면서 덧붙여진 것이다. 한 시대를 소신껏 살다간 사람에 대한 평가는 엇갈린다. 대체로 많은 사람들은 그의 소신이 객관적인 역사에 어떤 의미를 가졌느냐보다는 그의 소신으로 인해 자신이 받았던 이익이나 불편함을 더욱 기억하는 경향이 있다.

어쩌면 유기천 신화는 봉건과 근대의 교차점에서 서 있던 한국사회

---

* 월간조선 1998년 8월호에 게재되었음.

** 서울대학교 법과대학 교수.

가 한 지식인의 궤적을 소재로 하여 파한용으로 엮어낸 멜로 드라마
일지 모른다. 군사정부에게는 통제할 수 없는 대학인, 동료교수에게
는 독선의 학장, 총장, 학생에게는 추상같은 훈장, 언론에게는 가장
비협조적인 공인, 유불(儒佛)의 한국적 윤리를 지상의 미덕으로 봉송
하던 지식인들에게는 이성과 합리의 칼을 휘두르는 서양인, 이 모든
점에서 유기천은 1960년대의 한국사회가 수용할 수 있었던 한계를
넘어선 인물이었는지 모른다.

　이제 그의 죽음으로 한 시대가 마감되는 것이다. 이 글은 격동기를
산 한 사람의 법학자이자 크리스천, 그리고 한국인으로 태어나 일찌
감치 세계인으로 살다간 '인간 유기천'의 84년의 생애의 일 단면을 조
망하는 글이다. 그러나 나는 감히 인간 유기천론을 펼 충분한 자격을
갖춘 사람이 아니다. 학생시절부터 일찌감치 유교수의 총애를 받은
사람도 아니며, 그의 사상적 추종자는 더더욱 아니다. 단지 유교수가
대학에 재직하던 기간 동안 그 대학을 스쳐 나온 수많은 무명의 제자
들 중 한 사람일뿐이다. 나에게는 전성기의 그의 행적을 증언할 수 있
을 정도의 시대적 공유감도 희미하다. 내가 처음으로 그를 가까이서
접할 수 있게 된 것은 이미 그의 "불꽃과도 같은" 생애가 종장으로 접
어들고 난 후의 일이었다. 남의 나라에서 내밀린 3류 무명 법률가 생
활의 서러움에 폐부에 시린 바람이 일던 어느 날, 나는 조국을 잊지
말라던 딸깍발이 스승의 말을 되새기게 된 것이다. 유기천 총장을 찾
는 일은 좁게는 내가 청년시절을 흘려버린 대학, 보다 넓게는 내가 떠
나온 한국의 대학사에 그가 뿌린 신화에 편승하고 싶은 마음의 발로
였던 것이다. 따지고 보면 그것은 뒤늦게나마 나 자신의 신분상승을
도모하고자 하는 얄팍한 지모(智謀)에 불과했을지도 모른다. 한 시대
를 호령하다 이국땅에서 유적(流謫)의 세월을 보내고 있는 한 망명지

사의 일상에 틈입(闖入)함으로써 그 광휘(光輝) 찬란한 전설의 허구를 벗기는 작업이기도 했다. 그렇게 맺은 인연으로 나는 지난 10여 년을 유기천 선생의 주변에 살았다. 내 나름대로 그의 만년을 모시고자 한 것은 이제는 내 세계에서 절멸되어가는 '독하고 엄한 어른'에 대한 애달픈 그리움 때문이기도 했다. 이렇듯 나의 '인간 유기천'론은 지극히 감상적인 한 중년 대학인의 소회에 불과할지 모른다.

우리나라 초기 대학과 지성의 역사에 유기천이 남긴 족적(足跡)은 찬란하고도 다채롭다. 대학에 부임하면서부터 유기천은 동료교수들을 압도할 만한 외형적 자격을 갖추었다. 그는 평양 숭실학교를 마치고 일본으로 건너가 고베의 히메지(姬路)고교 문과를 거쳐 동경제국대학 법학부를 졸업했다. 졸업에 이어 식민지인 법학도로서는 최초로 제국대학(東北大學)에 조수의 직을 받아 근무하다 해방을 맞아 귀국했다. 당시 대부분의 청년들이 전쟁과 징병의 문제로 학문에 전념하지 못했던 것과는 대조적으로 청년 유기천은 이렇듯 이례적으로 탄탄한 초학시절을 보냈던 것이다. 유교수 자신은 히메지 시절을 일생의 황금기라고 회고한 적이 있다. 당시 일본의 고등학교는 영국의 옥스브리지와 독일의 김나지움을 종합적으로 모방하여 세운 학제였다. 비록 이름은 고등학교였으나 내용은 수준 높은 대학교양부에 해당했다. 그래서 선생의 정식 타이틀도 교수였다. 소년 유기천은 서구의 언어와 철학사상의 묘미에 심취했고, 이러한 청소년기의 열정적인 수학의 과정은 출생 이래 몸에 밴 기독교 세계관과 결합하여 학자로서의 소명의식을 더욱 강화시켰다. 동경대학 법학부에 개설된 다양한 법학과목 중에 형법만이 인간의 본질을 다루는 철학의 영역에 접근할 수 있다고 믿었던 것도 그의 법학이 출발점부터 결코 '조문(條文)의 법학

(法學)'이 아니었기 때문이다.

해방된 조국의 강단에 설 당시에 이미 유기천이 마음에 품었던 지적 무대는 한반도가 아니었다. 그의 무대는 세계였다. 그가 신생한국을 대표하는 지식인으로 활동할 수 있었던 것도 동경제국대학 법학부의 우등졸업생이라는 신화의 마력 때문이다. 대학을 졸업하면서 이미 영어, 독일어, 프랑스어가 수준에 올라 있었던 사실은 당시 일본 교육의 수준이라기보다는 유기천 개인의 안목과 소명의식의 덕으로 돌려야 할 것이다. 그러나 유기천의 명성 뒤에는 언제나 동경제국대학의 후광이 따라다녔다. 비록 패전국으로 전락했지만 세계를 상대로 전쟁을 벌였던 큰 나라, 그 대일본제국의 지적수준의 상징이었던 동경제국대학의 후광은 결코 엷지 않았다. 유기천이 한국의 샤머니즘을 주제로 논문을 쓰자 예일대학이 선뜻 법학박사 학위를 수여했던 숨은 이유 중의 하나도 '일본학자'에 대한 예우라는 뒷이야기도 따른다.

어쨌든 학자 유기천은 일본 교육의 산물이었다. 그가 박정희와 벌인 고집과 독기의 대결도 일본 군인과 학자 사이의 기의 대결의 냄새를 진하게 풍긴다. 절대권력자였던 박대통령이 유기천 총장에 대해 이례적으로 각별한 예우를 갖추었던 것도 어떤 측면에서는 일본이 길러낸 석학에 대한 일본 군인의 경례이기도 했다. 유신체제의 구축과 함께 한국법학의 암흑기가 시작되었고 유기천이 무대에서 사라짐과 동시에 한국의 법학은 지역법학, 제도법학, 수험법학, 교과서법학으로 전락했다. 요즈음 논란에 논란을 거듭하고 있는 법학전문대학원 발상의 원조도 유기천이었다. 법학의 세계화, 법조교육의 선진화에 엄청난 사명감을 다지던 그는 사법대학원의 설립을 주도했다. 그리하여 사법고시에 합격한 장래 법조인을 대학원과정을 통해 양성해내겠다는 웅대한 계획이 잠시 실현되는 듯했다. 1962년, 서울대학교 부설로 탄생한 사법대학원의 개원식에는 현직 미국연방대법원장 얼 워렌이 직접 태평양을 건너와 축사를 했다. 그러나 유기천의 실각과 함께 불과 7년 만에 사법대학원은 사법연수원으로 개명하여 법원으로 이관되었다. 우리나라 법조양성제도의 중대한 전환점이 된 사건이다. 이 사건 이래 지금에 이르기까지 우리나라의 법조인 양성제도에는 사법철학이 제거된, 그야말로 법실무의 실무화 현상이 가속되어온 것이다. 세계를 무대로 한 한국법이라는 유기천의 꿈이 변질된 형태로 작게 열매 맺은 것은 아이러니다. 오늘날 속칭 '국제변호사'로 통용되는 대외, 통상 전문 법률회사의 창업자들은 거의 예외 없이 유교수의 선각자적 계몽, 격려, 권유, 알선, 조력에 힘입어 눈을 들어 태평양 대안(對岸)을 주목했던 것이다. 이들 사랑했던 제자들이 주로 외국의 경제적 이익을 대변하는 비난받는 집단이 되었다면 유교수의 소회는 어떠했을까?

  인간 유기천을 논하면서 그가 철저한 기독교인이었음을 잠시도 잊어서는 안 된다. 그의 학문의 세계도 기독교를 빼고선 설명할 수 없다. 그는 단순한 형법학자가 아니었다. 어쩌면 그는 지성사의 본류에 참가할 수 있었던 마지막 법학자가 아니었던가라는 생각이 든다. 최후의 저서가 되고만 영문저술, 『세계혁명』(The World Revolution, 1997)에는 바이블 중심의 유기천 사관이 표출되어 있다. 하나님은 창조주로서 이 세상의 역사적 발전을 이끌고 있으며 세상에서 일어나는 일이 모두 창세의 과정이라는 것이다. 하나님은 의인(義人)을 택하여 바이블의 도덕법을 실현시키는 방법으로 창세 작업을 계속한다는 것이다. 이러한 '하나님의 사람'(men of God)으로 거명되는 인물로는 모세에서 예수의 열두 제자를 거쳐 루터와 칼빈, 그리고 올리버 크롬웰과 조지 워싱턴에 이른다. 혁명이란 '타락의 상태를 원상태로 회복시키는 작업', 즉 바이블의 도덕법을 실현하는 작업이라는 것이다. 크롬웰혁명, 프랑스혁명과 미국독립혁명이 모두 이러한 도덕법에 기초한 민주주의의 발전단계이며 이제 인류의 역사는 바야흐로 민주적 시스템의 완성, 즉 최후의 혁명단계에 와 있다는 것이다. 필자는 유교수의 요청에 의해 이 저술의 집필 과정에서 약간의 의견을 말한 바 있다. 러시아혁명을 혁명으로 인정하려 하지 않는 이 저술이 가질 수 있는 한계점과 군데군데 신앙고백적 성격이 강한 내용이 '과학적' 저술에 결정적인 흠이 될 수 있다는 우려를 조심스럽게 피력한 바가 있다. 그는 경청했으나 "하나님을 섬기지 않는 사람의 한계"라며 더 이상의 논의를 거부하였다.

그러나 일견 균형을 잃은 듯한 유기천의 기독교 세계관은 곧 일상의 편협한 배타성으로 이어지지는 않았다. 무엇보다도 그는 합리적 이성과 절차적 정의의 신봉자였다. 결코 그는 다른 종교, 다른 사상에 대한 이해와 관용의 폭이 좁은 사람이 아니었다. 유대인 형법학자 헬렌 실빙과의 결혼이 유기천의 인생의 경애(境涯)의 폭을 배장(倍張)시킨 것은 말할 필요도 없다. 나치의 박해에 부모 형제를 잃고 한스 켈젠(Hans Kelsen)이라는 유럽법학의 거장의 총애 아래 일구던 학문의 텃밭마저 잃은 채 아메리카의 대학 주변을 유랑하던 헬렌이 동양의 신사, 폴을 만난 것은 그녀 자신에게도 경이로운 축복이었다. 두 사람의 결혼은 유교수 자신의 표현대로 "영적결합"(spiritual union)이었다. 유교수는 헬렌을 아내로 맞이한 후 어느 순간부터인가 사라진 유대민족의 열두 지파 중의 한 지파가 바로 한민족일지 모른다는 엄청난 가설을 세웠다. 그리고는 평생토록 이 가설을 입증하려는 시도를 포기하지 않았다. 아내에 대한 사랑, 조국에 대한 자부심, 이 모든 것이 결합된 상식과 과학을 초월한, 그야말로 유기천다운, '전부를 건' 지적 시도였다.

"나의 가장 사랑하고 존경하는 헬렌 실빙 박사께 이 소저를 근정한
다." 그의 첫 저서 형법학총론에 실린 헌정사이다. 당시 비법학도의
입에도 즐겨 회자되던 유일한 법학자의 글, 굳이 책을 읽지 않은 청년
도 침침한 주막의 막걸리 안주로 즐겨 삼던 구절이다. 1960년 한국의
청년학생에게 던진 이 한마디의 사사로운 고백이 몰고 온 충격의 파
장은 엄청난 것이었다. 외국영화의 여주인공의 감싸 도는 자태와 구
르는 이름에서 새로운 세계를 동경하던 「헐리우드 키드」에게는 이 한
마디는 희망의 성전이었다. 그런가하면 서울도 타국이었던 민춤한 시
골청년에게 유기천의 헌화가는 "부모보다 계집을 앞세우는 서양놈"의
망언이었다.

누가 뭐래도 유기천이 "독한 사람"이었던 것은 분명하다. 이례적인
만혼, 그것도 출산적령기를 넘긴 외국여성과의 영적 결합, 바다를 사
이에 둔 부부의 별리, 그 어느 하나도 쉬운 일이 아니었다. 외롭고 힘
들지 않았느냐는 질문에는 단호하게 "Never!" 하나님이 지켜주고 사
랑에 대한 믿음이 있는데 외로울 게 무엇인가. 그리고 진리를 찾는 학
문의 도상에서 외로움을 타는 것은 무슨 한가한 타령인가?

학문은 홀로 연마하는 것이라는 유교수의 믿음을 웅변으로 전해주
는 일화가 있다. 학생시절 이래 유교수의 특별한 총애를 받았던 권태
준 교수(서울대 환경대학원)의 이채로운 회고를 옮긴다. 자신이 추천
서를 쓴 학생이 유학을 떠나면서 인사차 들린 자리에서 유학장이 던
진 질문은 얼마나 오래 미국땅에 머무를 계획인가였다. 한 3, 4년 정
도 예정한다는 답변에 유학장이 힐난조로 반문했다. 그렇게 빨리 돌
아와서 무엇하겠다는 것이냐. 학생은 당황했다. 모든 사람들이 하루

빨리 돌아와 조국의 동량이 되라는 다짐으로 인사를 대신하던 시절이었으니 말이다. 그래서 무심결에 당시에 통용되던 정답을 옮겼다. "장가도 들어야겠고……." 순간, 유학장의 굉대(宏大)한 파열음이 터졌다. "뭐, 장가? 공부하러 간다는 놈이 장가부터 생각해?"

학문은 홀로서 다지는 것, 내 가족에 대한 작은 사랑이 큰일을 막는다는 신념, 자식이 없어서 애처롭다는 주변의 걱정에 내가 낳은 아이만이 아들이 아니야, 수많은 제자가 모두 내 아들이야, 그는 분명히 범인이 아니었다. 전 재산을 후학의 연구에 바치겠다는 결정이 오히려 자연스럽다.

여든 넘어 자랑스럽게 회고한 고당(古堂) 조만식과의 일화는 더욱 이채롭다. 평양의 소년 시절 유기천은 청년 지도자 조만식을 몹시도 존경했다. 그러나 그는 이미 결혼한 몸이라 전인격적인 교류를 못하는 아쉬움이 컸다. 이때 고당이 상처를 한 것이다. 고당의 불운에 동정하면서도 내심 자신에게 천재일우의 기회가 왔다고 은근히 즐거워하던 소년 유기천은 고당이 이내 재혼한 (그것도 중매로!) 소식을 듣고 분노의 충격에 그와 함께 찍었던 사진을 갈갈이 찢어버렸다는 것이다. 이 이야기를 들려주면서 여든 노인은 정말 열세 살 어린애가 되어 깔깔 웃었다.

서울법대 유기천 학장은 학교 역사에 전무후무한 조치를 내렸다. 시험 부정을 저지른 학생을 무차별 퇴학시킨 것이다. 많은 교수가 조심스럽게 인정론, 정상론을 펼 때 학장은 교수들을 준엄하게 질책했다. 법과대학에서 부정을 용납하면 이는 곧바로 판사의 부정, 나라의 부정을 용납하는 일이라는 훈계였다. 요즈음도 학생의 시험부정행위는 계속되고 있다. 그러나 퇴학을 주장하는 사람은 지극히 모난 사람으로 여겨지는 분위기다. 몇몇 남지 않은 원로교수들은 복잡한 마음으로 유기천 학장을 회상한다.

유학장이 내린 조치 중에 학생의 퇴학보다도 더욱 파격적인 조치는 동료교수를 파면처분한 일이다. 지금까지 구구한 뒷이야기가 주저리 주저리 이어지고 있는 이 사건의 "진짜 진상"이 무엇인지 나는 모른다. 그러나 한 가지 분명한 것은 그 일은 유기천만이 할 수 있는 일이었다는 것이다. 유기천만이 할 수 있었던 또 다른 일이 입학시험에서 교수자제에게 주어지던 특전을 폐지한 것이다. 아직 대중적 평등사상이 입학시험에 정착되기 이전에 서울대학교의 입시에는 각종 가산점 제도가 있었다고 한다. 그중 하나가 동양의 미풍양속(?)대로 현직 교수의 자제에게 가산점을 주는 제도였다. 유기천에게는 이 제도는 한시바삐 청산해야 할 봉건유습에 불과했다. 앞서 자신이 교무처장으로 재직할 때에도 이 제도에 강하게 반대하면서 선배 교수와 충돌을 불사하던 그였다. 총장이 되자 이러한 구체제를 청산하겠다고 나선 것은 예상되던 일이다. 이제 유총장에게는 "자식을 키워보지 못한 반쪽 인간"이라는 새로운 별명이 붙게 되었다.

예나 지금이나 대한민국의 언론은 많은 사람을 죽였다. 아마도 유기천은 우리의 대학사에 언론이 죽여버린 인물의 열전에 자리 잡을 수 있을 것이다. 그가 "독재에 맞섰던 용감한 지식인"으로 화려하게 부활된다고 하더라도 "쌍권총의 총장" "취재기자들에게 개를 푼 정신이상자," 등 전성기 초기에 그가 무책임한 언론의 침(針)과 봉(棒)에 입었던 상처는 영원히 치유되지 않을 것이다.

내가 가장 강렬하게 기억하는 "인간 유기천"의 모습은 세계인도 기독교인도 아닌 애틋한 한국인의 모습이다. 샌디에고 한 주택가에 선그의 마지막 저택, 수천 권 장서의 무게가 세월의 권위를 더해주던

곳. 비스듬한 비탈에 선 정원으로 불러내어 손수 심은 서른세 그루의 무궁화를 자랑하던 망명지사, 자신의 집 번지수가 3131인 것도 우연이 아닐 것이라며 애잔한 웃음을 흘리던 우국지사의 모습이다.

13년 전의 일이다. 우리 시대의 "마지막 선비"라던 약전(藥田) 김성식(金成植) 선생을 잃고 이국땅에서 나는 이렇게 쓴 적이 있다(월간조선 1986년 2월호). "나는 이 글을 쓰는 것을 마지막으로 선생님의 가심을 더 이상 슬퍼하지 않으리라. 지난 10여 년 캄캄한 내 세계를 밝혀주던 큰 별은 사라졌고, 그 찬란한 빛을 내 어디서 다시 찾으리. 그래도 나는 끊임없이 찾으리라. 끝내 찾지 못하면 내 작은 반딧불이라도 스스로 밝히리라. 언젠가는 별빛도, 반딧불도 더 이상 필요 없는 그날이, 밝은 태양이 내 조국 산하를 영원히 비출 그날이 오리라 굳게 믿으며."

이제 월송(月松) 유기천 선생을 보내며 나는 아무 말도 하지 않으리라. "선생님, 영면하십시오. 나머지는 모두 후세인들의 몫입니다." 이 한마디밖에는.

월송(月松) 유기천의 연보(年譜) *

1915. 7. 5 평남 평양에서 유계준(劉啓俊, 1879-1950)과 윤덕준(尹
德俊, 1885-1975)의 6남 2녀 중 4남으로 출생하다[유계
준은 평양의 대무역상으로서 조만식(曺晚植)·오윤선(吳
胤善)과 함께 유서 깊은 평양 산정현교회(주임목사: 주
기철)의 3장로였으며, 일제시대에 선교·교육·물산장
려운동을 하였다. 6·25 때 퇴각하는 공산군에 의하여
1950년 10월에 처형당하였다].

1939. 3 일본 히메지(姬路)고등학교 문과를 졸업하다.

1943. 9 일본 동경제국대학교 법학부 법률학과를 졸업하다.

1943. 12 일본 동북제국대학교 법학부 가츠모도 마사아끼라(勝木
-1946. 2 正晃)교수의 조수를 역임하다.

1946. 4 일본에서 귀국하여 경성법학전문학교 교수가 되다.

1946. 10 서울대학교 법과대학의 창설멤버로서 강의를 시작하다.

1952-53 예일 로 스쿨(Yale Law School)에서 스미드-문트 프로
그램(Smith-Mundt Program)으로 연구에 종사하다.

....

* 유기천의 생애에 관하여 자세한 것은 유기천의 전기인 최종고, 『자유와 정의의 지성
유기천』, 한들, 2006; 유기천, "나의 초학시절』, 『시민과변호사』, 1994년 4월호; 최종
고, "월송 유기천", 『인권과정의』, 1999년 6월호; Chan Jin Kim, "Dr. Paul K. Ryu as
We Know Him," 『법률학의 제문제』(유기천박사고희기념논문집), 박영사, 1988 참조.

1954-56	하버드 로 스쿨(Harvard Law School)에서 객원교수로 연구에 종사하다.
1957. 1	저명한 형법학자 헬렌 실빙(Helen Silving)과 미국에서 결혼하다.
1958	예일 로 스쿨에서 법학박사학위(S.J.D.)를 취득하다.
1958-60	서울대학교 교무처장을 역임하다.
1961-65	서울대학교 법과대학 학장을 역임하다.
1962-65	서울대학교 사법대학원 원장을 역임하다.
1965	학술원 회원이 되다.
1965-66	서울대학교 총장을 역임하다. 이때 한·일 국교정상화와 관련한 학생시위문제를 둘러싸고 박정희 대통령과 담판을 벌여 대학의 자치 내지 학문의 자유를 강조하면서 이 문제를 대학자체의 노력으로 해결하다.
1972	1971년 교련반대시위를 주동한 학생의 퇴학처분을 반대하고 「정부가 총통제를 획책한다」고 발언하는 등으로 정부의 미움을 사 관계기관의 추적을 받는 등 괴로움을 당하다가 헬렌 실빙의 노력과 당시 하버드대 라이샤워 교수의 편지 등의 도움으로 말미암아 미국으로 떠나게 되다.
1972-83	헬렌 실빙이 있던 푸에르토리코 국민대학에서 객원교수로 강의하게 되다.
1980	이른바 「서울의 봄」 때 귀국하여 3월부터 서울대학교 법과대학에서 강의를 하게 되었으나 5·17 이후 다시 도미하게 되다.
1983-84	캘리포니아주 샌디에고대학에서 객원교수로 강의하다.

1993   헬렌 실빙과 사별하다.

1998. 6. 27. 샌디에고에서 심장수술 후유증으로 별세하다(향년 83
            세).

유기천 교수 저작목록

[國文]

1. 저서

- 改訂 刑法學 (總論講議), 26판, 一潮閣, 1987 [영인본, 법문사, 2011]
- 改訂 刑法學 (各論講議 上), 24판, 一潮閣, 1986 [영인본, 법문사, 2012]
- 改訂 刑法學 (各論講議 下), 23판, 一潮閣, 1986 [영인본, 법문사, 2012]
- 刑法케이스의 硏究 (姜求眞 共著), 10판, 志學社, 1985
- 法律學의 諸問題(劉基天 博士 古稀紀念), 博英社, 1988
- 세계혁명, 음선필 역, 벽호, 1999
- 자유사회의 법과 정의, 지학사, 2003

2. 논문

(1) 자유와 민주주의

① 자유사회, 사상계, 1958년 8월

② 자유사회와 권위 ―T군에게 보내는 편지―, 대학신문, 1959년 2월 9일

③ 대학의 자유(I, II), Fides Vol. X No. 1, 2, 1963

④ 대학의 자유―일본 · 독일 · 미국의 예와 우리나라―, 대학신문, 1965년 11월 1, 8, 15, 22일

⑤ 나와 박정희와 학문의 자유, 신동아, 1988년 8월

⑥ 「민주주의」의 기초: 그 기원과 본질적 요소, 저스티스, 28권 2호, 1995(The Foundations of "Democracy": Its Origins and Essential Ingredients, 서울대 법학, 33권 1호, 1992)

(2) 법과 평화

① 법의 지배하의 정의 ―제1차 「법을 통한 세계평화대회」에 다녀와서―, 사상계, 11권 10호, 1963년 9월

② 법과 평화 ―「법의 날」에 즈음하여―, 법제월보, 1965년 5월

③ 준법정신, 정경연구, 1권 8호, 1965년 9월

(3) 법과 문화

① 한국문화와 형사책임 ―법률학의 과학적 방법의 한 적용―, 사상계, 1958년 9월

② 한국과 문화의 문제: '지성의 방향'을 박함, 신태양, 1958년 11월

(4) 법과 교육

① 최근 미국법학계의 동향: 특히 예일대학을 중심으로, 대학신문, 1958년 5월 5일

② 새로운 법학도들에게, 법정, 21권 3호, 1966년 3월

③ 용기와 신념으로 자기도약을, 정경연구, 1966년 4월

④ 한국의 법학교수론, 법정, 209권, 1967년 11월

⑤ 민족중흥과 법조교육의 근본문제, 법정, 24권 6호, 1969년 6월

⑥ 사법시험제도의 문제점, 사법행정, 10권 8호, 1969년 8월

(5) 형법학

① 미국형법학계의 동향, 대학신문, 1958년 6월 16일

② 현대형법학의 근본문제 ─회고와 전망─, 대학신문, 1958년 10월 15일

③ 실행의 착수와 간접정범, 법정, 16권 3호, 1961년 3월

④ 소위 실행의 착수의 문제, 고시계, 6권 3호, 1961년 3월

⑤ 합동범에 관한 판례연구, 법학, Vol 3 No 2, 1962. 5

⑥ 일본형법학회 대회보고, 법률신문, 1964년 5월 25일

⑦ 서평: Shuman, Legal Positivism, 법학, 6권 1호, 1964년 9월

⑧ 유기천 형법학을 말한다(유기천 · 김종원 대담), 법정, 211, 212권, 1968년 1–3월

⑨ 인권과 형법, 인권연보, 1969년

⑩ 「위헌성」일고 ─존속살규정을 헌법위반이라고 판시한 작금 일본최고재판소의 판결을 중심으로─, 학술원논문집 13, 1974년

(6) 기타 일반

① 나의 은사, 동아일보, 1963년 12월 21일

② 언론규제 입법화: 나는 이렇게 본다, 조선일보, 1964년 8월 1일

③ 우려되는 분산화, 조선일보, 1970년 10월 15일

④ 학자는 탈랜트가 아니다, 조선일보, 1971년 1월 12일

⑤ 기구확대는 개혁과 다르다, 조선일보, 1971년 10월 5일

⑥ 마지막 강의를 못하고(김상철과의 대담), 고시계, 1985년 6월

⑦ 혜안을 가지고 교육을 시키는 리더십, 미래의 세계, 22호, 1993년 6월

⑧ 나의 초학 시절, 시민과 변호사, 1994년 4월

[英 · 獨文]

A. Books in English

- *The Korean Criminal Code*, In the American Series of Foreign Penal Codes, Volume 2(Fred B. Rothman & Co., N.J.) 1960
- Supplement to Silving, *Criminal Justice* (William S. Hein & Co., Inc. 1977): co-author Helen Silving
- Preface to, and "Academic Freedom" in Chapter VI of *Helen Silving Memoirs* (Vantage Press, N.Y. 1988)
- *The World Revolution*, American West Independent Publishing, 1997
- *Law in the Free Society: Legal Theories and Thoughts of Paul K. Ryu*, Bobmunsa, 2013

B. Book in German

- *Das koreanische Strafgesetzbuch*, Sammlung ausserdeutscher Strafgesetzbücher (Walter de Gruyter, Berlin 1968)

C. Articles and Contributions to Collective Works in English and German

01. The New Korean Criminal Code of October 3, 1953, An Analysis of Ideologies Embedded in It, 48 *Journal of Criminal Law, Criminology and Police Science* 275 (1957)

02. Causation in Criminal Law, 106 *U. of Penna L. Rev.* 773 (1958)

03. Contemporary Problems of Criminal Attempts, 32 *New York U. L. Rev.* 1170 (1957)

04. Error Juris: A Comparative Study, 24 *Univ. of Chicago L. Rev.* 421 (1957); co-author Helen Silving

05. Toward a Rational System of Criminal law, *Seoul National U. L. Rev.* 1962; and 32 *Rev. Jur. U.P.R.* 119 (1963); co-author Helen Silving

06. "Field Theory" in the Study of Cultures: Its Application to Korean Culture; in *Symposium on the Occasion of the Third East-West Philosophers' Conference*, U. of Hawaii Press, pp. 648-669 (1962)

07. Toward Unification of Private Law, in *World Peace Through Law Proceedings* (Athens World Conference 1963); West Publishing Co., 1964, pp. 752 et seq

08. Nullum crimen sine actu, *Seoul National Univ. L. Rev.* (1966); co- author Helen Silving

09. Nullum crimen sine actu, in German, *Zeitschrift für die gesamte Strafrechtswissenscha ft*, 77. Band, Heft 3/4 (De Gruyter, Berlin 1965); co-author Helen Silving

10. Legal Education in the Far East, in *World Peace Through Law Proceedings* (Washington World Conference 1965); ibid., 1967, pp. 752 et seq

11. Research, Legal Education and Training, in *World Peace Through Law Proceedings*

(Geneva World Conference 1967), published as *World Peace Through Law*, the Geneva Conference (1969), pp. 443-455

12. What is Meant by "Legal Education in the Developing Countries?" in *Bangkok World Conference on World Peace Through Law* (1969), pp. 850-58

13. Legal Education in Asian Countries, *Lawasia Proceedings* (Kuala Lumpur Conference 1968)

14. "International Criminal Law"- a Search for Meaning, in *International Criminal Law*, Vol. I, pp. 24-49, ed. Bassiouni & Nanda (Charles C. Thomas Publisher, Springfield, III. 1973); co-author Helen Silving

15. Laws of the Republic of Korea, in *Encyclopedia of Comparative Law*, Vol. I (National Reports) of 17 Volumes, ed. Max-Planck- Institute for Comparative Private Law, Hamburg, Germany

16. Was bedeutet die sogenannte "Relativität der Rechtsbegriffe"? im *Archiv für Rechts-und Sozialphilosophie*, Vol. LIX, pp. 57-96 (1973), Franz Steiner Verlag GmbH, Wiesbaden/ Germany; co- author Helen Silving

17. Misleading Issues in Criminal Law Codification, 9 *Israel L. Rev.*, No. 3 (July 1974); co-author Helen Silving

18. Methodological Inquiry into the Problem of "Protest," in *Revista Juridica de la Universidad de Puerto Rico*, Vol. 43, 9-40 (1974); co-author Helen Silving

19. Discussion of Structure and Theory, in Symposium The New German Penal Code, 24 *American Journal of Comparative Law* 602-614 (1976); based on a Paper read in the Meeting of the Association of American Law Schools of 1975 in Washington, D.C.

20. "Is the Crime of Patricide Unconstitutional?" in ESSAYS IN HONOR OF HELEN SILVING, in 46 *UPR L. Rev.* Nos. 3-4(1977), pp. 555-572

21. The Concept of "Insanity," in *CONTEMPORARY PROBLEMS IN CRIMINAL JUSTICE*, Festschrift for Mr, Justice Dando of the Supreme Court of Japan, Vol. V, Foreign Contributors' Section, pp. 191-212 (1983), Yuhikaku, Tokyo, Japan; co-author Helen Silving

22. Comments

  1) Comment on Error Juris, 24 *American Journal of Comparative Law* 689-693 (1976)

  2) Comments on Legal Education in Korea, *Pup Hak* 155-162, a speech at the Royal Asiatic Society meeting in Seoul, Korea on the 10th of June, 1964

  3) Legal Education in the Far East, ibid., pp. 117-28; this paper was originally written for distribution at the World Peace Through Law Conference in Washington, D.C. held September 12-18, 1965

역자 음선필(陰善澤)

전남 고흥 출생
서울대학교 법과대학 졸업(법학사)
서울대학교 대학원 졸업(법학석사·법학박사)
서울대학교·충북대학교·한남대학교 법과대학 강사
순천향대학교 법학과 교수
현 홍익대학교 법과대학 교수
　　한국입법학회 부회장, 한국제도·경제학회 부회장
　　유기천교수기념사업출판재단 상임이사
　　중앙선거관리위원회 선거자문위원, 국회 입법지원위원, 법제처 법제자문관

<저서 및 논문>
『유기천과 한국법학』(공저, 법문사, 2014)
『민주시민교육의 국제적 동향과 시사점』(한국법제연구원, 2013)
『헌법판례 100선』(공저, 법문사, 2012)
『헌법재판 주요선례연구 2』(공저, 헌법재판연구원, 2012)
『선거제도 개선과 선관위의 역할 연구』(공저, 선거연수원, 2012)
『법령에 대한 사법적 통제제도에 관한 비교법적 연구』(공저, 법원행정처, 2009)
『한국경제의 선진화를 위한 제도개혁 과제』(공저, 경기개발연구원, 2009)
『비례대표선거제도론』(홍익대 출판부, 2007)
『정치적 통제, 정치적 경쟁과 국회의원선거체계』(홍익대 출판부, 2007)
『日韓法政システムの多樣性と共通性』(공저, 關西大法學硏究所, 2005)
『현행 헌법상 헌법재판제도의 문제점과 개선방안』(공저, 헌법재판소, 2005)
『탄핵심판제도에 관한 연구』(공저, 헌법재판소, 2001)
"선거의 완전성"(2014), "국회의원 지역선거구 획정의 헌법적 한계"(2013),
"의회민주주의와 국회의원선거체계의 개혁"(2013), "민주적 통제로서의 국회의원 평가"(2013),
"국회 입법과정의 분석과 개선방안"(2012), "정당 정치자금의 투명성 강화방안"(2012) 등 다수

세계혁명(개정판)

값	**18,000원**

개정판 1쇄 인쇄 2014년 12월 5일	개정판 1쇄 발행 2014년 12월 18일

지은이	Paul K. Ryu(劉基天)
옮긴이	음선필
펴낸이	권병일 권준구
펴낸곳	(주)지학사

등록	1957년 3월 18일 제13-11호
주소	서울시 마포구 신촌로6길 5

전화	02.330.5297
팩스	02.3141.4488
홈페이지	www.jihak.co.kr

ⓒ 음선필

ISBN	978-89-05-04243-1　03300